山西潞安太阳能科技有限责任公司 资助出版
SHANXI LU'AN PHOTOVOLTAICS TECHNOLOGY CO.,LTD.

中国能源经济研究院 主编

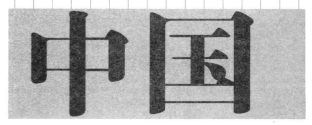

中国

新能源和可再生能源
政策法规汇编

COMPILATION OF CHINA POLICIES AND REGULATIONS ON NEW ENERGY AND RENEWABLE ENERGY

（第二版）

经济管理出版社
ECONOMY & MANAGEMENT PUBLISHING HOUSE

图书在版编目（CIP）数据

中国新能源和可再生能源政策法规汇编（第二版）/中国能源经济研究院主编. —北京：经济管理出版社，2012.12
ISBN 978-7-5096-2270-4

Ⅰ.①中… Ⅱ.①中… Ⅲ.①新能源—能源法—汇编—中国 ②再生能源—能源法—汇编—中国 Ⅳ.①D922.679

中国版本图书馆 CIP 数据核字（2012）第 294952 号

组稿编辑：璐　栖
责任编辑：璐　栖　勇　生
责任印制：黄　铄
责任校对：陈　颖　李玉敏

出版发行：经济管理出版社
　　　　　（北京市海淀区北蜂窝 8 号中雅大厦 A 座 11 层　100038）
网　　　址：www. E-mp. com. cn
电　　　话：(010) 51915602
印　　　刷：三河市延风印装厂
经　　　销：新华书店
开　　　本：880mm×1230mm/16
印　　　张：24.25
字　　　数：661 千字
版　　　次：2012 年 12 月第 1 版　2012 年 12 月第 1 次印刷
书　　　号：ISBN 978-7-5096-2270-4
定　　　价：298.00 元

编 委 会

主　任：李庆文

副主任：杨世伟

主　编：解树江

编　委：魏秋利　　王晓婷　　胡学翠　　朱学蕊

　　　　方笑菊　　陈　琳　　红　炜

Editorial Staff

Editorial Director：Li Qingwen

Deputy Director：Yang Shiwei

Chairman：Xie Shujiang

Editorial Board：Wei Qiuli　　Wang Xiaoting　　Hu Xuecui

　　　　　　　　Zhu Xuerui　　Fang Xiaoju　　Chen Lin　　Hong Wei

编辑说明

一、为了方便新能源和可再生能源产业投资者、行业研究者和管理者全面、系统地了解和掌握新能源和可再生能源产业相关政策法规，进而为产业投资、行业研究和管理提供指导和参考，我们于 2011 年编印了《中国新能源和可再生能源政策法规汇编 (1986~2011)》。该汇编出版之后，在社会上引起了一定的反响，取得了良好的口碑。

近一年来，我国新能源和可再生能源产业在快速发展的同时，市场业已发生了重大变化，同时暴露了不少问题。对此，中央及一些省、市陆续出台了一系列扶持和规范新能源和可再生能源产业发展的政策法规。为了对相关政策法规进行及时梳理和修订，并应广大读者要求，我们特编印了此增编版。

二、《中国新能源和可再生能源政策法规汇编 (第二版)》按以下顺序编排：第一篇综合类政策法规；第二篇风电政策法规；第三篇太阳能政策法规；第四篇水电政策法规；第五篇核电政策法规；第六篇生物质能政策法规；第七篇部分地区政策法规。

三、《中国新能源和可再生能源政策法规汇编 (第二版)》由中国能源经济研究院组织策划、法规收集和文件编辑工作。编委会主任李庆文负责汇编的总体统筹，杨世伟和解树江负责框架设计、策划和组织。汇编第一篇由陈琳整理和编辑；第二篇由魏秋利整理和编辑；第三篇由红炜整理和编辑；第四篇由胡学翠整理和编辑；第五篇由朱学蕊整理和编辑；第六篇由陈琳整理和编辑；第七篇由王晓婷整理和编辑；最后由陈琳、王晓婷进行了统稿。

四、本书将继续根据国家新能源和可再生能源领域政策法规的制定、出台及更新情况及时进行修订。

五、由于时间仓促，本书在编辑方面难免存在不足，敬请指正。

编　者

2012 年 11 月

目　录

第三篇　太阳能政策法规

第四篇　水电政策法规

第五篇　核电政策法规

第六篇　生物质能政策法规

第七篇　部分地区政策法规

第一篇　综合类政策法规

关于鼓励和引导民营企业发展战略性新兴产业的实施意见

（国家发展改革委 2011 年 7 月 23 日发布 发改高技〔2011〕1592 号）

民营企业和民间资本是培育和发展战略性新兴产业的重要力量。鼓励和引导民营企业发展战略性新兴产业，对于促进民营企业健康发展，增强战略性新兴产业发展活力具有重要意义。为贯彻落实《国务院关于鼓励和引导民间投资健康发展的若干意见》（国发〔2010〕13 号）、《国务院关于加快培育和发展战略性新兴产业的决定》（国发〔2010〕32 号）精神，增强社会各界对民营企业培育发展战略性新兴产业重要性的认识，鼓励和引导民营企业在节能环保、新一代信息技术、生物、高端装备制造、新能源、新材料、新能源汽车等战略性新兴产业领域形成一批具有国际竞争力的优势企业，制定本实施意见。

一、**清理规范现有针对民营企业和民间资本的准入条件**。要结合战略性新兴产业发展要求，加快清理战略性新兴产业相关领域的准入条件，制定和完善项目审批、核准、备案等相关管理办法。除必须达到节能环保要求和按法律法规取得相关资质外，不得针对民营企业和民间资本在注册资本、投资金额、投资强度、产能规模、土地供应、采购投标等方面设置门槛。

二、**战略性新兴产业扶持资金等公共资源对民营企业同等对待**。各相关部门和各地发展改革委要规范公共资源安排相关办法，在安排战略性新兴产业项目财政预算内投资、专项建设资金、创业投资引导基金等资金以及协调调度其他公共资源时，要对民营企业与其他投资主体同等对待。

三、**保障民营企业参与战略性新兴产业相关政策制定**。各相关部门和各地发展改革委在制定战略性新兴产业相关配套政策、发展规划时，应建立合理的工作机制，采取有效的方式，保障民营企业和相关协会代表参与，并要充分吸纳民营企业的意见和建议。

四、**支持民营企业提升创新能力**。要采取有效措施，大力推动公共技术创新平台为民营企业提供服务，探索高等院校、科研院所人才向民营企业流动机制，扶持民营企业引进人才。鼓励、支持民营企业建立健全企业技术中心、研究开发中心等研究机构。支持具备条件的民营企业申报国家和省级企业技术中心，承担或参与国家工程研究中心、国家工程实验室等建设任务。

五、**扶持科技成果产业化和市场示范应用**。支持民营企业和民间资本参与国家相关科研和产业化计划，开发重大技术和重要新产品。扶持相关企业协同推进产业链整体发展，促进新技术与新产品的工程化、产业化。鼓励有条件的民营企业发起或参与相关标准制定。支持民营企业开展具有重大社会效益新产品的市场示范应用。

六、**鼓励发展新型业态**。鼓励民营企业与民间资本进行商业模式创新，发展合同能源管理、污染治理特许经营、电动汽车充电服务和车辆租赁等相关专业服务和增值服务，发展信息技术服务、生物技术服务、电子商务、数字内容、研发设计服务、检验检测、知识产权和科技成果转化等高技术服务业。

七、引导民间资本设立创业投资和产业投资基金。根据《国家发展改革委、财政部关于实施新兴产业创投计划、开展产业技术研究与开发资金参股设立创业投资基金试点工作的通知》（发改高技〔2009〕2743号）精神，各地发展改革委在创立新兴产业创业投资引导基金时，要积极鼓励民间资本参与创业投资。规范引导合格合规的民间资本参与设立战略性新兴产业的产业（股权）投资基金。

八、支持民营企业充分利用新型金融工具融资。要积极支持和帮助产权制度明晰、财会制度规范、信用基础良好的符合条件的民营企业发行债券、上市融资、开展新型贷款抵押和担保方式试点等，改进对民营企业投资战略性新兴产业相关项目的融资服务。

九、鼓励开展国际合作。鼓励符合条件的民营企业开拓国际业务、参与国际竞争。支持民营企业通过投资、并购、联合研发等方式，在境内外设立国际化的研发机构。鼓励民营企业在境外申请专利，参与国际标准制定。支持有条件的民营企业开展境外投资，建立国际化的资源配置体系。

十、加强服务和引导。各有关部门与各地发展改革委应加强协调，及时发布战略性新兴产业发展规划、产业政策、项目扶持计划、招商引资、市场需求等信息，引导各类投资主体的投资行为，避免一哄而上、盲目投资和低水平重复建设。积极发挥工商联等相关行业组织作用，帮助民营企业解决在发展战略性新兴产业中遇到的实际问题。各级公益类信息服务、技术研发、投资咨询、人才培训等服务机构，要积极为民营企业与民间资本发展战略性新兴产业提供相关服务。鼓励和支持物流、会展、法律、广告等行业为民营企业发展战略性新兴产业提供商务服务。

清洁发展机制项目运行管理办法（修订）

（国家发展改革委　科技部　外交部　财政部　2011 年 8 月 3 日发布　国家发展改革委　科技部　外交部　财政部令第 11 号）

第一章　总则

第一条　为促进和规范清洁发展机制项目的有效有序运行，履行《联合国气候变化框架公约》（以下简称《公约》）、《京都议定书》（以下简称《议定书》）以及缔约方会议的有关决定，根据《中华人民共和国行政许可法》等有关规定，制定本办法。

第二条　清洁发展机制是发达国家缔约方为实现其温室气体减排义务与发展中国家缔约方进行项目合作的机制，通过项目合作，促进《公约》最终目标的实现，并协助发展中国家缔约方实现可持续发展，协助发达国家缔约方实现其量化限制和减少温室气体排放的承诺。

第三条　在中国开展清洁发展机制项目应符合中国的法律法规，符合《公约》、《议定书》及缔约方会议的有关决定，符合中国可持续发展战略、政策，以及国民经济和社会发展的总体要求。

第四条　清洁发展机制项目合作应促进环境友好技术转让，在中国开展合作的重点领域为节约能源和提高能源效率、开发利用新能源和可再生能源、回收利用甲烷。

第五条　清洁发展机制项目的实施应保证透明、高效，明确各项目参与方的责任与义务。

第六条　在开展清洁发展机制项目合作过程中，中国政府和企业不承担《公约》和《议定书》规定之外的任何义务。

第七条　清洁发展机制项目国外合作方用于购买清洁发展机制项目减排量的资金，应额外于现有的官方发展援助资金和其在《公约》下承担的资金义务。

第二章　管理体制

第八条　国家设立清洁发展机制项目审核理事会（以下简称"项目审核理事会"）。项目审核理事会组长单位为国家发展改革委和科学技术部，副组长单位为外交部，成员单位为财政部、环境保护部、农业部和中国气象局。

第九条　国家发展改革委是中国清洁发展机制项目合作的主管机构，在中国开展清洁发展机制合作项目须经国家发展改革委批准。

第十条　中国境内的中资、中资控股企业作为项目实施机构，可以依法对外开展清洁发展机制项目合作。

第十一条　项目审核理事会主要履行以下职责：

（一）对申报的清洁发展机制项目进行审核，提出审核意见；

（二）向国家应对气候变化领导小组报告清洁发展机制项目执行情况和实施过程中的问题及建议，提出涉及国家清洁发展机制项目运行规则的建议。

第十二条　国家发展改革委主要履行以下职责：

（一）组织受理清洁发展机制项目的申请；

（二）依据项目审核理事会的审核意见，会同科学技术部和外交部批准清洁发展机制项目；

（三）出具清洁发展机制项目批准函；

（四）组织对清洁发展机制项目实施监督管理；

（五）处理其他相关事务。

第十三条　项目实施机构主要履行以下义务：

（一）承担清洁发展机制项目减排量交易的对外谈判，并签订购买协议；

（二）负责清洁发展机制项目的工程建设；

（三）按照《公约》、《议定书》和有关缔约方会议的决定，以及与国外合作方签订购买协议的要求，实施清洁发展机制项目，履行相关义务，并接受国家发展改革委及项目所在地发展改革委的监督；

（四）按照国际规则接受对项目合格性和项目减排量的核实，提供必要的资料和监测记录。在接受核实和提供信息过程中依法保护国家秘密和商业秘密；

（五）向国家发展改革委报告清洁发展机制项目温室气体减排量的转让情况；

（六）协助国家发展改革委及项目所在地发展改革委就有关问题开展调查，并接受质询；

（七）企业资质发生变更后主动申报；

（八）根据本办法第三十六条规定的比例，按时足额缴纳减排量转让交易额；

（九）承担依法应由其履行的其他义务。

第三章　申请和实施程序

第十四条　附件所列中央企业直接向国家发展改革委提出清洁发展机制合作项目的申请，其余项目实施机构向项目所在地省级发展改革委提出清洁发展机制项目申请。有关部门和地方政府可以组织企业提出清洁发展机制项目申请。国家发展改革委可根据实际需要适时对附件所列中央企业名单进行调整。

第十五条　项目实施机构向国家发展改革委或项目所在地省级发展改革委提出清洁发展机制项目申请时必须提交以下材料：

（一）清洁发展机制项目申请表；

（二）企业资质状况证明文件复印件；

（三）工程项目可行性研究报告批复（或核准文件，或备案证明）复印件；

（四）环境影响评价报告（或登记表）批复复印件；

（五）项目设计文件；

（六）工程项目概况和筹资情况说明；

（七）国家发展改革委认为有必要提供的其他材料。

第十六条　如果项目在申报时尚未确定国外买方，项目实施机构在填报项目申请表时必须注明该清洁发展机制合作项目为单边项目。获国家批准后，项目产生的减排量将转入中国国家账户，经国家发展改革委批准后方可将这些减排量从中国国家账户中转出。

第十七条　国家发展改革委在接到附件所列中央企业申请后，对申请材料不齐全或不符合法定形式的申请，应当场或在五日内一次告知申请人需要补正的全部内容。

第十八条　项目所在地省级发展改革委在受理除附件所列中央企业外的项目实施机构申请后二十个工作日内，将全部项目申请材料及初审意见报送国家发展改革委，且不得以任何理由对项目实施机构的申请作出否定决定。对申请材料不齐全或不符合法定形式的申请，项目所在地省级发展改革委应当场或在五日内一次告知申请人需要补正的全部内容。

第十九条　国家发展改革委在受理本办法附件所列中央企业提交的项目申请，或项目所在地省级发展改革委转报的项目申请后，组织专家对申请项目进行评审，评审时间不超过三十日。项目经专家评审后，由国家发展改革委提交项目审核理事会审核。

第二十条　项目审核理事会召开会议对国家发展改革委提交的项目进行审核，提出审核意见。项目审核理事会审核的内容主要包括：

（一）项目参与方的参与资格；

（二）本办法第十五条规定提交的相关批复；

（三）方法学应用；

（四）温室气体减排量计算；

（五）可转让温室气体减排量的价格；

（六）减排量购买资金的额外性；

（七）技术转让情况；

（八）预计减排量的转让期限；

（九）监测计划；

（十）预计促进可持续发展的效果。

第二十一条　国家发展改革委根据项目审核理事会的意见，会同科学技术部和外交部作出是否出具批准函的决定。对项目审核理事会审核同意批准的项目，从项目受理之日起二十个工作日内（不含专家评审的时间）办理批准手续；对项目审核理事会审核同意批准，但需要修改完善的项目，在接到项目实施机构提交的修改完善材料后会同科学技术部和外交部办理批准手续；对项目审核理事会审核不同意批准的项目，不予办理批准手续。

第二十二条　项目经国家发展改革委批准后，由经营实体提交清洁发展机制执行理事会申请注册。

第二十三条　国家发展改革委负责对清洁发展机制项目的实施进行监督。项目实施机构在清洁发展机制项目成功注册后十个工作日内向国家发展改革委报告注册状况，在项目每次减排量签发和转让后十个工作日内向国家发展改革委报告签发和转让有关情况。

第二十四条　工程建设项目的审批程序和审批权限，按国家有关规定办理。

第四章　法律责任

第二十五条　本办法涉及的行政机关及其工作人员，在清洁发展机制项目申请过程中，对符合法定条件的项目申请不予受理，或当项目实施机构提交的申请材料不齐全、不符合法定形式时，不一次告知项目实施机构必须补正的全部内容的，由其上级行政机关或者监察机关责令改正；情节严重的，对直接负责的主管人员和其他直接责任人员依法给予行政处分。

第二十六条　本办法涉及的行政机关及其工作人员，在接收、受理、审批项目申请，以及对项目实施监督检查过程中，索取或者收受他人财物或者谋取其他利益，构成犯罪的，依法追究刑事责任；尚不构成犯罪的，依法给予行政处分。

第二十七条　本办法涉及的行政机关及其工作人员，对不符合法定条件的项目申请予以批准，或者超越法定职权作出批准决定的，由其上级行政机关或者监察机关责令改正，对直接负责的主管人员和其他直接责任人员依法给予行政处分；构成犯罪的，依法追究刑事责任。

第二十八条　项目实施机构在清洁发展机制项目申请及实施过程中，如隐瞒有关情况或者提供虚假材料的，国家发展改革委可不予受理或者不予行政许可，并给予警告。

第二十九条　项目实施机构以欺骗、贿赂等不正当手段取得批准函的，国家发展改革委依法处以与项目减排量转让收入相当的罚款，罚款收入按照《行政处罚法》等有关规定，就地上缴中央国库。构成犯罪的，依法追究刑事责任。

第三十条　项目实施机构在取得国家发展改革委出具的批准函后，企业股权变更为外资或外资控股的，自动丧失清洁发展机制项目实施资格，股权变更后取得的项目减排量转让收入归国家所有。

第三十一条　项目实施机构在减排量交易完成后，未按照相关规定向国家按时足额缴纳减排量交易额分成的，国家发展改革委依法对项目实施机构给予行政处罚。

第三十二条　项目实施机构伪造、涂改批准函，或在接受监督检查时隐瞒有关情况、提供虚假材料或拒绝提供相关材料的，国家发展改革委依法给予行政处罚；构成犯罪的，依法追究刑事责任。

第五章　附则

第三十三条　本办法中的发达国家缔约方是指《公约》附件一中所列的国家。

第三十四条　本办法中的清洁发展机制执行理事会是指《议定书》下为实施清洁发展机制项目而专门设置的管理机构。

第三十五条　本办法中的经营实体是指由清洁发展机制执行理事会指定的审定和核证机构。

第三十六条　清洁发展机制项目因转让温室气体减排量所获得的收益归国家和项目实施机构所有，其他机构和个人不得参与减排量转让交易额的分成。国家与项目实施机构减排量转让交易额分配比例如下：

（一）氢氟碳化物（HFC）类项目，国家收取温室气体减排量转让交易额的 65%；

（二）己二酸生产中的氧化亚氮（N_2O）项目，国家收取温室气体减排量转让交易额的 30%；

（三）硝酸等生产中的氧化亚氮（N_2O）项目，国家收取温室气体减排量转让交易额的 10%；

（四）全氟碳化物（PFC）类项目，国家收取温室气体减排量转让交易额的 5%；

（五）其他类型项目，国家收取温室气体减排量转让交易额的 2%。国家从清洁发展机制项目减排量转让交易额收取的资金，用于支持与应对气候变化相关的活动，由中国清洁发展机制基金管理中心根据《中国清洁发展机制基金管理办法》收取。

第三十七条　国家发展改革委已批准项目 2012 年后产生的减排量，须经国家发展改革委同意后才可转让，项目实施按照本办法管理。

第三十八条　本办法由国家发展改革委商科学技术部、外交部、财政部解释。

第三十九条　本办法自发布之日起施行。2005 年 10 月 12 日起实施的《清洁发展机制项目运行管理办法》即行废止。

附件：可直接向国家发展改革委提交清洁发展机制项目申请的中央企业名单

附件：
可直接向国家发展改革委提交清洁发展机制项目申请的中央企业名单

1. 中国核工业集团公司
2. 中国核工业建设集团公司
3. 中国化工集团公司
4. 中国化学工程集团公司
5. 中国轻工集团公司
6. 中国盐业总公司
7. 中国中材集团公司
8. 中国建筑材料集团公司
9. 中国电子科技集团公司
10. 中国有色矿业集团有限公司
11. 中国石油天然气集团公司
12. 中国石油化工集团公司
13. 中国海洋石油总公司
14. 国家电网公司
15. 中国华能集团公司
16. 中国大唐集团公司
17. 中国华电集团公司
18. 中国国电集团公司
19. 中国电力投资集团公司
20. 中国铁路工程总公司
21. 中国铁道建筑总公司
22. 神华集团有限责任公司
23. 中国交通建设集团有限公司
24. 中国农业发展集团总公司
25. 中国林业集团公司
26. 中国铝业公司
27. 中国航空集团公司
28. 中国中化集团公司
29. 中粮集团有限公司
30. 中国五矿集团公司
31. 中国建筑工程总公司
32. 中国水利水电建设集团公司
33. 国家核电技术有限公司
34. 中国节能投资公司
35. 中国中煤能源集团公司
36. 中国煤炭科工集团有限公司
37. 中国机械工业集团有限公司

38. 中国中钢集团公司
39. 中国冶金科工集团有限公司
40. 中国钢研科技集团公司
41. 中国广东核电集团公司

海洋工程装备产业创新发展战略（2011~2020）

（国家发展改革委　科技部　工业和信息化部　国家能源局　2011 年 8 月 5 日发布

发改高技〔2011〕1675 号）

为贯彻落实《国务院关于加快培育和发展战略性新兴产业的决定》（国发〔2010〕32 号）精神，增强海洋工程装备产业的创新能力和国际竞争力，推动海洋资源开发和海洋工程装备产业创新、持续、协调发展，特制定本战略。战略实施期为 2011~2020 年。

一、战略意义

海洋工程装备产业是开发利用海洋资源的物质和技术基础，是我国当前加快培育和发展的战略性新兴产业，是船舶工业调整和振兴的重要方向。

海洋工程装备主要指海洋资源（特别是海洋油气资源）勘探、开采、加工、储运、管理、后勤服务等方面的大型工程装备和辅助装备，具有高技术、高投入、高产出、高附加值、高风险的特点，是先进制造、信息、新材料等高新技术的综合体，产业辐射能力强，对国民经济带动作用大。

党的十七届五中全会把发展海洋经济提到了国家战略的高度，明确提出了提高海洋开发、控制、综合管理能力。《国务院关于加快培育和发展战略性新兴产业的决定》明确将海洋工程装备产业纳入重点培育和发展的战略性新兴产业。

近年来，我国海洋工程装备产业发展具备了一定基础，已成功设计和建造了浮式生产储卸装置（FPSO）、自升式钻井平台、半潜式钻井平台以及多种海洋工程船舶，在基础设施、技术、人才等方面初步形成了海洋工程装备产业的基本形态，但在高端新型装备设计、建造、配套、工程总承包能力等方面尚明显落后于发达国家，难以满足国内海洋开发和参与国际竞争的需要。

未来十年，是我国海洋工程装备产业快速发展的关键时期。充分利用我国船舶工业和石油装备制造业已经形成的较为完备的技术体系、制造体系和配套供应体系，抓住全球海洋资源勘探开发日益增长的装备需求契机，加强技术创新能力建设，加大科研开发投入力度，大幅度提升管理水平，完全有可能实现我国海洋工程装备产业跨越发展。

二、指导思想和战略目标

（一）指导思想

坚持以邓小平理论和"三个代表"重要思想为指导，深入贯彻落实科学发展观，面向国内、国际两个市场，以需求为导向，立足科技创新，完善支撑体系，充分发挥企业的市场主体作用和政府的引导推动作用，重点突破海洋深水勘探装备、钻井装备、生产装备、工程船舶的设计制造核心技术，全面提升自主研发设计、专业化制造及设备配套能力，提高核心竞争力，实现海洋工程装备产业跨越发展。

（二）战略目标

到 2015 年，基本形成海洋工程装备产业的设计制造体系，初步掌握主力海洋工程装备的自主设计和总包建造技术、部分新型海洋工程装备的制造技术以及关键配套设备和系统的核心技术，基本满足国家海洋资源开发的战略需要。

到 2020 年，形成完整的科研开发、总装制造、设备供应、技术服务产业体系，打造若干知名海洋工程装备企业，基本掌握主力海洋工程装备的研发制造技术，具备新型海洋工程装备的自主设计建造能力，产业创新体系完备，创新能力跻身世界前列。

三、总体部署

"十二五"期间，按照"以市场为牵引、以创新为驱动、以总装为龙头、以配套为骨干"的发展思路，在现有基础上加强对主力装备技术的引进消化吸收再创新，掌握总体设计技术和建造技术，启动一批主力装备、新型装备和关键配套设备的核心技术研发和产业化项目，加强创新能力建设，健全和完善技术创新体系，建设符合海洋工程装备产业创新发展要求的科研开发协作机制，推动自主研发设计能力快速提高。

"十三五"期间，着力开展集成创新，注重培育原始创新能力，进一步提高主力海洋工程装备的设计制造能力，掌握关键共性技术，加快发展新型海洋工程装备，开展前瞻性海洋工程装备技术研究，推动我国海洋工程装备产业由低端制造向高端集成方向发展。

四、战略重点

（一）主力海洋工程装备

指量大面广、占市场总量 80%以上的海洋工程装备，主要包括：物探船、工程勘察船、自升式钻井平台、自升式修井作业平台、半潜式钻井平台、半潜式生产平台、半潜式支持平台、钻井船、浮式生产储卸装置（FPSO）、半潜运输船、起重铺管船、风车安装船、多用途工作船、平台供应船等。重点突破自主开发设计的关键核心技术，具备概念设计、基本设计和详细设计能力。

（二）新型海洋工程装备

指近年来国际上新发展起来的、我国目前尚处于空白状态的、有广阔市场前景的海洋工程装备，主要包括：液化天然气浮式生产储卸装置（LNG–FPSO）、深吃水立柱式平台（SPAR）、张力腿平台（TLP）、浮式钻井生产储卸装置（FDPSO）、自升式生产储卸油平台、深海水下应急作业装备及系统，以及其他新型装备。重点突破总装建造技术，逐步提升集成设计能力，填补国内空白。

（三）前瞻性海洋工程装备

指代表当今国际海洋工程装备新兴技术，可能改变当前海洋资源开发模式的新装备，主要包括：多金属结核、天然气水合物等开采装备，波浪能、潮流能等海洋可再生能源开发装备，海水提锂等海洋化学资源开发装备，以及其他新型装备。重点开展概念性技术研究，提高前瞻性技术开发能力，为未来装备发展做好技术储备。

（四）关键配套设备和系统

指海洋工程平台和作业船的配套系统和设备，以及水下采油、施工、检测、维修等设备，主要包括：自升式平台升降系统、深海锚泊系统、动力定位系统、FPSO 单点系泊系统、大型海洋平台电站、燃气动力模块、自动化控制系统、大型海洋平台吊机、水下生产设备和系统、水下设备安装及维护系统、物探设备、测井/录井/固井系统及设备、铺管/铺缆设备、钻修井设备及系统、安全防护及监测检测系统，以及其他重大配套设备。重点突破系统集成设计技术、系统成套试验和检测技术、关键设备和系统的设计制造技术等。

（五）关键共性技术

指制约我国海洋工程装备自主创新能力的关键技术和共性技术，主要包括：设计建造标准体系研究、海洋工程管理技术、深海设施运动性能及载荷分析预报技术、深海设施动力响应及强度分析技术、深海锚索/立管等柔性构件的动力特性分析技术、深海海洋工程装备风险控制技术、深海设施长效防腐及防护技术、深水浮式结构物恶劣海况下安全性评估技术、海上构筑物寿命评估及弃置技术等。

五、战略实施途径

（一）支持创新驱动，实施产业创新发展工程

将海洋工程装备发展战略纳入国家加快培育和发展战略性新兴产业的总体部署，组织实施海洋工程装备产业创新发展工程，突破核心装备设计制造技术，完善标准体系，全面提升自主研发设计、专业化制造及关键配套技术水平，加快引进消化吸收再创新，大力开展集成创新，积极培育原始创新能力，加速创新成果转化。加强创新能力建设，整合现有资源，依托现有条件，建设若干具有世界先进水平的国家工程研究中心、国家工程实验室、国家重点实验室、国家工程技术研究中心、企业技术中心等，并大力完善以企业为主体的技术创新体系。

（二）以需求为牵引，形成产业联盟

面向国际、国内两个市场，促进应用和供给的融合，遵循海洋油气开发规律和程序要求，充分发挥企业的市场主体作用。积极培育油气企业海上油气田规划、施工建设、设备制造、安装和维护能力，以及油气开采技术开发能力。支持船舶工业企业提高装备设计、建造和总包能力，推动产业结构调整升级。鼓励船用设备配套企业积极开展关键配套设备及系统研制。支持设立由大型骨干企业主导，科研机构、高校、专业技术服务公司等参与的产业联盟，推进产、学、研、用密切结合。

（三）加强国际合作，打造一流人才队伍

鼓励优势企业走出去，积极参与境外相关产业的合资合作，充分利用各种有利的国际资源，提高企业的国际竞争力。改革和完善企业分配和激励机制，积极营造人才发展良好环境，创造条件吸引海外有专长的工程技术专家、学者来国内工作。依托创新平台的建设和重大科研项目的实施，积极培养具有跨专业学科研发能力的领军人才。

（四）加强政策引导，完善产业结构

加强产业统筹规划和政策导向，对产能建设、行业协作、产业布局、创新发展等重要领域和关键环节，发挥政府宏观引导和协调作用，统筹现有设施和新建能力，坚持设计、制造、总装和配套同步发展。

六、保障措施

（一）加大国家支持力度

以提高设计制造能力、加速产业发展为目标，针对战略发展重点，依托优势企业，统筹工程化技术开发、标准制定、关键装备及配套设备产业化和创新能力建设等环节，加大国家投入力度，推动要素整合和技术集成，努力实现海洋工程装备产业核心技术重大突破。结合海洋工程装备产业特点，进一步落实相关税收支持政策。

（二）鼓励研究开发和创新

鼓励企业、科研机构、高校对重点项目和重大工程进行联合攻关。鼓励企业加大对海洋工程装备的研发投入和创新成果产业化的投入，按照企业所得税法律法规和有关政策规定，落实企业开发新技术、新产品、新工艺发生的研究开发费用在计算应纳税所得额时加计扣除的优惠政策。鼓励国内企业开展海外并购，与有实力的国际设计公司合资合作。推动国际海洋工程装备技术转移，鼓励境外企业和研究开发、设计机构在我国设立合资、合作研发机构。推动建立由项目业主、装备制造企业和保险公司风险共担、利益共享的重大技术装备保险机制。

（三）改进和完善金融服务

鼓励和支持金融机构加快金融产品和服务方式创新，有效拓宽海洋工程装备制造企业融资渠道。鼓励金融机构灵活运用票据贴现、押汇贷款、保函等多种方式，支持信誉良好、产品有市场、有效益的海洋工程装备企业加快发展。按照有关政策规定，进一步探索改进适合海洋工程装备产业特点的信贷担保方式，拓宽抵押担保物范围。积极开展海洋工程装备的融资租赁业务。支持符合条件的海洋工程装备制造企业上市融资和发行债券。

（四）做好组织和协调

有关部门应加强对海洋工程装备产业创新发展的总体规划和协调，制定和落实相关政策，组织实施海洋工程装备创新研发及产业化专项工程，推进关键设备和系统的示范应用，协调科技、金融、财税等各方关系，引导和推动全社会力量，将海洋工程装备产业创新发展战略落到实处。

关于促进战略性新兴产业国际化发展的指导意见

（商务部　发展改革委　科技部　工业和信息化部 财政部 环境保护部
海关总署　税务总局　质检总局　知识产权局　2011 年 9 月 8 日发布
商产发〔2011〕310 号）

各省、自治区、直辖市、计划单列市及新疆生产建设兵团商务、发展改革、科技、工业和信息、财政、环境保护、税务、质量技术监督、知识产权主管部门，海关广东分署，各直属海关，各直属检验检疫局：

加快培育和发展战略性新兴产业是党中央、国务院面向未来，为推动我国经济发展方式转变和产业结构升级作出的重大战略决策，国际化是培育和发展战略性新兴产业的必然选择。根据《国务院关于加快培育和发展战略性新兴产业的决定》（国发〔2010〕32 号），现就促进战略性新兴产业国际化发展提出如下指导意见：

一、突出产业特点，明确发展方向

促进战略性新兴产业国际化发展就是要把握经济全球化的新特点，逐步深化国际合作，积极探索合作新模式，在更高层次上参与国际合作，从而提升战略性新兴产业自主发展能力与核心竞争力。促进我国战略性新兴产业国际化发展应准确定位，明确方向。一是提高战略性新兴产业研发、制造、营销等各环节的国际化发展水平，提升全产业链竞争力；二是提高战略性新兴产业人才、企业、产业联盟、创新基地的国际化发展能力，提升市场主体竞争力；三是营造有利于战略性新兴产业国际化发展的良好环境，完善支撑保障体系；四是处理好两个市场的相互关系，夯实战略性新兴产业国际化发展的国内基础。

（一）指导思想

以邓小平理论和"三个代表"重要思想为指导，深入贯彻落实科学发展观，准确把握战略性新兴产业的国际发展趋势，按照加快培育和发展战略性新兴产业的总体要求，把国际化作为推动战略性新兴产业发展的重要途径，增强自主创新能力，加大政策扶持力度，夯实国内市场基础，着力营造良好环境，鼓励和引导企业积极开拓国际市场，在更宽领域、更大范围利用全球创新资源，努力提升战略性新兴产业总体发展水平。

（二）基本原则

——**坚持市场导向原则**。根据当前国际竞争态势和发展趋势，充分发挥市场机制的基础性作用，切实调动市场主体的积极性，引导产业发展方向和发展重点，明确产业优先发展次序和关键环节。

——**坚持提升优势原则**。在积极促进战略性新兴产业贸易和投资发展的同时，着重提升发展质量和国际分工地位，形成我国参与国际竞争新的比较优势。

——**坚持重点推进原则**。在积极提升战略性新兴产业国际化总体水平的同时，集中力量加大对重点环节、重点企业、重点市场的扶持，形成重点带动、整体推进。

——**坚持统筹发展原则**。统筹国内、国际两个市场、两种资源，促进贸易、投资协调发展，实现国际化与产业化的良性互动。

（三）工作目标

通过政府引导、上下联动等方式，力争到"十二五"末期，战略性新兴产业国际分工地位明显提升，国际化主体的竞争实力显著增强，贸易和投资规模稳步增长，全方位、多层次的国际化发展体系初步形成。

——**建设国际化示范基地**。结合科技兴贸创新基地建设，在战略性新兴产业的重点门类集中力量建设一批国际化发展示范基地，形成集群效应。

——**培育国际化领军企业**。重点支持一批具有较强创新能力和国际竞争力的领军企业，发挥带动作用。

——**促进对外贸易快速增长**。积极支持具有知识产权、品牌、营销渠道和良好市场前景的战略性新兴产业开拓国际市场，促进我国战略性新兴产业对外贸易快速增长。

（四）国际化推进重点

1. 节能环保产业

培育节能环保产业国际化基地，鼓励节能环保产品开拓国际市场，提高出口产品附加值，推动出口产品由以单机出口为主向以成套供货为主转变；建立进口再生资源监管区，鼓励有条件的再生资源回收利用企业实施"走出去"战略，开展对外工程承包和劳务输出，促进国际大循环；鼓励符合条件的企业到境外为我国投资项目和技术援助项目提供配套的环境技术服务；加强节能环保领域国际合作，推动国际环境合作项目国内配套资金的落实，加强国际环境技术转让，加大对我国参与环境服务贸易领域国际谈判的支持力度。

2. 新能源产业

鼓励新能源产业关键技术的研发及引进消化吸收再创新，提升核心技术竞争力和新能源开发能力；加强太阳能产业的国际合作与交流，支持新型太阳能热利用项目和产品开拓国际市场，优化出口产品结构，鼓励企业海外承建电厂工程；鼓励有生物质能研发优势的境外企业和机构以技术投资参股，促进国内商业模式创新。

3. 新一代信息技术产业

开展下一代信息网络、物联网等领域的国际科技合作与交流，推动与具有核心技术的国外高端研究机构合作；鼓励新一代信息技术领域参与国际标准制定；鼓励物联网、高端软件等领域的海外留学人员回国创业；加大对重要设备进口的支持力度，支持外商投资企业建立三网融合研发机构；鼓励外商投资设立高性能集成电路企业；充分利用国内资源优势发展高端软件服务外包，促进高端软件及相关信息服务开拓国际市场。

4. 生物产业

鼓励开展全方位国际合作，充分利用全球创新资源，提升创新能力；支持生物医药、生物育种等国内企业兼并重组，培育大型跨国经营集团；鼓励企业承接国际医药研发和生产外包；支持有条件的生物医药企业"走出去"，开展对外投资和合作；通过对外援助等多种方式，带动生物育种企业开展跨国经营。

5. 高端装备制造产业

鼓励高端装备制造业充分利用全球创新资源，开展多种形式的研发合作，提升创新能力；支持国产飞机（包括干线飞机、支线飞机、通用飞机）、海洋工程装备、先进轨道交通装备开拓国际市场；鼓励航空产业关键零部件及机载系统进口；鼓励转包生产，支持境内外企业开展高水平的合资合作；支持航空、海洋工程装备、高端智能装备等产业在海外投资建厂，开展零部件生产和装备组装活动；鼓励海洋工程装备类中外企业开展高水平的合资合作。

6. 新材料产业

支持国内企业并购国外新材料企业和研发机构，加强国际化经营；鼓励生产高附加值产品的国外企业来华投资建厂；优化进出口商品结构，完善进出口管理措施，加大对新材料产品和技术进口的支持力度，鼓励高附加值新材料产品开拓国际市场；鼓励新材料企业兼并重组，提高企业国际竞争力。

7. 新能源汽车产业

推动传统汽车制造企业向新能源汽车领域发展，培育本土龙头企业和新能源汽车跨国公司；鼓励境外申请专利；鼓励参与国际标准制定，逐步与国际标准接轨；建立产业联盟和行业中介组织，规范市场秩序；鼓励新能源汽车零部件企业"走出去"，在海外投资建厂。

二、利用全球创新资源，提升产业创新能力

在全球范围内，加强技术交流与合作，有效利用全球创新资源，不断提升我国战略性新兴产业的原始创新能力、集成创新能力和引进消化吸收再创新能力。

（五）鼓励技术引进和合作研发

修订《中国鼓励引进技术目录》和《鼓励进口技术和产品目录》，大力支持战略性新兴产业先进技术设备、关键零部件进口。支持国内企业与境外企业联合研发共性关键技术、开发新产品以及科技成果向现实生产力转化。

（六）鼓励引进消化吸收与再创新

鼓励引进项目的前期研发、再创新成果的产业化、消化吸收与再创新产品开拓国际市场、消化吸收与再创新的技术或者产品申请国内外专利。

（七）鼓励参与国际标准制定和推动国际互认

积极参与战略性新兴产业领域国际标准的制定，在基础较好、产业和技术优势明显的领域，积极探索推广使用中国标准的新途径。支持企业采用国际标准，取得相关认证，推动签署政府间产品标准和认证认可结果的相互认可协议，促进国外政府和相关机构对我国检测认证机构测试认证结果的采信。

（八）促进知识产权创造、运用、保护和管理

支持企业在境外申请专利、注册商标；加强科技成果、专利等无形资产的评估，促进技术创新和技术转让健康发展；逐步完善国际贸易领域知识产权相关法律法规；妥善处理知识产权纠纷；加大对知识产权侵权行为的打击力度，防范知识产权滥用行为。

（九）加大高端人才引进力度

加快高端人才的培养开发，畅通吸纳高端领军人才的绿色通道，按照国家规定在居留、入出境、物品通关、工作生活条件等方面，为海外高层次人才来内地工作创业提供便利。采取持股、技术入股、提供创业基金等灵活方式，积极吸引各类高端人才，营造有利于战略性新兴产业领军人才跨境流动的良好环境。

三、开拓和利用国际市场，转变贸易发展方式

支持企业开拓和利用国际市场，提升企业适应国际市场的能力，增强企业国际竞争力，不断拓展战略性新兴产业的国际化发展空间。

（十）加强对重点市场分类指导

根据战略性新兴产业的发展水平，结合不同市场需求，支持新能源汽车、光伏等产业开拓发达国家市场，推动节能环保、生物育种、生物医药等产业开拓亚洲、非洲、拉美等新兴市场，支持风电产业开拓发达国家市场和新兴市场。研究推动与20个重点国家的双边产业合作规划，确定合作重点领域，明确合作具体形式，制定有针对性的贸易投资指南，支持各类经营主体开展多种形式的国际化经营活动。

（十一）充分发挥双多边机制作用

将促进战略性新兴产业的国际交流与合作纳入双多边合作机制框架。建立战略性新兴产业专项合作协议，充分发挥中英航空等专项合作协议作用。有效运用对外投资、对外援助、对外工程承包等多种方式，提升双多边合作的质量和水平。继续通过中美、中欧、中日高技术战略合作机制，加大政府间高技术领域磋商力度，推动发达国家放宽对华出口限制，扩大高技术产品贸易。

（十二）加大对鼓励类商品对外贸易的支持力度

制订战略性新兴产业进出口产品目录，对列入目录且符合条件的产品在通关、检验检疫等方面给予支持。加强资源综合利用，通过政策引导，鼓励外商把终端产品生产转移到国内来，提高出口产品技术含量。

（十三）大力支持不同贸易方式优化发展

在大力支持战略性新兴产业一般贸易发展的同时，推动航空航天产业扩大转包生产规模，促进平板显示和高性能集成电路等产业加工贸易转型升级，支持在高附加值环节开展国际合作，提升参与国际分工能力。

（十四）积极承接服务外包

在生物医药、工业设计、软件和信息服务等与战略性新兴产业相关的领域积极承接服务外包，充分发挥国内人才、设备与成本等优势，开展生物制药研发及试验检测、传感网相关数据处理、金融后台服务、信息及软件技术研发类外包等服务外包业务，发挥服务贸易高附加值优势，提高货物贸易技术含量和附加值，延长货物贸易价值链。

（十五）加强出口促进体系建设

发挥驻外机构、行业组织等相关中介机构作用，为企业提供国际市场信息服务。有针对性地鼓励和扶持各类专业展会和重要出口商品宣传活动，促进中外企业信息交流和项目对接。在生物医药、新能源、新材料等领域规范出口秩序。

四、创新利用外资方式，促进对外投资发展

"引进来"与"走出去"相结合，切实提高国际投融资合作的质量和水平，促进战略性新兴产业在国际分工新格局中占据有利地位。

（十六）积极引导投资方向

修订《当前优先发展的高技术产业化指南》等，补充和完善战略性新兴产业相关内容，鼓励外商投资战略性新兴产业。制订国别产业导向目录，为企业开展跨国投资提供指导。积极探索在海外

建设科技型产业园区。

（十七）拓宽利用外资渠道

鼓励外商投资设立创业投资企业，完善退出机制。支持企业根据国家发展战略及自身发展需要到境外上市，创新利用外资手段。

（十八）鼓励研发合作

继续积极鼓励外商设立研发中心，支持中外企业联合研发，申请重大项目。

（十九）扩大企业境外投资自主权

简化企业境外投资审批程序。进一步加大对企业境外投资的外汇支持。鼓励有条件的企业在境外以发行股票和债券等多种方式融资。

（二十）鼓励建立海外生产体系

鼓励新能源、航空航天、新能源汽车、高端装备制造等行业符合条件的企业在国外投资建厂。鼓励生物育种业在海外设立生产示范园区，加强海外推广。支持符合条件的环保企业加强国际合作。

（二十一）鼓励设立海外研发中心

鼓励符合条件的企业通过并购、合资、合作、参股等多种方式在海外设立研发中心，重点扶持风能、太阳能、新型平板显示和高性能集成电路、新能源汽车、生物育种等行业与国外研究机构、产业集群建立战略合作关系。

（二十二）鼓励建立海外营销网络体系

针对不同国际市场，支持符合条件的企业采取自建、与渠道商合作等方式建立境外营销中心、维修服务网点等海外营销体系。支持企业通过境外注册商标、境外收购等方式，培育国际化品牌。

五、推动创新基地建设，发挥国际化发展示范带动作用

大力支持科技兴贸创新基地建设，促进国内外行业领军企业集聚发展，充分发挥科技兴贸创新基地对促进战略性新兴产业国际化发展的示范带动作用。

（二十三）发挥国际化发展示范带动作用

引导科技兴贸创新基地结合各自优势，加大对特色产业支持力度，培育若干具备行业领军优势的基地或基地企业。在积极利用好国家各项扶持政策的同时，鼓励对基地内企业给予配套政策支持，并在适当条件下，扩大至与基地相关联的企业或区域。

（二十四）推动国际合作

依托科技兴贸创新基地，结合产业特点，分行业领域深化国际合作。推动科技兴贸创新基地与国外研发机构和相关高技术产业园区建立战略伙伴关系。适时建设战略性新兴产业国际化发展示范基地，充分激发其引领、示范和促进作用。

（二十五）加强公共服务平台建设

促进共性、关键技术研发，加快国际孵化器、检验检测、信息服务、人才培训等公共服务平台建设，建设以科技兴贸创新基地为载体的国际化发展促进体系。

六、加大扶持促进力度，完善支撑保障体系

促进战略性新兴产业国际化发展，必须加大财税金融政策支持力度，完善便利化措施，加强产业预警体系建设，积极应对国际贸易保护主义。

（二十六）积极利用财税支持政策

充分利用好现行促进战略性新兴产业国际化发展的有关财税政策。结合战略性新兴产业发展特点，积极落实《国务院关于加快培育和发展战略性新兴产业的决定》确定的各项财税支持政策。

（二十七）用好出口信贷和出口信用保险

利用出口信贷和出口信用保险，积极支持战略性新兴产业领域的重点产品、技术和服务开拓国际市场，对航空航天、高端装备制造等金额较大或能带动国内专利技术和标准出口的战略性新兴产业产品，在出口信贷和出口信用保险方面给予重点支持。

（二十八）完善便利化措施

落实海关企业分类管理措施，大力推进分类通关改革，鼓励战略性新兴产业重点培育企业申请成为海关高资信管理企业，享受相关通关便利措施。战略性新兴产业领域海外科技专家来华工作，按有关规定给予通关便利。推进进出口检验检疫企业分类管理，对获得生态原产地标记保护的产品给予检验检疫便利。

（二十九）加强产业预警体系建设

重点对生物育种、生物医药等外资加速进入的产业，加强国内、国外产业发展动态监测与研究，尽快完善产业预警体系。

（三十）加强海外信用风险防范

引导企业增强风险意识，防范国际贸易和投资活动中的各类风险。积极利用保险工具，对战略性新兴产业的海外市场拓展及对外投资提供全面的风险保障和风险信息管理咨询服务。

（三十一）积极应对贸易保护主义

鼓励企业做好反倾销、反补贴、保障措施应对工作，指导企业积极利用世界贸易组织通报咨询机制等方式应对国外各种非关税壁垒。重点在生物医药等重要领域加强多双边磋商，减少国际贸易摩擦。

（三十二）完善和推进知识产权海外维权机制

继续完善和推进以政府为主导，企业、行业中介组织、研究机构和驻外经商机构共同参加的海外知识产权保护服务网络，通过培训、信息支持和服务、宣传等手段，提高企业的知识产权保护意识和海外维权能力。

（三十三）充分发挥行业组织的作用

引导和鼓励各类商协会、产业联盟、技术联盟等行业组织，在企业开拓国际市场、应对国际知识产权纠纷、防止恶性竞争、促进国内国际标准制定等方面充分发挥协调指导作用。

七、夯实国内市场基础，营造良好发展环境

夯实国内市场基础，培育国内市场需求，创造有利于国内外企业公平竞争的良好环境，为有效促进战略性新兴产业国际化发展奠定良好基础。

（三十四）促进商业模式创新

支持借鉴和引进国际先进商业模式，鼓励合同能源管理、专业化环保服务等商业模式的创新和发展。

（三十五）加强市场准入和价格管理

完善生物医药行业准入管理，进一步健全药品注册管理的体制机制，完善药品集中采购制度，完善新能源产品价格形成机制，完善生物育种行业准入管理及转基因农产品管理，完善并严格执行节能环保法规标准，推动形成与国际接轨的市场准入制度和价格形成机制。

（三十六）加强质量诚信体系建设

大力推进以质取胜战略，培育一批具有自主知识产权和知名品牌、国际竞争力强的优势企业，建设一批具有国际水平和带动能力的现代产业集群，积极推进质量诚信体系建设。加大质量失信行为的惩戒力度，提高战略性新兴产业产品的质量水平和国际信誉。

商务部

发 展 改 革 委

科技部

工业和信息化部

财政部

环 境 保 护 部

海关总署

税务总局

质检总局

知 识 产 权 局

二〇一一年九月八日

可再生能源发展基金征收使用管理暂行办法

（财政部　国家发展改革委　国家能源局　2011 年 11 月 29 日发布
财综〔2011〕115 号）

第一章　总则

第一条　为了促进可再生能源的开发利用，根据《中华人民共和国可再生能源法》的有关规定，制定本办法。

第二条　可再生能源发展基金的资金筹集、使用管理和监督检查等适用本办法。

第二章　资金筹集

第三条　可再生能源发展基金包括国家财政公共预算安排的专项资金（以下简称"可再生能源发展专项资金"）和依法向电力用户征收的可再生能源电价附加收入等。

第四条　可再生能源发展专项资金由中央财政从年度公共预算中予以安排（不含国务院投资主管部门安排的中央预算内基本建设专项资金）。

第五条　可再生能源电价附加在除西藏自治区以外的全国范围内，对各省、自治区、直辖市扣除农业生产用电（含农业排灌用电）后的销售电量征收。

第六条　各省、自治区、直辖市纳入可再生能源电价附加征收范围的销售电量包括：

（一）省级电网企业（含各级子公司）销售给电力用户的电量；

（二）省级电网企业扣除合理线损后的趸售电量（即实际销售给转供单位的电量，不含趸售给各级子公司的电量）；

（三）省级电网企业对境外销售电量；

（四）企业自备电厂自发自用电量；

（五）地方独立电网（含地方供电企业，下同）销售电量（不含省级电网企业销售给地方独立电网的电量）；

（六）大用户与发电企业直接交易的电量。

省（自治区、直辖市）际间交易电量，计入受电省份的销售电量征收可再生能源电价附加。

第七条　可再生能源电价附加征收标准为 8 厘/千瓦时。根据可再生能源开发利用中长期总量目标和开发利用规划，以及可再生能源电价附加收支情况，征收标准可以适时调整。

第八条　可再生能源电价附加由财政部驻各省、自治区、直辖市财政监察专员办事处（以下简称"专员办"）按月向电网企业征收，实行直接缴库，收入全额上缴中央国库。

电力用户应缴纳的可再生能源电价附加，按照下列方式由电网企业代征：

（一）大用户与发电企业直接交易电量的可再生能源电价附加，由代为输送电量的电网企业代征；

（二）地方独立电网销售电量的可再生能源电价附加，由地方电网企业在向电力用户收取电费时一并代征；

（三）企业自备电厂自发自用电量应缴纳的可再生能源电价附加，由所在地电网企业代征；

（四）其他社会销售电量的可再生能源电价附加，由省级电网企业在向电力用户收取电费时一并代征。

第九条　可再生能源电价附加收入填列政府收支分类科目第 103 类 01 款 68 项"可再生能源电价附加收入"。

第十条　省级电网企业和地方独立电网企业，应于每月 10 日前向驻当地专员办申报上月实际销售电量（含自备电厂自发自用电量，下同）和应缴纳的可再生能源电价附加。专员办应于每月 12 日前完成对企业申报的审核，确定可再生能源电价附加征收额，并向申报企业开具《非税收入一般缴款书》。省级电网企业和地方独立电网企业，应于每月 15 日前，按照专员办开具《非税收入一般缴款书》所规定的缴款额，足额上缴可再生能源电价附加。

第十一条　专员办根据省级电网企业和地方独立电网企业全年实际销售电量，在次年 3 月底前完成对相关企业全年应缴可再生能源电价附加的汇算清缴工作。

专员办开展汇算清缴工作时，应对电力用户欠缴电费、电网企业核销坏账损失的电量情况进行审核，经确认后不计入相关企业全年实际销售电量。

第十二条　中央财政按照可再生能源附加实际代征额的 2‰付给相关电网企业代征手续费，代征手续费从可再生能源发展基金支出预算中安排，具体支付方式按照财政部的有关规定执行。代征电网企业不得从代征收入中直接提留代征手续费。

第十三条　对可再生能源电价附加征收增值税而减少的收入，由财政预算安排相应资金予以弥补，并计入"可再生能源电价附加收入"科目核算。

第三章　资金使用

第十四条　可再生能源发展基金用于支持可再生能源发电和开发利用活动。

（一）可再生能源发展专项资金主要用于支持以下可再生能源开发利用活动：

1. 可再生能源开发利用的科学技术研究、标准制定和示范工程；

2. 农村、牧区生活用能的可再生能源利用项目；

3. 偏远地区和海岛可再生能源独立电力系统建设；

4. 可再生能源的资源勘察、评价和相关信息系统建设；

5. 促进可再生能源开发利用设备的本地化生产；

6.《中华人民共和国可再生能源法》规定的其他相关事项。

（二）可再生能源电价附加收入用于以下补助：

1. 电网企业按照国务院价格主管部门确定的上网电价，或者根据《中华人民共和国可再生能源法》有关规定通过招标等竞争性方式确定的上网电价，收购可再生能源电量所发生的费用，高于按照常规能源发电平均上网电价计算所发生费用之间的差额；

2. 执行当地分类销售电价，且由国家投资或者补贴建设的公共可再生能源独立电力系统，其合理的运行和管理费用超出销售电价的部分；

3. 电网企业为收购可再生能源电量而支付的合理的接网费用以及其他合理的相关费用，不能通过销售电价回收的部分。

第十五条　相关企业申请可再生能源发展专项资金补助的具体办法，按照《财政部关于印发

〈可再生能源发展专项资金管理暂行办法〉的通知》（财建〔2006〕237号）等有关文件的规定执行。

可再生能源发展专项资金用于固定资产投资的，还应按照中央政府投资管理的有关规定执行。

第十六条 电网企业应按照《可再生能源法》相关规定，全额收购其电网覆盖范围内符合并网技术标准的可再生能源并网发电项目的上网电量。

第十七条 可再生能源电价附加补助资金的申报、审核、拨付等具体办法，由财政部会同国家发展改革委、国家能源局另行制定。

第十八条 可再生能源发展专项资金支出填列政府收支分类科目中第211类12款01项"可再生能源"；可再生能源电价附加支出填列政府收支分类科目中第211类15款01项"可再生能源电价附加收入安排的支出"（新增）。

第四章　监督检查

第十九条 财政、价格、能源、审计部门按照职责分工，对可再生能源电价附加的征收、拨付、使用和管理情况进行监督检查。

第二十条 省级电网企业和地方独立电网企业，应及时足额上缴可再生能源电价附加，不得拖延缴纳。

第二十一条 未经批准，多征、减征、缓征、停征或截留、挤占、挪用可再生能源电价附加收入的单位及责任人，由财政、价格、能源、审计等相关部门依照《中华人民共和国价格法》、《财政违法行为处罚处分条例》、《价格违法行为行政处罚规定》等法律法规追究法律责任。

第五章　附则

第二十二条 本办法由财政部会同国家发展改革委、国家能源局负责解释。

第二十三条 本办法自2012年1月1日起施行。

国家能源科技"十二五"规划
（2011~2015）（节选）

（国家能源局　2011 年 12 月 5 日发布　国能科技〔2011〕395 号）

三、指导思想和发展目标

（一）指导思想

深入贯彻落实科学发展观，适应未来能源发展形势，以能源科学发展为主题，以转变能源发展方式为主线，围绕"安全、高效、低碳"的要求，以增强自主创新能力为着力点，按照"提效优先"的原则规划能源新技术的研发和应用，通过重大技术研究、重大技术装备、重大示范工程及技术创新平台建设，形成"四位一体"的国家能源科技创新体系，开展战略性科技攻关与科技成果推广应用，为合理控制能源消费总量、优化能源结构、转变能源发展方式，实现我国由能源生产和消费大国向能源科技强国转变提供技术支撑和保障。

（二）发展目标

围绕由能源大国向能源强国转变的总体目标，为能源发展"十二五"规划实施和战略性新兴产业发展提供技术支撑。通过重大能源技术研发、装备研制、示范工程实施以及技术创新平台建设，形成较为完善的能源科技创新体系，突破能源发展的技术瓶颈，提高能源生产和利用效率，在能源勘探与开采、加工与转化、发电与输配电以及新能源领域所需要的关键技术与装备上实现自主化，部分技术和装备达到国际先进水平，提升国际竞争力。

（1）2015 年能源科技发展目标。

新能源技术领域。 消化吸收三代核电站技术，形成自主知识产权的堆型及相关设计、制造关键技术，并在高温气冷堆核电站商业运行、大型先进压水堆核电站示范、快堆核电站技术、高性能燃料元件和 MOX 燃料元件，以及商用后处理关键技术等方面取得突破。掌握 6~10MW 风电机组整机及关键部件的设计制造技术，实现海基和陆基风电的产业化应用。提高太阳能电池效率，并实现低成本、大规模的产业化应用，发展 100MW 级具有自主知识产权的多种太阳能集成与并网运行技术。开发储能和多能互补系统的关键技术，实现可再生能源的稳定运行。开发以木质纤维素为原料生产乙醇、丁醇等液体燃料及适应多种非粮原料的先进生物燃料产业化关键技术，实施二代燃料乙醇技术工程示范，开发农业废弃物生物燃气高效制备及其综合利用关键技术，进行日产 5000~10000m³ 生物燃气规模化示范应用。

（2）2020 年能源科技发展目标。

新能源技术领域。 建成具有自主知识产权的大型先进压水堆示范电站。风电机组整机及关键部件的设计制造技术达到国际先进水平；发展以光伏发电为代表的分布式、间歇式能源系统，光伏发电成本降低到与常规电力相当，发展百万千瓦光伏发电集成及装备技术；开展多塔超临界太阳能热发电技术的研究，实现 300MW 超临界太阳能热发电机组的商业应用；实现先进生物燃料技术产业化及高值化综合利用。

四、重点任务

（四）新能源技术领域

核能具有能量密集、成本低廉、温室气体排放少等优点，风能、太阳能、生物质能和海洋能储量巨大，发展核能发电、风力发电、太阳能发电、生物质能利用和海洋能发电等可再生能源技术，规模化开发新能源，对优化我国能源结构、促进能源可持续发展具有重要意义。

在新能源技术领域中，确定先进核能发电技术、大型风力发电技术、高效大规模太阳能发电技术、大规模多能源互补发电技术和生物质能的高效利用技术等 5 个能源应用技术和工程示范重大专项，其中，规划 13 项重大技术研究、7 项重大技术装备、12 项重大示范工程和 11 个技术创新平台（技术路线见图 1）。

15. 先进核能发电

开展三代压水堆核电技术研究，持续提高在运、在建核电站的安全性和经济性；进行实验快堆试验验证、开展快堆技术研究；开展 200MW 高温气冷堆核电技术研究；开展多用途模块化小型堆以及聚变堆的技术研发；开展核燃料元件、乏燃料后处理、高放废物处理处置等方面技术研究。

Y25）先进压水堆核电技术

目标：巩固提高在运、在建压水堆技术的安全性，消化吸收 AP1000 技术，研发具有自主知识产权的三代压水堆核电技术。

研究内容：反应堆堆芯、非能动安全系统重大改进和优化设计；先进压水堆标准设计；堆芯保护技术；反应堆屏蔽技术；反应堆物理及热工分析技术与软件开发；反应堆安全分析与安全验证技术；数字化仪控系统；高效汽水分离技术；核反应堆流固耦合分析技术；核级设备鉴定方法；严重事故预防与缓解技术；严重事故管理导则及严重事故分析；压力容器寿命管理及检测关键技术；非能动堆芯冷却系统、非能动安全壳冷却系统整体性能试验和验证；安全供电、核事故应急处理及环境保护等。

起止时间：2011~2020 年

Y26）高温气冷堆核电技术

目标：实现高温气冷堆示范项目自主设计、自主建造、自主运行，掌握高温气冷堆应用的前沿技术，保持我国在高温气冷堆技术领域的国际领先地位。

研究内容：关键设备的设计与制造技术；安全特性和关键设备性能；分析软件和仿真技术；燃料辐照后检验技术；先进燃料制造技术；超高温气冷堆技术；气体透平发电技术；高温制氢技术等。

起止时间：2011~2015 年

Y27）快堆核电技术

目标：通过研究快堆电站设计、建造、调试和运行的关键技术，为进一步开发大型先进快堆提供技术支撑。

研究内容：相关法规、标准和规范；设计软件开发；堆芯、堆芯组件、非能动停堆系统、数字化仪控系统、放射性钠工艺及钠火防护等关键工艺系统设计和验证；核安全与辐射安全技术，以及建造、调试、运行技术等。

	2011	2016	2021 技术创新平台	预期效果
先进核能发电	先进压水堆核电技术 压水堆核电关键设备 自主知识产权先进压水堆核电示范工程 高温气冷堆核电技术 高温气冷堆发电示范工程 快堆核电技术 示范快堆核电关键设备 快堆发电示范工程 先进核燃料元件技术 模块化小型多用途反应堆技术 模块化小型堆示范工程 乏燃料后处理技术 乏燃料后处理关键设备 大型核燃料后处理厂示范工程		核电站核级材料与设备研发平台 先进核反应堆技术研发平台 先进核燃料元件研发平台 核电工程建设技术研发平台 核电站仪表与仪控系统研发平台 核电站寿命评价与管理技术研发平台	●消化吸收三代核电技术，形成自主知识产权的堆型及相关设计、制造关键技术，并在高温气冷堆核电机组商业运行、大型先进压水堆核电站示范、快堆核电技术、高性能燃料元件，以及商用后处理关键技术等方面取得突破。
大型风力发电	大型风力发电关键技术 大型风电场资源评估及监控技术 大型风电机组		风电技术及装备研发平台 风电运营技术研发平台	●掌握 6~10MW 风电机组整机及关键部件设计制造技术。
高效大规模太阳能发电	大规模太阳光伏系统技术 太阳能电池及产业链生产设备 大规模并网光伏发电系统示范工程 太阳光伏发电系统关键设备 大规模太阳能热发电技术 大规模太阳能热发电示范工程		太阳能发电技术研发平台	●提高太阳能电池效率，实现低成本、大规模产业化；发展100MW级具有自主知识产权的多种太阳能集成与并网运行技术。
大规模多能源互补发电	多能源互补利用的分布式供能技术 与大电网并网的风/光/储互补示范工程 水/光/储互补发电系统示范工程		总能系统与分布式能源技术研发平台	●开发储能和多能互补系统关键技术，实现可再生能源稳定运行。
生物质能的高效利用	生物燃气高效制备及综合利用技术 非粮生物质原料专用机械及加工转化成套技术装备 农业废弃物制备生物燃气及其综合利用示范工程 生物质制备液体燃料技术 纤维素水解制备液体燃料及其综合利用示范工程 生物质热化学转化制备液体燃料及多联产示范工程		生物液体燃料技术研发平台	●开发以木质纤维素为原料生产醇、丁醇等液体燃料及适应多种非粮原料的先进生物燃料产业化关键技术；开发农业废弃物生物燃气高效制备及其综合利用关键技术。

■ 重大技术研究　　■ 重大技术装备　　▢ 重大示范工程

图 1　新能源技术路线

起止时间：2011~2020 年

Y28）模块化小型多用途反应堆技术

目标： 掌握模块化小型多用途反应堆关键技术，具备示范工程条件。

研究内容： 顶层设计与总体设计技术；软件开发和仿真技术；反应堆关键系统和设备设计分析及试验；棒控堆芯设计分析；主要事故分析；专设安全系统分析及试验；数字化仪控技术；法规标准及安全性分析等。

起止时间：2011~2013 年

Y29）先进核燃料元件技术

目标： 掌握压水堆先进燃料组件的自主设计与制造技术，掌握快堆和压水堆 MOX 燃料元件的关键工艺和设备设计制造技术。

研究内容： 燃料棒、燃料组件及其相关组件的性能分析与评价技术；高性能锆合金材料和包壳管制造技术；格架设计与制造技术、上管座可拆装置设计技术；适应深燃耗、长周期要求的大晶粒"柔性"UO_2 燃料制备技术；快堆 MOX 燃料和压水堆 MOX 燃料堆芯设计、元件和组件设计、制造工艺、堆外性能检测、堆内辐照考验和辐照后检验等关键技术等。

起止时间：2011~2020 年

Y30）乏燃料后处理技术

目标： 掌握乏燃料后处理工艺、关键设备、自动化控制、工厂设计等关键技术，具备乏燃料后处理厂建设条件。

研究内容： 乏燃料安全存储；乏燃料后处理主工艺流程；后处理厂房布置和设备的核临界安全设计计算方法与手段；铀钚共去污工艺；钚纯化、高放废液分离工艺；溶解和尾端工艺技术；工艺流程热实验；干法后处理技术；后处理关键分析监测技术；后处理厂设计技术；乏燃料湿法贮存/干法卸料热室工艺；高放废物地质安全处置技术、分离嬗变技术和长期暂存技术；压水堆回收铀作为重水堆燃料的技术；与大型后处理厂流程相衔接的高放废液分离流程等。

起止时间：2011~2020 年

Z18）压水堆核电关键设备

目标： 全面掌握在运、在建核电站设备的制造技术，大型先进压水堆核电站国产化率达到 80%。

研究内容： 反应堆压力容器、堆内构件、一体化堆顶结构、主泵、主管道、蒸汽发生器、钢制安全壳、爆破阀、半速汽轮机的国产化；核电大锻件、核级管道和板材的国产化；核级泵阀和数字化仪控系统等关键设备和材料的国产化。

起止时间：2011~2019 年

Z19）示范快堆核电关键设备

目标： 掌握示范快堆核电站关键设备设计和制造技术，实现关键设备和材料的国产化。

研究内容： 堆容器、堆内构件、旋转屏蔽塞、钠循环泵、控制棒驱动机构、换料系统设备、钠—水蒸气发生器、钠—钠热交换器、大型钠阀、大型冷阱、大型电磁泵；快堆亚临界汽轮机组；特殊结构材料和管道的研制；安全相关的仪器仪表等。

起止时间：2011~2020 年

Z20）乏燃料后处理关键设备

目标： 掌握乏燃料后处理关键设备的设计和制造技术，具备建设乏燃料后处理厂能力。

研究内容： 卧式剪切机；连续溶解器；沉降式离心机；脉冲萃取柱、离心萃取器、泵轮式混合澄清槽；流体输送设备；专用计量泵、专用阀门设备和系统；强放环境下专用检修机器人；乏燃料运输容器；适用于乏燃料运输容器的专用操作设备与工具等。

起止时间：2011~2020 年

S23）自主知识产权先进压水堆核电示范工程

目标：建设具有自主知识产权、更安全的三代压水堆核电站示范工程，具备三代压水堆核电站标准化、批量化的建设能力。

研究内容：完成示范工程设计，安全审查，设备设计选型及成套采购，设备国产化，建造安装施工管理、调试及运行技术等。

起止时间：2013~2017 年

S24）高温气冷堆发电示范工程

目标：自主设计、自主制造、自主建造、自主运营，建成具有自主知识产权的 200MW 级模块式高温气冷堆核电站。

研究内容：高温气冷堆核电站示范工程的设计、安全审查、设备制造、关键设备验证试验、燃料元件制造、燃料元件辐照考验、建造技术，调试和运行，示范工程运行考验以及运行经验反馈；标准及安全审查技术等。

起止时间：2011~2014 年

S25）快堆发电示范工程

目标：自主设计和建成快堆商业示范电站，拥有自主知识产权，形成推广能力。

研究内容：示范工程的设计、安全审查、设备制造、关键设备验证试验、燃料元件制造、燃料元件辐照考验、安装调试和运行，示范工程的运行考验以及运行经验反馈；标准及安全审查技术等。

起止时间：2011~2020 年

S26）模块化小型堆示范工程

目标：自主设计和建成模块化小型堆示范工程，拥有自主知识产权，形成推广能力。

研究内容：示范工程的设计、安全审查、设备制造、关键设备验证试验、安装调试和运行，示范工程运行考验以及运行经验反馈；标准及安全审查技术等。

起止时间：2011~2018 年

S27）大型核燃料后处理厂示范工程

目标：掌握关键技术和核心技术，建成大型核燃料后处理示范工程。

研究内容：厂址比选；示范工程的设计、安全审查、设备制造、关键设备验证试验、安装调试，示范工程的运行考验以及运行经验反馈；标准及安全审查技术等。

起止时间：2013~2020 年

P26）核电站核级材料与设备研发平台

目标：建成国际一流的核电站核级材料与设备研发机构；完成核级材料与设备的核心技术攻关和关键工艺试验研究，研制出具有完整自主知识产权的、能够满足当前先进的核电站建设需要的核级材料与设备。

建设与研发内容：核电站不可接近设备研发平台；核级设备试验平台；二代改进型机组的控制棒驱动系统、堆芯和堆外测量系统、大型阻尼器等关键核级设备的研发；三代核电设备研发；在运核电机组维修、在役检查专用工具研发；AP1000 核级锆材制造技术及大型铸锻件研制；CAP1400 机组大型铸锻件研制；国产新锆合金研制及应用性能研究；核结构材料堆外评价体系；核用锆合金检测体系。

P27）先进核反应堆技术研发平台

目标： 建立国家核能发展战略研究咨询中心，形成中国先进核反应堆技术研发中心和中国示范先进核反应堆电站建设的技术支持中心；掌握先进核反应堆技术，形成中国核电装备制造技术研发基地和国家先进燃料循环体系的技术研发中心。

建设与研发内容： 非能动安全系统的试验验证平台；新型反应堆研发设计平台；非放射性试验研究平台；反应堆用材料研究平台；放射性试验研究平台；堆芯组件堆外考验回路改造；钠工艺技术研究设施；堆本体及堆芯余热导出综合实验装置；燃料组件堵流实验装置；运行支持中心和维修技术实验室；大型堆芯零功率模拟实验设施。

P28）先进核燃料元件研发平台

目标： 实现国内在运、在建核电站商用燃料组件自主设计与制造，研制出国际先进水平的燃料组件；完成 MOX 燃料组件的验证与评价，使其具备商用条件；建立我国钍基燃料应用的研发平台；突破堆芯及燃料设计、工艺和性能评价等方面的关键核心技术。

建设与研发内容： 先进核燃料元件设计研究和开发设计开发系统；燃料组件设计研究的物理—热工—结构—材料—力学综合设计分析平台；燃料微球制备技术；表面涂层改性技术；无损检测技术；辐照考验及评价设施配置及改造技术。

P29）核电工程建设技术研发平台

目标： 建设国际一流的核电工程建设技术集成创新研发平台，形成产、学、研和工程实践相结合的技术研发体制和运作机制；改进在运、在建核电站技术，引进、消化、吸收、再创新"三代"核电技术；建设核电站建设技术研发平台、技术成果转化平台、管理全周期信息与技术交流平台。

建设与研发内容： 核电工程建设技术研发实验室，包括人因工程实验室、调试技术研究综合实验室、自动焊实验室、金属实验室、数字化仪控综合验证实验室、数字化核电工程虚拟仿真实验室与协作平台；EPCSM 协同技术；全生命周期数字化核电站仿真技术；模块化设计与建造技术；数字化仪控设计及验证技术。

P30）核电站仪表与仪控系统研发平台

目标： 提升我国核电仪表和仪控系统自主化研发能力，提高核电仪控产品及系统的国产化率；消化和吸收国际核电 I&C 系统的先进技术，掌握核电站全范围数字化仪控技术，突破核安全级数字化仪控技术领域的技术瓶颈；建成国际先进、国内一流的核电仪表与仪控系统研发与试验中心。

建设与研发内容： 核电站仪表和控制系统共性技术；核电站仪表关键技术；基准试验、老化试验、抗震试验、事故及事故后环境条件下试验；核级仪表和控制系统的安全软件的验证和确认；核电站仪表和控制系统技术辐射和信息交流平台；百万千瓦级压水堆核电站反应堆控制保护系统工程样机研制；高温汽冷堆核电站反应堆控制保护系统工程样机研制；图形化核安全级软件集成开发环境研制。

P31）核电站寿命评价与管理技术研发平台

目标： 建立适用于我国核电站的寿命评价与管理技术体系，为国家制定核电站寿命管理政策、法规、标准体系提供强有力的支持；突破一批影响核电站寿命的关键技术，掌握关键系统、结构和部件的老化机理、检测方法、寿命评估技术以及缓解措施；成为国际先进的核电站寿命评价与管理技术研发平台、成果转化平台和技术支持平台。

建设与研发内容： 电站金属材料寿命评估研发平台；在役检查研发平台；仪控板件老化研发平台；核电站结构安全分析研发平台；核岛主设备设计分析研发平台；材料辐照监督研发平台；辐射环境研发平台；电气绝缘老化研发平台；电站设备制造工艺评定研发平台；反应堆压力容器寿命管理及检测关键技术；核电站重要构筑物老化管理技术；核电站重要电气设备寿命评价与管理关键技

术；核电站重大设备更换策略与技术；核电站寿期管理中的环境影响评价技术。

16. 大型风力发电

研发大型风电机组整机及关键部件的自主设计、制造与检测技术，大型风电机组在极端环境条件下的应对技术以及大规模应用海上风电的关键技术与装备。

Y31）大型风力发电关键技术

目标：研发具有自主知识产权的大型陆上及海上风力发电关键技术。

研究内容：大型陆上与海上风电机组关键控制技术；翼型设计与叶片优化设计技术；大功率中高速比齿轮箱设计技术；大型风力发电机设计与优化技术；大型风电机组整机与关键部件的检测技术；载荷分析与抗疲劳设计技术；大型风电机组在极端情况（台风、强风沙、低温及腐蚀等）下的应对技术；大型风电机组电网适应性控制技术。

起止时间：2011~2015 年

Y32）大型风电场资源评估及监控技术

目标：掌握适合我国国情的大型风电场资源评估技术以及监控技术。

研究内容：适合我国地域及风资源特点的大型风电场资源评估、风能预测及微观选址技术；具有自主知识产权的大型风电场的中央集群监控和异地远程实时监控技术及风电场级的调节控制技术；与现代控制理论相结合的大型风电场机组优化调度技术。

起止时间：2011~2015 年

Z21）大型风电机组

目标：研制出具有自主知识产权的 6~10MW 陆地（近海）风电机组及关键部件。

研究内容：6~10MW 陆地（近海）变速恒频风电机组（双馈式和直驱式）的整机制造技术；控制系统、变流器、变桨矩系统、齿轮箱、叶片、发电机和轴承等关键部件的制造技术；具有自主知识产权的大型风电机组制造的关键技术。

起止时间：2011~2017 年

P32）风电技术及装备研发平台

目标：建立国际一流的风电技术及装备研发机构，研制出全球领先的风电装备，实现规模化生产。攻克超大型风电机组关键技术难题，形成大型风电机组关键部件的制造能力。成为在风电技术研究与制造领域有影响的国际合作科研平台和风电技术研究基地。

建设与研发内容：海上及潮间带风电机组研制；超大功率风电机组及关键部件测试试验技术装备研制及工程应用；海上风电接入技术；海上及潮间带风电机组运输、安装、服务一体化技术装备研发；适合中国风资源特点的风力机专用翼型；反映中国气候与地理特点的风资源评估与风电场优化设计技术；新概念智能叶片；永磁同步风力发电机；双馈风力发电机；MW 级低风速直驱式风力发电机产业化关键技术；风力发电机全功率和可靠性试验方法及试验平台。

P33）风电运营技术研发平台

目标：解决风电运营及保障中的重大技术问题，形成国内领先、国际一流的风电运营技术研发基地。

建设与研发内容：风电场功率预测技术；风电场无功补偿技术；风电场状态监测技术；风电场自然灾害防护技术；风电机组运行性能测试技术；海上风电场运营关键技术；大型风电场群优化运营技术；风电场电网接入自适应技术。

17. 高效大规模太阳能发电

研究低成本、低污染、高效率的太阳能电池技术，发展光伏发电系统规模化应用技术；研究规模化太阳能热发电集热系统，太阳能热发电热电转换材料、核心部件及大规模储热技术。

Y33）大规模太阳光伏系统技术

目标：掌握不同类型光伏发电系统设计集成、运行控制及保护技术。

研究内容：大型地面光伏系统、光伏建筑一体化系统的设计集成技术；光伏并网发电技术，包括光伏并网逆变技术、低电压耐受技术、有功/无功自动调节技术、适应不同种类光伏组件性能的逆变技术等；光伏电站数据采集与远程监控技术，包括与电力系统监控平台的数据通讯技术，遥测、遥信、遥控技术等；光伏电站安全保护技术，包括孤岛防护、逆功率保护、光伏电站保护与电网保护的协调配合技术；光伏微电网技术，包括微网运行控制技术、微网与公共电网之间的能量交互管理技术等。

起止时间：2011~2015 年

Y34）大规模太阳能热发电技术

目标：掌握基于 5MW 单塔的多塔并联技术，完成 50MW 槽式太阳能热发电系统及关键部件的设计与优化。

研究内容：太阳能塔式热发电技术，包括 5MW 吸热器、低成本定日镜、600℃ 大规模低成本储能技术，大规模塔镜场的优化排布技术，多塔集成调控技术，大规模电站的设计集成和调试技术；槽式太阳能热发电技术，包括不同聚光、吸热、蓄热和热功等能量传递及转化系统的集成应用特性，光—热—电转换关键部件设计方法，太阳能热发电系统的运行和测试。

起止时间：2011~2015 年

Z22）太阳能电池及产业链生产设备

目标：掌握效率 20% 以上的低成本晶体硅太阳能电池及产业化技术，实现先进薄膜太阳能电池的产业化，研制出产业链关键设备。

研究内容：低成本太阳级硅大规模制备技术，包括低能耗、低污染和高安全性的多晶硅材料提纯与硅锭制备技术及装备，低能耗、薄片化硅片切割与快速分检技术及装备等；高效晶硅电池低成本产业化技术，包括以高效率和低成本为目标的晶体硅电池产业化新工艺与生产设备，新型电池结构和制造工艺，特殊用途的电池结构和制造工艺；薄膜太阳能电池制备及产业化技术，包括以低成本、低污染、高效率和长寿命为目标的硅基薄膜电池、碲化镉薄膜电池、铜铟镓硒薄膜电池、染料敏化电池的规模化生产技术及关键设备。

起止时间：2011~2015 年

Z23）太阳光伏发电系统关键设备

目标：研制出 1MW 以上的大功率光伏并网逆变设备，实现具有自主知识产权的光伏系统关键设备的产业化。

研究内容：光伏逆变设备产业化技术与装备，包括 1MW 以上光伏并网逆变器和 MW 级多运行模式光伏逆变器；多种非聚光太阳光伏自动跟踪技术与装备，包括大功率的水平单轴跟踪、倾斜单轴跟踪和双轴跟踪的关键技术及装备；多种聚光光伏技术与装备，包括聚光太阳能电池、平板反射聚光技术、透射式聚光技术和抛物聚光技术及装备。

起止时间：2011~2016 年

S28）大规模并网光伏发电系统示范工程

目标：建设 100MW 级与公共电网并网的光伏示范电站、10MW 级用户侧并网的光伏示范系统，为我国大规模推广光伏系统提供实践经验。

研究内容：100MW 级集中并网光伏电站示范工程，包括先进的太阳光伏跟踪系统、聚光光伏系统、光伏并网逆变器，掌握平衡部件运行特性、光伏电站整体运行特性以及接入电网的特性；10MW 级用户侧并网光伏发电示范系统，包括光伏与建筑结合系统的设计和安装示范，掌握建筑用光伏组件及其他平衡部件应用特性、用户侧光伏发电特性与管理模式。

起止时间：2011~2015 年

S29）大规模太阳能热发电示范工程

目标：建设 300MW 级槽式太阳能与火电互补示范电站和 50MW 级槽式、100MW 多塔并联的太阳能热发电示范电站，解决从聚光集热到热功转换等一系列关键技术问题。

研究内容：300MW 级槽式太阳能与火电互补示范工程，包括高精度、低成本太阳能集热器及其工艺、太阳能给水加热器，太阳能集热与汽机控制运行特性；50MW 槽式太阳能热发电示范工程，包括高温真空管、高尺寸精度的硼硅玻璃管、高反射率热弯钢化玻璃、耐高温的高效光学选择性吸收涂层等设备生产工艺，槽式电站设计集成技术示范；100MW 多塔并联太阳能热发电示范工程，包括 5MW 吸热器、定日镜、储热装置的现场实验，大规模塔镜场的优化排布技术，多塔集成调控技术，电站调试与运营技术示范。

起止时间：2012~2017 年

P34）太阳能发电技术研发平台

目标：建成我国权威的太阳能发电研究检测机构，成为世界一流的太阳能发电技术研究中心、太阳能光伏发电系统并网检测中心、太阳能光伏发电产品检测中心、太阳能光伏发电产业技术支持中心和太阳能技术交流中心，促进我国太阳能发电技术进步。

建设与研发内容：太阳能发电技术，建立并网仿真研究平台、运行数据库及数据处理平台和规划设计平台；并网光伏电站移动检测技术，建立接入 380V 的小型光伏电站移动检测平台和接入 10kV 以上电压等级的大中型光伏电站移动检测平台；光伏系统并网试验检测技术。

18. 大规模多能源互补发电

研究自治运行的水/光/储互补发电设计集成、新型逆变、储能控制、稳定控制与能量管理技术，以及与公共电网并网的风/光/储互补发电的设计集成和综合利用技术。

Y35）多能源互补利用的分布式供能技术

目标：攻克多能源互补利用的分布式供能系统关键技术，实现 MW 级系统集成和试验验证，使系统综合效率达到 85%以上，与常规供能系统相比节能 20%~30%。

研究内容：建筑、工业等典型分布式能源系统的集成和设计；分布式供能系统能量管理及仿真平台；多能源互补分布式能源系统测评方法；MW 级多能源互补的分布式供能实验系统及试验验证。

起止时间：2011~2015 年

S30）与大电网并网的风/光/储互补示范工程

目标：建设 100MW 级风/光/储互补发电示范工程，掌握新设备和新技术的应用特性，为我国推广风/光/储互补发电系统积累经验。

研究内容：大型风电场与大型光伏电站互补运行特性，包括风电与光电的功率互补特性与能量互补特性、不同跟踪形式光伏电站与大型风电机组的相互影响、大规模储能系统运行特性等；大型风/光/储互补发电系统接入电网特性，包括互补电站输变电系统的实际利用率、对电网动态与静态安全稳定性影响、发电性能统计评价等。

起止时间：2011~2016 年

S31）水/光/储互补发电系统示范工程

目标：建设 10MW 级自治运行的水/光/储互补发电系统示范工程，掌握新技术、新装备及系统的实际运行规律，为我国发展水/光/储互补发电系统提供实践经验与技术支持。

研究内容：自治运行的水/光/储互补发电系统关键设备技术；自同步电压源型逆变器、大功率高效储能系统控制器、光伏电站综合自动化系统及能量管理系统等新型设备；10MW 级自治运行的水/光/储互补示范电站；新技术、新装备的实际运行特性；运行模式、控制策略及系统稳定性的现场试验验证与长期运行考核。

起止时间：2011~2016 年

P35）总能系统与分布式能源技术研发平台

目标：解决能源利用中各种形式能量转换的关键技术与系统集成问题，致力于分布式供能系统的开拓创新，实现关键技术的突破，并进行分布式能源行业规范与国家相关政策的研究，引导分布式能源行业的健康有序发展。成为国内领先、国际先进的多能源综合利用研发与实验中心。

建设与研发内容：分布式冷热电联产、多能源互补等新型能源动力系统集成技术；分布式冷热电联产关键设备；系统单元中化学能与物理能综合梯级利用技术；分布式供能系统与集中大电网互补的技术途径；分布式供能系统与风能、太阳能和生物质能等能源的互补技术；建设余热利用技术实验室、储能技术研究实验室、系统集成技术研究实验室、系统测试技术研究实验室和关键动力技术研究实验室；天然气分布式能源系统集成技术。

19. 生物质能的高效利用

以研制及综合利用生物质气体燃料和液体燃料为目标，研发高效的生物质能转化技术，开发多联产技术，提高生物质能转化附加值，降低利用成本。

Y36）生物燃气高效制备及综合利用技术

目标：实现生物质燃气的高效生产与高值化利用，形成自主知识产权的关键技术。

研究内容：高浓度、混合原料的湿发酵、干发酵技术；大型沼气及热电联供技术；高效热解汽化技术；燃气净化及高值化利用技术。

起止时间：2011~2015 年

Y37）生物质制备液体燃料技术

目标：掌握具有自主知识产权的非粮燃料乙醇高效生产技术，以木质纤维素为原料生产乙醇、丁醇等液体燃料的关键技术，以及高效多原料生物柴油、航空生物燃料清洁生产的关键技术。

研究内容：非粮燃料乙醇高效生产关键技术；纤维素乙醇、丁醇等制备技术；生物质气化合成醇醚技术；生物质热解液化技术；生物质直接催化转化制备烃类燃料技术；生物柴油清洁生产技术；过程的废水、废渣处理和综合利用技术。

起止时间：2011~2018 年

Z24）非粮生物质原料专用机械及加工转化成套技术装备

（1）非粮生物质原料专用机械设备。

目标：研制符合国情并具有自主知识产权的非粮生物质原料种（养）植、采收、储运及初加工的专用系列机械设备，实现非粮生物质原料专用机械的规模化生产。

研究内容：能源作物边际地种植机械、能源藻类养殖专用系统设备（如光反应器）等；非粮生物质原料收集装备，包括能源作物收获机械、能源林木采收装备、秸秆收获机械和码垛装载机械、能源藻类收集机械等；非粮生物质原料初加工装备，包括纤维素原料预处理技术与专用设备、淀粉质原料（如木薯、菊芋、粉葛等）输送—净化—粉碎设备、糖质原料（如甜高粱茎秆）保鲜储藏及糖汁液提取及预处理技术及专用设备、林木油料种子预处理及油脂提炼技术与专用设备、工程油藻脱水及油脂提取技术与专用设备等。

起止时间：2011~2016 年

（2）非粮燃料乙醇加工转化成套技术装备。

目标：开发具有自主知识产权的 5 万吨级及以上规模纤维素、糖类原料（如甜高粱茎秆）燃料乙醇成套技术装备并实现产业化；实现 10 万吨级及以上淀粉质燃料乙醇成套技术装备的工程技术创新。

研究内容：纤维素、半纤维素水解技术装备；适应不同原料的新型生物反应器；燃料乙醇清洁生产技术及装备；高效乙醇分离浓缩技术及设备；高效热交换、热回收技术与设备；污水处理技术与设备；副产物资源化利用技术装备；醇电联产装备。

起止时间：2011~2016 年

S32）纤维素水解制备液体燃料及其综合利用示范工程

目标：建设万吨级纤维素水解制备液体燃料及其醇电联产综合利用示范工程，实现纤维素乙醇、丁醇的清洁生产和能量自给。

研究内容：原料的高效预处理技术和低成本降解技术；水解液发酵制乙醇技术；水解液发酵制丁醇技术；原料全株综合利用与生物炼制技术；水解液重整合成生物液体烷烃技术；废水高效利用能源微藻培养技术；废渣催化转化液体烷烃技术。

起止时间：2011~2016 年

S33）生物质热化学转化制备液体燃料及多联产示范工程

目标：建设拥有完全自主知识产权的万吨级生物质热化学转化制备液体燃料及热、电、化学品等多联产系统示范工程，降低液体燃料的生产成本，提高生物质资源化利用率和附加值。

研究内容：大型生物质气化技术；先进高效净化与组分调变一体化技术；一步法 DME 合成及分离提纯技术；快速热解生物油生产技术；生物油炼制加工催化剂及相应的反应精馏分离技术；利用生物质直接生产高效内燃机燃料技术；生物油制备合成气生产液体燃料技术。

起止时间：2011~2015 年

S34）农业废弃物制备生物燃气及其综合利用示范工程

目标：建设日产 5000~10000m³ 农业废弃物制备生物燃气及其综合利用示范工程，制定相关的技术标准。

研究内容：农业废弃物（畜禽粪便、作物秸秆或农业加工废弃物等）高效制备甲烷化生物燃气技术；生物燃气净化提质技术；秸秆热化学转化合成车用燃气技术；生物燃气制备车用燃气研究与示范应用。

起止时间：2011~2015 年

P36）生物液体燃料技术研发平台

目标：建设生物液体燃料研发中心、非粮生物质原料研发中心及生物质醇电联产研发中心，成为生物液体燃料领域技术合作开发平台和科技人才创新基地；形成具有自主知识产权和国际竞争力的纤维素乙醇生产技术，支撑我国生物液体燃料的发展。

建设与研发内容：万吨级纤维素乙醇成套技术工艺包；纤维素乙醇工艺开发及万吨级示范装置；新型工业微生物技术；秸秆收集、储运技术与装备；秸秆预处理技术与装备；纤维素酶制剂及水解技术；纤维素乙醇发酵技术；碳五糖发酵生产乙醇技术；纤维素乙醇废水处理技术；木质素综合利用技术。

五、保障措施

全面建立"四位一体"能源科技创新体系，要求高、投入大、周期长，需要重点突出、持续推进、超前部署。只有加强组织和领导、建立强有力的保障体制机制、完善立法和标准体系、深入实施人才战略、积极开展合作与交流等，才能保障本《规划》的实施。

（1）统一领导，发挥政府在科技创新体系建设中的主导作用。

组织制定国家能源科技发展的重大方针政策、发展战略和规划，部署满足国家经济社会可持续发展、保障国家能源安全的能源科技战略任务，将能源科技进步和创新作为推进能源生产和利用方式变革、合理控制能源消费总量的重要途径。充分发挥国家发改委、能源局、科技部、工信部等各政府部门和中科院、高等院校等科研机构的作用，逐步建立开放、可持续的能源科技创新体系，形成长期、滚动的发展战略和科学、有效的科技创新运行机制。

（2）依托工程，加快能源技术应用与成果转化。

充分发挥行业主管部门的规划布局和重大能源项目核准职能，结合本《规划》在"十二五"期间提出的重大技术研究和重大技术装备项目，选择并确定重大能源试点示范项目。优先核准自主创新和装备国产化方案完善的重大示范项目，制定相应的措施和办法。同时利用税收及首台（套）设备优惠政策，鼓励技术创新，积极推进示范工程建设。

（3）设立专项，发挥企业科技创新的主体作用。

制订专项研究计划，依托国家能源研发中心（重点实验室）以及重点能源企业、研究院所和高校等，落实本《规划》确定的能源应用技术研发、技术装备、工程示范和创新平台的建设工作。发挥企业在科技创新中的主体作用，在政府加强引导的同时，充分调动和鼓励企业、社会加大对能源科技的投入，建立多元化投融资渠道，推动技术成果产业化，提升国产化水平、知识产权自主化和市场竞争力，使能源技术与装备具有更强的后发优势和可持续发展能力。

（4）完善立法，建立健全标准、检测、认证和质量管理体系。

不断完善支持能源科技事业发展的法律政策环境，加快现有国家标准和行业标准的制（修）订工作，形成统一完整的能源技术与装备标准体系。进一步加强能源装备质量控制和监督管理，组织建立和完善标准、检测、认证和质量监督组织体系。建立能源科技评价考核体系，推动政府相关部门和企业、科研机构、高等院校以及社会团体积极参与能源科技创新和标准化工作。

（5）注重培养，加强专业技术人才队伍建设。

重点抓好高层次骨干人才的培养，引进和培养一批处于世界科技前沿、勇于创新的技术带头人，以及具有宏观战略思维、能够组织重大科技攻关项目的科技管理专家。加大对优秀青年人才的培养力度，培养年轻人的创新精神和实践能力，倡导相互协作、集体攻关的团队精神，建设专业技术人才梯队。通过组织实施重大技术研究、重大技术装备、重大示范工程等创新项目，按照项目实施、研发平台建设和人才培养统筹安排的原则，造就能源技术各领域的领军人才，打造跨行业、跨部门、跨单位、强强联合的优秀团队。

（6）加强交流，深化国际能源科技合作。

充分利用国内外两个市场、两种资源，增强我国能源科技发展的主动权，积极实施"走出去"战略，深化国际能源科技交流与合作。充分利用技术展览、论坛等科技交流平台，广泛开展双多边合作与交流，积极参与重大能源国际科技合作计划的组织和实施工作；提升话语权与影响力，积极参与国际科技公约和标准的制定，支持我国能源科技工作者融入国际能源科技组织体系；依托重大国际能源合作项目，推动国外先进能源技术和装备的引进、消化、吸收和国产化工作，以及我国先进能源技术和装备"走出去"。

外商投资产业指导目录（2011年修订）（节选）

（国家发展改革委　商务部　2011年12月24日发布

国家发展改革委　商务部令第12号）

鼓励外商投资产业目录

三、制造业

（二十）电气机械及器材制造业

1. 100万千瓦超超临界火电机组用关键辅机设备制造（限于合资、合作）：安全阀、调节阀

2. 燃煤电站、钢铁行业烧结机脱硝技术装备制造

3. 火电设备的密封件设计、制造

4. 燃煤电站、水电站设备用大型铸锻件制造

5. 水电机组用关键辅机设备制造

6. 输变电设备制造（限于合资、合作）：非晶态合金变压器、500千伏及以上高压开关用操作机构、灭弧装置、大型盆式绝缘子（1000千伏、50千安以上），500千伏及以上变压器用出线装置、套管（交流500、750、1000千伏，直流所有规格）、调压开关（交流500、750、1000千伏有载、无载调压开关），直流输电用干式平波电抗器，±800千伏直流输电用换流阀（水冷设备、直流场设备），符合欧盟RoHS指令的电器触头材料及无Pb、Cd的焊料

7. 新能源发电成套设备或关键设备制造：光伏发电、地热发电、潮汐发电、波浪发电、垃圾发电、沼气发电、2.5兆瓦及以上风力发电设备

8. 额定功率350MW及以上大型抽水蓄能机组制造（限于合资、合作）：水泵水轮机及调速器、大型变速可逆式水泵水轮机组、发电电动机及励磁、启动装置等附属设备

9. 斯特林发电机组制造

10. 直线和平面电机及其驱动系统开发与制造

11. 高技术绿色电池制造：动力镍氢电池、锌镍蓄电池、锌银蓄电池、锂离子电池、太阳能电池、燃料电池等（新能源汽车能量型动力电池除外）

12. 电动机采用直流调速技术的制冷空调用压缩机、采用CO_2自然工质制冷空调压缩机、应用可再生能源（空气源、水源、地源）制冷空调设备制造

13. 太阳能空调、采暖系统、太阳能干燥装置制造

14. 生物质干燥热解系统、生物质气化装置制造

15. 交流调频调压牵引装置制造

四、电力、煤气及水的生产和供应业

1. 采用整体煤气化联合循环（IGCC）、30 万千瓦及以上循环流化床、10 万千瓦及以上增压循环流化床（PFBC）洁净燃烧技术电站的建设、经营

2. 背压型热电联产电站的建设、经营

3. 发电为主水电站的建设、经营

4. 核电站的建设、经营（中方控股）

5. 新能源电站（包括太阳能、风能、地热能、潮汐能、波浪能、生物质能等）建设、经营

6. 海水利用（海水直接利用、海水淡化）

7. 供水厂建设、经营

8. 再生水厂建设、运营

9. 机动车充电站、电池更换站建设、经营

海洋工程装备制造业中长期发展规划

（工业和信息化部　国家发展改革委　科技部　国资委　国家海洋局
2012 年 2 月发布）

海洋工程装备是人类开发、利用和保护海洋活动中使用的各类装备的总称，是海洋经济发展的前提和基础，处于海洋产业价值链的核心环节。海洋工程装备制造业是战略性新兴产业的重要组成部分，也是高端装备制造业的重要方向，具有知识技术密集、物资资源消耗少、成长潜力大、综合效益好等特点，是发展海洋经济的先导性产业。

浩瀚的海洋蕴藏着丰富的资源，主要包括海洋矿产资源、海洋可再生能源、海洋化学资源、海洋生物资源和海洋空间资源等五大类。[①] 紧密围绕海洋资源开发，大力发展海洋工程装备制造业，对于我国开发利用海洋、提高海洋产业综合竞争力、带动相关产业发展、建设海洋强国、推进国民经济转型升级具有重要的战略意义。

根据《国务院关于加快培育和发展战略性新兴产业的决定》（国发〔2010〕32 号）、《战略性新兴产业"十二五"发展规划》和《高端装备制造业"十二五"发展规划》，特制定本规划。规划期为 2011~2020 年。

一、发展现状与面临的形势

以海洋油气资源为代表的海洋矿产资源是当前世界海洋资源开发的重点和热点，技术相对成熟，装备种类多，数量规模较大，是未来 5~10 年产业发展的主要方向。以海上风能、潮汐能为代表的海洋可再生能源开发装备，以及海水淡化和综合利用、海洋观测和监测等方面的技术装备也具有较好的发展前景。同时，随着海洋波浪能、海流能、天然气水合物、海底金属矿产等海洋资源开发技术不断成熟，相关装备的发展也将逐步提上日程。

新世纪以来，我国海洋工程装备制造业发展取得了长足进步，特别是海洋油气开发装备具备了较好的发展基础，年销售收入超过 300 亿元人民币，占世界市场份额近 7%，在环渤海地区、长三角地区、珠三角地区初步形成了具有一定集聚度的产业区，涌现出一批具有竞争力的企业（集团）。目前，我国已基本实现浅水油气装备的自主设计建造，部分海洋工程船舶已形成品牌，深海装备制造取得一定突破。此外，海上风能等海洋可再生能源开发装备初步实现产业化，海水淡化和综合利用等海洋化学资源开发初具规模，装备技术水平不断提升。

---

① 海洋矿产资源包括石油和天然气、天然气水合物、海底金属矿产、滨海矿砂；海洋可再生能源包括海上太阳能、海上风能、潮汐能、波浪能、海流（潮流）能、海水温差能、海水盐差能、海洋生物质能；海洋化学资源包括海水本身、海水溶解物；海洋生物资源包括植物资源、动物资源和微生物资源；海洋空间资源包括生产空间、贮藏空间、通道空间、生活休闲娱乐空间及军事战略空间资源。

但是，与世界先进水平相比，我国海洋工程装备制造业仍存在较大差距，主要表现为：产业发展仍处于幼稚期，经济规模和市场份额小；研发设计和创新能力薄弱，核心技术依赖国外；尚未形成具有较强国际竞争力的专业化制造能力，基本处于产业链的低端；配套能力严重不足，核心设备和系统主要依靠进口；产业体系不健全，相关服务业发展滞后。

21世纪是海洋的世纪，面对海洋资源开发这一不断成长的新兴市场，世界各国都在积极发展相关装备，加快海洋资源开发和利用已成为世界各国发展的重要战略取向。未来5~10年是我国海洋工程装备制造业发展的关键时期，既要应对国际竞争日益激烈的挑战，更要抓住国内外海洋资源开发装备需求增加的机遇，进一步增强紧迫感和责任感，大力协同、迎难而上，力争通过十年的发展，使我国海洋工程装备制造能力和水平迈上新台阶。

二、指导思想与发展目标

（一）指导思想

深入贯彻落实科学发展观，把握世界海洋资源开发利用与保护的总体趋势，面向国内外海洋资源开发的重大需求，重点突破深海装备的关键技术，大力发展以海洋油气开发装备为代表的海洋矿产资源开发装备，加快推进以海洋风能工程装备为代表的海洋可再生能源开发装备、以海水淡化和综合利用装备为代表的海洋化学资源开发装备的产业化，积极培育潮流能、波浪能、天然气水合物、海底金属矿产、海洋生物质资源和极地空间资源开发利用装备等相关产业，加快提升产业规模和技术水平，完善产业链，促进我国海洋工程装备制造业快速健康发展。

（二）发展原则

1. 面向需求，突出重点。针对世界海洋资源开发的重大需求，重点发展市场需求量大、技术成熟度高的海洋油气开发装备，集中力量，加快推进。分阶段、分步骤推进海洋可再生能源、海洋化学资源开发装备的产业化。

2. 总包牵引，专业发展。着力提高装备的总承包能力和总装集成能力，带动相关设备供应商和分包商的发展；坚持走专业化发展道路，努力培育研发设计、总装建造、模块制造、设备供应、技术服务等方面的专业化能力。

3. 合理布局，完善体系。立足现有装备工业基础，加强能力建设的统筹规划，大力推进产业集群发展；全面推进产业链各环节和现代制造服务业的同步协调发展，不断完善产业体系。

4. 依托骨干，培育品牌。依托现有骨干企业，努力培育一批技术实力雄厚、综合竞争力强的品牌企业；倡导"产、学、研、用"相结合，以重大项目为牵引，打造一批技术性能优良的品牌产品。

5. 着眼长远，增强储备。把握海洋资源开发装备领域科技发展的新方向，加强海洋潮流能、波浪能、温差能、天然气水合物、海底金属矿产资源、海洋与极地生物基因资源和极地空间资源等领域相关装备的前期研究和技术储备，抢占未来发展先机。

（三）发展目标

经过十年的努力，使我国海洋工程装备制造业的产业规模、创新能力和综合竞争力大幅提升，形成较为完备的产业体系，产业集群形成规模，国际竞争力显著提高，推动我国成为世界主要的海洋工程装备制造大国和强国。

1. 产业规模位居世界前列。2015年，年销售收入达到2000亿元以上，工业增加值率较"十一五"末提高3个百分点，其中海洋油气开发装备国际市场份额达到20%；2020年，年销售收入达到4000亿元以上，工业增加值率再提高3个百分点，其中海洋油气开发装备国际市场份额达到

35%以上。

2. 形成若干产业集聚区和大型骨干企业集团。重点打造环渤海地区、长三角地区、珠三角地区三个产业集聚区，2015年销售收入均达到400亿元以上，2020年提高到800亿元以上；重点培育5~6个具有较强国际竞争力的总承包商，2015年销售收入达到200亿元以上，2020年提高到400亿元以上。

3. 技术水平和创新能力显著提升。全面掌握深海油气开发装备的自主设计建造技术，装备安全可靠性全面提高，并在部分优势领域形成若干世界知名品牌产品；突破海上风能工程装备、海水淡化和综合利用装备的关键技术，具备自主设计制造能力；海洋可再生能源、天然气水合物开发装备及部分海底矿产资源开发装备的产业化技术实现突破；海洋生物质资源和极地空间资源开发利用装备、极地特种探测/监测设备的研发能力和技术储备明显增强。

4. 关键系统和设备的制造能力明显增强。2015年，海洋油气开发装备关键系统和设备的配套率达到30%以上，2020年达到50%以上；在海洋钻井系统、动力定位系统、深海锚泊系统、大功率海洋平台电站、大型海洋平台吊机、自升式平台升降系统、水下生产系统等领域形成若干品牌产品；具备深海铺管系统、深海立管系统等关键系统的供应能力；海洋观测/监测设备、海洋综合观测平台、水下运载器、水下作业装备、深海通用基础件等实现自主设计制造。

三、主要任务

（一）加快提升产业规模

1. 大力推进产业集聚发展。结合我国海洋资源的分布情况和现有装备工业总体布局，在以大连—天津—烟台—青岛为主的环渤海地区、以江苏苏中地区—上海—浙江浙东地区为主的长江三角洲地区、以深圳—广州—珠海为主的珠江三角洲地区，重点培育三大海洋工程装备制造业集聚区，具备总装建造、修理改造、设备供应、技术服务等方面的综合能力。

2. 全面提升总承包能力和专业化分包能力。依托大型骨干企业（集团），重点提高大型海洋工程装备的总装集成能力，打造具备总承包能力和较强国际竞争力的专业化总装制造企业（集团）。以总承包为牵引，带动和引导一批中小型企业走专业化、特色化发展道路，在工程设计、模块设计制造、设备供应、系统安装调试、技术咨询服务等领域，逐步发展成为具备较强国际竞争力的专业化分包商。

3. 加强企业技术改造。支持企业利用现有修造船设施发展海洋工程装备制造。重点支持企业（集团）适应海洋工程装备制造的特点对生产设施进行改造、工艺流程优化，以及开展企业信息化建设、节能降耗及减排等为主要内容的技术改造。

4. 加大企业兼并重组力度。支持海洋工程装备制造企业以产品、资本为纽带开展联合开发、联合经营，实施强强联合，规模化发展，实现规模经济。支持大型海洋工程装备制造企业与钢铁、石油等上下游企业以战略联盟或参股、合资合作等方式，适当延伸产业链，在上下游产业实现战略布局，实现优势互补、利益共享，增强抗风险能力。

（二）加强产业技术创新

1. 加快重点产品研发。围绕海洋资源在勘探、开采、储存运输和服务等四大环节的需求，加快培育和发展相关重点装备及其关键系统和设备。重点发展市场需求量较大的半潜式钻井平台、钻井船、自升式钻修井/作业平台、半潜式生产平台、浮式生产储卸装置、起重铺管船、大型起重船/浮吊、深海锚泊系统等关键系统和设备、水下采油树、泄漏油应急处理装置等水下系统及作业装备、海上及潮间带风机安装平台（船）、海水淡化和综合利用装备等，逐步实现自主设计建造，形成品牌，使之成为我国海洋工程装备制造业的主导产品。

2. 大力培育专业设计能力。结合海洋工程装备的技术发展趋势，在巩固提高浅水装备设计能力的基础上，着重提升装备的前端工程设计和基本设计的能力，掌握大型功能模块的设计技术，突破相关系统和设备的核心技术，全面提升大型海洋工程装备的设计能力。

3. 提高建造和工程管理水平。结合生产经营工作和实际工程项目的需要，有针对性地开展建造技术研究和项目管理技术研究，掌握海洋工程装备特有的建造技术、安装调试技术，建立与海洋工程装备项目特点相适应的、与国际接轨的现代工程管理模式和生产组织方式，支撑总承包和总装集成能力的提升。

4. 夯实产业发展的技术基础。建设深海技术装备公共试验/检测平台，积极开展海洋环境观测与监测技术、深海运载与深海探测、海底观测网络技术等海洋基础技术的研究。以满足工程项目实际需要为目标，系统开展深海浮式结构物水动力性能分析、深海设施疲劳强度分析、装备和设备的安全可靠性、海洋防腐蚀技术、深海工程安全监测/预警及远程控制技术等基础技术的研究。围绕典型海洋工程装备产品，加大对核心基础零部件和功能部件的研究支持力度，形成于部件协同发展的产业格局。加大相关标准、规范的制定、修改和完善，建立健全我国海洋工程装备的标准体系。

5. 开展前瞻概念性产品研究。着眼于海洋资源开发的长远需求，加强研发波浪能、潮流能、海水温差能等海洋可再生能源的开发装备，天然气水合物、多金属结核等海底矿产资源的开发装备，海水提锂、提铀等海水综合利用的成套装备，极地生物基因资源和空间资源开发利用装备以及极地特种探测和监测装备，海上机场、海上卫星发射场等大型海上浮式结构物，为未来的产品工程化和商业化开采奠定技术基础。

6. 推进研发平台建设。主要依托骨干科研机构，完善海洋工程装备的科研试验设施，在装备总体、功能模块、核心设备等领域，打造若干产品研发和技术创新平台。支持骨干企业（集团）设立海洋工程装备研发平台，建设深海公共测试场，高等院校、中小型企业联合设立共性技术研发平台，逐步完善以企业为主体、产学研用相结合的技术创新体系。

（三）提高关键系统和设备配套能力

1. 打造重点产品的专业化制造基地。依托造船行业和石油石化装备行业的骨干配套企业，结合已有基础，新建和扩建一批优势产品生产能力。围绕三大产业集聚区，在沿江、沿海地区打造专业系统和设备的研发制造基地。在陆上石油装备已有能力的基础上，积极发展海上石油装备，重点支持中西部地区的石油装备骨干企业，走专业化发展道路。

2. 积极培育优势产品。在海洋平台甲板机械、深海锚泊系统、海洋平台电站、海洋钻/修井设备、油气水分离处理设备等具备较好发展基础的领域，提高系统集成能力，努力将其打造成为国际知名品牌。同时加强国际合作，通过引进国外专利技术、合资办厂或收购、参股等多种方式，加快实现海洋观测和监测设备、动力定位系统、单点系泊系统、水下生产系统等高附加值设备和系统的设计制造。

（四）构筑海工装备现代制造体系

1. 积极发展海工装备制造现代服务业。以完善海洋工程装备产业体系、推动产业协调发展为宗旨，积极发展研发实验（试验）服务、工程设计服务、安装调试服务、技术交易、知识产权和科技成果转化等知识密集型服务业，重点在三大海洋工程装备制造业集聚区内，培育一批专业化的高技术服务企业。同时，大力发展信息咨询服务、投资咨询服务、信贷融资服务、保险和担保服务、各类法律服务等，为产业快速发展提供全方位的服务支撑。

2. 提升海洋工程装备制造信息化水平。充分发挥信息化技术对提升产业水平的推动作用，深化信息技术在企业生产经营各环节的应用。大力推进海洋工程装备的数字化、网络化、协同化设计，加强工程项目管理软件的开发和应用,积极支持骨干企业(集团)开展内部综合信息化网络平台的建设,完善信息共享机制,提高运行效率。

3. 建设安全、环保、高效的海工装备制造体系。结合海洋工程装备产业的特点,高度重视装备、设备的质量和安全可靠性,加强设计制造的过程控制,推动建立全员、全方位、全生命周期的质量管理体系,努力营造"安全质量第一"的企业文化。围绕设计建造重点环节,积极开展节能降耗研究,强化节能降耗基础管理,推广应用低能耗、低物耗、高效自动化装备,努力构建环保、高效的先进制造体系。

(五)提升对外开放水平

1. 广泛开展对外合作。支持国内企业把握经济全球化的新特点,积极开展国际交流与合作,充分利用各种渠道和平台,探索各种对外合作模式,加快融入全球产业链。鼓励境外企业和科研机构在我国设立研发机构,支持国内外企业联合开展装备的研发和创新,鼓励合资成立研发机构。

2. 积极实施"走出去"和"引进来"战略。大力开拓国际市场,针对海洋工程装备产业的全球区域布局,着眼于接近市场、接近客户,支持国内企业创建国际化营销和服务网络,提高国际化经营水平,创建国际知名品牌和企业。支持有实力、有条件的国内企业到境外设立公司,并购或参股国外企业和研发机构。支持海洋工程装备制造企业、设计公司与境外研发设计机构、知名企业开展合资合作、联合设计,积极引进研发设计、经营管理方面的境外高层次人才。

(六)实施重大创新工程

1. 深海资源探采装备发展工程。围绕深海油气资源开发在勘探、开发、储存运输和服务四个核心环节的装备需求,突破深海浮式结构物水动力性能、结构设计和强度分析等共性技术以及高性能材料的研制,加快发展深海高性能物探船、浮式生产储卸油装置、半潜式平台、水下生产系统、环境探测/观测/监测等装备及其关键设备和系统,建设浮式液化天然气生产储卸装置等新型装备的总装制造平台,完善设计建造标准体系,掌握3000米深海油气田开发所需装备的设计建造能力,形成我国开发深海油气资源的装备体系,以及包括总装、配套、技术服务等在内的相对完善的产业链。

2. 深海空间站工程。以抢占海洋工程装备制造业未来发展的技术制高点为目标,根据全水下开发等新兴开发模式的装备需求,积极开展深海空间站及水面支持系统的研发,突破大潜深结构设计技术、特种材料及建造工艺技术、水下设施承压密封技术、水下设施连接和监控技术、海底能源站技术、水下生命维持与综合保障技术、水面支持系统及对接技术等关键技术,为产品的工程化研制奠定技术基础。

四、政策措施

(一)积极培育装备市场

支持海洋地质普查和资源调查,加大海洋环境的观测、监测和极地科考等海洋科技活动的支持力度。支持保险机构建立保险机制,为用户采用海洋工程装备及配套设备提供保险。对于我国海域内的海洋油气开发项目,鼓励油气开采企业提高装备及设备的配套率。支持沿海淡水资源匮乏地区开展海水淡化及综合利用试点和示范。

(二)规范和引导社会投入

新建大型海洋工程装备专用基础设施项目需报国家核准,鼓励造修船企业利用现有造修船设施发展海洋工程装备的制造和修理改装。对于海水淡化和综合利用、海洋风能工程装备等海洋工程装备研制项目在用海政策上给予重点支持。加强相关规划的统筹协调,节约、集约利用岸线资源。

（三）完善财税和金融支持政策

鼓励和支持金融机构加快金融产品和服务方式创新，有效拓宽海洋工程装备制造企业融资渠道。鼓励金融机构按照市场化原则，在符合国家政策导向和有效防范风险的前提下，灵活运用多种金融工具，支持信誉良好、产品有市场、有效益的海洋工程装备企业加快发展。按照有关政策规定，进一步探索改进适合海洋工程装备产业特点的信贷担保方式，拓宽抵押担保物范围。支持符合条件的海洋资源开发企业、海洋工程装备制造企业上市融资和发行债券。

（四）加大科研开发支持力度

加大科研经费投入，建立多渠道投入机制，支持海洋工程装备的研发和创新。依托国家科技计划、海洋科技专项，加大对海洋观测、监测及极地科考等海洋科技活动的支持力度。依托骨干海洋工程装备研发制造企业，建设国家工程研究中心、国家工程实验室、企业技术中心等。通过科技金融和国家科技成果转化资金等渠道，加快科技成果转化和产业化。鼓励企业加大创新投入，按照有关政策规定，落实企业开发新技术、新产品、新工艺发生的研究开发费用在计算应纳税所得额时加计扣除的优惠政策。

（五）推动建立产业联盟

组织和引导行业骨干研发机构、制造企业，联合检验机构、用户单位等，建立海洋工程装备产业联盟，鼓励相互持股和换股，形成利益共同体，在科研开发、市场开拓、业务分包等方面开展深入合作。引导"产、学、研、用"相结合，鼓励产业技术创新战略联盟围绕产业技术创新链开展创新，推动实现重大技术突破和科技成果产业化。鼓励总装建造企业建立业务分包体系，培育合格的分包商和设备供应商，推动"专、精、特、新"型中小企业发展。

（六）加强人才队伍建设

鼓励企业积极创造条件，营造良好的人才发展环境，引进研发设计、经营管理方面的境外高层次人才和团队。优化人才培养和使用机制，加强创新型研发人才、高级营销人才和项目管理人才、高级技能人才等专业人才队伍的建设，培育海洋工程装备领域的国家级专家，扩大海洋工程装备高端人才队伍。

五、规划实施

工业和信息化部会同发展改革委、科学技术部、国有资产监督管理委员会、国家能源局、国家海洋局制定《规划》实施方案，建立各部门分工协作、共同推进的工作机制。地方各级政府部门根据职能分工，分别制订实施推进海洋工程装备发展的工作计划和配套政策措施，充分发挥行业协会、学会、船级社等中介组织的作用，确保实现海洋工程装备制造业发展规划目标。有关部门要适时开展《规划》的中期评估和后期评价工作，及时提出评价意见。

关于调整重大技术装备进口税收政策
有关目录的通知

（财政部　工业和信息化部　海关总署　国家税务总局　2012 年 3 月 7 日发布
财关税〔2012〕14 号）

各省、自治区、直辖市、计划单列市财政厅（局）、工业和信息化主管部门、国家税务局，新疆生产建设兵团财务局，海关总署广东分署、各直属海关，财政部驻各省、自治区、直辖市、计划单列市财政监察专员办事处：

　　按照《财政部　国家发展改革委　工业和信息化部　海关总署　国家税务总局　国家能源局关于调整重大技术装备进口税收政策的通知》（财关税〔2009〕55 号）规定，根据国内相关产业发展情况，在广泛听取产业主管部门、行业协会及相关企业意见的基础上，经研究决定，对重大技术装备进口税收政策有关装备和产品目录、进口关键零部件和原材料目录、进口不予免税的装备和产品目录等予以调整，现通知如下：

　　一、《国家支持发展的重大技术装备和产品目录（2012 年修订）》（见附件 1）和《重大技术装备和产品进口关键零部件、原材料商品清单（2012 年修订）》（见附件 2）自 2012 年 4 月 1 日起执行，符合规定条件的国内企业为生产本通知附件 1 所列装备或产品而确有必要进口本通知附件 2 所列商品，免征关税和进口环节增值税。

　　二、《进口不予免税的重大技术装备和产品目录（2012 年修订）》（见附件 3）自 2012 年 4 月 1 日起执行。对 2012 年 4 月 1 日以后批准的按照或比照《国务院关于调整进口设备税收政策的通知》（国发〔1997〕37 号）规定享受进口税收优惠政策的下列项目和企业，进口本通知附件 3 所列自用设备以及按照合同随上述设备进口的技术及配套件、备件，一律照章征收进口关税：

　　（一）国家鼓励发展的国内投资项目和外商投资项目；
　　（二）外国政府贷款和国际金融组织贷款项目；
　　（三）由外商提供不作价进口设备的加工贸易企业；
　　（四）中西部地区外商投资优势产业项目；
　　（五）《海关总署关于进一步鼓励外商投资有关进口税收政策的通知》（署税〔1999〕791 号）规定的外商投资企业和外商投资设立的研究中心利用自有资金进行技术改造项目。

　　2012 年 4 月 1 日前（不含 4 月 1 日）批准的上述项目和企业在 2012 年 9 月 30 日前进口本通知附件 3 所列设备，继续按照财关税〔2010〕17 号文件附件 3、财关税〔2010〕50 号文件附件 3、财关税〔2011〕45 号文件附件 3 执行；自 2012 年 10 月 1 日起（含 10 月 1 日）对上述项目和企业进口本通知附件 3 中设备，一律照章征收进口税。

　　三、2011 年已获得免税资格的制造企业、承担城市轨道交通自主化依托项目业主、承担核电装备自主化依托项目业主，在2012年4月1日前（不含4月1日）申报进口关键零部件、原材料，继续按照财关税〔2010〕17号、财关税〔2010〕50号、财关税〔2011〕45号文件及其附件有关规定执行；自2012年4月1日起，2011年已获得免税资格的企业及业主申报进口关键零部件、原材料，按照本通知有关规定执行。

四、新申请享受本通知附件1所列装备和产品进口税收优惠政策的企业，应在2012年3月1日至3月31日提交申请文件，包括2012年4月1日至12月31日的进口零部件及原材料货值，具体申请程序和要求仍依据财关税〔2009〕55号文件所附《重大技术装备进口税收政策暂行规定》执行。

省级工业和信息化主管部门应按照规定程序和要求对上述领域的地方企业申请材料进行初审，并在2012年4月15日前将申请文件及初审意见汇总上报工业和信息化部。

自2012年4月1日起，新申请企业提交的申请文件经初审符合要求的，企业凭受理部门出具的证明文件向海关申请凭税款担保先予办理有关零部件及原材料放行手续。

五、根据国内相关产业发展情况，本通知附件1《国家支持发展的重大技术装备和产品目录（2012年修订）》对风力发电机（组）及其配套部件（叶片、齿轮箱、发电机）、直流输变电设备、交流输变电设备等3类装备的技术规格要求进行了调整（具体见附件1）。

生产上述风力发电机（组）及其配套部件等3类装备的企业，在2011年已获得符合免税资格的，原免税资格在2012年3月31日之前有效；上述领域在2011年已认定符合免税资格的企业继续申请享受2012年4月1日至12月31日期间重大技术装备进口税收优惠政策的，应在2012年3月1日至31日按照本通知第四条规定的申请程序和要求提交申请文件。省级工业和信息化主管部门应会同有关部门比照本通知第四条要求在4月15日前完成初审工作。

六、2011年已享受重大技术装备进口税收优惠政策的所有企业，应在2012年3月1日至31日按照财关税〔2009〕55号文件所附《重大技术装备进口税收政策暂行规定》有关要求报送享受优惠政策落实情况报告。具体格式及要求见本通知附件4《重大技术装备企业享受进口税收政策落实情况报告及其要求》，申请享受政策的企业应严格按照要求填写该报告及有关表格。

七、自2012年4月1日起，下列文件废止：

1.《财政部　海关总署　国家税务总局关于调整重大技术装备进口税收政策暂行规定有关清单的通知》（财关税〔2010〕17号）；

2.《财政部　工业和信息化部　海关总署　国家税务总局关于调整大型环保及资源综合利用设备等重大技术装备进口税收政策的通知》（财关税〔2010〕50号）；

3.《财政部　工业和信息化部　海关总署　国家税务总局关于调整三代核电机组等重大技术装备进口税收政策暂行规定有关清单的通知》（财关税〔2011〕45号）。

附件：

1. 国家支持发展的重大技术装备和产品目录（2012年修订）（节选）
2. 重大技术装备和产品进口关键零部件、原材料商品清单（2012年修订）（略）
3. 进口不予免税的重大技术装备和产品目录（2012年修订）（节选）
4. 重大技术装备企业享受进口税收政策落实情况报告及其要求（略）

财政部　工业和信息化部　海关总署　国家税务总局

二〇一二年三月七日

附件1：
国家支持发展的重大技术装备和产品目录（2012年修订）（节选）

编号	名称	技术规格要求	销售业绩要求	修订说明
一	大型清洁高效发电装备			
（一）	核电机组（三代核电机组）	百万千瓦级		
1	核岛设备：反应堆压力容器、蒸汽发生器、稳压器、反应堆堆内构件、控制棒驱动机构、环行吊车、主管道、安全注入箱、主设备支撑、数字化仪控系统、堆芯补水箱、安全壳、非能动余排换热器、结构模块、核燃料元件	三代核电机组核岛设备	持有合同订单	
2	常规岛设备：汽轮机、汽轮发电机、除氧器、汽水分离器再热器、加热器	三代核电机组常规岛设备	持有合同订单	
3	核级泵：核主泵（反应堆冷却剂主泵）、上充泵、安注泵、安全壳余热排出泵、喷淋泵	三代核电机组核级泵	持有合同订单	
4	核级阀：安全壳隔离阀、波纹管截止阀、稳压器安全阀、稳压器比例喷雾调节阀、主蒸汽隔离阀、核岛阀	三代核电机组核级阀	持有合同订单	
（二）	核电机组（二代改进型核电机组）	百万千瓦级		
1	核岛设备：反应堆压力容器、蒸汽发生器、稳压器、堆内构件、控制棒驱动机构、环行吊车、主管道、安全注入箱、硼注箱	二代改进型核电机组核岛设备	持有合同订单	
2	常规岛设备：汽轮机（半转速组）、汽轮发电机、除氧器、汽水分离器再热器（MSR）和汽水分离再热器系统（GSS）、高低压给水加热器、应急柴油发电机组	二代改进型核电机组常规岛设备，其中应急柴油发电机组的技术规格要求为：50Hz/6.6kV/10.5kV	持有合同订单	
3	核级泵：核主泵、上充泵	二代改进型核电机组核级泵	持有合同订单	
4	核级阀：波纹管截止阀	二代改进型核电机组核级阀	持有合同订单	
（三）	超超临界参数火电机组			
	燃煤锅炉、汽轮机、发电机	输出功率：600MW级、1000MW级	持有合同订单	
（四）	大型循环流化床锅炉	输出功率≥300MW级	持有合同订单	
（五）	大型空冷电站成套设备			
	空冷汽轮机、直接空冷系统	输出功率≥300MW	持有合同订单	
（六）	燃气—蒸汽联合循环机组			
	燃气轮机、发电机、汽轮机	E级、F级	持有合同订单	
（七）	大型水力发电成套设备			
1	混流式水电机组	额定容量≥600MW	持有合同订单	
2	抽水蓄能机组	额定容量≥250MW	持有合同订单	
3	轴流式水电机组	额定容量≥150MW	持有合同订单	
4	贯流式水电机组	额定容量≥40MW	持有合同订单	
5	冲击式水电机组	额定容量≥50MW	持有合同订单	
（八）	大功率风力发电机（组）及其配套部件			
1	风力发电机（组）整机	单机额定功率≥2MW	2MW以上150台（2.5MW及以上整机不作销售量要求）	调整

续表

编号	名称	技术规格要求	销售业绩要求	修订说明
2	风力发电机（组）配套部件：叶片、齿轮箱、发电机、控制系统、变流器	叶片、齿轮箱、发电机为单机额定功率≥2MW的整机配套	叶片年销售量≥300片；发电机年销售量≥100台；齿轮箱≥100台（为2.5MW及以上整机配套不作销售量要求）	调整
		控制系统、变流器为单机额定功率≥1.5MW的整机配套	持有合同订单	
（九）	垃圾焚烧发电设备	*	*	
（十）	太阳能发电设备	*	*	

附件3：

进口不予免税的重大技术装备和产品目录
（2012 年修订）（节选）

编号	税则号列	设备名称	技术规格	修改说明
一、大型清洁高效发电装备				
1	84137099	反应堆主冷却剂泵（包括电机、变频器、开关）	二代加核电用反应堆主冷却剂泵：所有规格；三代核电用反应堆主冷却剂泵：功率≤5000KW	
2	85044020 85044090 85371090	核岛直流不间断电源（包括逆变器/UPS/充电器等）	所有规格（核安全等级为1E级或RCCE标准K3及以上的除外）	
3	84195000	非能动余热排出热交换器	所有规格（核一级的除外）	
4	84014090	核反应堆压力容器安全壳	所有规格	
5	84269900	核反应堆厂房环形吊车	所有规格	
6	84137099	主给水泵组（含电机）	单级叶轮扬程低于500m	
7	8413	核级泵（上充泵/辅助给水泵/余热排出泵/水压试验泵/堆芯补水泵，含电机）	核安全三级及以下	
8	84714991	DCS仪控设备	所有规格（具有核电安全级或核抗震1级和2级的DCS仪控设备除外）	
9	90251910 90328100 85365000	核级温度传感器/温度开关/核级压力开关、差压开关	所有规格（核安全等级为1E级或RCCE标准K3及以上的除外）	
10	84194090 84798999	放射性废物处理设备（包括脱气塔、蒸发器）	核安全三级及以下	
11	85446012 85444921	K1类及K3类或AP10001E级大截面动力电缆	2单芯截面小于400mm或耐受辐照剂量低于80Mrad	
12	84212990	核岛安全壳过滤排放系统	气溶胶滞留能力≤80kg，气溶胶滞留率≤99.9%，元素碘滞留率≤99%，有机碘滞留率≤80%，碘挥发>0.1%	
13	84212990	核岛辅助水过滤器	过滤颗粒度大于200微米	
14	84014020 84014090 84289090	乏燃料贮存格架	所有规格（覆盖中子吸收材料的除外）	
15	84798999	核岛液压阻尼器	所有规格（主回路阻尼器和蒸发器阻尼器除外）	
16	85023100	风力发电机组整机	单机额定功率≤3MW	

续表

编号	税则号列	设备名称	技术规格	修改说明
17	84021110 84021190 84021200 84021900 84022000	锅炉	蒸发量≤3600t/h	
18	84041010	锅炉辅助设备	所有规格	
19	84068120 84068130	电站用汽轮机	所有规格	调整
20	84138100	锅炉给水泵（组）	配套≤1000MW火电机组	调整
21	84138100	凝结水泵	所有规格	
22	84138100	循环水泵	所有规格	调整
23	84138100	锅炉强制循环泵	所有规格	调整
24	84818010 84813000 84818040	火电机组用高温高压阀门（闸阀、截止阀、止回阀）	闸阀：公称通径DN≤600mm（24"）。压力等级≤4500Lb；截止阀：公称通径DN≤80mm（3"），压力等级≤4500Lb；止回阀：公称通径DN≤600mm（24"），压力等级≤4500Lb	新增
25	84163000 84798999	输配煤、制粉及气力除灰、除渣、输灰成套设备（含煤粉计量系统）	所有规格	
26	84798999	锅炉给水、凝结水、软化水处理设备	所有规格	
27	84814000	锅炉安全阀	压力≤25.4MPa，温度≤517℃	调整
28	85016100 85016200 85016300 85016410 85016420 85016430	交流发电机	单机容量≤1200MW	
29	85023900	火力发电机组	所有规格	调整
30	84021900 84021190 84021200	余热锅炉	所有规格	
31	84031010 84031090 8402	燃油燃气锅炉	所有规格	
32	84101100 84101200 841013	水轮机	混流式、轴流式、贯流式：所有规格；蓄能机组：容量≤300MW，水头<600m；冲击式：容量≤140MW，水头<800m	
33	8501 85023900	水轮发电机（组）	与混流式水轮机、轴流式水轮机配套的所有规格的发电机；与≤57MW贯流式水轮机配套的发电机；与≤300MW蓄能机组水轮机配套的发电机；与≤140MW冲击式水轮机配套的发电机	
34	84118100 84118200 85023900	燃气轮机及其发电机组	所有规格	
35	84118100 84118200 85023900	低热值煤气燃气轮机及其发电机组	输出功率≤200MW	调整
36	85021100 85021200 85021310 85021320 85022000	内燃机发电机组	所有规格	

可再生能源电价附加补助资金管理暂行办法

（财政部 国家发展改革委 国家能源局 2012 年 3 月 14 日发布
财建〔2012〕102 号）

第一章 总则

第一条 根据《中华人民共和国可再生能源法》和《财政部 国家发展改革委 国家能源局关于印发〈可再生能源发展基金征收使用管理暂行办法〉的通知》（财综〔2011〕115 号），制定本办法。

第二条 本办法所称可再生能源发电是指风力发电、生物质能发电（包括农林废弃物直接燃烧和气化发电、垃圾焚烧和垃圾填埋气发电、沼气发电）、太阳能发电、地热能发电和海洋能发电等。

第二章 补助项目确认

第三条 申请补助的项目必须符合以下条件：

（一）属于《财政部 国家发展改革委 国家能源局关于印发〈可再生能源发展基金征收使用管理暂行办法〉的通知》规定的补助范围。

（二）按照国家有关规定已完成审批、核准或备案，且已经过国家能源局审核确认。具体审核确认办法由国家能源局另行制定。

（三）符合国家可再生能源价格政策，上网电价已经价格主管部门审核批复。

第四条 符合本办法第三条规定的项目，可再生能源发电企业、可再生能源发电接网工程项目单位、公共可再生能源独立电力系统项目单位，按属地原则向所在地省级财政、价格、能源主管部门提出补助申请（格式见附 1）。省级财政、价格、能源主管部门初审后联合上报财政部、国家发展改革委、国家能源局。

第五条 财政部、国家发展改革委、国家能源局对地方上报材料进行审核，并将符合条件的项目列入可再生能源电价附加资金补助目录。

第三章 补助标准

第六条 可再生能源发电项目上网电量的补助标准，根据可再生能源上网电价、脱硫燃煤机组标杆电价等因素确定。

第七条 专为可再生能源发电项目接入电网系统而发生的工程投资和运行维护费用，按上网电量给予适当补助，补助标准为：50 公里以内每千瓦时 1 分钱，50~100 公里每千瓦时 2 分钱，100

公里及以上每千瓦时 3 分钱。

第八条 国家投资或者补贴建设的公共可再生能源独立电力系统的销售电价，执行同一地区分类销售电价，其合理的运行和管理费用超出销售电价的部分，通过可再生能源电价附加给予适当补助，补助标准暂定为每千瓦每年 0.4 万元。

第九条 可再生能源发电项目、接网工程及公共可再生能源独立电力系统的价格政策，由国家发展改革委根据不同类型可再生能源发电的特点和不同地区的情况，按照有利于促进可再生能源开发利用和经济合理的原则确定，并根据可再生能源开发利用技术的发展适时调整。

根据《中华人民共和国可再生能源法》有关规定通过招标等竞争性方式确定的上网电价，按照中标确定的价格执行，但不得高于同类可再生能源发电项目的政府定价水平。

第四章 预算管理和资金拨付

第十条 按照中央政府性基金预算管理要求和程序，财政部会同国家发展改革委、国家能源局编制可再生能源电价附加补助资金年度收支预算。

第十一条 可再生能源电价附加补助资金原则上实行按季预拨、年终清算。省级电网企业、地方独立电网企业根据本级电网覆盖范围内的列入可再生能源电价附加资金补助目录的并网发电项目和接网工程有关情况，于每季度第三个月 10 日前提出下季度可再生能源电价附加补助资金申请表（格式见附 2），经所在地省级财政、价格、能源主管部门审核后，报财政部、国家发展改革委、国家能源局。

公共可再生能源独立电力系统项目于年度终了后随清算报告一并提出资金申请。

第十二条 财政部根据可再生能源电价附加收入、省级电网企业和地方独立电网企业资金申请等情况，将可再生能源电价附加补助资金拨付到省级财政部门。省级财政部门按照国库管理制度有关规定及时拨付资金。

第十三条 省级电网企业、地方独立电网企业应根据可再生能源上网电价和实际收购的可再生能源发电上网电量，按月与可再生能源发电企业结算电费。

第十四条 年度终了后 1 个月内，省级电网企业、地方独立电网企业、公共可再生能源独立电力系统项目单位，应编制上年度可再生能源电价附加补助资金清算申请表（格式见附 3），报省级财政、价格、能源主管部门，并提交全年电费结算单或电量结算单等相关证明材料。

第十五条 省级财政、价格、能源主管部门对企业上报材料进行初步审核，提出初审意见，上报财政部、国家发展改革委、国家能源局。

第十六条 财政部会同国家发展改革委、国家能源局组织审核地方上报材料，并对补助资金进行清算。

第五章 附则

第十七条 本办法由财政部会同国家发展改革委、国家能源局负责解释。

第十八条 本办法自发布之日起施行。2012 年可再生能源电价附加补助资金的申报、审核、拨付等按本办法执行。

附：

1. 可再生能源电价附加补助资金目录申报表（略）
2. 可再生能源电价附加补助资金季度申报表（略）
3. 可再生能源电价附加补助资金清算申报表（略）

国家能源局关于进一步加强能源技术装备质量管理工作的通知

（国家能源局　2012 年 4 月 14 日发布　国能科技〔2012〕121 号）

各省、自治区、直辖市及新疆建设兵团能源行业主管部门，有关中央管理企业，各有关行业协会，各有关单位：

近年来，伴随我国能源产业快速发展，技术装备取得了长足进步，但质量一致性差、产品可靠性低等已成为严重制约能源高效、安全发展的问题，能源技术装备产品试验、检测等环节的工作亟须完善。同时，能源技术革新带来的能源新技术、新装备快速涌现，现有质量管理体系已不能完全满足能源技术装备发展的需要。因此，构建清洁、高效、安全能源保障体系，加强公共技术服务平台建设，完善质量管理体系日益紧迫。为贯彻落实 1 月 11 日国务院常务会议部署的进一步加强质量工作的精神，加强能源技术装备质量管理工作，现将有关事项通知如下：

一、完善能源技术装备质量管理体系。加强能源装备制造业发展的引导和规范，提高能源技术装备质量管理水平，提高产品质量，提高制造工艺水平，保证材料质量。

二、严格企业质量主体责任。企业要建立健全质量管理体系，加强全员、全过程、全方位的质量管理，做到严格按标准组织生产经营，严格质量控制、质量检验和计量检测。要严格执行重大质量事故报告及应急处理制度，依法承担质量损害赔偿责任。

三、强化质量安全监管。完善生产许可、强制性产品认证、特种设备安全监察等监管制度。加强对重点产品、重点行业和重点地区的质量安全风险监测和分析评估。切实抓好生产源头治理，强化市场监督管理。

四、加快国家能源技术装备行业标准体系建设。依据《能源领域行业标准化管理办法》，加快现有国家标准和行业标准的修订、整合和完善，适时制定新的行业标准，形成统一、完善、符合我国国情的能源技术装备标准体系，提高标准的先进性，充分发挥标准的引导作用。

五、建立和完善国家能源技术装备质量评定工作体系。按照统筹规划、合理布局、择优选用、重点支持的原则，组织建立一批"国家能源技术装备评定中心"（管理办法见附件），加强国家能源装备质量管理。

六、建立"国家能源技术装备指导目录"（以下简称"指导目录"）发布机制，适时发布指导目录，对于列入指导目录的能源技术装备，国家核准的能源重大工程建设优先选用。

联　系　人：张彦文　王书强

联系电话：010-68505550 68502539

附件：国家能源技术装备评定中心管理办法（试行）

国家能源局
二〇一二年四月十四日

附件：

国家能源技术装备评定中心管理办法（试行）

第一章　总则

第一条　为加快我国能源产业结构调整和发展方式转变，加快培养战略性新兴产业，提升能源行业技术装备质量水平，保障国家能源重大工程建设，特制定本办法。

第二条　遵循统筹规划、合理布局、择优选用、重点支持的原则，建设一批国家能源技术装备评定中心（以下简称"评定中心"），"评定中心"应具有独立第三方属性、行业权威的能源技术装备质量检验及试验、研究机构，并经国家能源局认定，统一命名为"国家能源××××评定中心"，负责本专业领域评定工作。依照本办法开展的评定工作，不代替现有法律、法规规定的质量检验管理工作。

第三条　本办法所规定的能源技术装备包括煤炭、石油天然气、常规电力、核电、新能源和可再生能源等行业所涉及的勘探开发、加工转化、传输配送等的技术装备。

第二章　申请

第四条　申请"评定中心"必须具备下列资质条件：

（一）具有国家、行业质检中心或国家能源研发中心（重点实验室）资质。

（二）具有法人资格。不具备法人资格则应由其所隶属的具备法人地位单位出具对其评定活动承担法律责任的证明文件。

（三）具有完善的质量检测、试验和评定工作管理制度。

（四）具有固定的工作场所，具备国际先进或国内领先的专业检测设备和设施。

（五）具有较强的专业人员队伍和产品质量验证、检测、分析、评价服务能力，主要技术人员应具有高级工程师以上技术职称，熟悉业务，具有 5 年以上相应专业的工作经历。

第五条　省级地方能源主管部门负责组织地方申请单位的申报，中央管理企业可直接申请，也可通过属地化管理方式申报。

第六条　申报材料应包括下列材料：

（一）《国家能源技术装备评定中心申报表》（以下简称《申报表》）；

（二）申请单位基本情况介绍（含试验、检测设备能力和水平评价）；

（三）资质证明文件，包括国家、行业质检中心和国家能源研发中心（重点实验室）的批复文件（复印件）；

（四）其他相关材料。

第三章　认定

第七条　初步审查工作委托相关行业协会负责。

第八条　国家能源主管部门成立国家能源技术装备评定中心专家评审委员会（以下简称"评审委员会"），实施认定和管理工作。评审委员会由能源技术装备领域资深专家组成，根据需要组建不同专业领域的专家组，并制定评定标准，具体承担评审工作，提出评审意见。

第九条　评审委员会可以对申请单位进行实地抽查，开展实地抽查在 10 个工作日前通知相应的申请单位，并向相关的地方主管部门、行业协会通报。

第十条　评审结果在国家能源局网站进行公示，公示期为发布之日起 30 个工作日。经公示无异议，认定"评定中心"资质并授牌，定期由国家能源局网站发布。

第四章　管理

第十一条　"评定中心"资质有效期为 3 年，每 3 年复评一次。在 3 年有效期限内，其组织机构、法定代表人、联系人、办公地址、实验室资质等重大信息发生变更的，应当自发生变更之日起 60 日内提交变更申请，并抄送相应的地方主管部门或行业协会。

第十二条　"评定中心"的主要任务：

（一）承担相关专业领域的国家能源技术装备产品评定任务，并定期上报通过评定的能源技术装备清单（具体要求见附表 2）。

（二）承担能源行业产品质量状况分析任务，以及受指派开展相关专项调查工作。

（三）研究开发新的检验测试技术和方法，参与国家标准、行业标准的制（修）订和标准的试验验证工作。

（四）组织业务培训。

（五）承担地方主管部门、行业协会委托的其他任务。

第十三条　评定工作包括设计评估、型式试验、生产能力及一致性审查评定等。必要时，可采取组成具有代表性的专家组开展专项评定工作，专家组成员应包括制造行业、使用行业的代表。评定具体实施办法，根据产品的不同特性由"评定中心"在管理制度和工作规则中予以确定。

第十四条　"评定中心"对其出具的评定意见真实性、有效性和公正性负责，并承担相应的法律责任，对于不具有法人资格的，其所属法人承担连带法律责任。

第十五条　"评定中心"应按本办法及有关规定，制定评定工作日常管理制度和工作规则，建立相应的保密制度。"评定中心"及其工作人员负有保守国家秘密、商业秘密和技术秘密的义务和责任。

第十六条　"评定中心"应于每年 1 月 31 日前提交上年度业务发展报告和行业产品质量状况分析报告。对于评定过程中发现的重大质量问题，应及时报告，并提出处理意见和改进建议。

第十七条　有下列行为之一，给予书面警告、通报批评或撤销资质的处理：

（一）接受可能对评定公正性产生影响的赠与、资助；

（二）违反国家有关收费管理规定；

（三）参与与评定工作关联的经营活动，或从事可能影响评定工作公正性的活动；

（四）因弄虚作假、检验或评估结果严重失实、牟取不正当商业利益，造成严重经济损失或社会不良影响；

（五）超范围开展评定工作；

（六）违反保密规定，泄露、窃取被评定单位的技术秘密，造成严重后果；

（七）不按规定上报年度业务发展报告和产品质量状况分析报告，或不能按规定要求完成委托任务；

（八）其他违规行为。

第十八条　在3年有效期内，评审委员会可以不定期开展抽查工作。3年有效期届满6个月前，应重新提出申请，由评审委员会再次组织认定，逾期不提出申请或3年有效期内出现违规行为的，暂停其资质并限期整改。整改不合格或触犯法律的撤销其资质认定。

第十九条　对"评定中心"评定过程、内容、结论等有疑义，可以提出申诉，"评定中心"应对申诉作出答复，对答复意见仍有疑义的，可向国家能源主管部门直接申诉；发现"评定中心"存在违规行为的，任何单位或个人均有权举报。国家能源主管部门和省级能源主管部门均有责任受理申诉或举报。

第五章　附则

第二十条　本办法由国家能源局负责解释，自发布之日起实施。

附表1：国家能源技术装备评定中心申报表（略）

附表2：能源技术装备目录推荐表（略）

国家能源科技重大示范工程管理办法

（国家能源局　2012 年 4 月 19 日发布　国能科技〔2012〕130 号）

第一章　总则

第一条　为充分发挥科技创新在推动能源生产和利用方式变革、构建安全、稳定、经济、清洁的现代能源体系中的关键性作用，加快能源领域先进技术的研发及产业化，切实做好国家能源科技重大示范工程（以下简称"示范工程"）的管理工作，特制定本办法。

第二条　本办法所称示范工程是指应用自主化的先进能源科技和装备，能够开拓能源发展新领域，创新能源发展新模式，显著提升能源产业现有技术水平、经济性和核心竞争力，由国家核准的能源工程改造或建设项目。

第三条　本办法适用于示范工程的申请、实施、验收等工作。

第二章　项目申请

第四条　国家能源行业主管部门将通过国家能源科技规划、各能源子行业发展规划、产业政策以及科技示范指南等方式，明确示范工程的重点方向和内容。

第五条　示范工程申报单位在提交项目核准申请报告时，一并提交示范方案。计划单列企业集团和中央管理企业可直接提交示范方案，其他企业通过工程所在地省级政府能源行业主管部门提交示范方案。

第六条　示范方案具体内容包括：示范工程概况、工程技术方案、示范内容及目标、示范工作基础、实施方案以及知识产权管理等内容。

第七条　国家能源行业主管部门组织专家或委托有资质的咨询机构对示范方案进行评估，对于示范内容相同或类似的工程项目，通过比选论证确定拟推荐的示范工程。接受委托的咨询机构应在国家能源行业主管部门规定时间内提出评估报告，并对评估结论承担责任。

第八条　国家能源行业主管部门主要根据以下条件对示范方案进行审查：

一、符合国家相关法律法规的规定，有利于推动我国能源产业转变发展方式，进行产业升级和结构调整。

二、符合能源科技示范方向和要求，要在资源利用、节能减排、装置规模、装备制造、环保指标、经济效益等方面有大的提升或突破。

三、示范的技术或装备未实现商业化应用，但具有扎实的研究开发基础，或经过中间试验或工业性试验的验证，能够较快地实现产业化。

四、具有良好的推广应用前景，对区域经济和相关产业发展具有明显的带动作用。

五、申请单位应在相关领域的技术开发、项目建设、生产管理等方面经验丰富，具备安全实施示范方案的能力。

第九条　示范方案经审查同意后，国家在项目核准文件中对示范工程进行确认，同时明确示范工作的目标、内容和要求。对示范方向经审查同意，但示范方案需在获得核准批复文件后进一步细化和完善的工程项目，待示范方案完善并经审查同意后作为示范工程的核准内容之一。

第三章　项目实施和管理

第十条　示范工程承担单位应严格按照批准的示范方案开展示范工作，并定期向国家能源行业主管部门报告进展情况。

第十一条　如需对原有示范方案作重大调整，承担单位应报请国家能源行业主管部门批准。国家能源行业主管部门同意调整方案的批复作为工程检查验收的依据。

第十二条　对于示范任务重、难度大的领域，国家能源行业主管部门可组建成立该领域的示范工程建设工作组，协调解决示范工程在技术开发、设计审查、设备采购、项目建设、开车运行等环节出现的问题。

第四章　项目验收和考核评价

第十三条　示范工程建成并具备验收条件后，由示范工程承担单位提出验收申请，并提交示范方案、示范工程验收报告等相关文件。

第十四条　国家能源行业主管部门组织专家或委托咨询机构对示范工程进行现场考核，测算各项技术经济指标，对示范工程实施、运行及成果进行总结，对未来推广应用前景和条件进行分析判断，在此基础上完成《国家能源科技重大示范工程考核评价报告》。

第十五条　《国家能源科技重大示范工程考核评价报告》将作为推广应用工作的重要指导，同时也作为制定能源领域战略、规划、政策以及规章制度的重要参考。

第十六条　示范工程取得的科技成果的知识产权归属按照相关法律法规的规定执行。

第五章　政策支持

第十七条　符合示范工程相关政策导向的工程项目将作为能源领域投资调控的重点鼓励和支持对象，优先列入国家能源行业相关规划。

第十八条　示范工程相关的核心技术研发纳入《国家能源应用技术研究及工程示范科研项目》专项，关键装备自主化纳入能源技术装备中央预算内投资计划，酌情给予必要的资金支持。示范工程能源技术装备关键零部件及材料进口可按《关于调整重大技术装备进口税收政策的通知》（财关税〔2009〕55号）等文件要求，优先办理减免税手续。优先支持示范工程建设单位、相关技术开发机构和装备制造企业建设国家能源重大技术创新平台。

第十九条　对在示范工程建设中有突出贡献的企业，国家投资、能源及相关部门在项目核准、考核评价、成果推广、表彰奖励以及标准化建设等方面给予优先支持。

第六章　项目监督

第二十条　建立示范工程申请单位档案和诚信评级制度，统计和记录历次申报情况、已承担的示范工程及完成情况、科技创新方面的贡献、违法违规行为等信息，作为同一单位在申请其他许可事项、政策资金支持以及表彰奖励的重要参考。

第二十一条　示范工程在建设过程中具有下列情形之一的，取消其示范工程资格，予以公告，并纳入示范工程申请单位档案。

一、未按示范方案实施的；

二、工程建设过程中有违法违规行为的。

第七章　附则

第二十二条　参与评估、比选论证、考核评价等示范工程管理工作的专家原则上从能源领域专家库中选择，咨询机构包括国家发改委确定的具有建设项目评估资质的单位，国家能源研发（实验）中心以及国家能源行业主管部门认定的其他单位。承担某一事项咨询评估任务的评估机构，与同一事项的编制单位、行业（部门）审查单位、项目申报单位之间不得存在重大关联关系。

第二十三条　本办法由国家能源行业主管部门负责解释。

第二十四条　本办法自发布之日起施行。

关于加快推动我国绿色建筑发展的实施意见

（财政部 住房和城乡建设部 2012 年 4 月 27 日发布
财建 ［2012］ 167 号）

各省、自治区、直辖市、计划单列市财政厅（局）、住房城乡建设厅（委、局），新疆建设兵团财务局、建设局：

按照《国务院关于印发"十二五"节能减排综合性工作方案的通知》（国发 ［2011］ 26 号）统一部署，为进一步深入推进建筑节能，加快发展绿色建筑，促进城乡建设模式转型升级，特制定以下实施意见：

一、充分认识绿色建筑发展的重要意义

绿色建筑是指满足《绿色建筑评价标准》（GB/T 50378—2006），在全寿命周期内最大限度地节能、节地、节水、节材，保护环境和减少污染，为人们提供健康、适用和高效的使用空间，与自然和谐共生的建筑。

我国正处于工业化、城镇化和新农村建设快速发展的历史时期，深入推进建筑节能，加快发展绿色建筑面临难得的历史机遇。目前，我国城乡建设增长方式仍然粗放，发展质量和效益不高，建筑建造和使用过程能源资源消耗高、利用效率低的问题比较突出。大力发展绿色建筑，以绿色、生态、低碳理念指导城乡建设，能够最大效率地利用资源和最低限度地影响环境，有效转变城乡建设发展模式，缓解城镇化进程中资源环境约束；能够充分体现以人为本的理念，为人们提供健康、舒适、安全的居住、工作和活动空间，显著改善群众生产生活条件，提高人民满意度，并在广大群众中树立节约资源与保护环境的观念；能够全面集成建筑节能、节地、节水、节材及环境保护等多种技术，极大带动建筑技术革新，直接推动建筑生产方式的重大变革，促进建筑产业优化升级，拉动节能环保建材、新能源应用、节能服务、咨询等相关产业发展。

各级财政、住房城乡建设部门要充分认识到推动发展绿色建筑，是保障改善民生的重要举措，是建设资源节约、环境友好型社会的基本内容，对加快转变经济发展方式、深入贯彻落实科学发展观都具有重要的现实意义。要进一步增强紧迫感和责任感，紧紧抓住难得的历史机遇，尽快制定有力的政策措施，建立健全体制机制，加快推动我国绿色建筑健康发展。

二、推动绿色建筑发展的主要目标与基本原则

（一）主要目标。切实提高绿色建筑在新建建筑中的比重，到 2020 年，绿色建筑占新建建筑比重超过 30%，建筑建造和使用过程的能源资源消耗水平接近或达到现阶段发达国家水平。"十二五"

期间，加强相关政策激励、标准规范、技术进步、产业支撑、认证评估等方面能力建设，建立有利于绿色建筑发展的体制机制，以新建单体建筑评价标识推广、城市新区集中推广为手段，实现绿色建筑的快速发展，到 2014 年政府投资的公益性建筑和直辖市、计划单列市及省会城市的保障性住房全面执行绿色建筑标准，力争到 2015 年，新增绿色建筑面积 10 亿平方米以上。

（二）基本原则。加快推动我国绿色建筑发展必须遵循以下原则：因地制宜、经济适用，充分考虑各地经济社会发展水平、资源禀赋、气候条件、建筑特点，合理制定地区绿色建筑发展规划和技术路线，建立健全地区绿色建筑标准体系，实施有针对性的政策措施。整体推进、突出重点，积极完善政策体系，从整体上推动绿色建筑发展，并注重集中资金和政策，支持重点城市及政府投资公益性建筑在加快绿色建筑发展方面率先突破。合理分级、分类指导，按照绿色建筑星级的不同，实施有区别的财政支持政策，以单体建筑奖励为主，支持二星级以上的高星级绿色建筑发展，提高绿色建筑质量水平；以支持绿色生态城区发展为主要抓手，引导低星级绿色建筑规模化发展。激励引导、规范约束，在发展初期，以政策激励为主，调动各方加快绿色建筑发展的积极性，加快标准标识等制度建设，完善约束机制，切实提高绿色建筑标准执行率。

三、建立健全绿色建筑标准规范及评价标识体系，引导绿色建筑健康发展

（一）健全绿色建筑标准体系。尽快完善绿色建筑标准体系，制（修）订绿色建筑规划、设计、施工、验收、运行管理及相关产品标准、规程。加快制定适合不同气候区、不同建筑类型的绿色建筑评价标准。研究制定绿色建筑工程定额及造价标准。鼓励地方结合地区实际，制定绿色建筑强制性标准。编制绿色生态城区指标体系、技术导则和标准体系。

（二）完善绿色建筑评价制度。各地住房城乡建设、财政部门要加大绿色建筑评价标识制度的推进力度，建立自愿性标识与强制性标识相结合的推进机制，对按绿色建筑标准设计建造的一般住宅和公共建筑，实行自愿性评价标识，对按绿色建筑标准设计建造的政府投资的保障性住房、学校、医院等公益性建筑及大型公共建筑，率先实行评价标识，并逐步过渡到对所有新建绿色建筑均进行评价标识。

（三）加强绿色建筑评价能力建设。培育专门的绿色建筑评价机构，负责相关设计咨询、产品部品检测、单体建筑第三方评价、区域规划等。建立绿色建筑评价职业资格制度，加快培养绿色建筑设计、施工、评估、能源服务等方面的人才。

四、建立高星级绿色建筑财政政策激励机制，引导更高水平绿色建筑建设

（一）建立高星级绿色建筑奖励审核、备案及公示制度。各级地方财政、住房城乡建设部门将设计评价标识达到二星级及以上的绿色建筑项目汇总上报至财政部、住房和城乡建设部（以下简称"两部"），两部组织专家委员会对申请项目的规划设计方案、绿色建筑评价标识报告、工程建设审批文件、性能效果分析报告等进行程序性审核，对审核通过的绿色建筑项目予以备案，项目竣工验收后，其中大型公共建筑投入使用一年后，两部组织能效测评机构对项目的实施量、工程量、实际性能效果进行评价，并将符合申请预期目标的绿色建筑名单向社会公示，接受社会监督。

（二）对高星级绿色建筑给予财政奖励。对经过上述审核、备案及公示程序，且满足相关标准要求的二星级及以上的绿色建筑给予奖励。2012 年奖励标准为：二星级绿色建筑 45 元/平方米（建筑面积，下同），三星级绿色建筑 80 元/平方米。奖励标准将根据技术进步、成本变化等情况进行调整。

（三）规范财政奖励资金的使用管理。中央财政将奖励资金拨至相关省市财政部门，由各地财政部门兑付至项目单位，对公益性建筑、商业性公共建筑、保障性住房等，奖励资金兑付给建设单位或投资方，对商业性住宅项目，各地应研究采取措施主要使购房者得益。

五、推进绿色生态城区建设，规模化发展绿色建筑

（一）积极发展绿色生态城区。鼓励城市新区按照绿色、生态、低碳理念进行规划设计，充分体现资源节约环境保护的要求，集中连片发展绿色建筑。中央财政支持绿色生态城区建设，申请绿色生态城区示范应具备以下条件：新区已按绿色、生态、低碳理念编制完成总体规划、控制性详细规划以及建筑、市政、能源等专项规划，并建立相应的指标体系；新建建筑全面执行《绿色建筑评价标准》中的一星级及以上的评价标准，其中二星级及以上绿色建筑达到30%以上，2年内绿色建筑开工建设规模不少于200万平方米。

（二）支持绿色建筑规模化发展。中央财政对经审核满足上述条件的绿色生态城区给予资金定额补助。资金补助基准为5000万元，具体根据绿色生态城区规划建设水平、绿色建筑建设规模、评价等级、能力建设情况等因素综合核定。对规划建设水平高、建设规模大、能力建设突出的绿色生态城区，将相应调增补助额度。补助资金主要用于补贴绿色建筑建设增量成本及城区绿色生态规划、指标体系制定、绿色建筑评价标识及能效测评等相关支出。

六、引导保障性住房及公益性行业优先发展绿色建筑，使绿色建筑更多地惠及民生

（一）鼓励保障性住房按照绿色建筑标准规划建设。各地要切实提高公租房、廉租房及经济适用房等保障性住房建设水平，强调绿色节能环保要求，在制订保障性住房建设规划及年度计划时，具备条件的地区应安排一定比例的保障性住房按照绿色建筑标准进行设计建造。

（二）在公益性行业加快发展绿色建筑。鼓励各地在政府办公建筑、学校、医院、博物馆等政府投资的公益性建筑建设中，率先执行绿色建筑标准。结合地区经济社会发展水平，在公益性建筑中开展强制执行绿色建筑标准试点，从2014年起，政府投资公益性建筑全部执行绿色建筑标准。

（三）切实加大保障性住房及公益性行业的财政支持力度。绿色建筑奖励及补助资金、可再生能源建筑应用资金向保障性住房及公益性行业倾斜，达到高星级奖励标准的优先奖励，保障性住房发展一星级绿色建筑达到一定规模的也将优先给予定额补助。

七、大力推进绿色建筑科技进步及产业发展，切实加强绿色建筑综合能力建设

（一）积极推动绿色建筑科技进步。各级财政、住房城乡建设部门要鼓励支持建筑节能与绿色建筑工程技术中心建设，积极支持绿色建筑重大共性关键技术研究。加大高强钢、高性能混凝土、防火与保温性能优良的建筑保温材料等绿色建材的推广力度。要根据绿色建筑发展需要，及时制定发布相关技术、产品推广公告、目录，促进行业技术进步。

（二）大力推进建筑垃圾资源化利用。积极推进地级以上城市全面开展建筑垃圾资源化利用，各级财政、住房城乡建设部门要系统推行垃圾收集、运输、处理、再利用等各项工作，加快建筑垃圾资源化利用技术、装备研发推广，实行建筑垃圾集中处理和分级利用，建立专门的建筑垃圾集中处理基地。

（三）积极推动住宅产业化。积极推广适合住宅产业化的新型建筑体系，支持集设计、生产、施工于一体的工业化基地建设；加快建立建筑设计、施工、部品生产等环节的标准体系，实现住宅部品通用化，大力推广住宅全装修，推行新建住宅一次装修到位或菜单式装修，促进个性化装修和产业化装修相统一。

各级财政、住房城乡建设部门要按照本意见的部署和要求，统一思想，提高认识，认真抓好各项政策措施的落实，要与发改、科技、规划、机关事务等有关部门加强协调配合，落实工作责任，及时研究解决绿色建筑发展中的重大问题，科学组织实施，推动我国绿色建筑快速健康发展。

财政部 住房和城乡建设部

二〇一二年四月二十七日

国务院关于加强进口促进对外贸易平衡发展的指导意见

（国务院 2012 年 4 月 30 日发布 国发〔2012〕15 号）

各省、自治区、直辖市人民政府，国务院各部委、各直属机构：

进一步加强进口，促进对外贸易平衡发展，对于统筹利用国内外两个市场、两种资源，缓解资源环境瓶颈压力，加快科技进步和创新，改善居民消费水平，减少贸易摩擦，都具有重要的战略意义。这是实现科学发展、转变经济发展方式的必然要求，是当前和今后一个时期对外贸易的基本任务。现提出如下意见：

一、指导思想、基本原则和主要任务

（一）指导思想。以邓小平理论和"三个代表"重要思想为指导，深入贯彻落实科学发展观，以科学发展为主题，以加快转变经济发展方式为主线，在保持出口稳定增长的同时，更加重视进口，适当扩大进口规模，促进对外贸易基本平衡，实现对外贸易可持续发展。

（二）基本原则。坚持进口与出口协调发展，促进对外贸易基本平衡，保持进出口稳定增长。坚持进口与国内产业协调发展，促进产业升级，维护产业安全。坚持进口与扩大内需相结合，推动内外贸易一体化，促进扩大消费。坚持进口与"走出去"相结合，拓宽进口渠道，保障稳定供应。坚持市场机制与政策引导相结合，充分发挥市场主体作用，完善促进公平竞争的制度和政策。

（三）主要任务。进一步优化进口商品结构，稳定和引导大宗商品进口，积极扩大先进技术设备、关键零部件和能源原材料的进口，适度扩大消费品进口。进一步优化进口国别和地区结构，在符合多边贸易规则的条件下，鼓励自最不发达国家进口，扩大自发展中国家进口，拓展自发达国家进口。进一步优化进口贸易结构，鼓励开展直接贸易，增强稳定进口的能力，支持具备条件的国内企业"走出去"。

二、加大财税政策支持力度

（四）调整部分商品进口关税。根据国内经济社会发展需要，以暂定税率的方式，降低部分能源原材料的进口关税，适当降低部分与人民群众生活密切相关的生活用品进口关税，适时调整部分先进技术设备、关键零部件进口关税，重点降低初级能源原材料及战略性新兴产业所需的国内不能生产或性能不能满足需要的关键零部件的进口关税。继续落实对自最不发达国家部分商品进口零关税待遇，加快降税进程，进一步扩大零关税商品范围；结合自由贸易区降税安排，引导企业扩大从自由贸易区成员方的进口。

（五）增加进口促进资金规模。在现有外经贸发展专项资金的基础上，增加安排进口促进支持资金。为国家鼓励类产品的进口提供贴息支持，适时调整贴息产品支持范围。支持各类商务平台拓展进口功能，鼓励开展各类进口促进等公共服务。继续加大对自发展中国家进口支持力度。

三、加强和改善金融服务

（六）提供多元化融资便利。对符合国家产业政策和信贷条件的进口合理信贷需求，积极提供信贷支持。鼓励商业银行开展进口信贷业务，支持先进技术设备、关键零部件和能源原材料的进口。鼓励政策性银行在业务范围内支持高新技术产品和资源类商品进口。进一步拓宽进口企业融资渠道，鼓励和支持符合条件的企业通过发行股票、企业债券、短期融资券、中期票据等扩大直接融资。研究完善战略资源国家储备体系，支持和鼓励企业建立商业储备。

（七）完善进口信用保险体系和贸易结算制度。鼓励商业保险公司根据企业需要，研究开展进口信用保险业务，推出有利于扩大进口的保险产品和服务，降低企业进口风险。加强和改善跨境贸易人民币结算工作，便利、规范银行和企业开展进口贸易人民币结算业务。进一步推进货物贸易外汇管理制度改革，为企业贸易外汇收支提供更加便利的服务，研究海关特殊监管区域外汇便利化措施。

四、完善管理措施

（八）进一步优化进口环节管理。清理进口环节的不合理限制与措施，降低进口环节交易成本。调减自动进口许可商品管理目录，积极推动开展网上申领。加快自动进口许可电子数据与海关的联网核查进程，提高联网核查效率，实现科学监管、有效监管。

（九）完善海关特殊监管区域和保税监管场所进口管理。鼓励企业在海关特殊监管区域和保税物流中心设立采购中心、分拨中心和配送中心，促进保税物流健康发展；支持企业通过海关特殊监管区域和保税监管场所扩大相关商品进口。进一步规范海关特殊监管区域流通秩序，营造公平的竞争环境。

（十）推动进口与国内流通衔接。鼓励支持国内流通企业参与国际贸易，支持具备条件的企业整合进口和国内流通业务，减少中间环节。鼓励国内商业企业经营代理国外品牌消费品，发展自营销售平台，打破垄断，实现充分竞争。参照国际通行做法，完善相关法律法规，支持离境免税业务发展。适当增加药品等特定商品进口口岸，扩大相关产品进口。对检验检疫合格的进口商品，进入国内市场流通后，国内其他单位不再检验、检测。

（十一）推动加工贸易转型升级。保持加工贸易政策总体稳定，控制高能耗、高污染、低附加值加工贸易发展，引导加工贸易向产业链高端延伸、向中西部转移和向海关特殊监管区域集中。建立内销交易平台，引导有条件的企业培育自主品牌和内销渠道。在严格执行相关进出口税收政策和有效控制环境污染的前提下，研究推进海关特殊监管区域内企业开展内销货物返区维修业务。

（十二）完善产业损害和进口商品质量安全预警机制。监测分析国际经济发展变化及进口异常情况对国内产业的影响，针对重点商品进口数量和价格走势，定期发布产业损害预警报告，发布产业竞争力动态，开展产业竞争力调查、产业安全应对与效果评估工作，促进公平竞争。进一步完善进口商品质量安全风险预警与快速反应监管体系。

五、提高贸易便利化水平

（十三）进一步提高通关效率。改进海关、质检、外汇等方面的监管和服务。口岸及海关特殊监管区域所在地的海关和出入境检验检疫机构实行工作日 24 小时预约通关和报检。给予高资信企业通关便利。不断完善进口商品归类、审价等管理办法。落实国家对企业收费优惠政策，严格执行收费项目公示制度，清理进口环节不合理收费，进一步规范收费行为。充实口岸监管力量。

（十四）加强边境贸易基础设施建设。进一步改善边境口岸基础设施、查验监管设施和边境经济合作区基础设施条件，构建集物资运输、仓储、加工为一体的现代物流体系，提高口岸吞吐能力。改善边民互市点配套设施，便利边民互市，全面落实促进边境地区经济贸易发展相关政策，扩大与周边国家和地区的经贸往来。

（十五）加强电子政务信息平台建设。继续推进"大通关"建设，加快电子口岸建设。大力推动贸易单证标准化和电子化进程，促进各部门间贸易单证信息的互联互通和监管信息共享，在统一模式下实现进出口货物"一次录入，分别申报"。完善进口商品技术法规与合格评定信息咨询服务平台。发挥地方人民政府的主导作用，支持各地建立信息服务平台。

六、加强组织领导

（十六）完善进口公共服务。推动建立进口促进专门网站等公共服务平台，加强信息发布、政策介绍、信息查询、贸易障碍投诉、知识产权保护等公共服务。培育国家进口贸易促进创新示范区，充分发挥进口贸易集聚区对扩大进口的示范和带动作用。定期举办进口论坛，交流市场信息，加强进口政策宣传。支持与我国贸易逆差较大的国家和地区来华举办商品展览会、洽谈会等推介活动。

（十七）发挥行业中介组织作用。鼓励支持贸易促进机构、进出口商会、行业协会等中介组织根据需要开展进口咨询和培训服务。发挥中介组织作用，加强同大宗商品出口国相关组织和企业的对话与沟通。加强与国际证券期货机构的联系合作，提高大宗商品国际市场话语权和定价权。加强对重点进口企业和行业的指导，及时发布相关信息，加大进口促进力度。

（十八）强化组织实施。各地区、有关部门要进一步统一思想，调整"奖出限进"、"宽出严进"的工作思路和政策体系，坚持进口和出口并重，坚持关税政策与贸易政策的紧密协调，按照本意见要求和各自职能分工，抓紧制定具体措施，认真落实财税、金融、管理等方面的支持政策。进一步健全工作机制，加强在政策协调、信息通报等方面的互动合作，形成合力，积极扩大进口，促进对外贸易平衡发展，为推动我国经济社会又好又快发展作出新贡献。

国务院
二〇一二年四月三十日

高端装备制造业"十二五"发展规划（节选）

（工业和信息化部 2012 年 5 月 7 日发布）

二、指导思想与发展目标

（一）指导思想

以邓小平理论和"三个代表"重要思想为指导，深入贯彻落实科学发展观，紧紧围绕工业转型升级和战略性新兴产业发展的重大需求，把大力培育和发展高端装备制造业作为加快转变经济发展方式的一项重要任务，立足国情，依托产业基础，按照市场主导、创新驱动、重点突破、引领发展的要求，发挥企业主体作用，推进产学研用结合，加大政策扶持力度，营造良好发展环境，着力提升技术创新能力，着力推进信息化与工业化深度融合，着力推动军民融合，努力把高端装备制造业培育成为具有国际竞争力的国民经济支柱产业，为建设装备制造业强国奠定坚实的基础。

（二）基本原则

坚持发展高端装备制造业与改造提升传统产业相结合。立足装备制造业现有技术积累、制造能力和产业组织基础进行布局，促进高端装备制造业相对集中发展，加快形成新的经济增长点。同时积极促进传统产业的高技术化，实现产业价值链从低端向高端跃升。

坚持技术创新与开放合作相结合。加快突破制约发展的关键技术、核心技术和系统集成技术，加强基础设施建设，大幅度提升技术创新能力。同时积极参与国际合作，充分利用全球创新资源，提高我国高端装备发展的起点。

坚持整体推进与重点跨越相结合。实施高端装备制造业发展总体战略，对相关领域发展进行全面部署，统筹规划，明确发展时序和空间布局。选择最有基础和条件的重点方向作为突破口，集中力量重点推进，促进重点领域率先发展。

坚持市场推动和政策引导相结合。注重发挥市场配置资源的基础性作用，调动企业主体的积极性，推进产学研用结合。在产业培育初期，要发挥政府的引导作用，加强规划引导、政策激励和组织协调，加快突破发展中的薄弱环节和瓶颈制约。

（三）发展目标

综合考虑未来发展趋势和条件，到 2015 年，我国高端装备制造业发展的主要目标是：

——产业规模跃上新台阶。高端装备制造业销售收入超过 6 万亿元，在装备制造业中的占比提高到 15%，工业增加值率达到 28%，国际市场份额大幅度增加。

——创新能力大幅提升。初步形成产学研用相结合的高端装备技术创新体系，骨干企业研发经费投入占销售收入比例超过 5%，形成一批具有知识产权的高端装备产品和知名品牌，培养一批具有国际视野的科技领军人才。

——基础配套能力显著增强。高端装备所需的关键配套系统与设备、关键零部件与基础件制造能力显著提高，其性能和质量达到国际先进水平，智能技术及核心装置得到普遍推广应用，高端装备重点产业智能化率超过 30%。

——产业组织结构进一步优化。形成一批具有国际影响力的企业集团和一大批具有竞争优势的"专、精、特、新"专业化生产企业，建成若干创新能力强、特色鲜明的高端装备制造集聚区，产业集中度明显提升。

力争通过 10 年的努力，形成完整的高端装备制造产业体系，基本掌握高端装备制造业的关键核心技术，产业竞争力进入世界先进行列。到 2020 年，高端装备制造产业销售收入在装备制造业中的占比提高到 25%，工业增加值率较"十二五"末提高 2 个百分点，将高端装备制造业培育成为国民经济的支柱产业。

三、发展重点和方向

（四）海洋工程装备

面向国内外海洋资源开发的重大需求，以提高国际竞争力为核心，重点突破 3000 米深水装备的关键技术，大力发展以海洋油气为代表的海洋矿产资源开发装备，全面推进以海洋风能工程装备为代表的海洋可再生能源装备、以海水淡化和综合利用装备为代表的海洋化学资源开发装备的产业化，积极培育海洋波浪能、潮汐能、海流（潮流）能、天然气水合物、海底金属矿产开发装备相关产业，加快提升产业规模和技术水平，完善产业链，实现我国海洋工程装备制造业快速健康发展。

——海洋矿产资源开发装备。以海洋油气资源开发装备为重点，大力发展半潜式钻井/生产平台、钻井船、自升式钻井平台、浮式生产储卸装置、物探船、起重铺管船、海洋钻采设备及其关键系统和设备、水下生产系统及水下立管等装备；积极开展天然气水合物、海底金属矿产资源开发装备的前期研究和技术储备，为培育相关产业奠定基础。

——海洋可再生能源和化学资源开发装备。以海洋风能工程装备为重点，大力发展海上及潮间带风机安装平台（船）、海上风机运营维护船、海上及潮间带风力发电装备等，全面推进海洋可再生能源的产业化；以海水淡化和综合利用装备为重点，促进海洋化学资源开发装备的产业化；积极开展海洋波浪能、潮汐能、海流能、温差能、海水提锂、海水提铀等开发装备的前期研究和技术储备。

——其他海洋资源开发装备。以海上浮式石油储备基地、海上后勤补给基地等装备为重点，加快关键设计、建造技术的研究和攻关；积极开展海上机场、海上卫星发射场等装备的前期研究，为工程研制奠定技术基础。

加强电力监管支持民间资本投资电力的实施意见

（国家电监会 2012 年 6 月 14 日发布）

为支持民间资本投资电力，根据《国务院关于鼓励和引导民间投资健康发展的若干意见》（国发〔2010〕13 号），依据《电力监管条例》和国家有关规定，结合电力改革和电力监管实际，制定本实施意见。

（一）加强市场准入监管，支持和引导符合资质条件的不同所有制企业进入电力市场。不断完善风能、太阳能、地热能、生物质能及小水电等可再生能源的许可准入条件，平等对待各类投资主体，对民间资本投资的电力企业及承装（修、试）电力设施企业依法颁发许可证。

（二）加强调度和交易监管，保障不同所有制发电企业的合法权益。督促电网企业按照有关规定与民营发电企业签订并网调度协议和购售电合同，切实履行合同义务，严格执行电力调度规章和规程，确保调度和交易公开、公平、公正。

（三）加强新建机组并网监管，保障民间资本投资的发电机组公平、无歧视接入电网。监督电网企业公开新建机组接入系统审核程序、审核标准和审核进度，平等对待民间资本投资新建机组的并网运行调试、并网安全性评价、转商业运营等事项。

（四）加强可再生能源发电调度监管，促进全额保障性收购制度在不同所有制发电企业的全面落实。督促电网企业根据相关技术规程要求，及时确定接入系统方案并同步配套实施，保障可再生能源公平、无歧视接入电网，按规定优先调度。

（五）加强电价及电费结算监管，对不同所有制企业实行统一的电价政策。保障民营发电企业享受平等的电价政策，并及时足额结算电费。

（六）加强电力建设市场监管，促进电力建设市场开放。推进电力勘察设计、施工、监理、咨询以及建设物资设备采购等领域市场开放，支持民营企业进入电力工程建设及物资设备的生产供应等领域。加强用户工程市场监管，杜绝"三指定"行为，为民营企业参与平等竞争创造条件，扶持其健康发展。

（七）加快电力市场建设，为不同所有制企业参与竞争创造条件。积极培育多元市场主体，搭建市场交易平台，完善市场规则及监管办法，建立公开、公平、公正的电力市场运行机制。

（八）完善大用户直购电试点的政策措施，积极推进大用户直接交易。制定和公开准入条件，简化审批程序，支持符合条件的民营发电企业和用电企业分别作为发电商和大用户参与直接交易。

（九）积极推动电价改革，促进形成有利于公平竞争的电价机制。组织开展输配电成本分开核算，积极推动输配电价改革，推动上网电价形成机制改革。

（十）加强电力监管法制建设，规范监管行为。按照鼓励和引导民间资本投资电力的有关规定，全面清理不利于民间投资电力的监管规章和文件，推动监管职责、标准和程序的公开化、规范化。

（十一）进一步做好信息公开和披露，为不同所有制企业提供良好的信息服务。及时公布电力监管法律、法规、规章和规范性文件，发布有关行业信息和电力监管信息，督促电力企业按规定及时披露信息，保障不同所有制企业享有同等的知情权。

（十二）提高许可证管理工作效率，为民间资本投资电力和参与电力建设提供高效便捷的服务。加快电子政务建设，畅通许可办理渠道，公开许可管理流程，完善一个窗口对外工作机制，提供一站式服务。

（十三）拓宽和畅通信息沟通渠道，做好不同所有制企业投诉举报和争议纠纷处理工作。加强12398投诉举报热线的运行维护和管理，及时做好民营企业投诉举报和争议纠纷的受理、处理、回访等工作。定期发布投诉举报相关信息，发挥专业网站等媒体的舆论监督作用。

（十四）发挥好行业协会的桥梁纽带作用，健全民间资本投资电力的服务体系。加强电力行业及中介组织建设，为民间资本投资电力提供法律政策咨询和教育培训等服务，及时反映民营企业的诉求。强化行业协会的自律作用，加强行业诚信体系建设，规范和引导民营企业健康发展。

（十五）加强法制宣传教育，引导民营电力企业依法经营。切实做好对民营企业的法制宣传教育，督促民营电力企业落实国家各项政策，严格执行有关规定、规则和标准，促进电力行业健康发展。

二〇一二年六月十四日

国家能源局关于鼓励和引导民间资本进一步扩大能源领域投资的实施意见

(国家能源局　2012 年 6 月 18 日发布　国能规划 [2012] 179 号)

各省、自治区、直辖市和新疆生产建设兵团发展改革委 (能源局)、煤炭行业管理部门，有关中央企业，有关行业协会：

在中央"必须坚持毫不动摇地巩固和发展公有制经济，必须毫不动摇地鼓励、支持和引导非公有制经济发展"方针政策引导下，能源领域民间投资不断发展壮大，已经成为促进能源发展的重要力量。目前，非国有煤矿产量约占全国的 40%，民营水电站装机约占全国的 26%，民营风电装机约占全国的 20%，民营炼油企业加工能力约占全国的 18%，火电、水电、煤炭深加工等领域已经涌现出一批非公有制骨干企业。民间资本在太阳能热利用、生物质能开发以及晶体硅材料、太阳能热水器、太阳能电池制造等领域居于主导地位，在风电设备制造产业发挥着重要的作用。民间资本已经进入西气东输三线等国家"十二五"重点项目建设领域。我国已经是世界能源生产和消费大国，但发展方式粗放的矛盾比较突出。进一步鼓励和引导民间资本扩大能源领域投资，有利于深化改革、完善竞争有序的能源市场体系；有利于促进能源结构调整、推动能源产业由大到强的转变；有利于降低能源生产利用成本、提高能源效率和普遍服务水平。为深入贯彻落实《国务院关于鼓励和引导民间投资健康发展的若干意见》(国发 [2010] 13 号)，促进能源领域民间投资健康发展，制定本实施意见。

一、拓宽民间资本投资范围

(一) **鼓励民间资本参与能源项目建设和运营**。列入国家能源规划的项目，除法律法规明确禁止的以外，均向民间资本开放，鼓励符合条件的民营企业以多种形式参与国家重点能源项目建设和运营。

(二) **鼓励民间资本参与能源资源勘探开发**。继续支持民间资本以多种形式参与煤炭资源勘探、开采和煤矿经营，建设煤炭地下气化示范项目。支持民间资本进入油气勘探开发领域，与国有石油企业合作开展油气勘探开发，以多种形式投资煤层气、页岩气、油页岩等非常规油气资源勘探开发项目，投资建设煤层气和煤矿瓦斯抽采利用项目。

(三) **鼓励民间资本发展煤炭加工转化和炼油产业**。支持民间资本继续投资煤炭洗选加工产业。鼓励符合条件的民营企业以多种形式投资建设和运营煤制气等煤基燃料示范项目。鼓励民间资本参股建设大型炼油项目，以多种形式建设和运营大型炼油项目中的部分装置或特定生产环节。

(四) **鼓励民间资本参与石油和天然气管网建设**。支持民间资本与国有石油企业合作，投资建设跨境、跨区石油和天然气干线管道项目；以多种形式建设石油和天然气支线管道、煤层气、煤制气和页岩气管道、区域性输配管网、液化天然气（LNG）生产装置、天然气储存转运设施等，从事相关仓储和转运服务。

（五）**鼓励民间资本参与电力建设。**支持民间资本扩大投资，以多种形式参与水电站、火电站、余热余压和综合利用电站，以及风电、太阳能、生物质能等新能源发电项目建设，参股建设核电站。鼓励民营企业参与火电站脱硫、脱硝装置的建设、改造和运营。鼓励民间资本参与电网建设。

（六）**鼓励民间资本在新能源领域发挥更大作用。**继续支持民间资本全面进入新能源和可再生能源产业，鼓励民营资本扩大风能、太阳能、地热能、生物质能领域投资，开发储能技术、材料和装备，参与新能源汽车供能设施建设，参与新能源示范城市、绿色能源示范县和太阳能示范村建设。

二、营造公平和规范的市场环境

（七）**完善资源配置机制。**深化能源领域体制改革，加快机制创新，为民间资本进入能源领域营造良好的市场环境。加强规划、政策和标准的引导，发挥市场配置资源的基础性作用，保障民间资本公平获得资源开发权利。鼓励符合条件的民营企业，依法合规成为大型煤炭矿区开发主体以及煤层气、页岩气、油页岩等非常规油气开发主体。水电、风电等特许开发权的配置，不得设定限制民间资本进入的歧视性条件。

（八）**提高行政服务效率。**不断改进能源项目核准（审批）管理，推动管理内容、标准和程序的规范化、公开化，为各类投资主体提供公平、全面、及时、便捷的政策咨询服务，进一步提高服务水平。

（九）**加大资金支持力度。**支持能源发展的基本建设投资、专项建设资金、创业投资引导资金等财政资金，以及国际金融组织贷款和外国政府贷款等，要明确规则、统一标准，对包括民间投资在内的各类投资主体同等对待。

（十）**完善价格支持政策。**理顺能源价格，引导民营资本在发展新能源和可再生能源、调整能源结构中发挥更大作用。支持民营企业公平享受可再生能源发电、煤层气（瓦斯）综合利用发电上网电价政策。支持符合条件的民营企业参与大用户直接交易。在具备条件的地区积极开展竞价上网试点。放开页岩气、煤层气、煤制气出厂价格，由供需双方协商确定价格。

（十一）**优化企业融资环境。**鼓励各类金融机构创新和灵活运用多种金融工具，加大对能源领域民间投资的融资支持，加强对民间投资的金融服务。不断完善民间投资融资担保制度，继续支持符合条件的民营能源企业通过股票、债券市场进行融资，通过促进股权投资基金和创业投资基金规范发展，保护民间投资者权益。

三、提高民营能源企业发展水平

（十二）**推动民营能源企业加快向现代能源企业转变。**加强市场引导和行业指导，推动民营能源企业加快建立现代企业制度，完善法人治理结构，依法健全企业财务、劳动用工等管理制度，提高企业管理水平。

（十三）**支持民营能源企业增强科技创新能力。**支持具备条件的骨干民营企业承建国家能源研发中心（重点实验室）。鼓励民营能源企业加大科研投入和人才培训，开展重点领域技术攻关和设备研发，提高自主创新能力。

（十四）促进民营能源企业加快产业升级。鼓励和支持民营能源企业积极发展新能源等战略性新兴产业，改造提升现有产业，淘汰落后产能。支持民营企业以产权为纽带，参与煤炭资源整合和煤矿企业兼并重组；按照"上大压小"等淘汰落后产能的相关政策，关停落后的小火电机组、小煤矿、小炼油装置，整合能力和资源，建设清洁高效、技术先进的大型项目。

（十五）鼓励民营能源企业实施"走出去"战略。加强引导和统筹协调，支持符合条件的民营企业"走出去"，在境外投资建设能源开发与利用项目，承建境外能源建设工程。

四、加强对民间投资的引导和规范管理

（十六）加强投资引导和监管。能源事关国家安全和经济社会发展大局，能源行业具有安全生产要求高、生态环境影响大等特点，特别是当前提高能源开发转化利用效率、调结构转方式的任务紧迫而艰巨。因此，进入能源领域的市场主体，必须树立高度的责任感，严格遵守国家有关法律法规和产业政策要求，不断提高走新型工业化道路的自觉性和主动性。有关政府部门要切实负起责任，规范行业管理，引导民营企业依法合规开展能源生产和经营活动。

（十七）提高信息服务水平。加强能源市场形势分析和预警预测，及时向全社会公开发布能源产业政策、发展规划、市场准入标准、市场动态等信息，引导民间投资正确判断形势，减少盲目投资。建立能源领域投资项目和科研成果转化信息服务平台，促进民间资本与项目、市场、新技术的有效对接。

（十八）加强技术咨询服务。有关行业协会（学会）和中介机构要充分发挥服务职能，为民营能源企业提供技术、管理、政策等咨询服务。能源科研、设计机构和大专院校要积极与民营企业合作，提供技术和管理支撑。

（十九）严格行业自律。各类投资主体要不断提高自身素质和能力，树立诚信意识、风险意识和责任意识，履行社会责任。严格按照有关规定，计提和规范使用安全生产、环境保护等费用，支付劳动工资报酬，参加社会保险。

各级能源管理部门、中央管理的大型能源企业、有关行业协会要根据本实施意见要求，切实采取有效措施，鼓励和支持民间资本以多种形式扩大能源领域投资。各地要跟踪了解本地区能源领域民间投资发展动态、效果、存在的问题，及时将有关情况和建议反馈国家能源局。

国家能源局

二〇一二年六月十八日

国家发展改革委关于印发可再生能源发展"十二五"规划的通知

（国家发展改革委　2012 年 7 月 6 日发布　发改能源〔2012〕1207 号）

各省、自治区、直辖市、新疆生产建设兵团发展改革委（能源局），有关中央企业，各可再生能源学会、协会：

为贯彻落实《可再生能源法》，加快推进可再生能源发展，促进资源节约和环境保护，积极应对全球气候变化，国家发展改革委、国家能源局在组织编制水电、风电、太阳能发电、生物质能发展"十二五"专项规划的基础上，制定了《可再生能源发展"十二五"规划》。现印发给你们，请认真贯彻执行。

《可再生能源中长期发展规划》（2007）中部分 2020 年发展目标调整为本规划提出的发展目标。水电、风电、太阳能发电和生物质能专项规划由国家能源局另行印发。

附：可再生能源发展"十二五"规划

国家发展改革委
二○一二年七月六日

附：

可再生能源发展"十二五"规划

前　言

可再生能源是能源体系的重要组成部分，具有资源分布广、开发潜力大、环境影响小、可永续利用的特点，是有利于人与自然和谐发展的能源资源。当前，开发利用可再生能源已成为世界各国保障能源安全、加强环境保护、应对气候变化的重要措施。随着经济社会的发展，我国能源需求持续增长，能源资源和环境问题日益突出，加快开发利用可再生能源已成为我国应对日益严峻的能源环境问题的必由之路。

"十二五"是我国全面建设小康社会的关键时期，是深化改革开放、加快转变经济发展方式的重要战略机遇期。为实现 2015 年和 2020 年非化石能源分别占一次能源消费比重 11.4% 和 15% 的目标，加快能源结构调整，培育和打造战略性新兴产业，推进可再生能源产业持续健康发展，按照《可再生能源法》的要求，根据《国民经济和社会发展第十二个五年规划纲要》、《国家能源发展"十二五"规划》，制定《可再生能源发展"十二五"规划》（以下简称"《规划》"）。

《规划》包括了水能、风能、太阳能、生物质能、地热能和海洋能，阐述了 2011 年至 2015 年我国可再生能源发展的指导思想、基本原则、发展目标、重点任务、产业布局及保障措施和实施机制，是"十二五"时期我国可再生能源发展的重要依据。

一、规划基础和背景

（一）发展基础

1. 发展现状

"十一五"时期，在《可再生能源法》的推动下，我国可再生能源政策体系不断完善，通过开展资源评价、组织特许权招标、完善价格政策、推进重大工程示范项目建设，培育形成了可再生能源市场和产业体系，可再生能源技术快速进步，产业实力明显提升，市场规模不断扩大，我国可再生能源已步入全面、快速、规模化发展的重要阶段。

——水电开发有序推进，装机规模快速增加。水电是目前技术成熟和最具有经济性的可再生能源，在"十一五"时期保持了稳步快速发展，三峡、拉西瓦、龙滩等大型水电工程陆续建成投产，五年投产装机容量约 1 亿千瓦。到 2010 年底，全国水电装机容量达到 2.16 亿千瓦，比 2005 年翻了近一番。2010 年水电发电量 6867 亿千瓦时，占全国总发电量的 16.2%，折合 2.3 亿吨标准煤，约占能源消费总量的 7%。水电的快速发展为保障能源供应、调整能源结构、应对气候变化，以及促进可持续发展做出了重要贡献。

——风电进入规模化发展阶段，技术装备水平迅速提高。风电新增装机容量连续多年快速增长，2009 年以来，我国成为新增风电装机规模最多的国家。到 2010 年底，风电累计并网装机容量 3100 万千瓦。2010 年风电发电量 500 亿千瓦时，折合 1600 万吨标准煤。风电装备制造能力快速提高，已具备 1.5 兆瓦以上各个技术类型、多种规格机组和主要零部件的制造能力，基本满足陆地和海上风电的开发需要。

——太阳能发电技术进步加快，国内应用市场开始启动。在快速增长的国际市场的带动下，我国已形成了具有国际竞争力的太阳能光伏发电制造产业，2010 年光伏电池产量占到全球光伏电池市场的 50%。在光伏电池制造技术方面，我国已达到世界先进水平。光伏电池效率不断提高，晶硅组件效率达到 15% 以上。非晶硅组件效率超过 8%，多晶硅等上游材料的制约得到缓解，基本形成了完整的光伏发电制造产业链。在大型光伏电站特许权招标和"金太阳示范工程"推动下，国内太阳能发电市场开始启动，规模化应用的格局正在形成。

——太阳能热利用日益普及，应用范围和领域不断扩大。太阳能热水器沿市场化道路快速发展，在广大城市和农村建筑应用广泛，"家电下乡"进一步扩大了太阳能热水器在农村地区的应用。我国真空集热管具有较强技术优势，中高温集热技术取得重大进展，初步具备产业化发展的条件。到 2010 年底，太阳能热水器安装使用总量达到 1.68 亿平方米，年替代化石能源约 2000 万吨标准煤。

——生物质能多元化发展，综合利用效益显著。生物质发电技术基本成熟，大中型沼气技术日益完善，农村沼气应用范围不断扩大，木薯、甜高粱等非粮生物质制取液体燃料技术取得突破，木薯制取液体燃料开始了规模化利用，万吨级秸秆纤维素乙醇产业化示范工程进入试生产阶段。到 2010 年底，各类生物质发电装机容量总计约 550 万千瓦。2010 年沼气利用量约 140 亿立方米，成型燃料利用量约 300 万吨，生物燃料乙醇利用量 180 万吨，生物柴油利用量约 50 万吨，各类生物质能源利用量合计约 2000 万吨标准煤。

——**地热能和海洋能利用技术不断发展，产业化应用潜力较大。**浅层地温能在建筑领域的开发利用快速发展，到 2010 年底，地源热泵供暖制冷建筑面积达到 1.4 亿平方米。高温地热发电技术趋于成熟，但高温地热资源有限。中低温地热发电新技术和新应用取得突破，今后发展潜力很大。潮汐能利用技术基本成熟，波浪能、潮流能等技术研发和小型示范应用取得进展，开发利用工作尚处于起步阶段，目前已有较好的技术储备，未来有较大的发展潜力。

2010 年，水电、风电、生物液体燃料等计入商品能源统计的可再生能源利用量为 2.55 亿吨标准煤，在能源消费总量中约占 7.9%。计入沼气、太阳能热利用等尚没有纳入商品能源统计的品种，可再生能源利用量为 2.86 亿吨标准煤，约占当年能源消费总量的 8.9%。

专栏 1　"十一五"期末可再生能源主要发展指标

内容	2005 年	"十一五"预期目标	2010 年	年均增长（%）
一、发电				
1. 水电（万千瓦）	11739	19000	21606	13.0
其中小水电（万千瓦）	3850	5000	5840	8.7
2. 并网风电（万千瓦）	126	1000	3100	89.7
3. 光伏发电（万千瓦）	7	30	80	62.8
4. 各类生物质发电（万千瓦）	200	550	550	22.4
二、供气				
沼气（亿立方米）	80	190	140	11.8
其中农村沼气用户（万户）	1800	4000	4000	17.3
三、供热				
1. 太阳能热水器（万平方米）	8000	15000	16800	16.0
2. 地热等（万吨标准煤/年）	200	400	460	18.1
四、燃料				
1. 燃料乙醇（万吨）	102	200	180	12.0
2. 生物柴油（万吨）	5	20	50	58.5
总利用量（万吨标准煤/年）	16600		28600	11.5

2. 存在问题

为适应经济发展方式转变和能源结构调整需要，我国已将开发利用可再生能源作为国家能源发展战略的重要组成部分。从目前可再生能源发展的政策环境和未来规模化发展的要求来看，今后一段时期，可再生能源开发利用面临的主要问题为：

第一，技术和经济性仍是可再生能源发展要解决的最基本问题。近年来，可再生能源技术快速进步，经济性显著改善，但按现有的技术水平和产业基础，除水电、太阳能热水器外，大多数可再生能源产业还处于成长阶段，开发利用的成本仍然较高，加上资源分布不均、市场规模小、不能连续生产等特点，可再生能源在现有市场条件下还缺乏竞争力，必须依靠政策支持等措施才能支撑其进一步发展，并最终使可再生能源在技术和经济性上达到与常规能源可竞争的水平。

第二，管理体系和市场机制不适应可再生能源规模化发展需要。现有的能源管理体系是以常规能源为基础建立起来的，与可再生能源的特点不适应。电力系统运行机制和管理主要着眼于大电源和大电网特性，没有建立适应可再生能源特点的运行管理体系。可再生能源的间歇性对电力系统运行的挑战随着可再生能源规模的不断增加日益凸显，建立适应可再生能源特点的电力管理体系、市场机制和技术支撑体系十分必要。

第三，具有核心竞争力的技术创新体系尚未形成。我国可再生能源产业在关键技术上与发达国家还有较大差距，缺乏系统的可再生能源技术开发体系，基础研究和技术创新能力不强，关键技术和共性技术研究滞后，可再生能源产业核心竞争力不高。不断完善相关人才培养机制，加快建立可再生能源产业体系，是提高可再生能源产业竞争力、促进可再生能源持续健康发展的重要措施。

（二）发展形势

面对全球日益严峻的能源和环境问题，开发利用可再生能源已成为世界各国保障能源安全、应对气候变化、实现可持续发展的共同选择。

1. 加快开发利用可再生能源已成为国际社会的共识

20 世纪 70 年代石油危机以来，为保障能源安全、应对气候变化，可再生能源日益受到国际社会的重视。2008 年以来的全球金融危机，为可再生能源发展赋予了新的使命，进一步促进了可再生能源的发展。日本福岛核事故后，不少国家能源战略选择"弃核"或延缓核电建设，发展清洁能源和减少温室气体排放的任务更多地转向可再生能源。加快开发利用可再生能源已成为国际社会的共识和共同行动。

第一，可再生能源已成为能源发展的重要领域。目前，可再生能源已成为许多国家能源发展的重要领域，一些国家新增可再生能源发电装机占全部新增发电装机的 2/3 以上。2010 年全球可再生能源领域的投资超过 2000 亿美元，风电在欧盟新增发电装机中，已连续多年保持第一。德国实施 2022 年前不再使用核电的能源转型战略，通过大规模开发海上风电和加快建设分布式太阳能发电解决核电退出后的电力供应问题。2010 年德国光伏发电新增装机 740 万千瓦，成为该国新增发电装机规模最大的电源。可再生能源已成为这些国家能源投资的重点领域。

第二，可再生能源已在一些地区发挥重要作用。可再生能源在许多国家能源和电力消费中的比重不断扩大，2010 年丹麦风电占全部电力消费的 20%，西班牙和德国的风电也分别占到全部电力消费的 15% 和 7%，风电已满足欧盟 5.3% 的电力消费量；2010 年丹麦的可再生能源占到全部能源消费量的 19%，德国占到近 11%，西班牙出现过多次风电出力满足全部用电负荷 50% 的情况，可再生能源已在这些地区的能源体系中发挥重要作用。

第三，可再生能源已成为竞争激烈的战略性新兴产业。可再生能源开发利用产业链长，配套和支撑产业多，对经济发展的拉动作用显著，许多国家都投入大量资金支持可再生能源技术研发，抢占技术制高点。特别是在全球经济危机中，美欧日等发达国家和印度、巴西等发展中国家都把发展可再生能源作为刺激经济发展、走出经济危机的战略性新兴产业加以扶持，围绕可再生能源技术、产品的国际贸易纠纷不断加剧，市场竞争日益激烈。可再生能源发展水平将成为衡量国家未来发展竞争力的一个新的标志。

第四，可再生能源在未来能源中的地位日益明确。为实现能源转型，走低碳发展道路，许多国家制定了清晰的可再生能源发展战略。欧盟提出了到 2020 年可再生能源达到欧盟全部能源消费量 20% 的发展目标，其中德国、法国、英国的目标分别是 18%、23%、15%。日本在福岛核事故后，提出 2020 年前可再生能源发电要满足 20% 电力需求的目标。丹麦还提出了到 2050 年完全摆脱对化石能源依赖的宏伟战略，英国也提出到 2050 年在 1990 年基础上二氧化碳减排 80% 的战略目标，确立了可再生能源在未来能源体系中的地位和作用。

2. 开发利用可再生能源是我国实现能源可持续发展的必然选择

开发利用可再生能源既是我国当前调整能源结构、节能减排、合理控制能源消费总量的迫切需要，也是我国未来能源可持续利用和转变经济发展方式的必然选择。

第一，开发利用可再生能源是落实科学发展观、建设资源节约型和环境友好型社会的基本要

求。建立充足、安全、清洁的能源供应体系是促进经济社会可持续发展的基本保障。当前，我国正处在工业化和城镇化发展阶段，能源需求快速增长，能源供应以煤为主，进一步发展受资源和环境约束的压力不断加大。为从根本上解决我国的能源供应问题，实现经济和社会的可持续发展，加快开发利用可再生能源是重要的战略选择，也是推进能源科学发展、建设资源节约型和环境友好型社会的基本要求。

第二，开发利用可再生能源是保护环境、应对气候变化的重要措施。当前，我国能源开发利用的环境污染问题突出，生态系统承载空间十分有限，依靠开采和使用化石能源难以持续。面对全球气候变化的严峻形势，我国已将大规模开发利用可再生能源作为应对气候变化的重大举措。我国已明确提出，到 2020 年单位国内生产总值二氧化碳排放比 2005 年降低 40%~45%、非化石能源在能源消费中的比重达到 15%，大力发展可再生能源是实现这一战略目标的主要措施。

第三，开发利用可再生能源是促进农村地区经济发展的重要途径。农村是我国经济社会发展最薄弱的地区，大多数农村地区基础设施落后。目前全国还有约 400 万人没有电力供应，许多农村地区生活能源仍主要依靠秸秆、薪柴等直接燃烧的传统低效生物质能源。但是，农村地区可再生能源资源十分丰富，加快农村地区可再生能源资源的开发，一方面可利用当地资源，因地制宜解决偏远地区电力供应和农村居民生活用能问题；另一方面可将农村的生物质资源转换为商品能源，使可再生能源成为农村特色产业，增加农民收入，改善农村环境，促进农村地区经济和社会的可持续发展。

第四，开发利用可再生能源是发展战略性新兴产业、推动经济发展方式转变的重要选择。大规模开发利用可再生能源将显著降低经济发展对化石能源资源的消耗，减少对环境的损害，使我国严重依赖资源消耗的发展模式逐渐转变为资源消耗少、环境污染低的科学发展方式。同时，可再生能源是快速增长的战略性新兴产业，发展可再生能源对拉动高端装备制造相关产业发展的作用显著，对促进产业结构升级意义重大。此外，可再生能源已是国际产业竞争的新领域，培育和发展可再生能源产业是增强我国经济发展国际竞争力的重要内容。

二、指导方针和目标

（一）指导思想

高举中国特色社会主义伟大旗帜，以邓小平理论和"三个代表"重要思想为指导，深入贯彻落实科学发展观，以建设资源节约型、环境友好型社会为目标，把发展可再生能源作为构建安全、稳定、经济、清洁的现代能源产业体系以及调控能源消费总量的重大战略举措，按照发展战略性新兴产业的部署，积极推动相关体制机制创新和市场化改革，为可再生能源大规模开发利用和产业发展创造良好环境，显著提高可再生能源的市场竞争力，推动可再生能源全方位、多元化、规模化和产业化发展，为实现"十二五"和 2020 年非化石能源发展目标、促进国民经济和社会可持续发展提供重要保障。

（二）基本原则

市场机制与政策扶持相结合。制定中长期可再生能源发展目标，培育长期持续稳定的可再生能源市场、以明确的市场需求带动可再生能源技术进步和产业发展，建立鼓励各类投资主体参与和促进公平竞争的市场机制。通过财政扶持、价格支持、税收优惠、强制性市场配额制度、保障性收购等政策，支持可再生能源开发利用和产业发展。

集中开发与分散利用相结合。根据可再生能源资源和电力市场分布，加大资源富集地区可再生能源开发建设力度，建成集中、连片和规模化开发的可再生能源优势区域。同时，发挥可再生能源资源分布广泛、产品形式多样的优势，鼓励各地区就地开发利用各类可再生能源，大力推动分布式可再生能源应用，形成集中开发与分散开发及分布式利用并进的可再生能源发展模式。

规模开发与产业升级相结合。通过制定完善的政策体系，建立持续稳定的市场需求，不断扩大可再生能源市场规模；在市场的规模化发展带动下，提升自主研发能力，促进产业升级壮大和成本降低，提高可再生能源产业的市场竞争力，推动可再生能源更大规模开发利用，形成可再生能源产业的良性循环和自主式发展。

国内发展与国际合作相结合。保持稳定增长的国内可再生能源市场需求，吸引全球技术等资源向我国聚集，形成全球有影响力的可再生能源产业基地。同时，加强多种形式的国际合作，推动我国可再生能源产业融入国际产业体系，并积极参与全球可再生能源的开发利用，促进我国可再生能源产业在全球体系中发挥重要作用。

（三）发展目标

1. 总目标

扩大可再生能源的应用规模，促进可再生能源与常规能源体系的融合，显著提高可再生能源在能源消费中的比重；全面提升可再生能源技术创新能力，掌握可再生能源核心技术，建立体系完善和竞争力强的可再生能源产业。

2. 主要指标

（1）可再生能源在能源消费中的比重显著提高。到 2015 年全部可再生能源的年利用量达到 4.78 亿吨标准煤，其中商品化可再生能源年利用量 4 亿吨标准煤，在能源消费中的比重达到 9.5% 以上。

（2）可再生能源发电在电力体系中上升为重要电源。"十二五"时期，可再生能源新增发电装机 1.6 亿千瓦，其中常规水电 6100 万千瓦，风电 7000 万千瓦，太阳能发电 2000 万千瓦，生物质发电 750 万千瓦，到 2015 年可再生能源发电量争取达到总发电量的 20% 以上。

（3）可再生能源供热和燃料利用显著替代化石能源。不断扩大太阳能热利用规模，推进中低温地热直接利用和热泵技术应用，推广生物质成型燃料和生物质热电联产，加快沼气等各类生物质燃气发展。到 2015 年，可再生能源供热和民用燃料总计年替代化石能源约 1 亿吨标准煤。

（4）分布式可再生能源应用形成较大规模。建立适应太阳能等分布式发电的电网技术支撑体系和管理体制，建设 30 个新能源微电网示范工程，综合太阳能等各种分布式发电、可再生能源供热和燃料利用等多元化可再生能源技术，建设 100 个新能源示范城市和 200 个绿色能源示范县。发挥分布式能源的优势，解决电网不能覆盖区域的无电人口用电问题。沼气、太阳能、生物质能气化等可再生能源在农村的入户率达到 50% 以上。

专栏 2　"十二五"时期可再生能源开发利用主要指标

内容	利用规模		年产能量		折标煤（万吨/年）
	数量	单位	数量	单位	
一、发电	39400	万千瓦	12030	亿千瓦时	39000
1. 水电（不含抽水蓄能）	26000		9100		29580
2. 并网风电	10000		1900		6180
3. 太阳能发电	2100		250		810
4. 生物质发电	1300		780		2430
农林生物质发电	800		480		1500
沼气发电	200		120		370
垃圾发电	300		180		560

续表

内容	利用规模		年产能量		折标煤
	数量	单位	数量	单位	（万吨/年）
二、供气			220	亿立方米	1750
1. 沼气用户	5000	万户	215		1700
2. 工业有机废水沼气	1000	处	5		50
三、供热制冷					6050
1. 太阳能热水器	40000	万平方米			4550
2. 太阳灶	200	万台			
3. 地热能热利用					1500
供暖制冷	58000	万平方米			
供热水	120	万户			
四、燃料					1000
1. 生物质成型燃料	1000	万吨			500
2. 生物燃料乙醇	400	万吨			350
3. 生物柴油	100	万吨			150
总计					47800

三、重点任务

在"十二五"时期，要建立和完善支持可再生能源发展的政策体系，促进可再生能源技术创新和产业进步，不断扩大可再生能源的市场规模，努力提高可再生能源在能源结构中的比重。"十二五"时期重点建设八项重大工程，并以此带动可再生能源的全面开发利用。

专栏3　"十二五"时期可再生能源重点建设工程

1. **大型水电基地建设**。优先开发水能资源丰富、分布集中的河流，建设十个千万千瓦级大型水电基地。重点推进金沙江中下游、雅砻江、大渡河、澜沧江中下游、黄河上游、雅鲁藏布江中游等流域（河段）水电开发，启动金沙江上游、澜沧江上游、怒江等流域水电开发工作。

2. **大型风电基地建设**。重点建设"三北"（东北、西北和华北）和沿海地区千万千瓦级风电基地，包括河北、内蒙古东部、内蒙古西部、甘肃酒泉地区、新疆哈密地区、吉林、黑龙江及江苏和山东沿海等地区。

3. **海上风电建设**。加快海上风电开发，在江苏、山东、河北、上海、广东、浙江等沿海省份，建成一批海上风电示范项目，以示范项目建设带动海上风电技术进步和装备配套能力的提升。

4. **太阳能电站基地建设**。在甘肃、青海、新疆等太阳能资源丰富、具有荒漠化等闲置土地资源的地区，建设一批大型光伏电站，结合水电、风电开发情况及电网接入条件，发展水光、风光互补系统，建设若干太阳能发电基地。

5. **生物质替代燃料**。发挥生物质能产品形式多样的特点，大力推进生物质替代燃料工程。建设村村沼气工程和大型生物质气化供气工程，满足居民清洁燃气需求，鼓励剩余燃气发电。合理开发盐碱地、荒草地、荒山荒地等边际性土地，开展非粮生物液体燃料示范点建设，替代车用燃料。建立生物质成型燃料生产、储运和使用体系，在城市推广生物质成型燃料集中供热，在农村作为清洁炊事和采暖燃料推广应用。

6. 绿色能源示范县建设。在可再生能源资源丰富地区，支持开展绿色能源示范县建设，建成完善的绿色能源利用体系。鼓励合理开发利用农林废弃生物质能资源，改善村居民生产和生活用能条件等。支持小城镇因地制宜发展中小型可再生能源开发利用设施，满足电力、燃气以及供热等各类用能需求。

7. 新能源示范城市建设。鼓励资源丰富、城市生态环保要求高、经济条件相对较好的城市，按照多能互补的原则，开展太阳能、生物质能、地热能等新能源在城市中的小范围应用。支持各地在产业园区开展先进多样的太阳能等新能源利用技术示范，满足园区的电力、供热、制冷等综合能源需求。

8. 新能源微型电网示范建设。在可再生能源资源丰富和具备多元化利用条件的地区，建设小型风能、太阳能、水能设备与储能设施组成的微型电网，以智能电网技术为支撑，开展以新能源发电为主、其他电源及大电网供电为辅的新型供用电模式。

（一）积极发展水电

坚持水电开发与移民致富、环境保护和地方经济社会发展相协调，创新移民安置思路，加强流域水电规划，在做好生态保护和移民安置的前提下积极发展水电，充分发挥水电在增加非化石能源供应中的主力作用。

"十二五"时期，全国开工建设水电 1.6 亿千瓦，其中抽水蓄能电站 4000 万千瓦，新增水电装机容量 7400 万千瓦，其中新增小水电 1000 万千瓦，抽水蓄能电站 1300 万千瓦。到 2015 年，全国水电装机容量达到 2.9 亿千瓦，其中常规水电 2.6 亿千瓦，抽水蓄能电站 3000 万千瓦，已建成常规水电装机容量占全国技术可开发装机容量的 48%。

到 2015 年，西部地区常规水电装机容量达到 1.67 亿千瓦，占全国常规水电装机容量的 64%，水能资源开发程度为 38%。中部地区常规水电装机容量达到 5900 万千瓦，占全国的 23%。东部地区常规水电装机容量达到 3400 万千瓦，占全国的 13%。中、东部地区水能资源开发程度达到 90% 左右。到 2015 年，全国抽水蓄能电站装机容量达到 3000 万千瓦，主要分布在我国东部和中部地区，其中东部、中部地区抽水蓄能电站装机规模分别达到 2070 万千瓦和 800 万千瓦，西部地区达到 130 万千瓦。

到 2020 年，全国水电总装机容量达到 4.2 亿千瓦，其中常规水电总装机容量达到 3.5 亿千瓦，抽水蓄能电站装机容量达到 7000 万千瓦。

水电开发的布局和建设重点是：

（1）流域水电规划。加强河流水电规划等前期工作，继续抓好金沙江中游龙头水库建设论证、藏东南及"三江"（金沙江、澜沧江、怒江）上游水电开发战略规划和"西电东送"接续基地研究等工作；继续推进雅砻江上游和雅鲁藏布江下游水电规划工作；完成金沙江上游、澜沧江上游、黄河上游、雅鲁藏布江中游、怒江和通天河等河流水电规划。

（2）大型水电基地建设。加快推进大型水电基地建设。重点开发水能资源丰富、建设条件较好的金沙江中下游、雅砻江、大渡河、澜沧江中下游、黄河上游、雅鲁藏布江中游等水电基地，启动金沙江上游、澜沧江上游、怒江和通天河等流域水电开发工作；对中、东部地区水能资源继续实施扩机增容和改造升级。

（3）小水电开发与建设。加强中小流域综合治理，积极推进水电增效扩容工程建设，结合水电新农村电气化县建设和实施"小水电代燃料"工程需要，因地制宜，有序推进小水电开发，提高资源丰富的贫困地区小水电开发利用水平。到 2015 年，建成江西、贵州、湖北、浙江、广西等 5 个 300 万千瓦的小水电大省及湖南、广东、福建、云南、四川等 5 个 500 万千瓦的小水电强省。

（4）**抽水蓄能电站建设**。按照"统一规划、合理布局"的原则，适度加快抽水蓄能电站建设。在新能源发电比例高的电力系统区域内，建设增加电力系统运行灵活性和可靠性的抽水蓄能电站。

在接受区外送电比重高的东部沿海地区，合理布局一批经济性优越的抽水蓄能电站，保障电网安全稳定运行。

专栏 4 "十二五"时期重点开工的水电站

重点流域	重点项目
金沙江	白鹤滩、乌东德、龙盘、梨园、阿海、龙开口、鲁地拉、观音岩、叶巴滩、拉哇、苏洼龙、昌波、旭龙等
澜沧江	侧格、卡贡、如美、古学、古水、乌弄龙、里底、托巴、黄登、大华桥、苗尾、糯扎渡、橄榄坝等
大渡河	双江口、金川、安宁、巴底、丹巴、猴子岩、黄金坪、硬梁包，枕头坝一、二级，沙坪一、二级，安谷等
黄河上游	门堂、宁木特、玛尔挡、茨哈峡、羊曲、班多等
雅砻江	两河口、牙根一级、牙根二级、孟底沟、杨房沟、卡拉等
怒江干流	松塔、马吉、亚碧罗、六库、赛格等
雅鲁藏布江中游	大古、街需、加查等
其他河流	长江小南海，汉江旬阳、新集，堵河小漩，第二松花江丰满重建，乌江白马，红水河龙滩二期，帕隆葬布忠玉，库玛拉克河大石峡，开都河阿仁萨很托亥水电站等

专栏 5 "十二五"时期抽水蓄能电站重点开工项目

区域电网	地区	重点项目	装机规模（万千瓦）
东北电网	黑龙江	荒沟	120
	吉林	敦化	140
	辽宁	桓仁	80
华北电网	河北	丰宁一期	180
		丰宁二期	180
	山东	文登	180
西北电网	宁夏	中宁	60
	新疆	阜康	120
	甘肃	肃南	120
	陕西	镇安	140
华东电网	江苏	马山	70
		句容	135
	浙江	宁海	140
		天荒坪二	210
	安徽	绩溪	180
	福建	厦门	140
华中电网	河南	天池	120
		五岳	80
	重庆	蟠龙	120
	湖北	上进山	120
蒙西电网	内蒙古	锡林浩特	80

续表

区域电网	地区	重点项目	装机规模（万千瓦）
南方电网	广东	深圳	120
		梅州	120
		阳江	120
	海南	琼中	60
总计			3135

（二）加快开发风电

按照集中与分散开发并重的原则，继续推进风电的规模化发展，统筹风能资源分布、电力输送和市场消纳，优化开发布局，建立适应风电发展的电力调度和运行机制，提高风电利用效率，增强风电装备制造产业的创新能力和国际竞争力，完善风电标准及产业服务体系，使风电获得越来越大的发展空间。

到 2015 年，累计并网风电装机达到 1 亿千瓦，年发电量超过 1900 亿千瓦时，其中海上风电装机达到 500 万千瓦，基本形成完整的、具有国际竞争力的风电装备制造产业。

到 2020 年，累计并网风电装机达到 2 亿千瓦，年发电量超过 3900 亿千瓦时，其中海上风电装机达到 3000 万千瓦，风电成为电力系统的重要电源。

风电开发布局和建设重点是：

（1）**有序推进大型风电基地建设。**结合电力市场、区域电网和电力外送条件，积极有序推进"三北"和沿海地区大型风电基地建设。到 2015 年，形成酒泉、张家口、乌兰察布、锡林郭勒、通辽、赤峰、白城等数个 500 万千瓦以上风电集中开发区域，以及承德、巴彦淖尔、包头、兴安盟、松原、唐山、民勤和大庆、齐齐哈尔等一批 200 万千瓦以上的风电集中开发区域。

（2）**加快内陆资源丰富区风电开发。**加强"三北"以外内陆地区的风能资源评价和开发建设，加快资源较丰富、电网接入条件好的山西、辽宁、宁夏、云南等地区的风电开发，鼓励因地制宜建设中小型风电项目，就近接入电网，立足本地消纳，使本地区风能资源尽快得到有效利用。

（3）**鼓励分散式并网风电开发建设。**利用 110 千伏及以下电压等级变电站分布广、离用电负荷近的优势，就近按变电站用电负荷水平接入适当容量的风电机组，并探索与其他分布式能源相结合的发展方式，实现分散的风能资源就近分散利用，使我国中部地区和南方遍布各地的风能资源都能得以利用，为风电发展创造新的市场空间。

（4）**积极稳妥推进海上风电开发建设。**发挥沿海风能资源丰富、电力市场广阔的优势，积极稳妥推进海上风电发展，加快示范项目建设，促进海上风电技术和装备进步。加快开展海上风能资源评价、地质勘察、建设施工等准备工作，积极协调海上风电建设与海域使用、海洋环保、港口交通需要等关系，统筹规划，重点在江苏、上海、河北、山东、辽宁、广东、福建、浙江、广西、海南等沿海省份，因地制宜建设海上风电项目。探索在较深水域、离岸较远海域开展海上风电示范。

专栏 6　风电开发建设布局（万千瓦）

类别	开发区域	"十二五"新增容量	2015 年累计容量	2020 年展望目标
大型基地所在区域	河北	720	1100	1600
	蒙东	420	800	2000
	蒙西	670	1300	3800
	甘肃	950	1100	2000
	新疆	900	1000	2000
	吉林	400	600	1500
	江苏沿海	450	600	1000
	山东沿海	600	800	1500
	黑龙江	400	600	1500
	小计	5510	7900	16900
其他重点开发区域	山西	450	500	800
	辽宁	270	600	800
	宁夏	230	300	400
	其他省区	420	700	1100
	小计	1370	2100	3100
合计		6830	10000	20000

（三）推进太阳能多元化利用

按照集中开发与分布式利用相结合的原则，积极推进太阳能的多元化利用，鼓励在太阳能资源优良、无其他经济利用价值土地多的地区建设大型光伏电站，同时支持建设以"自发自用"为主要方式的分布式光伏发电，积极支持利用光伏发电解决偏远地区用电和缺电问题，开展太阳能热发电产业化示范。加快普及太阳能热水器，扩大太阳能热水器在城市和乡镇、民用和公共建筑上的应用，在农村地区推广太阳房和太阳灶。

到 2015 年，太阳能年利用量相当于替代化石燃料 5000 万吨标准煤。太阳能发电装机达到 2100 万千瓦，其中光伏电站装机 1000 万千瓦，太阳能热发电装机 100 万千瓦，并网和离网的分布式光伏发电系统安装容量达到 1000 万千瓦。太阳能热利用累计集热面积达到 4 亿平方米。

到 2020 年，太阳能发电装机达到 5000 万千瓦，太阳能热利用累计集热面积达到 8 亿平方米。

太阳能利用布局和建设重点是：

1. 太阳能发电

按照就近上网、当地消纳、积极稳妥、有序发展的原则，在太阳能资源丰富、具有荒漠化等闲置土地资源的地区，建设一批大型光伏电站；结合水电开发和电网接入运行条件，在青海、甘肃、新疆等地区建设太阳能发电基地，探索水光互补、风光互补的太阳能发电建设模式。

积极推广与建筑结合的分布式并网光伏发电系统，鼓励在有条件的城镇公共设施、商业建筑及产业园区的建筑、工业厂房屋顶等安装并网光伏发电系统，发挥北极星电力分布式光伏发电可直接为终端用户供电的优势，推动光伏发电在经济性相对较好的领域优先得到发展。支持在太阳能资源较好的城镇地区，建设分布式太阳能光伏系统，并与生物质能等其他新能源和储能技术结合，建设多能互补的新能源微电网系统。

支持在偏远的无电或缺电地区，推广户用光伏发电系统或建设小型光伏电站，解决无电人口用电问题，提高缺电地区的供电能力。鼓励在通信、交通、照明等领域采用分散式光伏电源，扩大光伏发电应用规模。

在内蒙古鄂尔多斯高地沿黄河平坦荒漠、甘肃河西走廊平坦荒漠、新疆吐哈盆地和塔里木盆地地区、西藏拉萨、青海、宁夏等地选择适宜地点，开展太阳能热发电示范项目建设，提高高温集热管、聚光镜等关键技术的系统集成和装备制造能力。

专栏 7　太阳能发电建设布局（万千瓦）

发电类别	2015 年		2020 年
	建设规模	重点地区	建设规模
1.太阳能电站	1100		2300
光伏电站	1000	在青海、甘肃、新疆、内蒙古、西藏、宁夏、陕西、云南、海南等地建设一批并网光伏电站。结合水电、风电大型基地建设，发展一批风光互补、水光互补光伏电站	2000
太阳能热发电	100	在太阳能日照条件好、可利用土地面积广、具备水资源条件的地区，开展光热发电项目的示范	300
2.分布式光伏发电系统	1000	在工业园区、经济开发区、大型公共设施等屋顶相对集中的区域，建设并网光伏发电系统。在西藏、青海、甘肃、陕西、新疆、云南、四川等偏远地区及海岛，采用独立光伏电站或户用光伏系统，解决电网无法覆盖地区的无电人口用电问题。扩大城市照明、交通信号等领域光伏系统应用	2700
合计	2100		5000

2. 太阳能热利用

将太阳能热利用产品纳入国家有关惠民工程支持范围，支持农村和小城镇居民安装使用太阳能热水系统、太阳灶、太阳房等设施。积极推进太阳能示范村建设，加大农村可再生能源建筑应用的实施力度，推行农村太阳能浴室，扩大太阳能热水器在农村的应用规模，每年支持农村公益性太阳能热水器及供热系统建设 200 万平方米。到 2015 年，建成 1000 个太阳能示范村。

在大中城市推广普及太阳能热水器与建筑物的结合应用，建设太阳能集中供热水工程。在公共建筑、经济适用房、廉租房建设太阳能热水工程，每年支持建设 1000 万平方米。

进行太阳能海水淡化以及太阳能采暖、制冷试点示范，为利用可再生能源解决沿海城市缺水问题和大规模中高温工业应用摸索经验。

（四）因地制宜利用生物质能

统筹各类生物质资源，按照因地制宜、综合利用、清洁高效、经济实用的原则，结合资源综合利用和生态环境建设，合理选择利用方式，推动各类生物质能的市场化和规模化利用，加快生物质能产业体系建设，促进农村经济发展，有效增加农民收入。

到 2015 年，全国生物质能年利用量相当于替代化石能源 5000 万吨标准煤。生物质发电装机容量达到 1300 万千瓦，沼气年利用量 220 亿立方米，生物质成型燃料年利用量 1000 万吨，生物燃料乙醇年利用量 350~400 万吨，生物柴油和航空生物燃料年利用量 100 万吨。

生物质能的发展布局和建设重点是：

（1）生物质发电。在粮棉主产区，以农作物秸秆、粮食加工剩余物和蔗渣等为燃料，优化布局建设生物质发电项目；在重点林区，结合林业生态建设，利用采伐剩余物、造材剩余物、加工剩余物和抚育间伐资源及速生林资源，有序发展林业生物质直燃发电。结合县域供暖或工业园区用热需要，建设生物质热电联产项目；鼓励对生物质进行梯级利用，建设包括燃气、液体燃料、化工产品及发电、供热的多联产生物质综合利用项目。加快发展畜禽养殖废弃物处理沼气发电；推动发展城市垃圾焚烧和填埋气发电，以及造纸、酿酒、印染、皮革等工业有机废水治理和城市生活污水处理沼气发电。

（2）**生物质燃气。**充分利用农村秸秆、生活垃圾、林业剩余物及畜禽养殖废弃物，在适宜地区继续发展户用沼气，积极推动小型沼气工程、大中型沼气工程和生物质气化供气工程建设。鼓励沼气等生物质气体净化提纯压缩，实现生物质燃气商品化和产业化发展。促进生物质气化技术进步，提高设备效率和燃气品质，掌握兆瓦级内燃机组的技术和设备制造能力，完善生物质供气管网和服务体系建设。到2015年，生物质集中供气用户达到300万户。

（3）**生物质成型燃料。**鼓励因地制宜建设生物质成型燃料生产基地，在城市推广生物质成型燃料集中供热，在农村推广将生物质成型燃料作为清洁炊事燃料和采暖燃料应用。建成覆盖城乡的生物质成型燃料生产供应、储运和使用体系。

（4）**生物质液体燃料。**合理开发盐碱地、荒草地、山坡地等边际性土地，建设非粮生物质资源供应基地，稳步发展生物液体燃料。支持建设具备条件的木薯乙醇、甜高粱茎秆乙醇、纤维素乙醇等项目。继续推进以小桐子为代表的木本油料植物果实生物柴油产业化示范，科学引导和规范以餐饮和废弃动植物油脂为原料的生物柴油产业发展。积极开展新一代生物液体燃料技术研发和示范，推进以农林剩余物为主要原料的纤维素乙醇和生物质热化学转化制备液体燃料示范工程，开展以藻类为原料的千吨级生物柴油中试研发。

（五）加强农村可再生能源利用

以满足农村炊事、取暖和生产生活用电需要为着眼点，将农村可再生能源发展作为新农村建设的重要内容，因地制宜开发利用各类可再生能源资源，加强技术创新和产业服务体系建设，不断促进农村能源的清洁化、优质化、现代化和城乡能源服务均等化，增加农民收入，改善农民生产生活条件。

到2015年，全国沼气用户达到5000万户，50%以上的适宜农户用上沼气，农村地区太阳能热水器保有量超过8000万平方米，太阳灶保有量达到200万台，解决全部无电人口用电问题。

农村可再生能源的发展布局和建设重点是：

（1）**农村无电地区电力建设。**在内蒙古、云南、四川、西藏、青海、新疆等省（区）推进无电地区电力建设。在短期内电网难以延伸到的偏远地区，因地制宜发挥当地可再生能源资源优势，采取建设小水电、小型风力发电、太阳能光伏系统等措施，实现所有行政村通电，解决全部无电人口用电问题。在现有无电人口集中地区，建设承担社会公共服务功能的农村电力服务体系，实现电力领域的城乡公共服务均等化。

（2）**农村清洁能源建设。**因地制宜利用农林剩余物、畜禽养殖废弃物、农村生活垃圾等可再生能源资源，建设户用沼气、中小型沼气和生物质气化工程，推广生物质成型燃料，为农户提供清洁生物质燃料，促进农村家庭炊事和取暖用能清洁化。在全国主要商品粮生产基地县、林业县和养殖大县，发展生物质气化集中供气工程，建设规模化养殖场沼气工程，在具备管道输送条件的地方，为邻近村庄提供集中供气。在太阳能资源丰富地区，引导和支持农民在新建和改造住房中利用太阳能，鼓励使用太阳能热水器和太阳灶。在太阳能资源条件较好的农村地区，推行村镇太阳能公共浴室，在学校、卫生院、养老院以及人口密集的村镇建设10万座集太阳能热水工程和公共浴室。到2015年，沼气、太阳能、生物质供气供热等可再生能源入户率达到50%以上。

（六）合理开发利用地热能

发挥地热能分布广的优势，加快地热资源勘察，加强地热开发利用规划管理，提高地热能开发利用技术水平和开发利用规模，统筹规划和有序开展地热直接利用，加快浅层地温能资源开发，适度发展各类地热能发电。

到2015年，各类地热能开发利用总量达到1500万吨标准煤，其中，地热发电装机容量争取达到10万千瓦，浅层地温能建筑供热制冷面积达到5亿平方米。

地热能的发展布局和建设重点是：

（1）**地热发电**。综合考虑地质条件、资源潜力及应用方式，在青藏铁路沿线、滇西南等高温资源分布地区，在保护好生态旅游资源前提下，启动建设若干"兆瓦级"地热能电站，满足西部大开发及当地经济社会发展需要。在东部沿海及天山北麓等中低温地热资源富集地区，因地制宜发展中小型分布式中低温地热发电项目。开展深层高温干热岩发电系统关键技术研究和项目示范。

（2）**浅层地温能利用**。在保护地下水资源的前提下，鼓励在东北、西北等冬季严寒地区，加快推进浅层地温能供暖；在黄淮海流域、汾河流域、渭河流域等冬季寒冷以及长江中下游、成渝等夏热冬冷地区，鼓励开展浅层地温能供暖和制冷；在两广、闽东南、海南岛等夏热冬暖和云贵高原气候温和地区，鼓励推进浅层地温能夏季制冷。

（七）加快推进海洋能技术进步

以提高海洋能开发利用技术水平为着力点，积极开展海洋能利用示范工程建设，促进海洋能利用技术进步和装备产业体系完善。随着海洋能技术发展，逐步扩大海洋能利用规模。

选择有电力需求、海洋能资源丰富的海岛，建设海洋能与风能、太阳能发电及储能技术互补的独立示范电站，解决缺电岛屿的电力供应问题，满足偏远海岛居民生产和生活用电需求，促进海岛经济发展。发挥潮汐能技术和产业较为成熟的优势，在具备条件地区，建设1~2个万千瓦级潮汐能电站和若干潮流能并网示范电站，形成与海洋及沿岸生态保护和综合利用相协调的利用体系。到2015年，建成总容量5万千瓦的各类海洋能电站，为更大规模的发展奠定基础。

（八）推动分布式可再生能源发展

发挥可再生能源资源分布广、技术利用形式多样、能源产品丰富、可满足多样化能源需求的特点，充分利用当地的可再生能源资源，采用综合利用、多能互补的方式，按照分散布局、就近利用的原则，建立适应分布式可再生能源发展的市场机制和电力运行管理体制，通过建设综合性示范项目，加快分布式可再生能源应用，不断扩大可再生能源在本地能源消费中的比重。

（1）**绿色能源示范县**。在可再生能源资源丰富地区，开展绿色能源示范县建设，建立完善的绿色能源利用体系。鼓励合理开发利用农村废弃生物质能资源，改善农村居民生产和生活用能条件。支持小城镇因地制宜发展中小型可再生能源开发利用设施，满足电力、燃气以及供热等各类用能需求。到2015年，建成200个绿色能源示范县和1000个太阳能示范村。

（2）**新能源示范城市**。选择可再生能源资源丰富、城市生态环保要求高、经济条件相对较好的城市，采取统一规划、规范设计、有序建设的方式，支持在城市及各类产业园区推进太阳能、生物质能、地热能等新能源技术的综合应用，加快推进可再生能源建筑应用，形成新能源利用的局部优势区域，替代燃煤等落后的能源利用方式。以公共机构、学校、医院、宾馆、集中住宅区为重点，推广太阳能热水系统、分布式光伏发电、地源热泵技术、生物质成型燃料利用。支持各地在新建和改造各类产业园区过程中，开展多元化的新能源利用技术示范，满足园区电力、供热、制冷等能源需求。到2015年，建设100个新能源示范城市及1000个新能源示范园区。

（3）**新能源微电网示范工程**。按照"因地制宜、多能互补、灵活配置、经济高效"的原则，在可再生能源资源丰富和具备多元化利用条件的地区，开展以智能电网、物联网和储能技术为支撑、新能源发挥重要作用的微电网示范工程，以自主运行为主的方式解决特定区域的用电问题，建立充分利用新能源发电和电网提供系统支持的新型供用电模式，形成千家万户发展新能源以及"自发自用、余量上网、电网调剂"的新局面。到 2015 年，建成 30 个新能源微电网示范工程。

（九）加快技术装备和产业体系建设

围绕产业链建设、技术研发、人才培养和服务体系配套等方面加强可再生能源产业体系建设。

（1）完善产业链建设。以技术进步为核心，全面提高可再生能源装备制造能力，实现大容量抽水蓄能机组和百万千瓦大型水轮机组的设计制造。风电和太阳能光伏发电设备技术和制造能力达到国际先进水平，并形成若干以龙头企业为核心的制造产业聚集区和配套生产基地。实现生物质成型燃料、发电和生物液体燃料技术产业化，培育大型生物燃料生产企业，建成生物液体燃料配套销售体系。逐步建立新型地热能、海洋能利用技术研发和装备制造能力。

（2）建立技术创新体系。建立国家、地方和企业共同构成的多层次可再生能源技术创新模式，形成具有自主知识产权的可再生能源产业创新体系。充分利用并整合现有可再生能源研究的技术队伍资源，组建国家可再生能源技术研发平台，解决产业发展的关键和共性技术问题，鼓励具有优势的地方政府建立可再生能源技术创新基地，支持企业建立工程技术研发和创新中心，形成国家可再生能源技术创新平台和若干个国家与地方及企业共建的联合创新技术平台。推动大学和研究院所建立从事可再生能源研究的重点实验室，开展促进可再生能源技术进步的基础研究工作。

专栏 8　"十二五"可再生能源技术装备发展重点

水电	复杂地质条件下的高坝工程技术，超大型地下洞室群设计与施工关键技术，流域梯级水电站多目标优化调度技术，大型高效水电机组设计、制造和安装技术，水电开发生态修复技术，水能资源与先进水电技术研发能力建设
风电	6~10 兆瓦大型风电机组及关键部件制造技术，电网友好型风电并网技术，大型风力发电叶片设计和控制等关键技术，大型风电场优化设计、风电功率预测及相应电网运行控制等技术
太阳能	大规模光伏系统设计集成、运行控制及保护技术，大规模太阳能热发电系统集成和关键部件设计制造技术，太阳能电池及产业链生产设备研发和制造技术
生物质能及分布式能源	生物质能综合利用系统集成及关键设备设计制造，高效生物质能发电技术，多能互补利用的分布式功能技术，分布式功能系统与集中大电网互补技术

（3）完善人才培养机制。加大对人才培养机构能力建设的支持力度，完善人才培养和选拔机制，培养一批可再生能源产业发展所急需的高级复合型人才、高级技术研发人才，在重点院校开办可再生能源专业，将可再生能源产业人才培养纳入国家教育培训计划。选择一批可再生能源相关学科基础好、科研和教学能力强的大学，设立可再生能源相关专业，增加博士、硕士学位授予点和博士后流动站，鼓励大学与企业联合培养可再生能源高级人才，支持企业建立可再生能源教学实习基地和博士后流动站，在国家派出的访问学者和留学生计划中，把可再生能源人才交流和培养作为重要组成部分，鼓励大学、研究机构和企业从海外吸收高端人才。

（4）加强服务体系建设。制定和健全可再生能源发电设备、并网等产品和技术标准，建设各类可再生能源设备及零部件检测中心，提高我国可再生能源技术、产品和工程的认证能力，建设一批风能、太阳能、海洋能等公共测试试验基地或平台，为可再生能源装备和产品认证以及国内自主研制设备提供试验检测条件。建立完善的可再生能源产业监测体系，形成有效的质量监督机制，提高产品可靠性水平。支持相关中介机构能力建设，健全可再生能源产业和行业组织，发挥协会在行业自律、人才培训、技术咨询、信息交流、国际合作等方面的作用，建立企业、消费者、政府部门之间的沟通与联系，促进可再生能源产业的健康发展。

四、规划实施

（一）保障措施

为完成好可再生能源各项建设任务，实现可再生能源产业发展规划目标，采取以下政策和措施：

1. 建立可再生能源发展目标考核制度

按照《可再生能源法》确立的基本制度和总体要求，建立可再生能源发展目标考核制度，明确各地区和主要能源企业发展可再生能源的目标和要求。各级地方政府要按照国家能源发展规划、可再生能源发展规划及各类相关规划，制订本地区可再生能源发展规划，并将主要目标和任务纳入地方国民经济和社会发展规划。主要能源企业要承担发展可再生能源的社会责任，把可再生能源开发利用及技术水平作为企业发展绩效考核的重要内容。在节能减排、合理控制能源消费总量和应对气候变化考核体系中，充分考虑可再生能源的贡献，对各地区非水电可再生能源消费量不计入总量限额考核指标，鼓励各地加快发展可再生能源。

2. 实施可再生能源电力配额制度

根据各地区非水电可再生能源资源条件、电力市场、电网结构及电力输送通道等情况，对各省（区、市）全社会电力消费量规定非水电可再生能源电力配额。各省（区、市）人民政府承担完成本地区可再生能源电力配额的行政管理责任，电网企业承担其经营区覆盖范围内可再生能源电力配额完成的实施责任。达到规定规模的大型发电投资经营企业，非水电可再生能源电力装机容量和发电量应达到规定的比重。

3. 完善可再生能源补贴和财税金融政策

充分发挥市场优化配置资源的基础性作用，进一步完善支持可再生能源发展的政策措施和体制机制。建立健全反映资源稀缺及环境外部成本的能源产品价格和税收形成机制，充分体现可再生能源的环境价值等社会效益，按照有利于可再生能源发展和经济合理的原则，确定可再生能源产品的国家补贴标准。完善可再生能源发展基金管理，按照可再生能源发展规划，合理安排基金的资金来源和数额，以国家资金发挥最大效益为原则有效使用基金。完善分布式等小型可再生能源项目建设贷款支持机制，实施促进可再生能源等清洁能源发展的绿色信贷政策。

4. 积极探索促进可再生能源电力发展的新机制

继续推进电力体制改革和电价改革，建立适应可再生能源大规模融入电力系统的新型电力运行机制、电价机制以及促进区域微电网应用的协调机制。加强电力需求侧管理，探索动态可调节负荷管理新模式，与风电等随机性电源相协调。在可再生能源比重高的局部电力系统区域，建立围绕可再生能源发电的智能化区域电力运行管理系统，保障可再生能源充分利用和电网安全运行。建立分布式能源电力并网技术支撑体系和管理体制，鼓励分布式能源自发自用，探索分布式发电多余电力向周边用户供电的机制。完善国家对分布式能源的补贴方式，推广普及分布式能源。

5. 健全可再生能源行业管理体系

建设综合协调可再生能源政策研究实施、产业体系建设的技术服务支撑性力量，加强国家可再生能源行业管理综合体系及能力建设。完善可再生能源产品、设备的标准体系和检测认证制度，建立健全可再生能源产品设备的市场准入制度。健全可再生能源设备生产、项目建设和运营资质管理，建立可再生能源生产企业运行状况和产品质量监测评估制度，完善可再生能源信息统计体系。实行风电、太阳能发电预测预报和并网运行实时调度管理制度，提高电网运行调度可再生能源电力的技术和管理水平。

6. 加强发展可再生能源的组织协调

以完善可再生能源政策体系、推进可再生能源发展机制创新、协调可再生能源发展为主要任务，建立可再生能源发展部际协调机制。国务院能源主管部门制定可再生能源发展总体实施方案，统筹安排可再生能源开发建设规模和布局，协调组织可再生能源产业体系建设。国家各有关部门按职能分工完善相关政策并组织实施好有关工作。重点包括：完善可再生能源价格管理机制；建立并完善支持可再生能源发展的财政保障机制，发挥好可再生能源发展基金的作用；建立可再生能源保障性收购的电力运行监测评估制度；涉及可再生能源发展的农业、林业、水利、建筑、科技等领域，按照可再生能源规划实施需要，做好衔接，积极推进落实有关工作。

（二）实施机制

1. 加强规划协调管理

加强规划对全国可再生能源发展的指导作用，既要确保规划目标的实现，也要防止无序发展。各级地方政府和有关企业应按照各自职责，按照规划的总体要求，落实好规划的重点任务。地方和大型能源企业的可再生能源发展规划，应与国家可再生能源规划相一致，在公布实施前应报国务院能源主管部门备案，确保各级规划衔接一致。

2. 完善信息统计管理

加强可再生能源信息统计体系建设，建立可再生能源资源、技术、装备、投资和市场应用等信息的收集、统计和管理制度，加强统计信息平台建设，各地方能源主管部门和企业要建立可再生能源统计报告制度，不断提高可再生能源统计信息的及时性和有效性。国务院能源主管部门负责国家可再生能源信息数据库建设，并按照国家信息公开制度，向社会提供相关信息服务。

3. 建立滚动调整机制

加强可再生能源发展的形势分析工作，建立年中、年度行业发展形势分析报告制度，及时剖析行业发展存在的问题，掌握规划实施进展。在"十二五"中期对可再生能源发展规划进行评估，评估情况以适当方式向社会公布。根据规划执行情况和评估意见，适时对规划目标和重点任务进行动态调整，如市场和国家财政资金具备条件，适度提高发展进度好的可再生能源的发展指标，使规划更加科学，符合实际发展需求。

4. 编制年度实施计划

制定实施可再生能源开发利用年度实施计划，准确把握风电、太阳能发电等新兴行业的发展速度和布局，做到可再生能源开发与电网等配套基础设施建设协调发展。同时按照年度开发计划合理确定可再生能源发展基金规模，既保障规划按计划实施，也使国家资金得到有效使用。

5. 加强目标监测考核

建立可再生能源发展评价指标体系。结合国家可再生能源规划布局和各地区可再生能源规划，按照合理控制能源消费总量和可再生能源电力配额制的要求，对能源企业和各地区可再生能源发展进行考核。完善可再生能源产业发展评估工作，对可再生能源技术研发、关键装备、产业竞争力及电网企业接纳运行可再生能源发电情况进行调查评估。国务院能源主管部门会同有关部门向社会公布年度和专项监测评估报告。

五、投资估算和环境社会影响分析

（一）投资估算

"十二五"期间水电开工规模 1.6 亿千瓦，投产 7400 万千瓦，建设投资总需求约 8000 亿元，其中大中型水电约 6200 亿元，小水电约 1200 亿元，抽水蓄能电站约 600 亿元。"十二五"期间，新增风电装机 7000 万千瓦，投资总需求约 5300 亿元；新增各类太阳能发电装机 2000 万千瓦，投资总需求约 2500 亿元；各类生物质能新增投资约 1400 亿元。加上太阳能热水器、浅层地温能利用等，"十二五"期间可再生能源投资需求估算总计约 1.8 万亿元。

（二）环境和社会影响分析

水力发电、风力发电、太阳能发电、太阳能热利用在能源生产过程中不排放污染物和温室气体，而且可显著减少煤炭消耗，也相应减少煤炭开采的生态破坏和燃煤发电的水资源消耗。利用工业废水、城市污水和畜禽养殖场沼气生产清洁能源，有利于环境保护和可持续发展。农林生物质从生长到最终利用的全生命周期内不增加二氧化碳排放，生物质发电排放的二氧化硫、氮氧化物和烟尘等污染物也远少于燃煤发电。

可再生能源开发利用可替代大量化石能源的消耗。到 2015 年，全国可再生能源开发利用量相当于 4.78 亿吨标准煤，年发电量相当于替代原煤约 5 亿吨，沼气年利用量相当于 100 亿立方米天然气，燃料乙醇和生物柴油年用量相当于替代石油约 600 万吨，太阳能和地热能的热利用相当于降低化石能源年需求量约 6000 万吨标准煤。通过减少化石能源的消费，可减少大量污染物和温室气体排放，并避免化石能源开发和利用过程中对水资源的消耗及对土地、地下水等生态造成的破坏。达到 2015 年发展目标时，可再生能源年利用量相当于减少二氧化碳年排放量约 10 亿吨，减少二氧化硫年排放量约 700 万吨，减少氮氧化物年排放量约 300 万吨，减少烟尘年排放量约 400 万吨，年节约用水约 25 亿立方米，环境效益显著。

如果开发布局和采取的措施不当，可再生能源开发对生态环境也可能产生不利影响。在可再生能源开发过程中，要尊重自然规律，落实相关措施，加强生态环境保护。水电开发要严格环评审查，充分考虑动植物保护和水体保护要求，落实环保方案，加强施工和环保技术，协调好水电开发与环境生态保护之间的关系。风电建设要加强开发布局，协调好与自然保护区、风景名胜和自然景观的关系，并采取措施防止噪音污染以及对鸟类、景观的影响。大型地面光伏电站要合理布局，防止占用农地、林地和生态用地。利用建筑屋顶的光伏、太阳能热水系统，要统一规划，合理设计，形成与建筑相协调的布局。光伏电池硅材料制备和生物液体燃料生产等生物质能利用包含复杂的化学工艺过程，要加强技术创新，提高生产过程的能源利用效率，实施严格环保措施，防止生产过程废渣、废气、废水的二次污染。生物质能开发还要合理利用森林、土地资源，防止资源的耗竭性使用。

可再生能源资源分布广泛，大型水电资源集中在地理位置较为偏僻的高山峡谷地区，大量的风能资源处于戈壁滩、大草原和沿海滩涂地区，太阳能资源在西部地区最为丰富，生物质能资源主要集中在农林主产区。这些地区的可再生能源开发利用可起到促进地区经济发展、加快脱贫致富、实现均衡和谐发展的作用。可再生能源开发利用，特别是生物质能开发利用可以促进农村经济发展、增加农民收入，对解决"三农"问题有重要作用。

可再生能源规模化和产业化发展可显著增加新的就业岗位，到 2015 年，预计可再生能源从业人数将达到 200 万人。可再生能源涉及领域广，产业链长，带动相关产业发展能力强，对经济发展既有影响面宽的效果，又能够在若干地区形成产业聚集和开发利用集中的区域，有效推动局部经济发展转型，成为众多地区实现经济发展方式转变的重要推动力。

总体来看，可再生能源开发利用对环境和社会的影响"利"远大于"弊"，坚持趋利避害的开发利用方针，有利于实现可持续发展，符合建设资源节约型、环境友好型社会及构建和谐社会的要求。同时，可再生能源又是战略性新兴产业的重要内容，发展可再生能源具有良好的综合性经济效益和社会效益。

　　今后一段时期，可再生能源将处于快速发展阶段，特别是全球范围内可再生能源在能源利用中的比重将快速提高，从化石能源的开发利用逐步向可再生能源转变是世界能源发展的大趋势。规划主要提出了能源生产供应侧的发展指标和重点任务，而可再生能源在能源用户侧的分布式应用是可再生能源最应优先发展的领域。随着支持分布式可再生能源的政策体系和市场机制不断完善，各种分布式可再生能源将会有巨大的发展空间。同时，随着电力等能源管理体制和发展机制的逐步完善，能源生产供应侧的可再生能源也可以有更大的发展规模。规划中的相关指标为"十二五"时期可再生能源发展的基本指标，随着发展条件的改善，可再生能源可以同时也应有更大的发展，以更好地促进节能减排和能源发展方式的转变。

第二篇　风电政策法规

国家能源局关于印发风电信息管理
暂行办法的通知

（国家能源局　2011 年 5 月 3 日发布　国能新能〔2011〕136 号）

各省（自治区、直辖市）发展改革委（能源局），新疆生产建设兵团发展改革委，水电水利规划设计总院：

为完善风电信息管理，规范风电信息报送、审核、统计和发布工作，进一步明确各方责任和要求，我局组织制定了《风电信息管理暂行办法》，现印发给你们，请遵照执行。

附：风电信息管理暂行办法

国家能源局
二〇一一年五月三日

附：

风电信息管理暂行办法

第一章　总则

第一条　为建立健全风电信息管理机制，规范风电信息管理工作的程序和要求，发挥信息管理对风电场开发、建设和运行的服务作用，促进全国风电产业健康发展，特制定本办法。

第二条　本办法适用于并网型风电信息管理工作。非并网型风电信息管理参照执行。

第三条　本办法所指风电信息是指风电项目建设、风电机组运行和风电并网等方面以一定形式记录和保存的文件和数据。

第二章　组织管理

第四条　国家能源主管部门委托国家风电信息管理中心负责风电信息管理。具体任务包括：

（一）制定风电信息管理制度；

（二）收集、审核、整理和分析风电信息；

（三）提供国家能源主管部门所需的风电信息；

（四）建设、运行和维护国家风电信息管理中心网络与系统；

（五）指导风电场项目公司和风电设备制造企业等开展风电信息管理工作；

（六）组织开展风电信息员业务培训和上岗认证工作。

第五条　各省（区、市）能源主管部门负责监督、协调本省（区、市）风电场项目公司和风电设备制造企业的风电信息提交工作；各电力投资集团公司（或控股公司）负责指导、监督、协调所属风电场项目公司的风电信息提交工作。

第六条　各风电场项目公司、风电机组制造企业应建立信息员制度，按照《风电信息收集和提交技术规定》的要求，准确、及时、完整地提交有关信息。

第三章　收集与提交

第七条　风电信息内容包括政策法规、技术标准、风电规划、勘测设计、项目核准、项目建设、竣工决算、并网运行、设备制造和国外信息等。

第八条　风电政策法规、技术标准、国外信息等由国家风电信息管理中心负责收集、整理和核实；鼓励各风电相关协会（学会）、风电开发企业、风电设备制造企业、设计咨询机构和科研院所向国家风电信息管理中心补充提供有关信息。

第九条　全国风能资源详查与综合评价成果、风电规划、建设布局和项目安排等信息，经国家能源主管部门、省级能源主管部门审定后，有关单位与规划审查意见文件下发后的10个工作日内提交，国家风电信息管理中心及时录入风电工程信息数据库。

第十条　风电场工程有关项目核准、建设、运行和维护等信息，由风电场项目公司按照《风电信息收集和提交技术规定》提交，经国家风电信息管理中心审核后录入风电工程信息数据库。

第十一条　在建和已建风电场工程项目，由风电场项目公司按照国家风电信息管理中心信息系统要求，通过专有设备和网络连接自动提交各风电机组运行的SCADA（数据采集和监控系统）有关实时数据。

第十二条　风电项目建设及风电机组运行信息由国家风电信息管理中心负责汇总，主要包括核准在建、已经完成并网调试的风电项目相关信息，建设容量指已经完成风电设备安装、建成配套电网送出工程，且已经完成或正在进行并网调试的容量。

第十三条　风电并网容量、并网发电量信息以电网企业调度数据为依据，由中国电力企业联合会会同国家风电信息管理中心收集汇总。风电并网容量指已经完成并网调试的容量。

第十四条　风电机组设备制造信息由各风电机组制造企业按照《风电信息收集和提交技术规定》要求，在网上直接填报，经国家风电信息管理中心审核后录入风电工程信息数据库；各风电机组制造企业应开放端口，提供通讯协议等技术支持，满足国家风电信息管理中心远程获取风电机组有关运行数据的需要。

第十五条　国家风电信息管理中心可根据需要，与世界主要国家及国际风电信息机构开展风电信息交流的合作。

第四章　信息应用

第十六条　国家风电信息管理中心负责为国家宏观经济调控部门、能源主管部门、财政部门、电力监管部门、统计部门和各省（区、市）能源主管部门等提供有关风电信息，为国家制定或调整风电发展规划和年度开发计划、加强风电建设和运行管理，以及征收分摊可再生能源价格附加费用等提供基础信息支持。

第十七条　国家风电信息管理中心与各级电网公司及电力调度机构及时交换沟通风电信息，并提供风电信息统计工作的技术支持。

第十八条　国家风电信息管理中心根据风电开发企业、设备制造企业、设计咨询机构和科研院所等单位的要求，按照国家有关法规，在不损害第三方利益的前提下提供信息服务和技术支持。

第十九条　国家风电信息管理中心每月定期向国家能源主管部门提交全国风电场工程项目核准、建设和运行情况。

第五章　分析评价与报告

第二十条　国家风电信息管理中心应按季度、上半年和全年向国家能源主管部门报告有关信息。每年初编制上年度全国风电建设和运行统计报告和全国风电发展报告，并由国家能源主管部门对全社会发布。

第二十一条　风电发展重点地区省级能源主管部门组织有关单位建立本地区风电发展信息评价体系，依据国家风电信息管理中心的数据，结合本地区实际情况对风电信息进行汇总分析，按季度、上半年、全年向国家能源主管部门提交风电建设和运行统计报告，并抄送国家风电信息管理中心。

第二十二条　风电建设和运行统计报告应包括风电开发建设情况、风电运行情况、风电发展存在的问题及有关建议等。全国风电发展报告应包括风电开发建设、风电运行、设备制造等情况，以及存在问题和今后发展趋势分析等。

第六章　信息员

第二十三条　国家风电信息管理中心负责组织信息员的培训和管理，定期对各省能源主管部门、风电开发企业和风电制造企业信息员进行培训，颁发信息员上岗认证证书。

第二十四条　各风电场项目公司、风电机组制造企业应确定专门信息员负责信息工作，并报国家风电信息管理中心备案；如信息员工作变动，应于 20 日内将新信息员名单报国家风电信息中心备案。

第二十五条　信息员负责本企业的信息收集、整理和提交，并对所提交信息的真实性和有效性负责；信息员应参加国家风电信息管理中心组织的业务培训，并在取得国家风电信息管理中心上岗认证书后方能承担具体工作。

第七章　附则

第二十六条　本办法由国家能源局负责解释，自发布之日起执行。

国家能源局关于印发风电场功率预测预报
管理暂行办法的通知

（国家能源局　2011 年 6 月 9 日发布　国能新能〔2011〕177 号）

各省（区、市）发展改革委（能源局），国家电网公司、南方电网公司、华能集团公司、大唐集团公司、华电集团公司、国电集团公司、中电投集团公司、神华集团公司、中广核集团公司、中节能集团公司、水电水利规划设计总院：

为促进风电持续健康发展，保证风电顺利并网和电力系统安全运行，特制定风电场功率预测预报管理暂行办法，现印发给你们，请遵照执行。

附：风电场功率预测预报管理暂行办法

国家能源局
二〇一一年六月九日

附：

风电场功率预测预报管理暂行办法

第一章　总　则

第一条　为加强和规范风电场运行管理，落实风电全额保障性收购要求，保障电力系统安全可靠运行，促进风电健康有序发展，根据《中华人民共和国可再生能源法》、《中华人民共和国电力法》、《电网调度管理条例》，制定本办法。

第二条　风电场功率预测预报是指风电场经营企业根据气象条件、统计规律等技术和手段，提前对一定运行时间内风电场发电有功功率进行分析预报，向电网调度机构提交预报结果，以提高风电场与电力系统协调运行的能力。

第三条　所有并网运行的风电场均应具备风电功率预测预报的能力，并按要求开展风电功率预测预报。

第二章　预测预报要求

第四条　风电功率预报分日预报和实时预报两种方式。日预报是指对次日 0 时至 24 时的预测预报，实时预报是指自上报时刻起未来 15 分钟至 4 小时的预测预报，时间分辨率均为 15 分钟。

第五条　日预报要求并网风电场每日在规定时间前按规定要求向电网调度机构提交次日 0 时到 24 时每 15 分钟共 96 个时间节点风电有功功率预测数据和开机容量。

第六条　实时预报要求并网风电场按规定要求每 15 分钟滚动上报未来 15 分钟至 4 小时风电功率预测数据和实时的风速等气象数据。

第三章　预测管理要求

第七条　所有并网运行的风电场须建立风电功率预测预报系统，并配备专职人员负责系统运行维护、预测预报管理和向电网调度机构实时传送数据工作，确保预测预报系统稳定可靠运行。

第八条　风电场的风电功率预测系统必须满足电力二次系统安全防护的有关要求，与电网调度机构的风电功率预测系统建立接口并运行于同一安全区，自动向电网调度机构实时传送预测结果。

第九条　风电场功率预测系统提供的日预测曲线最大误差不超过 25%；实时预测误差不超过 15%。全天预测结果的均方根误差应小于 20%。

第四章　运行管理

第十条　电网调度机构应根据风电场传送的功率预测结果，综合考虑系统运行要求，按照优先调度风电的原则，编制风电场发电计划，并及时向风电场通报。

第十一条　电网调度机构应结合电网运行实际情况，在保证电网安全运行的基础上，原则上按照风电场上报的功率预测结果下达风电场发电计划。如电网运行受到约束，电网调度机构可对风电场发电计划进行适当调整，但须明确判定条件。

第十二条　并网风电场应执行电网调度机构下达的日发电调度计划曲线（包括实时滚动修正的计划曲线）和调度指令，及时调整有功出力。

第五章　监督考核

第十三条　所有已并网运行的风电场应在 2012 年 1 月 1 日前建立起风电预测预报体系和发电计划申报工作机制并开始试运行，按照要求报送风电功率预测预报结果。未按要求报送风电功率预测预报结果的风电场，不得并网运行。试运行期间的预测预报结果，不作为考核依据。

已具备按风电预测预报机制运行条件的省级和区域电网，可在本办法发布之日起即开展风电预测预报机制试运行。

第十四条　新建风电场要同步建设风电预测预报体系和发电计划申报工作机制。

第十五条　各风电场预测预报系统从 2012 年 7 月 1 日起正式开始运行。所有风电场企业要按要求正式开展风电功率预测预报和发电计划申报工作，并按照电网调度机构下达的发电计划曲线运行。

第十六条　电网调度机构按照附件规定的考核指标对风电场预测预报进行考核，定期发布考核结果。长期预测准确度差的风电场企业应按有关要求进行整改。经电网调度机构修改调整的运行时段，不对风电场预测预报进行考核。

电网调度机构要按"公平、公正、公开"的原则做好风电并网运行管理，记录保存相关调度信息，接受国家能源主管部门和电力监管部门的监督，具体考核办法另行制定。

第六章　附　则

第十七条　本办法由国家能源局负责解释。

第十八条　本办法自发布之日起执行。

附：风电场功率预测预报考核指标

附：

风电场功率预测预报考核指标

风电场发电预测预报指标为风电场发电预测预报准确率、合格率和上报率。

1. 准确率

$$r_1 = \left(1 - \sqrt{\frac{1}{N}\sum_{k=1}^{N}\left(\frac{P_{Mk} - P_{Pk}}{Cap}\right)^2}\right) \times 100\%$$

其中，r_1 为预测计划曲线准确率；P_{Mk} 为 k 时段的实际平均功率；P_{Pk} 为 k 时段的预测平均功率；N 为日考核总时段数（取 96 点免考核点数）；Cap 为风电场开机容量。

月（年）平均风电预测计划曲线准确率（%）为日平均预测计划曲线准确率的算术平均值。

2. 合格率

$$r_2 = \frac{1}{N}\sum_{k=1}^{N} B_k \times 100\%$$

其中，$\left(1 - \dfrac{P_{Mk} - P_{Pk}}{Cap}\right) \times 100\% \geqslant 75\%$，$B_k = 1$

$\left(1 - \dfrac{P_{Mk} - p_{Pk}}{Cap}\right) \times 100\% < 75\%$，$B_k = 0$

月平均风电预测计划曲线准确率（%）为日平均风电预测计划曲线准确率的算术平均值。

3. 上报率

月（年）风电功率预测数据传输率（%）=月（年）成功传输数据天数÷月（年）日历天数×100%

国家能源局关于加强风电场并网运行管理的通知

（国家能源局   2011 年 6 月 11 日发布   国能新能 ［2011］ 182 号）

各省（区、市）发展改革委（能源局）、国家电网公司、南方电网公司、华能集团公司、大唐集团公司、华电集团公司、国电集团公司、中电投集团公司、神华集团公司、中广核集团公司、中节能集团公司、水电水利规划设计总院、华锐风电科技公司、金风科技公司、东方汽轮机公司、湘电集团公司、北京鉴衡认证中心：

今年以来，我国发生多起大规模风电机组脱网事故，对电网运行安全和风电产业持续健康发展造成了不利影响。为吸取教训，防止类似事故再次发生，现就加强风电并网运行管理通知如下：

加强风电场建设施工管理。各开发企业应加强对参与风电场建设的施工企业与人员资质的管理和现场质量监督与检查验收。各风电场应严格按照相关标准和规程进行试验和投产验收，要针对风电场内电缆头、电压互感器等设备故障频发问题开展专项隐患排查。因设备质量和工程施工质量引发大范围事故的风电场，要立即检查评估和整改，再经测试和验收后，方可并网运行。

加强风电场并网运行管理。风电开发企业应规范风电场无功补偿装置运行管理，按照要求配备无功补偿和调节装置并保障正常运转确保所属各风电场严格按照国家和行业相关标准并网运作，并具备承受一定的过电压的能力，要深入研究和完善改造场内升压站，实现风电场汇集线单向故障的快速切除、避免故障扩大。

提高并网运行风电机组的低电压穿越能力。新核准并网运行的风电机组应严格按照《风电机组并网检测管理暂行办法》的要求，具备低电压穿越能力的机组和风电场，开发企业应会同设备制造企业尽快制定切实可行的技术方案，在一年内完成设备或风电场的改造，使其符合并网运行要求。未按规定完成改造的风电机组和风电场，不得并网运行。

加强电力系统安全运行管理。电网企业应根据风电并网运行特点和电网安全运行的有关要求，制定合理的风电场接入电力系统技术规定，加强对风电场接入方案的审查和并网验收。各级电网调度机构要加强即时监控，优化电网运行管理，同时制定有效的反事故预案，确保电网安全稳定运行。

国家风电技术检测研究中心要提高低电压穿越监测能力，加快开发方便适用的低电压穿越技术和测试系统，满足风电并网运行和管理的需要。各风电场应尽快委托有资质的检测机构测试风电机组的低电压穿越能力，直到取得检测认可。

加强风电并网运行设计规范和反事故措施的研究。水电水利规划设计总院会同国家电网公司，深入研究事故原因，国家电网公司尽快制定风电并网运行反事故措施和相关管理要求，水电水利规划设计总院研究提出优化和规范风电场设计和建设施工的相关建议，增强风电场与电网协调运行的能力。

　　请各有关单位按上述要求，进一步提高风电建设和运行管理水平，杜绝类似事件发生，保障电网安全稳定运行。

国家能源局

二〇一一年六月十一日

国家能源局关于"十二五"第一批
拟核准风电项目计划安排的通知

（国家能源局 2011 年 7 月 1 日发布 国能新能 ［2011］ 200 号）

天津、山西、辽宁、上海、江苏、浙江、安徽、福建、江西、山东、河南、湖北、湖南、广东、广西、海南、重庆、四川、贵州、云南、陕西、甘肃、宁夏、新疆、青海省（区、市）发展改革委（能源局），国家电网公司、南方电网公司、内蒙古电力集团公司：

按照《关于加强风电开发与电网接入和运行管理协调工作的通知》（国能新能 ［2010］ 75 号的有关要求），我局审核了部分省（区、市）报来的风电开发方案，同意将前期工作充分、电网接入条件落实的项目列入"十二五"第一批拟核准风电项目计划，共计 1400 万千瓦。其中天津 11 万千瓦，山西 130 万千瓦，辽宁 186 万千瓦，上海 14 万千瓦，江苏 61 万千瓦，浙江 22 万千瓦，安徽 20 万千瓦，福建 59 万千瓦，江西 19 万千瓦，山东 132 万千瓦，河南 34 万千瓦，湖北 15 万千瓦，湖南 45 万千瓦，广东 68 万千瓦，广西 18 万千瓦，海南 10 万千瓦，重庆 15 万千瓦，四川 20 万千瓦，贵州 50 万千瓦，云南 64 万千瓦，陕西 35 万千瓦，甘肃 55 万千瓦，青海 27 万千瓦，宁夏 60 万千瓦，新疆 230 万千瓦。详见附表。河北省、内蒙古自治区、吉林省、黑龙江省计划另行通知。

请各省（区、市）发展改革委（能源局）加强协调，认真落实项目建设条件，特别是电网接入条件和消纳市场，进一步深入开展前期工作，待各项建设条件落实后核准项目或上报项目核准申请。2011 年内未能核准的项目，结转到 2012 年核准，已确认不具备建设条件的项目，须向我局申请取消。未列入表中的项目不得核准。如个别项目确需调整，请书面向我局提出申请，待批准后方可进行调整。

附：一、各省（区、市）"十二五"第一批拟核准风电规模汇总表
　　二、各省（区、市）"十二五"第一批拟核准风电项目计划表排表（分省发）

国家能源局
二〇一一年七月一日

附：

一、各省（区、市）"十二五"第一批拟核准风电规模汇总表

序号	省份	风电拟核准规模（万千瓦）
1	天津	11
2	山西	130
3	辽宁	186
4	上海	14
5	江苏	61
6	浙江	22
7	安徽	20
8	福建	59
9	江西	19
10	山东	132
11	河南	34
12	湖北	15
13	湖南	45
14	广东	68
15	广西	18
16	海南	10
17	重庆	15
18	四川	20
19	贵州	50
20	云南	64
21	陕西	35
22	甘肃	35
23	青海	27
24	宁夏	60
25	新疆	230
合计		1400

二、各省（区、市）"十二五"第一批拟核准风电项目计划表排表（分省发）

安徽省"十二五"第一批拟核准风电项目计划表

项目名称	规模（万千瓦）	建设单位	项目地址
龙源明光大港、嘉山风电项目	10	龙源明光风力发电有限公司	明光大港、嘉山
龙源滁州市凤阳曹甸风电项目	5	安徽龙源风力发电有限公司	滁州凤阳
国电安庆宿松西湖圩风电项目	5	国家安徽电力有限公司	安庆宿松
安徽小计	20		

福建省"十二五"第一批拟核准风电项目计划表

项目名称	规模（万千瓦）	建设单位	项目地址
福建省投福州福清钟昔风电场	3	福建省投资开发集团公司	福州福清
华电福州福清鲤鱼山风电场	5	华电新能源公司	福州福清
中广核福州平潭猫头墘风电场	5	中广核风电公司	福州平潭
福建能源莆田后海风电场二期	5	福建省能源集团公司	莆田后海
龙源莆田忠门风电场	5	龙源电力集团公司	莆田忠门
龙源莆田南日岛风电场四期	5	龙源电力集团公司	莆田南日岛
福建能源莆田仙游草山风电场	4	福建省能源集团公司	莆田仙游草山
福建能源泉州惠安小风电场	2	福建省能源集团公司	泉州惠安
福建能源泉州惠安赤湖风电场	5	福建省能源集团公司	泉州惠安
福建能源泉州惠安青山风电场	4	福建省能源集团公司	泉州惠安
福建能源泉州晋江金井风电场	4	福建省能源集团公司	泉州晋江
福建能源漳州龙海隆教风电场	5	福建省能源集团公司	漳州龙海
大唐漳州漳浦后蔡湾风电场	3	大唐新能源公司	漳州漳浦
福建能源漳州云霄列屿风电场	4	福建省能源集团公司	漳州云霄
福建小计	59		

甘肃省"十二五"第一批拟核准风电项目计划表

项目名称	规模（万千瓦）	建设单位	项目地址
龙源酒泉肃北县马黑山公婆泉试验风电场	5	龙源电力集团公司	酒泉肃北县
天润酒泉瓜州柳园本地化试验风电场二期	5	北京天润新能投资有限公司	酒泉瓜州
国投白银平川捡财塘风电场二期	5	国投华靖电力控股股份有限公司	白银平川
中广核武威市民勤县红沙岗风电场	5	中广核风电力发电有限公司	武威市民勤县
华能定西市通渭县华家岭风电场	5	华能国际电力股份有限公司	定西市通渭县
兰州电机武威民勤红沙岗试验风电场	5	兰州兰电电机有限公司	威民勤红
中核玉门市玉门镇四〇四矿区三十里井子风电场	5	中核四〇四有限公司	玉门市玉门镇
中电投白银景泰县红山风电场	5	黄河上游水电开发有限责任公司	白银景泰
龙源市甘州区平山湖风电场	5	龙源新能源有限公司	龙源市甘州区
华电庆阳环县风电场	5	中国华电集团新能源发展有限公司	庆阳环县
华电白银景泰马昌山二期风电场	5	中国华电集团新能源发展有限公司	白银景泰
甘肃小计	55		

广东省"十二五"第一批拟核准风电项目计划表

项目名称	规模（万千瓦）	建设单位	项目地址
南澳县南亚风电场扩建项目	3	南澳县南亚新能源技术开发有限公司	澳县南亚
国电南澳风电场	5	国电电力广东新能源开发有限公司	南澳
国电河源东源蝉子顶风电场	5	国电电力广东新能源开发有限公司	河源东源
广控惠州惠东东山海黄埠风电场	5	广州发展新能源有限公司	惠州惠东
华润陆丰成美风电场	5	华润电力（风能）开发有限公司	陆丰成美
中广核江门台山上川岛分水岭风电场	4	中广核台山川岛风力发电有限公司	江门台山上川岛分水岭
国电阳江海陵东岛风电场	5	国电阳江海陵岛风力发电有限公司	阳江海陵
中电投湛江徐闻和安风电场	5	中国电力投资集团有限公司	湛江徐闻
湛江东兴风盈吴川覃巴风电场	5	湛江东兴风盈能源科技有限公司	湛江东兴
粤电湛江徐闻风电场	5	广东粤电集团有限公司	湛江徐闻
粤电湛江雷州红心楼风电场	5	广东粤电集团有限公司	湛江雷州

续表

项目名称	规模（万千瓦）	建设单位	项目地址
中广核茂名高州中间坑风电场	3	中广核风电有限公司	茂名高州
中广核茂名高州高坡风电场	3	中广核风电有限公司	茂名高州
华润茂名信宜钱排镇风电场	5	华润电力（风能）开发有限公司	茂名信宜
潮州市海山岛风能潮州饶平海山风电场	5	潮州市海山岛风能开发有限公司	潮州饶平
广州小计	68		

广西壮族自治区"十二五"第一批拟核准风电项目计划表

项目名称	规模（万千瓦）	建设单位	项目地址
中电投桂林资源金紫山二期	5	中电投南方分公司	桂林
国电玉林北流大容山风电场	3	国电广西分公司	玉林北流
大唐桂林龙胜南山风电场	5	大唐集团新能源股份有限公司	桂林龙胜
广西水电贺州富川长春风电场	5	广西水利电业集团有限公司	贺州富川
广西小计	18		

贵州省"十二五"第一批拟核准风电项目计划表

项目名称	规模（万千瓦）	建设单位	项目地址
华能毕节金沙县韭菜坪风电场二期工程	5	华能赫章风力发电有限公司	毕节金沙县
大唐六盘水盘县四格风电场二期工程	5	广西桂冠电力股份有限公司	六盘水盘县
贵州风盈能源黔东南苗族侗族自治州台江红阳风电场	5	贵州风盈能源科技有限公司	黔东南苗族侗族自治州台江
龙源毕节威宁马摆大山、西凉山风电场	5	龙源贵州风电项目筹建处	毕节威宁马摆大山、西凉山
华能毕节赫赫章县大韭菜坪风电场	5	华能赫章风力发电有限公司	毕节赫章县
华能六盘水盘县平关、老黑山风电场	10	华能赫章风力发电有限公司	六盘水盘县平关、老黑山
中广核黔南布依族苗族自治州龙里风电场	5	中广核风电公司毕南分公司	黔南布依族苗族自治州
华能毕威宁雪山风电场	5	华能赫章风力发电有限公司	毕节威宁
贵州小计	45		

海南省"十二五"第一批拟核准风电项目计划表

项目名称	规模（万千瓦）	建设单位	项目地址
华能文昌风电场二期	5	华能海南发电股份有限公司	文昌
海南天能临高风电场	5	海南天能电力有限公司	临高
海南小计	10		

河南省"十二五"第一批拟核准风电项目计划表

项目名称	规模（万千瓦）	建设单位	项目地址
大唐豫西平顶山叶县燕山风电场	5	中国大唐河南分公司	豫西平顶山叶县
中电投南阳方城风电场三期工程	5	中电投南阳方城风力发电有限公司	南阳方城
信阳大别山卡房风电场	4	信阳大别山风力发电有限公司	信阳大别山
郑州登封电厂集团郑州登封嵩山风电场	5	登封电厂集团有限公司	郑州登封
华润新能源驻马店泌阳风电场	5	华润新能源控股有限公司	驻马店泌阳
大唐平顶山风电项目	5	中国大唐河南分公司	平顶山
中电投三门峡陕县宫前乡风电场	5	中电投河南电力有限公司	三门峡陕县
河南小计	34		

湖南省"十二五"第一批拟核准风电项目计划表

项目名称	规模（万千瓦）	建设单位	项目地址
湘电郴州鲁荷金风电场	5	湘电新能源有限公司	郴州鲁荷
深圳鸿兆涟源龙山风电场	5	深圳市鸿兆实业有限公司	鸿兆涟源
华电郴州白石渡风电场	5	中国华电集团湖南分公司	郴州白石渡
华电郴州宜章太平里风电场	5	中国华电集团湖南分公司	郴州宜章
华能邵阳隆回白马山风电场	5	华能国际电力股份有限公司湖南分公司	邵阳隆回
湖南水利投郴州桂阳天塘山风电场	5	湖南水利投资有限责任公司	郴州桂阳
国电邵阳新宁风雨殿风电场	5	国电电力发展有限公司珠海分公司	邵阳新宁
中水顾问郴州桂阳桥市风电场	5	中南勘测设计研究院	郴州桂阳
湘电滨州临武三十六湾风电场	5	湘电新能源有限公司	滨州临武
湖南小计	45		

江苏省"十二五"第一批拟核准风电项目计划表

项目名称	规模（万千瓦）	建设单位	项目地址
龙源盐城大丰陆上风电场	7	龙源电力集团股份有限公司	盐城大丰
中电国际盐城大丰二期陆上风电场	10	中电国际新能源有限公司	盐城大丰
龙源盐城大丰陆上二期风电场	8	龙源电力集团股份有限公司	盐城大丰
龙源南通启东风电二期	10	龙源启东风力发电有限公司	南通启东
华润南通如东东安风电场二期项目	2	华润电力（风能）开发有限公司	南通如东
国电徐州新沂河口风力发电场	4	国电连云港风力发电有限公司（筹）	徐州新沂
协合南通海安风电项目	5	协合风电投资有限公司	南通海安
华润南通如东东凌风电场	5	华润电力（风能）开发有限公司	南通如东
华能南通如东风电项目	5	华能如东风力发电有限责任公司	南通如东
国信南通如东东凌风电场扩建项目	5	江苏国信东凌风力发电有限公司	南通如东
江苏小计	61		

江西省"十二五"第一批拟核准风电项目计划表

项目名称	规模（万千瓦）	建设单位	项目地址
大唐国际九江永修吉山风电场	5	大唐国际发电股份有限公司	九江永善
湖南新华上饶鄱阳韩山风电场	5	湖南新华公司	上饶鄱阳
中电投九江庐山长岭风电场扩建工程	2	中电投江西分公司	九江庐山
中电投九江星子大岭风电场扩建工程	2	中电投江西分公司	九江星子
华能九江都昌蒋公岭风电场	5	华能国际电力股份有限公司	九江都昌
江西小计	19		

辽宁省"十二五"第一批拟核准风电项目计划表

项目名称	规模（万千瓦）	建设单位	项目地址
大唐瓦房店安台风电项目	4.80	大唐国际	瓦房店安台
大唐北票小塔子风电项目	4.80	大唐朝阳	北票小塔子
大唐喀左双庙风电项目	4.95	大唐朝阳	喀左双庙
大唐连山大兴风电项目	4.80	大唐新能源	连山大兴
大唐连山高桥风电项目	4.80	大唐新能源	连山高桥
大唐法库五龙山风电项目	4.80	大唐集团	法库五龙山
龙源昌图大苇子风电项目	4.95	沈阳龙源	昌图大苇子

续表

项目名称	规模（万千瓦）	建设单位	项目地址
龙源康平沙金台和西关风电项目	9.90	沈阳龙源	康平沙金台和西关
国电北镇架子山风电项目	4.95	国电和风	北镇架子山
国电黑山塘坊风电项目	4.95	国电和风	黑山塘坊
国电北票陶家沟风电项目	4.95	国电东北新能源	北票陶家沟
华能义县老龙口风电项目	4.95	华能新能源	义县老龙口
华能盖州青石岭风电项目	4.95	华能新能源	盖州青石岭
华能昌图大兴风电项目	4.95	华电新能源	昌图大兴
华能瓦房店赵屯二期风电项目	4.95	华能国际	瓦房店赵屯二期
华能东港合隆风电项目	4.80	华能国际	东港合隆
华能铁岭李家屯和心田堡风电项目	9.60	华能新能源	铁岭李家屯和心田堡
中电投建平哈拉道口风电项目	4.95	中电投新能源	建平哈拉道口
中广核义县高台子风电项目	4.95	中广核	义县高台子
中广核营口沙岗子风电项目	4.80	中广核	营口沙岗子
华润北票向阳风电项目	4.95	华润风能	北票向阳
华润凌海白台子和双井风电项目	9.90	华润风能	凌海白台子和双井
沈阳金山康平风电项目	2.55	沈阳金山	康平
沈阳金山彰武风电项目	2.55	沈阳金山	彰武
黑山龙湾和东兴风电项目	9.60	和兴风电	黑山龙湾和东兴
中国风电建平万家营子风电项目	4.95	中国风电	建平万家营子
中国水电北票王子山风电项目	4.95	中国水电建设集团	北票王子山
国力阜蒙王四营子风电项目	4.95	国力新能源	阜蒙王四营子
北京天润义县留龙沟风电项目	4.95	北京天润	义县留龙沟
三峡新能源开原威远风电项目	4.95	三峡新能源	开原威远
歌美飒北票长阜风电项目	4.80	歌美飒	北票长阜
盛基公司昌图大连风电项目	4.95	盛基公司	昌图大连
北京万源盖州塔子沟和徐屯风电项目	9.90	北京万源	盖州塔子沟和徐屯
国华能源阜蒙太平沟风电项目	4.95	国华能源	阜蒙太平沟
辽宁小计	186.00		

宁夏回族自治区"十二五"第一批拟核准风电项目计划表

项目名称	规模（万千瓦）	建设单位	项目地址
中电投中卫香山风电场	20	中电投宁夏青铜峡铝业能源公司	中卫香山
宁夏发电银川贺兰山风电场六期	5	宁夏发电集团	银川贺兰山
银星能源中卫中宁风电场（大战场）	5	宁夏银星能源股份公司	中卫中宁
中广核中卫中宁风电场（大战场）	5	中广核风电开发公司	中卫中宁
北京天润中卫中宁风电场（长山头）	5	北京天润新能投资公司	中卫中宁
龙源灵武宁东风电场（灵武）二期	5	龙源宁夏风力发电公司	灵武宁东
宁夏电投灵武宁东风电场（灵武）	5	宁夏电力投资集团	灵武宁东
华电灵武宁东风电场（灵武）五期	5	华电宁夏宁东风电公司	灵武宁东
大唐新能源灵武宁东风电场（灵武）	5	大唐灵武新能源公司	灵武宁东
宁夏小计	60		

青海省"十二五"第一批拟核准风电项目计划表

项目名称	规模（万千瓦）	建设单位	项目地址
青发投海西蒙古族藏族自治州都兰县田格里风电场	5	青海省发展投资有限公司	西蒙古族藏族自治州都兰县
国投华靖西蒙古族藏族自治州都兰县路南村风电场	5	国投华靖电力公司	西蒙古族藏族自治州都兰县
大唐新能源西蒙古族藏族自治州乌兰县茶卡小水桥风电场	5	大唐新能源青海公司	西蒙古族藏族自治州乌兰县
柴达木能源公司海南州共和县沙珠玉风电场	5	青海柴达木能源发展有限公司	海南州共和县
大雪山实业西蒙古族藏族自治州都兰县路北村风电场	5	青海大雪山实业有限公司	西蒙古族藏族自治州都兰县
柴达木西宁市湟源县日月山风电场	2	青海柴达木能源发展开发有限公司	西宁市湟源县
青海小计	27		

山东省"十二五"第一批拟核准风电项目计划表

项目名称	规模（万千瓦）	建设单位	项目地址
华能新能源东营河口风电场	10.00	华能新能源产业控制有限公司	东营河口
华能新能源淮坊寿光风电场	15.00	华能新能源产业控制有限公司	淮坊寿光
大唐新能源淮坊昌乐风电场	15.00	中国大唐集团新能源股份有限公司	淮坊昌乐
龙源滨州沾化风电项目	10.00	龙源滨州风力发电有限公司	滨州沾化
华电烟台莱州金城风电场	4.95	华电国际电力股份有限公司	烟台莱州
大唐烟台招远山风电场	4.95	大唐山东发电有限公司	烟台
华润烟台蓬莱山风电场项目	4.95	华润电力（风能）开发有限公司	烟台
华润烟台风电场项目	4.95	华能烟台风力发电有限公司	烟台
华电威海乳山瘟子镇风电场	4.95	华电新能源发展有限公司	威海乳山
中广核淮坊安丘月山风电场	4.95	中广核风力发电有限公司	淮坊安丘
华能东营河口风电场二期	4.95	华能山东发电有限公司	东营河口
国华东营广饶风电场二期	4.95	国华能源投资有限公司	东营广饶
国华东营河口风电场二期	4.95	国华能源投资有限公司	东营河口
国电淮坊滨海风电场二期	4.95	国电山东电力有限公司	淮坊滨海
华润青岛平度饶风电场（平度）	4.95	华润电力（风能）开发有限公司	青岛平度
天润青岛莱四南墅风电场	4.00	北京天润新能投资有限公司	青岛莱西
大唐 平四风电场二期	4.00	大唐山东发电有限公司	济南平阳
大唐奉安东平风电场	4.95	大唐山东发电有限公司	泰安东平
中海油威海如村风电场	4.95	中海油新能源有限公司	威海如村
中海油济南平风电场	4.95	中海油新能源有限公司	济南平阳
华电威海经区风电项目	4.95	华电新能源发展有限公司	威海经济技术开发区
山东小计	132.25		

山西省"十二五"第一批拟核准风电项目计划表

项目名称	规模（万千瓦）	建设单位	项目地址
华润大同广灵月明山风电场	10	华润电力（风能）开发有限公司	大同广灵
天润朔州平鲁大山台风电场三期	25	北京天润新能投资有限公司	朔州平鲁
华能忻州繁峙沙河风电场	10	华能新能源产业控股有限公司	忻州繁峙
国电朔州平鲁虎头山风电场	25	国电朔州海丰风电有限公司	朔州平鲁
龙源忻州神池黄花母、南桦山风电场	10	山西龙源风力风电有限公司	忻州神池

续表

项目名称	规模（万千瓦）	建设单位	项目地址
华电阳高友风电场	5	中国华电新能源发展有限公司、山西广灵润广风力风电有限公司	大同阳高
华润大同天镇大梁山风电项目	5	华润电力（风能）开发有限公司	大同天镇
华能五台峨岭风电项目	5	华能新能源山西风电分公司	五台峨岭
华能原平段家堡风电场二段	5	华能新能源山西风电分公司	原平段家堡
华能神池太平庄板井风电场	5	华能新能源山西风电分公司	神池太平庄
华能天镇摩天岭风电场	5	华能新能源山西风电分公司	大同天镇
华能偏关黑家庄风电场二期	5	华能新能源山西风电分公司	偏关黑家庄
河北建设大同灵丘寒风岭风电场二期	5	河北建设新能源有限公司	大同灵丘
华电大同广灵甸顶山风电场三期	5	中国华电新能源发展有限公司、山西广灵润广风力风电有限公司	大同广灵
国电大同右玉曹家山风电场二期	5	国电山西洁能有限公司	
山西小计	130		

陕西省"十二五"第一批拟核准风电项目计划表

项目名称	规模（万千瓦）	建设单位	项目地址
国电榆林靖边祭山梁风电场	10	国电西北分公司	榆林靖边
华能榆林靖边龙舟风电场二期工程	10	华能陕西发电有限公司	榆林靖边龙舟
鲁能榆林靖边烟墩山风电场	5	山东鲁能集团公司	榆林靖边
国电榆林定边繁食沟风电场二期工程	5	国电西北分公司	榆林定边
大唐榆林定边张家山风电场二期工程	5	大唐陕西发电有限公司	榆林定边
陕西小计	35		

上海市"十二五"第一批拟核准风电项目计划表

项目名称	规模（万千瓦）	建设单位	项目地址
申能上海长兴岛青草沙风电场	5	申能新能源	上海长兴岛
华电上海浦东新区老港风电场二期	5	华电上海公司	上海浦东新区
华能上海崇明岛前卫风电场二期	4	华能新能源	上海崇明岛
上海小计	14		

四川省"十二五"第一批拟核准风电项目计划表

项目名称	规模（万千瓦）	建设单位	项目地址
德昌风电凉山彝族自治州德昌县安宁河峡谷风电场二期工程	5	德昌风电开发有限公司	彝族自治州德昌县
大唐广元市朝天区风电场	5	嘉陵江亭子口水利水电开发公司	广元市朝天区
华能凉山州昭觉县风电场	5	华能新能源公司四川筹备处	凉山州昭觉县
国电甘孜藏族自治州丹巴县大渡河流域风电场	5	国电大渡河公司	甘孜藏族自治州丹巴县大渡河流域
四川小计	20		

天津市"十二五"第一批拟核准风电项目计划表

项目名称	规模（万千瓦）	建设单位	项目地址
津能天津滨海新区大神堂风电场完善工程	1	天津市津能风电有限责任公司	天津滨海新区
国电天津滨海新区大港沙井子二期49.5MW风电项目	5	天津国电洁能电力有限公司	天津滨海新区
龙源天津滨海新区大港二期49.5MW风电项目	5	天津龙源风力发电有限公司	天津滨海新区
天津小计	11		

新疆维吾尔自治区"十二五"第一批拟核准风电项目计划表

项目名称	规模（万千瓦）	建设单位	项目地址
哈密东南部首期200万千瓦风电基地	200		
华电哈密200MW风电项目	20	华电新疆发电有限公司	哈密
华能哈密200WM风电项目	20	华能新疆能源开发有限公司	哈密
大塘哈密200MW风电项目	20	大唐新疆能源开发有限公司	哈密
中广核哈密200MW风电项目	20	中广核风力发电有限公司	哈密
中电投哈密200WM风电项目	20	中电投新疆能源开发有限公司	哈密
龙源哈密200MW风电项目	20	龙源电力集团	哈密
中节能哈密200WM风电项目	20	中节能风力发电投资有限公司	哈密
三峡哈密200MW风电项目	20	三峡新能源公司	哈密
华冉哈密200WM风电项目	20	华冉公司	哈密
天润哈密200WM风电项目	20	北京天润新能投资有限公司	哈密
华电哈密七角井镇十三间房风电场	5	华电新疆发电有限公司	哈密七角井镇
中广核伊犁华能玛依塔城风电场	5	中广核新疆风力发电有限公司	伊犁塔城
华能吐鲁番托克逊白杨河三期	5	华能新疆能源开发有限公司	吐鲁番托克逊
大唐吐鲁番托克逊二期	5	大唐新疆能源开发有限公司	吐鲁番托克逊
中电投伊犁塔玛依塔城风电场	5	中电投新疆能源开发公司	伊犁塔城
华电哈密七角井镇十三间房二期	5	华电新疆发电有限公司	哈密七角井镇
其他	30		
新疆小计	230		

云南省"十二五"第一批拟核准风电项目计划表

项目名称	规模（万千瓦）	建设单位	项目地址
龙源大理剑川县雪邦山风电场	5	龙源风力发电有限公司	大理剑川县
龙源石林风电项目	5	龙源电力集团公司	大理石林县
国电昆明富民马英山风电场	4	国电富民风电开发有限公司	昆明富民
华电红河哈尼族彝族自治州个田莲花山风电场	4	华电云南公司	红河哈尼族彝族自治州
华能曲靖富源胜境风电场	5	华能东电厂	曲靖富源
大唐文山州丘北县羊雄山风电场	5	大唐丘北风电项目筹建处	文山州丘北县
华电红河州蒙自县朵古风电场	5	云南华电新能源项目筹建处	红河州蒙自县
中水顾问红河州泸西县东山风电场	4	中国水电顾问集团风电泸西有限公司	红河州泸西县
中水顾问红河州泸西县东华风电场	3	中国水电顾问集团风电泸西有限公司	红河州泸西县
华能大理市洱源县大龙潭风电场	5	华能洱源风力发电有限公司	大理市洱源县
华能大理市洱源县观音山风电场	4	华能洱源风力发电有限公司	大理市洱源县
华能大理骑马山风电场	5	华能大理风力发电有限公司	大理骑马山
华能云南大理清水沟风电场	5	华能大理风力发电有限公司	大理清水沟
中广核西双版纳州勐海西定风电场	5	中广核风力发电有限公司	西双版纳州勐海
云南小计	64		

浙江省"十二五"第一批拟核准风电项目计划表

项目名称	规模（万千瓦）	建设单位	项目地址
温州能源温州平阳西湾风电场	2	温州能源投资公司	温州平阳
浙江温州丰源泗风电场	3	浙江丰源发电有限公司	温州丰源
浙江蓝海帆高舟山市岱山县长涂岛风电场	4	浙江蓝海帆高风力发电公司	舟山市岱山县
宁波象山高塘风电场	2	象山花山大拂山风力发电公司	宁波象山
华能温州苍南罗家山风电场	1	华能浙江风电公司筹建处	温州苍南
浙江风电舟金塘岛风电场	3	浙江风电公司	舟山金塘岛
国电舟山六横风电场	3	国电电力	舟山六横
浙江天洁嘉兴平湖独山港风电场	4	浙江天洁新能源有限公司	嘉兴平湖
浙江小计	22		

重庆市"十二五"第一批拟核准风电项目计划表

项目名称	规模（万千瓦）	建设单位	项目地址
国电重庆市石柱县狮子坪风电场	5	国电集团重庆分公司	重庆市石柱县
中船重庆市万盛区南天门风电场	5	中船重工海装公司	重庆市万盛区
华能重庆市巫溪县大官山风电场	5	华能集团重庆分公司	重庆市巫溪县
重庆小计	15		

国家能源局　国家海洋局关于印发海上风电开发建设管理实施细则的通知

（国家能源局　国家海洋局　2011 年 7 月 6 日发布）

辽宁省、河北省、山东省、江苏省、浙江省、福建省、广东省、广西壮族自治区、海南省、上海市、天津市发展改革委（能源局）、海洋厅（局），国家电网公司、南方电网公司，华能集团公司、大唐集团公司、华电集团公司、国电集团公司、中电投集团公司，水电水利规划设计总院：

为完善海上风电建设管理程序，促进海上风电健康有序发展，根据《海上风电开发建设管理暂行办法》和有关法律法规，制定了《海上风电开发建设管理暂行办法实施细则》，现印发给你们，请遵照执行。

附：海上风电开发建设管理暂行办法实施细则

国家能源局　国家海洋局

二〇一一年七月六日

附：

海上风电开发建设管理暂行办法实施细则

第一条　为做好海上风电开发建设工作，促进海上风电健康有序发展，根据《海上风电开发建设管理暂行办法》及有关法律法规，制定本实施细则。

第二条　本细则适用于海上风电项目前期、项目核准、工程建设与运行管理等海上风电开发建设管理工作。

第三条　海上风电前期工作包括海上风电规划、项目预可行性研究和项目可行性研究阶段的风能资源测量评估、海洋水文地质勘查、建设条件论证和开发方案等工作。

第四条　省级海上风电规划由省级能源主管部门组织技术单位编制，在征求省级海洋主管部门意见的基础上，上报国家能源主管部门审批。国家能源主管部门组织技术归口管理部门进行审查，征求国家海洋主管部门意见后，由国家能源主管部门批复。

第五条　海上风电规划应与全国可再生能源发展规划相一致，符合海洋功能区划、海岛保护规划以及海洋环境保护规划。要坚持节约和集约用海原则，编制环境评价篇章，避免对国防安全、海上交通安全等的影响。

海上风电场原则上应在离岸距离不少于 10 公里、滩涂宽度超过 10 公里时海域水深不得少于 10 米的海域布局。在各种海洋自然保护区、海洋特别保护区、重要渔业水域、典型海洋生态系统、河口、海湾、自然历史遗迹保护区等敏感海域，不得规划布局海上风电场。

第六条　省级能源主管部门根据国家能源主管部门批复的省级海上风电规划，提出分阶段拟建项目前期工作方案，明确前期工作承担单位，在征求省级海洋主管部门意见后，报国家能源主管部门批复。国家能源主管部门征得国家海洋主管部门意见后批复实施。前期工作承担单位要按照国家有关保密要求，做好海上风电观测相关信息保密管理。

规模较大的海上风电基地项目、新技术试验示范项目可优先开展前期工作。省级能源主管部门可委托国家甲级勘察设计单位统一开展海上风电前期工作，提高工作效率和成果质量。

第七条　设立海上测风塔应满足海上风电开发建设需要以及航海、航空警示要求。在设立测风塔前，项目前期工作承担单位应依据海域管理有关规定，向县级海洋主管部门提出测风塔用海申请并取得海域使用权证书，编制测风塔环评报告表并报有审批权的地方海洋主管部门审批。编制测风塔通航安全评估报告，并取得工程管辖区海事主管部门的批复意见。施工企业应具备海洋工程施工资质，进驻施工现场前应到工程管辖区海事主管部门办理施工手续。

第八条　海洋水文测评应委托有相应资质的单位进行。海图测量和地勘应委托有相应资质的单位承担，编制海图测量和地勘工作方案，并报县级海洋主管部门备案；海图测量和地勘前，应到工程管辖区海事主管部门办理有关手续。

第九条　项目前期工作按照预可行性研究阶段和可行性研究阶段递进进行，分别形成预可行性研究报告和可行性研究报告。可行性研究报告应通过技术归口单位审查。

第十条　预可行性研究主要包括海上风电场风能资源及海洋水文测量和初步评估、工程地质初步评价、工程规模与场址范围拟定、工程投资估算和初步经济评价等工作，初步研究风电场建设的可行性，编制项目预可行性研究报告。

第十一条　为促进风电技术进步和有效市场竞争，对完成预可行性研究阶段工作的项目，国家能源主管部门可根据需要选择项目进行特许权招标，确定项目开发投资企业及关键设备。国家能源主管部门在进行特许权项目招标前，应当就有关风电项目用海位置及范围征求国家海洋主管部门意见。

对已开展预可行性研究工作而最终未中标的企业，由中标企业按省级能源主管部门核定的前期工作费用标准，给予项目前期工作承担单位经济补偿。

第十二条　可行性研究阶段主要开展海上风电场风能资源和海洋水文评估、工程地质评价、风电机组选型与布置、电气与消防设计、土建工程设计、海域使用设计、施工组织设计、工程管理设计、劳动安全与工业卫生设计、环境保护设计、设计概算及经济评价等工作，确定风电场的建设方案，编制可行性研究报告，作为项目核准的基础。

第十三条　项目可行性研究阶段，项目单位向国家海洋主管部门提出海域使用申请，国家海洋主管部门按照《海上风电开发建设管理暂行办法》等有关规定进行受理、审查和审核，并出具用海预审意见。

第十四条　项目可行性研究阶段，项目单位委托有资质的单位开展海上风电环境影响评价，编制海上风电项目建设环境影响报告书，国家海洋主管部门审查通过后出具环境影响评价核准意见。

第十五条　项目可行性研究阶段，项目单位按照《铺设海底电缆管道管理规定》及有关规定，办理海底电缆路由调查、勘测的审批手续。

第十六条　项目可行性研究阶段，项目单位委托有资质的单位开展通航安全评估论证，编制项目通航安全评估论证报告，工程管辖区海事主管部门审查通过后出具通航安全审查批复意见。

第十七条　项目可行性研究完成后，项目单位委托有资质的单位开展安全预评价设计，编制安全预评价报告，取得国家安全生产监督管理部门的备案函。电力接入系统专题设计取得国家级电网公司的审批意见，根据有关法律法规要求取得其他相应支持性文件。

第十八条　项目相关专题完成并取得相应职能部门出具的支持性文件，项目可行性研究报告通过技术归口单位审查，项目开发企业编制项目核准申请报告，省级能源主管部门初审后，报国家能源主管部门核准。申请报告应包括设计方案、用海预审、环境影响评价、接入系统、通航安全、安全预评价等专题及相应支持性文件。

第十九条　获得国家能源主管部门核准的海上风电项目，项目开发企业应及时将项目核准文件提交国家海洋主管部门。国家海洋主管部门依法审核并办理海域使用权报批手续。

开发企业按照《铺设海底电缆管道管理规定》及相关规定，办理电缆铺设施工许可审批手续等。

项目单位取得海域使用权后方可开工建设。项目核准后两年内未开工建设的，国家能源主管部门收回项目开发权，国家海洋主管部门收回项目的海域使用权。项目开工以第一台风电机组基础施工为标志。

第二十条　项目单位要加强环境保护和安全卫生设施设计，落实环境保护和安全卫生设施措施；做好与省级电网公司接入电网配套设施建设的衔接工作，并与电网企业签订并网调度协议和购售电合同；按照电力调度和国家信息管理要求，落实信息化建设方案；海上风电项目单位接受海洋主管部门的监督检查。

第二十一条　本实施细则由国家能源局和国家海洋局负责解释，自发布之日起施行。

国家能源局关于分散式接入风电开发的通知

（国家能源局　2011 年 7 月 12 日发布　国能新能 ［2011］ 226 号）

各省（区、市）发展改革委（能源局）、新疆生产建设兵团发展改革委、中国气象局、国家电网公司、中国南方电网公司、华能集团公司、大唐集团公司、华电集团公司、国电集团公司、中电投集团公司、神华集团公司、中广核集团公司、中节能集团公司、水电水利规划设计总院、电力规划设计总院：

随着我国风电产业迅速发展，技术水平不断提高，建设成本不断降低，风能资源技术经济可开发范围不断拓展。根据我国风能资源和电力系统运行的特点，借鉴国际先进经验，在规模化集中开发大型风电场的同时，因地制宜、积极稳妥地探索分散式接入风电的开发模式，对于我国风电产业的可持续发展意义重大。现将有关工作和要求通知如下：

一、请各省、自治区、直辖市、能源主管部门组织气象部门、相关技术单位和投资企业，在已有风电规划的基础上，进一步调查评价分散式风电开发所需的风能资源，分析当地电网网架结构、电力负荷特点、110 千伏及以下电压等级的配电设施数目、分布及运行情况，提出本地区 2011~2012 年两年分散式风电开发初步方案，报我局备案。

二、省级能源管理部门负责分散式风电开发的组织和建设等程序管理，以依法合规、实事求是、提高效率、方便企业的原则，从分散式接入系统的实际特点出发，合理简化管理程序，探讨分散式风电项目开发建设管理的规律和经验。

三、近期分散式风电开发的主要思路与边界条件：

1. 以分散方式多点接入低电压配电系统的风电机组，设计上应满足国家有关技术标准、运行安全、环境保护和土地使用等规定，其运行服从电网系统的统一调度。

2. 分散式开发风电机组接入的配电设施布局分散、数量较多，宜采用分地区或分县域打捆开发的方式，初期适当限制投资方数量，确保项目开发的有序进行和电力系统的运行安全。

3. 初期阶段仅考虑 110 千伏（东北地区 66 千伏）、35 千伏和 10 千伏 3 个电压等级已运行的配电系统设施就近布置、接入风电机组，不为接入风电而新建变电站、所，不考虑升压输送风电，风电装机容量原则上不高于接入变电站的最小负荷水平。风电机组的单机容量可视具体情况灵活选用。

4. 电网企业对分散式多点接入系统的风电发电量应认真计量、全额收购。风电发电量的电价补贴执行国家统一的分地区补贴标准。

四、请水电水利规划设计总院会同电力规划设计总院、国家电网公司、中国南方电网公司及其所属科研、技术单位，抓紧研究提出与风电分散接入系统相关的技术标准规范要点，报我局审核后印发，指导各地分散式风电的开发建设。

国家能源局
二〇一一年七月十二日

国家能源局关于印发风电开发建设
管理暂行办法的通知

（国家能源局　2011 年 8 月 25 日发布　国能新能〔2011〕285 号）

各省（区、市）发展改革委（能源局）、国家电网公司、南方电网公司、华能集团公司、大唐集团公司、华电集团公司、国电集团公司、中电投集团公司、神华集团公司、中广核集团公司、中节能集团公司、水电水利规划设计总院：

　　为加强风电项目管理，规范风电的产业发展和保障并网运行，现将《风电开发建设管理暂行办法》印发你们，请遵照执行。
　　附：风电开发建设管理暂行办法

国家能源局
二〇一一年八月二十五日

附：
风电开发建设管理暂行办法

第一章　总　则

　　第一条　为加强风能资源开发管理，规范风电项目建设，促进风电有序健康发展，根据《中华人民共和国行政许可法》、《中华人民共和国可再生能源法》和《企业投资项目核准暂行办法》，制定本办法。
　　第二条　风电开发建设管理包括风电场工程的建设规划、项目前期工作、项目核准、竣工验收、运行监督等环节的行政组织管理和技术质量管理。
　　第三条　国务院能源主管部门负责全国风电开发建设管理。各省（区、市）政府能源主管部门在国务院能源主管部门的指导和组织下，按照国家有关规定负责本地区风电开发建设管理。委托国家风电建设技术归口管理单位承担全国风电技术质量管理。
　　第四条　本办法适用于国务院投资主管部门和省级政府投资主管部门核准的所有风电项目。海上风电开发建设还应符合《海上风电开发建设管理暂行办法》（国能新能〔2010〕29 号）的要求。

第二章　建设规划

第五条　风电场工程建设规划是风电场工程项目建设的基本依据，要坚持"统筹规划、有序开发、分步实施、协调发展"的方针，协调好风电开发与环境保护、土地及海域利用、军事设施保护、电网建设及运行的关系。

第六条　国务院能源主管部门负责全国风电场工程建设规划（含百万千瓦级、千万千瓦级风电基地规划）的编制和实施工作，在进行风能资源评价、风电市场消纳、土地及海域使用、环境保护等建设条件论证的基础上，确定全国风电建设规模和区域布局。

第七条　省级政府能源主管部门根据全国风电场工程建设规划要求，在落实项目风能资源、项目场址和电网接入等条件的基础上，综合项目建设的经济效益和社会效益，按照有关技术规范要求组织编制本地区的风电场工程建设规划与年度开发计划，报国务院能源主管部门备案，并抄送国家风电建设技术归口管理单位。

第八条　风电建设技术归口管理单位综合考虑风能资源、能源需求和技术进步等因素，负责对各省（区、市）风电场工程建设规划与年度开发计划进行技术经济评价。

第九条　国务院能源主管部门依法对地方规划进行备案管理，各省（区、市）风电场工程年度开发计划内的项目经国务院能源主管部门备案后，方可享受国家可再生能源发展基金的电价补贴。

第十条　各电网企业依据国务院能源主管部门备案的各省（区、市）风电场工程建设规划、年度开发计划，落实风电场工程配套电力送出工程。

第三章　项目前期工作

第十一条　项目前期工作包括选址测风、风能资源评价、建设条件论证、项目开发申请、可行性研究和项目核准前的各项准备工作。

企业开展测风要向县级以上政府能源主管部门提出申请，按照气象观测管理要求开展相关工作。

第十二条　风电项目开发企业开展前期工作之前应向省级以上政府能源主管部门提出开展风电场项目开发前期工作的申请。按照项目核准权限划分，5 万千瓦及以上项目开发前期工作申请由省级政府能源主管部门受理后，上报国务院能源主管部门批复。

第十三条　省级政府能源主管部门提出的年度开发计划，应包括建设总规模和各项目的开发申请报告，国务院投资主管部门和省级政府投资主管部门核准的项目均应包括在内。项目的开发申请报告应在预可行性研究阶段工作成果的基础上编制，包括以下内容：

（一）风电场风能资源测量与评估成果、风电场地形图测量成果、工程地质勘查成果及工程建设条件；

（二）项目建设必要性，初步确定开发任务、工程规模、设计方案和电网接入条件；

（三）初拟建设用地或用海的类别、范围，环境影响初步评价；

（四）初步的项目经济和社会效益分析。

国务院能源主管部门对满足上述要求的项目予以备案。

第十四条　为促进风电技术进步，国务院能源主管部门可根据需要选择特定开发区域及项目，组织省级政府能源主管部门采取特许招标方式确定项目投资开发主体及项目关键设备。也可对已明确投资开发主体的大型风电基地的项目提出统一的技术条件，会同项目所在地省级政府能源主管部门指导项目单位对关键设备集中招标采购。

第四章　项目核准

第十五条　为做好地方规划及项目建设与国家规划衔接，根据项目核准管理权限，省级政府投资主管部门核准的风电场工程项目，须按照报国务院能源主管部门备案后的风电场工程建设规划和年度开发计划进行。

第十六条　风电场工程项目按照国务院规定的项目核准管理权限，分别由国务院投资主管部门和省级政府投资主管部门核准。

由国务院投资主管部门核准的风电场工程项目，经所在地省级政府能源主管部门对项目申请报告初审后，按项目核准程序，上报国务院投资主管部门核准。项目单位属于中央企业的，所属集团公司需同时向国务院投资主管部门报送项目核准申请。

第十七条　项目单位应遵循节约、集约和合理利用土地资源的原则，按照有关法律法规与技术规定要求落实建设方案和建设条件，编写项目申请报告，办理项目核准所需的支持性文件。

第十八条　风电场工程项目申请报告应达到可行性研究的深度，并附有下列文件：

（一）项目列入全国或所在省（区、市）风电场工程建设规划及年度开发计划的依据文件；

（二）项目开发前期工作批复文件，或项目特许权协议，或特许权项目中标通知书；

（三）项目可行性研究报告及其技术审查意见；

（四）土地管理部门出具的关于项目用地预审意见；

（五）环境保护管理部门出具的环境影响评价批复意见；

（六）安全生产监督管理部门出具的风电场工程安全预评价报告备案函；

（七）电网企业出具的关于风电场接入电网运行的意见，或省级以上政府能源主管部门关于项目接入电网的协调意见；

（八）金融机构同意给予项目融资贷款的文件；

（九）根据有关法律法规应提交的其他文件。

第十九条　风电场工程项目须经过核准后方可开工建设。项目核准后 2 年内不开工建设的，项目原核准机构可按照规定收回项目。风电场工程开工以第一台风电机组基础施工为标志。

第五章　竣工验收与运行监督

第二十条　项目所在省级政府能源主管部门负责指导和监督项目竣工验收，协调和督促电网企业完成电网接入配套设施建设并与项目单位签订并网调度协议和购售电合同。项目单位完成土建施工、设备安装和配套电力送出设施，办理好各专项验收，待电网企业建成电力送出配套电网设施后，制定整体工程竣工验收方案，报项目所在地省级政府能源主管部门备案。项目单位和电网企业按有关技术规定和备案的验收方案进行竣工验收，将结果报告省级政府能源主管部门，省级政府能源主管部门审核后报国务院能源主管部门备案。

第二十一条　电网企业配合进行项目并网运行调试，按照相关技术规定进行项目电力送出工程和并网运行的竣工验收。完成竣工验收后将结果报告省级政府能源主管部门，省级政府能源主管部门审核后报国务院能源主管部门备案。

第二十二条　项目单位应根据电网调度和信息管理要求，向电网调度机构及可再生能源信息管理机构传送和报告运行信息。未经批准，项目运行实时数据不得向境外传送，项目控制系统不能与公共互联网直接联接。项目单位长期保留的测风塔、机组附带的测风仪的使用要符合气象观测管理的有关要求。

第二十三条 项目投产 1 年后，国务院能源主管部门可组织有规定资质的单位，根据相关技术规定对项目建设和运行情况进行后评估，3 个月内完成评估报告，评估结果作为项目单位参与后续风电项目开发的依据。项目单位应按照评估报告对项目设施和运行管理进行必要的改进。

第二十四条 多个风电场工程在同一地域同期建设，可由项目所在地省级政府能源主管部门组织有关单位统一协调办理电网接入、建设用地或用海预审、环境影响评价、安全预评价等手续。

第二十五条 风电项目单位应按照国务院能源主管部门及国家可再生能源信息管理机构的要求，报告风电场工程相关运行信息。如发生火灾、风电机组严重损毁以及其他停产 7 天以上事故，或风电机组部件发生批量质量问题，应在第一时间向国务院能源主管部门及省级政府能源主管部门报告。

第六章 违规责任

第二十六条 风电场工程未按规定程序和条件获得核准擅自开工建设，不能享受国家可再生能源发展基金的电价补贴，电网企业不予接受其并网运行。

第二十七条 对于违规擅自开工建设的项目，一经发现，省级以上政府能源主管部门将责令其停止建设，并依法追究有关责任人的法律和行政责任。

第二十八条 通过国家特许权招标方式获得投资开发主体资格的项目单位发生违约，项目单位承担特许权协议规定的相关责任；情节严重的，按照招投标法规定，自违约时间起 3 年内取消其参与同类项目投标资格，并予以公告。参加国家特许权项目招标或设备集中招标的设备制造企业违反招标约定，自违约发生时间起 3 年内该企业不得参与同类项目投标。

第二十九条 风电场发生火灾、风电机组严重损毁以及其他停产 7 天以上事故，或风电机组部件发生批量质量问题，超过 7 天未以任何方式报告情况，或未按规定向国家可再生能源信息管理机构提交有关信息的，省级以上政府能源主管部门将责令其改正，并依法追究有关责任人的法律和行政责任。

第七章 附 则

第三十条 本办法由国家能源局负责解释。

第三十一条 本办法由国家能源局发布，自发布之日起施行。

国家能源局关于加强风电场安全管理有关要求的通知

（国家能源局 2011 年 10 月 16 日发布 国能新能〔2011〕373 号）

各省（区、市）发展改革委（能源局）、国家电网公司、南方电网公司、华能集团公司、大唐集团公司、华电集团公司、国电集团公司、中电投集团公司、三峡集团公司、神华集团公司、中广核集团公司、中国节能环保集团公司、水电水利规划设计总院、可再生能源学会风能专委会、华锐风电科技股份有限公司、金风科技股份有限公司、东方汽轮机股份有限公司、湘电集团公司、中国电力企业联合会：

近来，风电场建设和运行安全事故频发，暴露了风电行业安全管理薄弱的问题。为不断总结风电发展经验。加强风电场安全管理，全面提升风电行业管理水平，保障风电产业健康持续发展，现将加强风电场安全管理有关要求通知如下：

一、各风电开发企业对工程建设质量和风电场安全负总责，要按照有关法律法规及技术标准的规定，结合工程实践，建立健全本企业内风电场工程建设、运行及检修维护质量管理体系，进一步加强风电场施工建设、并网运行和检修维护等环节的安全管理，提高风电场建设和运行管理水平，确保风电场安全运行。

二、加强事故信息报送和管理工作。发生下列情况之一，风电项目业主单位除依法上报有关部门外，还应按照《风力发电开发建设管理暂行办法》的要求，在事故发生后 7 日内将有关情况报国家能源局，并抄送国家风电技术归口管理单位。

（一）风电场建设、运营及维护过程中，一次性死亡 1 人及以上的。

（二）1 台及以上风电机组发生机舱或叶轮坠落、火灾、倒塌等事故的。

（三）叶片、齿轮箱、发电机、变流器、轴承等关键零部件发生批量性故障，即风电场内相同型号的零部件连续 12 个月内有 20% 出现相同故障的。

（四）风电场内设备或设施故障引发的区域电网内风电同时脱网总容量超过 50 万千瓦的。

三、风电项目单位应由专人进行信息统计、分析及报送等工作。中央管理的企业负责本企业上述信息上报工作，地方所属风电开发企业通过项目所在的省（区、市）能源主管部门上报。

四、对影响范围较大的事故，必要时委托中国可再生能源学会风能专业委员会（简称"风能专委会"）组织有关单位和行业专家进行分析。针对发现的共性问题或典型事故，由风能专委会及时发布相应的反事故措施和行业预警信息。

五、风电设备制造企业应加强工艺控制和质量管理，不断提高机组的可靠性和技术水平，并制定详细的风电机组吊装、运行及维护手册，鼓励风电设备企业建立完善的产品使用培训体系，并做好对风电场建设、运行及维护企业的培训工作。

六、为全面掌握相关情况，指导产业持续健康发展，委托风能专委会定期组织全国范围内的风电运行质量调研，对风电设备及风电场运行情况进行评价，并公布评价结果。

七、进一步加强风电行业资质管理。从事风电场勘测设计、施工建设、监理、运行维护的单位和人员均应按照相关规定具备相应的资质。风电场建设、运行及维护工作从业人员应接受相应的培训，通过考核后方能上岗。

八、请中国电力企业联合会督促相关单位抓紧研究制定风电场施工、运行及检修维护的安全规程和导则，并报有关部门批准后发布实施。水电水利规划设计总院会同风能专委会抓紧研究制订完善风电场施工、运行及检修维护企业和人员资质管理的工作要求，并报有关部门批准后发布实施。

国家能源局

二〇一一年十月十六日

国家能源局关于印发分散式接入风电项目
开发建设指导意见的通知

（国家能源局　2011 年 11 月 17 日发布　国能新能〔2011〕374 号）

各省（区、市）发展改革委（能源局）、国家电网公司、南方电网公司、华能集团公司、大唐集团公司、华电集团公司、国电集团公司、中电投集团公司、三峡集团公司、神华集团公司、中广核集团公司、中国节能环保集团公司、水电水利规划设计总院、华锐风电科技股份有限公司、金风科技股份有限公司、东方汽轮机股份有限公司、湘电集团公司、北京鉴衡认证中心：

　　为优化风电开发布局，促进分散风能资源的合理开发利用，促进风电产业持续健康发展，制定了分散式接入风电项目开发建设指导意见，现印发你们，请结合有关工作参照执行。

　　附：分散式接入风电项目开发建设指导意见

国家能源局
二〇一一年十一月十七日

附：

分散式接入风电项目开发建设指导意见

一、总则

　　1.1　为规范和指导分散式接入风电项目的开发建设，促进风电产业健康有序发展，根据《可再生能源法》、《行政许可法》、《企业投资项目核准暂行办法》和《风力发电开发建设管理暂行办法》，制定本指导意见。

　　1.2　分散式接入风电项目是指位于用电负荷中心附近，不以大规模远距离输送电力为目的，所产生的电力就近接入电网，并在当地消纳的风电项目。

　　分散式接入风电项目应具备以下条件：

　　（1）应充分利用电网现有的变电站和线路，原则上不新建高压送出线路和 110 千伏、66 千伏变电站，并尽可能不新建其他电压等级的输变电设施；

　　（2）接入当地电力系统 110 千伏或 66 千伏降压变压器及以下电压等级的配电变压器；

　　（3）在一个电网接入点接入的风电装机容量上限以不影响电网安全运行为前提合理确定，统筹考虑各电压等级的接入总容量，并鼓励多点接入；

（4）除示范项目外，单个项目总装机容量不超过 5 万千瓦。

1.3　国务院能源主管部门负责全国分散式接入风电项目的开发规划和建设管理。各省（区、市）能源主管部门在国务院能源主管部门的组织和指导下，负责本地区分散式接入风电项目的开发规划和建设管理。

1.4　分散式接入风电项目的开发规划和建设管理包括项目场址选择、前期工作及建设条件论证、项目核准、并网运行和竣工验收管理等工作。全国风电技术归口管理单位应会同电网经营单位对分散式接入风电项目的开发规划和建设进行技术指导。鼓励通过先试点示范、再综合规划的方式，逐步扩大分散式接入风电的开发规模。

1.5　各省（区、市）能源主管部门会同有关部门，简化分散式接入风电项目的核准流程，以及项目核准所需的支持性文件。电网企业应针对分散式接入风电项目设立简便高效的流程。

1.6　鼓励开发企业将位于同一县域内的多个电网接入点的风电机组打捆成一个项目统一开展前期工作，办理相关支持性文件，进行项目核准和开发建设，单个打捆项目的规模不超过 5 万千瓦。

二、项目选址、前期工作与核准

2.1　场址宜选择荒地和未利用地、距离拟接入电网现有变电站较近，少占或不占耕地，对外交通方便、施工安装条件较好的地区。项目场址应避开军事、自然环境保护、文物保护、噪声控制等信敏感区域，并与交通、通讯和管线等基础设施保持合理距离。

2.2　场址距离最近的建筑物原则上应不小于 300 米，噪声控制应符合国家相关标准限值。

2.3　开发企业在选定项目场址后，应向当地县级政府的能源、土地、环保、规划等相关部门确认场址，能源主管部门负责协调落实有关建设条件，并确认企业的开发方案。开发方案包括项目场址位置、范围、建设规模和拟接入电网的变电站。

2.4　项目开发方案确认后，企业可组织开展项目建设条件论证工作，并根据各省（区、市）关于分散式接入风电项目的具体要求，进行项目的可行性研究。

2.5　项目完成可行性研究并取得相应职能部门的支持性文件，项目开发企业负责编制项目核准申请报告，按程序报省级投资主管部门或其委托的地级、县级投资主管部门申请核准。请各省级能源主管部门商各相关部门按简便高效的原则确定各支持性文件的部门级别。

2.6　分散式风电项目获得核准后，须报国务院能源投资主管部门备案，并将核准文件抄送全国风电建设技术归口管理单位。开发企业应按照核准文件的要求进行建设，未经省级能源主管部门或核准项目的投资主管部门许可，不得转让项目的开发主体资格。

2.7　分散式接入风电项目须经过核准后方可开工建设。项目核准后两年内不开工建设的，可按照国家相关规定由原核准单位收回项目。项目开工以第一台风电机组基础开挖为标志。

三、接入系统技术要求与运行管理

3.1　风电机组应具备满足国家标准及能源行业标准所规定的低电压穿越能力和有关电压偏差、闪变、谐波等技术要求，并根据项目建设条件，因地制宜选择安装的风电机组的类型和单机容量。

3.2　机组接入系统设计。

（1）风电机组与电网的产权分界点为风电机组集电线路所接入的变电站主变低压侧或所连接线路的连接点，电量计量点原则上位于产权分界点，在技术条件复杂时可由开发企业与当地电网企业协商确定。

（2）机组接入系统一次设计应根据拟接入变电站的电压等级与负荷水平，明确其送出集电线路的电压等级、回路数量和线径。

（3）机组接入系统二次设计应包括与电网连接线路在系统侧的分段式相间和接地故障保护设计；配备远程监控系统、故障记录装置和风电运行信息传送系统。

3.3 接入系统设计评审与接入电网意见函。

（1）省级电网企业负责分散式接入风电项目的接入系统设计评审并简化评审流程，可自行或委托其所属地级电网经营单位开展接入系统评审工作。

（2）省级电网经营单位或其委托的地级电网企业应根据省级能源主管部门或投资主管部门相关批复或备案、接入系统审查意见与风电机组满足分散式接入技术条件的技术证明文件，及时出具项目的接入电网意见。

3.4 并网申请与并网验收。

获得省级能源投资主管部门核准的项目，应在投产前三个月函告省级电网经营单位，并提供项目法人营业执照复印件、项目核准文件、项目接入系统批准文件、项目联系人、联系方式等材料，由省级电网经营单位审定其主体资格后签订并网调度协议和购售电合同，并根据本指导意见所规定的具体内容组织并网验收。

3.5 并网运行管理。

电网企业应保障项目的并网运行、电量计量和所发电量的全额收购。

分散式接入风电项目原则上根据其所用的风电机组技术特性运行，由项目业主进行远程监控，并与电网调度部门建立可靠的实时信息通道。电网调度部门可根据电网安全运行需要对风电机组执行切机策略，但应及时告知风电开发企业并解释原因。

鼓励电网企业或集中打捆的项目企业开展功率预测预报工作。对分散的小型项目企业不要求建立风电功率预测预报系统，电网企业可根据当地电网运行需要，统一建立覆盖本地区的功率预测预报体系，各项目单位应积极配合。

项目业主应按照《风电信息管理暂行办法》要求，做好分散式风电项目建设、运行信息的收集和上报，未经批准项目运行实时数据不得向境外传送，也不得向无关的单位和人员提供项目运行数据。

四、工程建设和验收

4.1 项目经过核准后，项目单位按规定办理土地使用手续，落实环境保护、安全生产措施；与电网企业做好接入电网的衔接工作，签订并网调度协议和购售电合同。

4.2 项目单位要建立完善的工程建设管理体制，依照有关法律法规及技术标准，按照审定的工程方案组织工程建设，对工程建设质量和安全生产负总责。施工单位、监理单位和勘测设计单位及参与人员应具有相应资质。

4.3 项目所在地的省级能源主管部门负责指导和监督项目竣工验收，协调和监督电网企业与项目单位签订并网调度协议和购售电合同。项目建成后，项目企业应办理好各专项验收，并组织项目竣工验收，将验收结果报省级能源主管部门备案，抄送全国风电技术归口管理单位。省级能源主管部门汇总上报国务院能源主管部门备案。

五、附则

5.1 本指导意见由国家能源局负责解释，自发布之日起供各相关单位参照执行。

国家能源局关于印发风电功率预报与电网协调运行实施细则（试行）的通知

（国家能源局　2012年1月13日发布　国能新能〔2012〕12号）

各省（区、市）发展改革委、能源局、中国气象局、国家电网公司、南方电网公司、华能集团公司、大唐集团公司、华电集团公司、国电集团公司、中电投集团公司、神华集团公司、中广核集团公司、三峡集团公司、中国节能环保集团公司、水电水利规划设计总院、各相关协会：

为促进风电功率预测预报与电网调度运行的协调，根据《风电场功率预测预报管理暂行办法》的有关要求，现将《风电功率预报与电网协调运行实施细则（试行)》印发给你们，请参照执行。

附：风电功率预报与电网协调运行实施细则（试行）

国家能源局
二〇一二年一月十三日

附：

风电功率预报与电网协调运行实施细则（试行）

第一章　总则

第一条　根据《中华人民共和国可再生能源法》和《节能调度管理办法》，为贯彻落实国家能源局《风电场功率预测预报管理暂行办法》（国能新能〔2011〕177号），制定本实施细则。

第二条　中国气象局负责建立风能数值天气预报服务平台和业务运行保障体系，为风电功率预测提供数值天气预报公共服务产品和相关技术支持系统。

第三条　风电开发企业负责风电场发电功率预报工作，按照要求上报风电场发电功率预报曲线，并执行电网调度机构下发的发电功率计划曲线。

第四条　电网调度机构负责电力系统风电发电功率预测工作，建立以风电功率预测预报为辅助手段的电力调度运行机制，保障风电优先调度，落实风电全额保障性收购措施。

风电功率预测预报和并网运行的有关考核办法另行制定。

第五条　各有关单位应保证安全接收、传送、应用气象和电力运行等信息，确保涉密信息的获取和使用符合国家相关保密规定。

第二章　气象数据服务及功率预测

第六条　中国气象局负责建立风能数值天气预报公共服务平台体系，制定风电预测预报专业观测网建设和运行技术规定，负责风电预测预报专业观测网观测数据的提交和共享服务管理。

第七条　中国气象局负责通过适当方式向风电场企业或风电功率预测技术服务单位等用户免费提供风能数值预报产品。

申请风能公共预报服务的企业和技术服务单位应按有关规定办理备案和登记手续，具体办法由中国气象局制定，并报国家能源局备案。

第八条　风电场企业根据风能数值天气预报数据，并结合风电场地形、现场测风塔风能资源实测数据和风电场发电运行统计数据等开展风电场发电功率预报工作。

风电场发电功率预报工作也可由风电场企业委托风电功率预测技术服务单位承担。

第九条　风电场要按照有关气象观测规范标准，配套建立实时测风塔，测风塔位置应尽可能具有代表性和不易受风电场尾流效应影响，采集量至少应包括 10 米、50 米及轮最高度的风速和风向以及某一层高的气温、气压等信息。

第十条　中国气象局可根据全国风能资源观测需要，提出将部分风电开发企业的测风塔纳入全国风能资源观测网的具体方案，经国家能源局批准后实施。各风电开发企业应按照有关技术规范建设和完善测风塔，并负责后期维护工作，按要求向中国气象局传送气象观测数据。

第三章　预测预报数据要求及报送

第十一条　风电场功率预测时间尺度分短期预测和超短期预测两种，短期预测为风电场次日 0 时至未来 72 小时的功率预测，超短期预测为未来 15 分钟到 4 小时内的功率预测。

第十二条　风电场功率预报系统应至少包括数值天气预报产品接收和处理、实时气象信息处理、短期和超短期预测、系统人机界面、数据库与数据交换接口等功能。电网调度机构的风电功率预测系统除具备上述功能外，还应具备风电场预报数据接收、预报考核和信息发布等功能。

第十三条　风电场功率预报系统硬件应至少包括气象数据接收系统和处理服务器、系统应用服务器、安全隔离装置、人机工作站等；电网调度机构的风电功率预测系统的硬件除具备上述功能外，还应包括与风电场数据进行交互的服务器系统部署及数据交互应满足《电力二次系统安全防护规定》的要求。

第十四条　风电场安装使用的功率预报系统应具备自动向电网调度机构上报数据的功能，上报内容应包括用于日前发电计划编制的相关信息、日内超短期预测信息和运行情况。

第十五条　日前发电功率预报信息包括次日 00：15 至 24：00 的短期预测功率及同期的预计开机容量，每日在电网调度机构规定的报送截止时间之前报送。数据的时间分辨率为 15 分钟。

第十六条　日内超短期预测信息和运行情况包括：（1）每 15 分钟滚动上报未来 15 分钟至 4 小时的风电功率预报数据，数据的时间分辨率为 15 分钟。（2）每 15 分钟上报当前时刻的开机总容量。（3）每 5 分钟上报风电场实时测风数据。

第十七条　风电场的计划申报模块通过调度数据网 E 区与调度端连接，按照 Dν1719-20∞ 的要求并以 E 文本格式传送发电计划建议曲线。调度机构以 E 文本格式向风电场下达风电计划曲线。

风电功率预报信息的报送流程及数据交换的技术要求由各省级以上电网调度机构根据本实施细则制定，并报国家能源局备案。

第四章　风电计划编制、下达和执行

第十八条　电网调度机构应建立覆盖整个调度管辖区的风电功率预测系统，开展调度区域内的风电功率预测工作，并负责对风电场上报数据进行统计和分析。

第十九条　风电场要按照要求配备专门人员负责预报工作，相关人员信息及风电预报系统信息应在电网调度机构备案，如有变动应及时通知电网调度机构。

委托风电功率预测技术服务单位承担风电功率预报的企业，应将服务单位的负责人员与风电场企业负责人员的信息同时报电网调度机构备案。

第二十条　风电场应具备在线有功功率调节能力，能够自动执行调度机构下达的发电计划，保证发电功率在发电计划允许偏差的范围内。

第二十一条　电网调度机构和风电场应充分利用厂网联席会议等信息交流平台，促进风电运行信息的公开。电网调度机构应通过电力调度 E 区数据网公开包含风电功率预测服务单位等信息在内的各风电场预报结果和实时运行数据。

第二十二条　电网调度机构要按照《电力系统安全稳定导则》和《电网运行准则》的要求，合理调配调峰资源，充分发挥快速调节电源的调节能力，为风电场顺利并网运行提供保障。

第二十三条　电网调度机构应充分应用风电功率预报结果，综合考虑系统负荷预测，结合电网和电厂运行工况，最大限度地保障风电全额消纳。

第二十四条　在系统运行不受约束情况下，电网调度机构原则上按风电场报送的计划曲线安排风电场运行；如系统运行受到约束，风电场不能按报送曲线运行，调度机构应公示限制出力的原因、限制容量及电网约束条件。系统运行约束条件一般有：（1）系统安全约束；（2）系统调峰能力不足；（3）电力系统处于故障或紧急状态。

第二十五条　电网调度机构每天在规定时间前向其调度管辖的风电场下达次日 00：15 至 24：00 的发电计划，电网调度机构可根据风电场实时预报结果和系统安全运行状况，实时修正调整风电场发电计划，并下达风电场执行。

第二十六条　在电力系统故障或紧急情况下，风电场应按有关规程规定进行故障处理和运行调整，并记录和保存故障期间的有关运行信息以备调查分析。

第二十七条　鼓励同一区域的小规模和分散式风电项目以适当方式联合开展风电功率预报工作。

第五章　附则

第二十八条　本实施细则由国家能源局负责解释。

第二十九条　本实施细则自印发之日起执行。

国家能源局关于规范风电开发建设管理有关要求的通知

（国家能源局　2012 年 2 月 16 日发布　国能新能〔2012〕47 号）

各省（区、市）发展改革委（能源局）、国家电网公司、南方电网公司、华能集团公司、大唐集团公司、华电集团公司、国电集团公司、中电投集团公司、神华集团公司、三峡总公司、中广核集团公司、中国节能环保集团公司、水电水利规划设计总院、内蒙古电力集团公司：

为进一步加强风电开发管理，规范风电建设秩序，我局于 2011 年 8 月 25 日印发了《风电开发建设管理暂行办法》（国能新能〔2011〕285 号），对风电项目建设实行了年度开发计划管理，并下达了"十二五"第一批风电项目核准计划。但此后仍有部分省（区、市）不按计划开展项目核准工作，擅自核准计划外的项目，扰乱了风电建设秩序，加剧了风电运行矛盾。为规范风电开发建设管理，现将有关要求通知如下：

一、严格执行风电项目核准计划。风电项目核准计划是加强风电开发建设管理的重要措施，也是风电项目核准的重要依据。各省（区、市）发展改革委要按照《风电开发建设管理暂行办法》的规定，严格按照国家能源局下达的核准计划开展项目核准工作，不得擅自核准计划外风电项目。对未列入风电项目核准计划的项目，电网企业不予接受其并网运行，不能享受国家可再生能源发展基金的电价补贴。

二、加快清理风电项目核准情况。各省（区、市）发展改革委 2010 年度按照项目核准权限及有关规定核准的风电项目不纳入核准计划管理，核准文件有效，各省（区、市）发展改革委应尽快落实各项建设条件，电网企业应加快项目配套电网建设，确保风电项目顺利并网运行。对 2011 年 1 月 1 日至 8 月 31 日，即国能新能〔2011〕285 号文件出台前各省（区、市）按照有关规定核准的 2011 年度计划外风电项目，均视同列入开发计划管理，由各省（区、市）发展改革委将项目列表上报我局备案复核。对 9 月 1 日后核准的计划外风电项目，项目核准文件停止执行。如确已具备建设条件，应重新向国家能源局申请列入核准计划，通过审核列入计划后重新办理项目核准手续。请核准计划外风电项目的省（区、市）发展改革委整理 2011 年核准计划外项目的情况，于 2012 年 2 月 29 日前报来 2011 年已核准计划外风电项目的清单及核准文件的复印件，并说明停止执行的情况。

三、高度重视风电并网运行问题。受风能资源间歇性和随机性的影响，在当前技术条件和管理体制下，风电规模化发展受到了电力市场的严重影响。为确保风电的健康有序发展，各省（区、市）发展改革委、能源局要把落实配套电网送出建设和风电消纳市场作为核准项目的重要条件，并对所核准风电项目的电网接入和市场消纳负责。对于风电场运行限电情况严重的局部地区，暂缓当地风电项目建设，抓紧协调落实配套电力送出工程，采取有效措施促进风电消纳，解决风电运行限电问题。

四、认真落实风电项目核准计划。各省（区、市）要认真落实列入核准计划项目的各项建设条件，并确保核准计划的执行。已下发风电项目核准计划的执行情况将作为确定下一批风电项目核准计划总规模的重要依据。对因建设条件发生变化不能继续执行的计划项目要及时申请调整。

五、加强风电运行管理工作。在风能资源丰富的"三北"地区，风电场运行困难、大量弃风问题已经成为当前风电发展的重要制约因素，各省（区、市）发展改革委、能源局要高度重视风电场运行管理工作，通过开展风电功率预测预报、提高风机技术水平、加强需求侧管理、开展风电供热或储能等多种举措，积极开拓风电市场、提高风能利用效率。对风电弃风率超过20%的地区，原则上不得安排新的风电项目建设。

请各省（区、市）发展改革委、能源局按照上述要求，认真做好风电开发管理工作，规范风电建设秩序，提高风能资源的利用效率，促进风电产业持续健康发展。

国家能源局

二〇一二年二月十六日

关于加强风电安全工作的意见

（电监会办公厅　2012 年 3 月 1 日发布　电监安全〔2012〕16 号）

为进一步规范风电安全工作，强化风电设计、建设、并网、运行和调度等全过程安全管理，保证电力系统安全稳定运行和电力的可靠供应，促进风电安全健康发展，提出以下意见：

一、风电场设计与设备选型管理

（一）设计（咨询）单位要严格设计流程、加强设计管理。对于符合国家规划的新建风电场，要加强对风资源、建场条件的论证，预可研、可研、施工设计等各阶段的设计方案要满足相关设计深度要求并通过设计审查。项目设计方案如有重大变更，应组织开展论证，必要时要重新开展该阶段勘察设计与审查工作。

（二）风电场接入系统设计要对可能引起的系统电压稳定问题进行研究，优先考虑风电机组无功调节能力，合理确定风电场升压站动态无功补偿方案。电力调度机构应参与接入系统的设计审查，根据电网运行情况，提出具体审查意见。

（三）分散式风电设计要充分考虑当地电网一次和二次设备状况，对风电机组选型和电网改造提出明确要求，满足电网的调压需要。

（四）风电场二次系统设计要满足国家和行业相关技术标准以及电力系统安全稳定运行要求，并应征求电力调度机构意见。风电场监控系统设计要满足电力二次系统安全防护的相关规定，实现风电场运行信息和测风信息上传电力调度机构，满足风电场有功功率、无功电压自动调节远方控制的要求，并设置统一的时钟系统。禁止通过公共互联网络直接对风电机组进行远程监测、控制和维护。

（五）设计单位要优化风电场集电系统设计，应优先选用上出线机端升压变压器，以减少电缆终端使用数量；集电系统电缆终端应选用冷缩型或预制型，适当提高电缆终端交流耐压和雷电冲击耐压水平。集电系统应综合考虑系统可靠性、保护灵敏度及短路电流状况选择合理的中性点接地方式，实现集电系统永久接地故障的可靠快速切除。

（六）设计单位应根据风电场所在地区合理确定雷电过电压保护设计等级及保护接线，多雷区风电场应适当提高设备防雷设计等级，防雷引线选型和风电场接地电阻应满足相关防雷标准要求，机组叶片引雷线及防雷引下线应优先采用铜质导线。海上、海岛、沿海地区风电场应注重差异化设计，提高风电机组的防台风、防腐蚀能力。风电机组机舱内设备及动力电缆应采用防火设计，采用阻燃材料，提高风电机组的防火能力。

（七）风电企业要加强设计（咨询）单位和风电设备的招标管理，严格设计审查，防止因低价中标导致设备质量下降。风电企业与风电设备制造企业签订的设备采购合同应明确要求风电设备制造企业对制造原因引起的设备安全隐患，及时进行整治；提供风电机组保护设置参数和电气仿真模型等资料；开放涉网保护参数的设置权限。

（八）风电企业应选择经挂网试运行且检测合格的风电机型。并网风电机组应具备低电压穿越能力，并具备一定的过电压能力。规划总装机容量百万千瓦以上的风电基地，各风电场应具备一定的动态无功支撑能力。

二、风电场建设安全管理

（九）风电建设项目单位要对风电建设项目安全生产负全面管理责任，履行电力建设安全生产组织、协调、监督职责，建立健全组织机构和工作机制，落实参建各方职责，完善各项安全管理制度。项目开工 15 个工作日内，将风电建设项目的安全生产管理情况向所在地电力监管机构备案。

（十）风电建设项目单位要加强设计（咨询）、施工、监理单位的资质管理，建立和完善设计、监理、施工、调试、设备制造企业等单位的安全资质审查制度。参建单位应取得相应的资质，不得超越资质承揽工程，严禁工程非法转包和违法分包。特种作业人员应持证上岗。

（十一）风电建设项目单位和施工单位要加强对风电机组吊装、工程爆破施工等重大特殊施工作业方案的审查工作。工程使用的特种设备、燃爆器材、危险化学品等应按国家有关规定要求，加强运输、储存、使用等各环节安全管理工作。监理单位要审查施工各项准备措施和方案，对吊装作业、工程爆破、隐蔽工程等重要施工作业实行旁站监理。

（十二）风电建设项目单位要建立项目质量管理目标和组织机构，明确参建各方职责，完善质量管理制度和考核标准，加强风电机组吊装、电缆终端、电力二次接线、接地网等各环节施工质量控制与管理，防止由于质量控制不到位造成安全隐患。参建各方要重视质量缺陷管理，强化防治措施，提高工程建设质量管理水平。

（十三）风电建设项目单位要建立主要设备监造管理机制，对于主要原材料、零部件的选择要进行鉴证。必要时，对于关键质量环节应旁站监督，保证风电设备制造质量符合技术要求。

（十四）风电企业要加强工程质量验收管理，建立和完善验收管理制度。强化资料验收移交工作，风电工程各阶段验收及各项试验资料应数据齐全，结论明确，手续完备。工程档案应与工程建设同步，强化对图纸、照片、电子文档载体及技术档案等资料管理。

（十五）电网企业要加强风能资源丰富地区电网的规划和建设，做好风电场接入系统和送出工程的建设管理工作，对于已审查通过的接入系统审查意见，不得擅自变更，努力实现接入工程的同步建设和同步投产，不得以技术和其他理由拖延风电项目接入。

三、风电并网安全管理

（十六）风电企业要加强风电场并网管理，组织开展新建风电场机组并网检测工作；按照《发电机组并网安全性评价管理办法》要求，开展并网安全性评价。

（十七）风电并网检测应由具备相应资质的检测机构进行。检测机构应规范检测程序，加强检测能力建设。对于风电场内抽检测试未通过的机型和抽检合格批次产品中因更换主要部件导致风电机组性能不满足并网技术要求的机型，检测机构应及时报告电力监管机构和电力调度机构，并于每月底前将通过检测的风电机组型号及检测汇总报告报送电力监管机构备案，并同时抄送当地电力调度机构和风电企业。

（十八）电力调度机构要加强风电场并网运行管理，配合开展风电场并网检测工作，参与风电场并网安全性评价工作，对风电场涉网资料、技术条件、并网测试等方面内容进行严格核查。

四、风电场运行管理

（十九）风电企业要建立健全安全生产规章制度，落实企业安全生产主体责任，加强安全生产管理，保证必要的安全投入。配置专（兼）职安全员和技术人员，履行安全职责，强化现场安全生产管理，开展电力安全生产标准化工作。

（二十）风电企业要加强安全、运行、检修等规程的编制和修订工作，按有关规程要求对输变电设备开展预防性试验和运行维护工作。电场运行规程应报当地电力调度机构备案。

（二十一）风电企业运行人员应熟悉电力系统调度管理规程和相关规定，严格遵守调度纪律，及时准确向电力调度机构汇报事故和故障情况。记录保存故障期间的有关运行信息，配合开展调查分析。风电场因继电保护或安全自动装置动作导致风电机组脱网时，应及时报告电力调度机构，未经电力调度机构同意，禁止自行并网。

（二十二）风电企业要加强电力二次系统管理，开展二次系统隐患排查治理工作。规范继电保护定值计算、审核、批准制度，建立和完善继电保护运行管理规程；相关涉网二次系统及设备定值应报电力调度机构审核和备案；每年应根据系统参数变化等情况进行继电保护定值复核，保证电力二次设备安全运行。

（二十三）风电企业要建立隐患排查治理工作常态机制，定期开展风电机组、集电系统、变电设备和无功补偿装置等电气设备的隐患排查治理工作。对于低电压穿越能力、继电保护及安全自动装置、无功配置和调节性能不满足电网安全稳定运行要求的风电场，应制定专项整改计划，及时落实整改。已投运风电场应采取措施，实现集电系统永久接地故障的可靠快速切除。

（二十四）风电企业要加强应急管理，完善应急预案体系，重点编制自然灾害、火灾、人身伤亡、风机大规模脱网等专项应急预案和现场处置方案，并按照相关规定强化应急预案管理，开展应急演练。风电企业要强化应急队伍建设，做好应急物资储备工作，提高风电场应急处置能力。

（二十五）风电企业要组织开展风电场技术监督工作。加强风电场绝缘、金属、继电保护、调度自动化、电能质量等方面技术监督工作，及时掌握设备健康状态。

（二十六）风电企业要加强人员培训工作，制订培训计划，定期开展业务培训。风电企业有调度受令业务的运行值班人员应经过电力调度机构的培训，并取得相应的合格证书持证上岗。

（二十七）风电企业要加强风电可靠性管理，建立可靠性管理工作机制，落实可靠性管理岗位责任，准确、及时、完整报送信息。

（二十八）电网企业要加强对大规模风电并网产生的电力系统安全风险的研究分析，有针对性地制定系统反事故措施和专项应急预案，及时制定并落实保证电力系统安全稳定运行的措施。要加强电网薄弱环节的建设改造，为风电接入创造条件；要加强输变电设备的运行维护，保证风电并网运行安全。

五、风电调度管理

（二十九）电力调度机构要按照有关法律法规和技术标准的要求，加强风电调度管理，在保证电力系统安全稳定运行的前提下，实行风电等可再生能源的优先调度和全额收购。风电企业要严格遵守调度纪律，加强与电力调度机构的协作配合。

（三十）电力调度机构要加强对系统风电接纳能力的评估，将风电纳入月度电力电量平衡和日前调度计划管理，统筹安排运行方式。逐步开展风电场综合性能排序调度工作。直调风电装机容量达到 100 万千瓦的省级及以上电力调度机构原则上应设立风电（可再生能源）调度管理专职人员。

（三十一）电力调度机构要督促风电企业对已投运风电场按照有关规定要求，开展并网安全性评价工作，不具备低电压穿越能力的，要按照电监会《关于风电场并网安全性评价中有关风电机组低电压穿越能力处理意见的通知》要求，进行整改。

（三十二）电力调度机构要加强调管范围内二次专业管理，督促风电场开展二次系统安全隐患排查治理工作。指导风电场进行涉网保护整定，做好涉网保护定值审核和备案。组织风电场开展二次系统安全防护工作。

（三十三）电力调度机构要逐步建立以省级和区域电力调度机构为平台的风电功率预测预报体系，开展覆盖调管范围的中长期、短期、超短期风电发电预报工作。风电场要按照有关规定要求，建立风电功率预测预报系统，集中接入的风电场要按风电发电计划申报要求向电力调度机构上报发电计划。

（三十四）电力调度机构和风电企业要充分利用厂网联席会议等信息交流平台，按照有关规定披露风电运行信息，协商解决电力系统安全运行重大事项，促进风电与电网协调发展。

（三十五）风电企业要向电力调度机构提供风电设备的电气仿真模型和相关参数，配合电力调度机构开展对大型风电场接入系统影响电网安全稳定运行情况的研究工作，落实相关安全措施。

六、风电安全监管

（三十六）电力监管机构要加强风电安全监督管理，强化风电建设、并网、运行和调度等重点环节的安全监管。要组织开展风电场并网安全性评价工作，严格执行电力业务许可制度，定期进行电力企业安全生产情况监督检查，督促企业开展隐患排查治理工作，推进教育培训和技术交流，促进风电安全健康发展。

（三十七）电力监管机构要按照"四不放过"原则和"依法依规、实事求是、注重实效"要求，开展风电安全事故调查处理工作，严肃责任追究。对发生风电安全事故以及存在重大安全隐患整改不力的企业，要及时进行通报，并督促企业及时落实整改工作。

（三十八）电力监管机构要发挥监督、指导和协调作用，督促风电企业健全安全生产管理体系，加强安全风险管控，加强隐患排查治理、教育培训、应急救援和事故处置等方面工作，强化安全生产基层基础建设，推进电力安全生产标准化工作，促进风电安全健康发展。

（三十九）电力监管机构要加强对风电调度工作和风电并网检测工作的监管，督促电力调度机构强化风电并网运行管理和电力二次专业管理，在保证电网安全稳定运行的前提下，优先调度和全额收购可再生发电资源。

（四十）电力可靠性管理中心要加强可靠性管理，强化可靠性数据的统计分析和应用，及时发布可靠性指标，为风电设备选型、风电场生产运行和检修维护提供参考。

（四十一）电力监管机构要督促各电力企业按照有关规定要求，及时、准确、完整报送风电安全生产信息，按时进行信息统计和汇总，及时进行安全信息通报和披露。

国家电力监管委员会
二〇一二年三月一日

国家能源局关于"十二五"第二批
风电项目核准计划的通知

(国家能源局　2012 年 3 月 19 日发布　国能新能〔2012〕82 号)

各省(区、市)发展改革委(能源局)、国家电网公司、南方电网公司、中国华能集团公司、中国大唐集团公司、中国华电集团公司、中国国电集团公司、中国电力投资集团公司、中国神华集团公司、中国长江三峡集团公司、水电水利规划设计总院、电力规划设计总院、中国广东核电集团公司、内蒙古电力集团公司:

一、按照《风电开发建设管理暂行办法》(国能新能〔2011〕285 号)的有关要求,我局审核了部分省(区、市)报来的风电开发备选项目,同意将前期工作充分、电网接入条件落实的项目列入"十二五"第二批拟核准风电项目计划,共计 1492 万千瓦,分别为北京 10 万千瓦、天津 13 万千瓦、河北 124 万千瓦、山西 139 万千瓦、辽宁 101 万千瓦、上海 10 万千瓦、江苏 64 万千瓦、浙江 60 万千瓦、安徽 62 万千瓦、福建 54 万千瓦、江西 50 万千瓦、山东 147 万千瓦、河南 76 万千瓦、湖北 31 万千瓦、湖南 74 万千瓦、广东 79 万千瓦、广西 49 万千瓦、重庆 25 万千瓦、四川 34 万千瓦、贵州 69 万千瓦、云南 136 万千瓦、西藏 5 万千瓦、陕西 30 万千瓦、青海 50 万千瓦。另外,同意安排分散式接入风电项目 83.7 万千瓦、风电并网示范项目 100 万千瓦。以上三类项目总计 1676 万千瓦。具体项目详见附表一、二、三。黑龙江、吉林、内蒙古、宁夏、甘肃、新疆等省(区)的核准计划另行研究。

二、请各省(区、市)发展改革委(能源局)加强组织协调,认真落实项目建设条件,特别是电网接入条件和消纳市场,督促项目单位深化前期工作,待各项建设条件及接入电网技术方案落实后按项目核准权限的有关规定核准项目或向国家发展改革委上报项目核准申请报告。列入核准计划的项目不再核发前期工作的批复文件。2012 年内未能核准的项目,可结转到 2013 年核准,不具备建设条件的项目,应申请取消。如个别项目确需调整,应提出书面申请,待批准后方可进行调整。

三、请甘肃省和内蒙古自治区分别督促酒泉风电基地二期第一批项目和巴彦淖尔市乌拉特中旗风电基地的项目业主单位加快推进项目前期工作,落实电网送出通道和消纳市场等各项建设条件,如项目在年内具备核准条件,可整体上报国家发展改革委申请核准。

四、电网企业要积极配合开展列入核准计划风电项目的配套电网规划和建设工作,加快落实电网接入条件和消纳市场,确保项目建设与配套电网同步投产和运行。未列入核准计划的项目,电网企业不得接受其并网运行。

五、分散式接入风电项目应按照《分散式接入风电项目开发建设指导意见》(国能新能〔2011〕374 号)的有关要求,严格接入 110 千伏及以下电压等级系统,在配电网内消纳,并及时总结项目建设、接入电网技术要求和运行管理等方面的经验。

六、风电并网运行和消纳存在困难的地区应鼓励风电开发企业开展探索新的送出和消纳方式的示范工作，已列入计划的示范项目，建设单位应严格按照示范项目建设方案开展项目建设，确保项目顺利建成并发挥示范效应。项目建成后应及时开展相关的评估工作，总结示范的效果和经验。

附表：一、各省（区、市）"十二五"第二批拟核准风电项目计划表
二、分散式接入风电项目计划安排表
三、促进风电并网消纳示范项目计划安排表

国家能源局
二〇一二年三月十九日

附表一：
各省（区、市）"十二五"第二批拟核准风电项目计划表

北京市"十二五"第二批拟核准风电项目计划表

序号	项目名称	规模（万千瓦）	建设单位	项目地址	备注
1	京能鹿鸣山官厅风电场三期项目	4.95	北京京能清洁能源电力股份有限公司	北京延庆县	
2	大唐昌平表灰岭风光发电示范项目	4.95	中国大唐集团公司	北京昌平区	
小计		9.9			

天津市"十二五"第二批拟核准风电项目计划表

序号	项目名称	规模（万千瓦）	建设单位	项目地址	备注
1	天津沙井子三期风电工程项目	4.95	天津国电洁能电力有限公司	天津滨海新区大港区	
2	天津龙源大港滨海33兆瓦同电项目	3.3	天津龙源风力发电有限公司	天津市滨海新区大港马棚口村	
3	天津北大港风电项目一期工程	4.95	天津国电洁能电力有限公司	天津大港北大水库及周边区域	
小计		13.2			

河北省"十二五"第二批拟核准风电项目计划表

序号	项目名称	规模（万千瓦）	建设单位	项目地址	备注
1	新天绿能丰宁水泉风电场项目	4.95	新天绿色能源（丰宁）有限公司	承德丰宁县	
2	华电康保大英图风电场项目	4.95	河北华电康保风电有限公司	张家口康保县	
3	大唐沽源闪电河风电场一期项目	4.95	中国大唐集团新能源股份有限公司	张家口沽源县	
4	红松围场杉源风电场项目	4.95	河北红松风力发电股份有限公司	承德市围场县	
5	国电电力康保五福堂风电场项目	30	国电电力发展股份有限公司	张家口康保县	
6	河北建投丰宁森吉图风电场项目	15	河北建投新能源有限公司	承德丰宁县	
7	协合康保徐五林风电场项目	4.95	康保协合徐五林风力发电有限公司	张家口康保县	
8	大唐张北乌登山风电场三、四期项目	9.9	大唐河北新能源（张北）有限公司	张家口张北县	
9	龙源围场黄土梁风电场项目	4.95	河北龙源风力发电有限公司	承德围场县	
10	国华沽源马神庙风电场项目	4.95	国华（沽源）风电有限公司	张家口沽源县	
11	国华赤城长沟门风电场项目	4.95	国华（赤城）风电有限公司	张家口赤城县	

续表

序号	项目名称	规模（万千瓦）	建设单位	项目地址	备注
12	中节能张北单晶河风电场三期项目	4.95	中节能风力发电股份有限公司	张家口张北县	
13	优能围场卡伦庆花沟风电场项目	4.95	优能风电有限公司	承德围场县	
14	红松围场橼汇风电场项目	4.95	河北红松风力发电股份有限公司	承德市围场县	
15	华电尚义王悦梁风电场二期项目	4.95	河北华电尚义风力发电有限公司	张家口市尚义县	
16	华源康保丹青河一期风电场项目	4.95	康保华源新能源有限公司	张家口康保县	
17	大唐丰宁骆驼沟风电场二期项目	4.8	河北大唐国际风电开发有限公司	承德丰宁县	
小计			124.05		

山西省"十二五"第二批拟核准风电项目计划表

序号	项目名称	规模（万千瓦）	建设单位	项目地址	备注
1	凯迪平陆风口风电场二期项目	4.95	平陆凯迪新能源开发有限公司	运城市平陆县	
2	大唐新能源丁家窑风电场一期项目	4.95	大唐新能源右玉风力发电有限公司	朔州市右玉县	
3	大唐平顺县虹梯关风电场一期项目	4.95	大唐新能源朔州风力发电有限公司	长治市平顺县	
4	山西国际能源集团大同新荣风电场二期项目	4.75	山西国际能源集团新能源投资管理有限公司	大同市新荣区	
5	天润运城夏县泗交镇风电场一期项目	4.95	北京天润新能源投资有限公司	运城市夏县	
6	天润运城绛冷口风电场一期项目	4.95	北京天润新能源投资有限公司	运城市绛县	
7	大唐新能源朔州利民风电场项目	20	大唐新能源朔州平鲁风力发电有限公司	朔州市利民镇	已获国家批复前期工作
8	国电宁武县谢家坪风电场项目	4.95	国电山西洁能有限公司	忻州市宁武县	
9	国有朔州平鲁北山二期风电场项目	4.95	国电山西洁能有限公司	朔州市平鲁区	
10	龙源山西神池县继阳山风电场项目	15	山西龙源风力发电有限公司	朔州市神池县	已获国家批复前期工作
11	龙源山西静乐县康家会风电场项目	15	山西龙源风力发电有限公司	忻州市静乐县	已获国家批复前期工作
12	联成山阴县偏邻风电场项目	4.95	山阴县联成风能有限责任公司	朔州市山阴县	
13	山西国际电力朔州牛家岭风电场项目	4.95	山西国际电力集团公司	朔州市朔城区	
14	山西国际电力丁家窑总了山风电场项目	4.95	山西国际电力集团公司	朔州市右玉县	
15	华润阳高长城一期风电场项目	4.95	华润电力（风能）开发有限公司	大同市阳高县	
16	国电朔州右玉高家堡三期风电场项目	4.95	国电电力山西新能源开发有限公司	朔州市右玉县	
17	大唐偏关水泉风电场项目	4.8	大唐山西新能源开发有限公司	忻州市偏关县	
18	华能神池温家山风电场项目	10	华能新能源山西风电分公司	朔州市神池县	
19	广灵卧羊场风电一期项目	4.95	广灵润广风力发电有限公司	大同市广灵县	
20	中广核右玉杨千河铁山堡风电场一期工程	4.95	中广核风电有限公司	朔州市右玉县	
小计			138.85		

辽宁省"十二五"第二批拟核准风电项目计划表

序号	项目名称	规模(万千瓦)	建设单位	项目地址	备注
1	大唐昌图三江口风电场项目	4.95	大唐国际辽宁分公司	铁岭市昌图县	
2	大唐法库双台子风电场项目	4.8	大唐国际辽宁分公司	沈阳市法库县	
3	歌美飒建平三棱山风电场项目	4.8	歌美飒（中国）公司	朝阳市建平县	
4	华能义县后尖山风电场项目	4.95	华能新能源股份有限公司	锦州市义县	
5	中广核北票杨树沟风电场项目	4.8	中广核风力发电有限公司	朝阳市北票市	
6	中电装备北镇大市风电场项目	4.8	中国电力技术装备公司	锦州市北镇市	
7	国电康平二牛所口风电场项目	4.8	国电电力和禹公司	沈阳市康平县	
8	华润阜蒙驿马池风电场项目	4.95	华润新能源公司	阜新市阜蒙县	
9	华源康平朝阳堡风电场项目	4.95	华源新能源公司	沈阳市康平县	
10	华能昌图老城风电场项目	4.8	华能国际股份公司	铁岭市昌图县	
11	龙源北票桃花山风电场项目	4.95	龙源电力集团公司	朝阳市北票市	
12	国电黑山水泉风电场项目	4.95	国电和风风电公司	锦州市黑山县	
13	金山阜蒙娘及营子风电场项目	4.8	沈阳金山能源股份有限公司	阜新市阜蒙县	
14	华电凌源五家子风电场项目	4.95	华电新能源公司	朝阳市凌源县	
15	盛基昌图八面城风电场项目	4.95	辽宁盛基国际电力公司	铁岭市昌图县	
16	中电投北票山湾风电场项目	4.8	中电投东北新能源公司	朝阳市北票市	
17	中广核泡崖大北山风电场项目	4.95	中广核辽宁分公司	大连市瓦房店市	
18	华能新能源大连九龙风电场项目	4.95	华能新能源股份有限公司	大连市瓦房店市	
19	中国风电义县聚粮屯风电场项目	4.8	中国风电集团公司	锦州市义县	
20	华润北票存珠风电场项目	4.95	华润新能源控股有限公司	朝阳市北票市	
21	东方大连小黑石风电场项目	3	大连东方投资有限公司	大连市旅顺区	
小计	100.7				

上海市"十二五"第二批拟核准风电项目计划表

序号	项目	规模(万千瓦)	建设单位	项目地址	备注
1	崇明北沿风电场二期工程	4.8	上海绿色环保能源有限公司	上海市崇明县	
2	崇明北堡风电场	4.8	龙源电力集团公司	上海市崇明县	
小计	9.6				

江苏省"十二五"第二批拟核准风电场项目计划表

序号	项目名称	规模(万千瓦)	建设单位	项目地址	备注
1	国华东台陆上三期风电专项项目	20	国华能源投资有限公司	盐城东台	
2	国华东台陆上二期风电场扩建项目	4.95	国华能源投资有限公司	盐城东台	
3	国电连云港陆上风电场项目	4.8	国电集团江苏分公司	连云港	
4	龙源如东陆上风电场四期项目	15	龙源电力集团公司	南通如东	
5	龙源盱眙低风速风电场项目	5	龙源电力集团公司	淮安盱眙	低风速项目
6	协合泗洪低风速风电示范项目	4.9	协合风电投资有限公司	宿迁泗洪	低风速项目
7	协合高邮低风速风电示范项目	4.9	协合风电投资有限公司	扬州高邮	低风速项目
8	康盛苏州低风速风电示范项目	4.9	苏州康盛风电有限公司	苏州相城	低风速项目
小计	64.45				

浙江省"十二五"第二批拟核准风电项目计划表

序号	项目名称	规模 （万千瓦）	建设单位	项目地址	备注
1	浙能慈溪风电场项目二期工程	3.45	浙江浙能杭州湾风力发电有限公司筹建处	慈溪市新浦镇	
2	中营宁波北仑福泉山风电场项目	4.5	浙江中营风能开发有限公司	宁波市北仑区	
3	美达岱山衢山风电场二期项目	2.7	浙江美达电力发展有限公司	岱山县衢山岛	
4	浙江机电云和黄源风电场项目	3.45	浙江机电集团投资有限公司	云和县黄源乡	
5	浙江县机电遂昌白马山风电场项目	2.7	浙江机电集团投资有限公司	遂昌县白马县	
6	大唐海盐风电场项目	4.6	大唐新能源股份有限公司	嘉兴海盐县	
7	中广核象山珠山风电场项目	4.5	中广核（浙江象山）风力发电有限公司	宁波市象山县	
8	UPC台州黄岩风电场项目	4.2	北京优普欧能投资管理有限公司	台州市黄岩区	
9	科啸玉环大麦屿风电场项目	4.95	浙江科啸风电投资开发有限公司	台州市玉环县	
10	国电电力宁海茶山风电场项目	4.95	国电宁海风力发电有限公司	宁波市宁海县	
11	中广核余杭风电场项目	3.45	中广核风力发电有限公司	杭州市余杭区	
12	国电电力鄞州白岩山风电场项目	4.5	国电宁波风电开发有限公司	宁波鄞州区	
13	协合苍南罗家山风电场项目	4.5	协合风电投资有限公司	温州苍南县	
14	华电长兴弁山风电场项目	3.6	中国华电集团浙江分公司	湖州长兴县	
15	大唐嵊州西白山风电场项目	2.55	大唐新能源股份有限公司	绍兴嵊州县	
16	龙源磐安廿四背尖维新乡风电场工程	1.65	龙源电力集团公司	金华磐安县	
小计			60.25		

安徽省"十二五"第二批拟核准风电项目计划表

序号	项目名称	规模 （万千瓦）	建设单位	项目地址	备注
1	大唐新能源滁州来安龙山风电场项目	4.8	大唐来安新能源有限公司	滁州市来安县长山林场	
2	协合宿州萧县官山风电场项目	4.8	中国风电集团有限公司	宿州市萧县	
3	国电龙源滁州定远大金山风电项目	4.95	龙源定远风力发电有限公司	滁州市定远县	
4	大唐新能源滁州南谯区沙河风电场项目	4.95	大唐滁州新能源有限公司	滁州市南谯区	
5	国电龙源滁州全椒大山风电项目	4.95	安徽龙源风力发电有限公司	滁州市全椒县	
6	国电龙源滁州明光鲁山风电项目	4.95	龙源明光风力发电有限公司	滁州市明光市	
7	中国风电肥西莲花山风电场项目	4.8	中国风电集团有限公司	合肥市肥西县	
8	协合宿州埇桥符离风电场项目	4.8	中国风电集团有限公司	宿州市埇桥区	
9	国电龙源滁州全椒龙王尖风电项目	4.95	安徽龙源风力发电有限公司	滁州市全椒县	
10	国电安庆太湖县徐桥风电场项目	4.5	国电安徽新能源投资有限公司	安庆市太湖县徐桥镇山区	
11	国电安徽寿县团山风电场项目	3.75	国电安徽新能源投资有限公司	帮县八公山乡团山区域	
12	华润安徽歙县金川风电场项目	4.95	华润新能源投资有限公司	歙县金川乡	
13	远见风能巢湖观湖风电场项目	4.95	远见风能（江阴）有限公司	巢湖市	
小计			62.1		

福建省"十二五"第二批拟核准风电项目计划表

序号	项目名称	规模（万千瓦）	建设单位	项目地址	备注
1	中核国电云霄青径风电场项目	1.95	中核国电漳州能源有限公司	漳州市云霄县	
2	中闽福州福清大姆山风电场项目	4.8	中闽（福清）风电有限公司	福州市福清市	
3	华电福州福清中盛山风电场项目	4.8	华电（福清）风电有限公司	福州市福清市	
4	中闽福州长乐棋盘山风电场项目	4	福建中闽能源投资有限责任公司	福州市长乐市	
5	国电福州福清江阴风电项目	1.4	国电福建电力有限公司	福州市福清市	
6	华润莆田城厢灵川风电场项目	4.8	华润新能源控股有限公司	莆田市城厢区	
7	福能漳州龙海黄坑风电场项目	4	福建省福能风力发电有限公司	漳州市龙海市	
8	龙源莆田江口风电场项目	4.8	福建龙源风电力发电有限公司	莆田市涵江区	
9	福能漳州龙海新村风电场项目	4.8	福建省福能风力发电有限公司	漳州市龙海市	
10	航天闽箭宁德霞浦闾峡风电场项目	4	航天闽箭新能源投资股份有限公司	宁德市霞浦县	
11	华润漳州诏安河港山风电场	4.8	华润新能源控股有限公司	漳州市诏安县	
12	龙源莆田白鹤风电场项目	4.8	福建龙源风力发电有限责任公司	莆田市涵江区	
13	龙源莆田荻芦风电场项目	4.98	福建龙源风力发电有限责任公司	莆田市涵江区	
小计		54			

江西省"十二五"第二批拟核准风电项目计划表

序号	项目名称	规模（万千瓦）	建设单位	项目地址	备注
1	大唐国际九江永修松门山风电场项目	4.8	大唐国际发电股份有限公司江西分公司	九江市永修县吴城镇松门山岛	
2	国电九江湖口皂湖风电场项目	4.8	国电江西电力有限公司	九江市湖口县舜德乡	
3	中电投九江都昌笔架山风电场项目	4.35	中电投江西电力有限公司	九江市都昌县	
4	大唐遂川清秀风电场项目	4.6	遂川大唐汉业新能源有限公司	江西省遂川县	
5	中电投吉安泰和天湖山风电场项目	4.5	中电投江西电力有限公司	吉安市泰和县与万安县交界	
6	大唐国际丰城玉华山风电场项目	4.6	大唐国际发电股份有限公司江西分公司	丰城市	
7	大唐国际赣州安远九龙山风电场项目	4.5	大唐国际发电股份有限公司江西分公司	江西省赣州市安远县风山乡	
8	中电投吉安泰和钓鱼台风电场项目	4.5	中电投江西电力有限公司	吉安市泰和县与赣州市兴国县交界	
9	中电投赣州于都屏山风电场项目	3.9	中电投江西电力有限公司	赣州市于都县	
10	华润桃源风电场（九江县岷山风电场）	4.5	华润新能源投资有限公司	九江县岷山乡	
11	国电龙源抚州乐安鸭公嶂风电场项目	4.8	龙源电力集团股份有限公司	抚州市乐安县	
小计		49.85			

山东省"十二五"第二批拟核准风电项目计划表

序号	项目名称	规模（万千瓦）	建设单位	项目地址	备注
1	大唐平度祝沟旧店风电场一期项目	4.95	大唐山东清洁能源开发有限公司	青岛平度市祝沟镇、旧店镇	
2	国电济南长清风电场一期项目	4.95	国电山东电力有限公司	济南市长清区五峰山、张夏、马山等镇	
3	中广核淄川薛家峪风电场项目	4.95	中广核风力发电有限公司山东分公司	淄博市淄川区西河镇	
4	华能蓬莱大柳行风电场二期项目	4.98	华能山东发电有限公司	烟台市蓬莱市大柳行镇	
5	华润风能莒县东宏风电场二期项目	4.98	华润电力（风能）开发有限公司	日照市莒县库山乡、东莞镇	
6	华电莱州金城风电场二期项目	4.8	华电国际电力股份有限公司	烟台莱州市金城镇	
7	国华栖霞寺口兵山风电场项目	4.95	国华能源投资有限公司山东分公司	烟台栖霞市寺口镇	
8	国电莒南涝坡风电场项目	4.95	国电山东电力有限公司	临沂市莒南县涝坡镇	
9	国华利津风电场四期项目	4.95	国华（利津）新能源有限公司	东营市利津县	
10	华能新能源莱阳万第镇风电场项目	4.95	华能烟台风力发电有限公司	烟台莱阳市万第镇	
11	中广核沂水唐王山风电场二期项目	4.95	中广核沂水风力发电有限公司	临沂市沂水县圈里乡	
12	国电泗水圣木峪风电场项目	4.95	国电山东电力有限公司	济宁市泗水县圣水峪镇	
13	国电临朐九山风电场一期项目	4.8	国电山东电力有限公司	潍坊市临朐县九山镇	
14	大唐新能源荣成八河风电场项目	4.8	大唐荣成新能源有限公司	威海市荣成市王连街道办	
15	华润五莲东风风电场二期项目	4.98	华润电力（风能）开发有限公司	日照市五莲县石场乡、街头镇、洪凝镇	
16	龙源恒信车子沟风电场一期项目	4.95	山东龙源恒信风力发电有限公司	滨州市沾化县海防办事处	
17	华电莱州虎头崖风电场项目	4.8	华电国际电力股份有限公司	烟台市莱州市虎头崖镇	
18	国电招远阜山风电场项目	4.95	国电山东电力有限公司	烟台市招远阜山镇	
19	中电中国风力发电（山东）有限公司莱芜风电场一期项目	4.95	中电中国风力发电（山东）有限公司	莱芜市和庄乡	
20	华能新能源栖霞桃村风电场项目	4.95	华能烟台风力发电有限公司	烟台栖霞市桃村镇	
21	国电招远夏甸二期风电场项目	4.95	国电山东电力有限公司	烟台市招远夏甸镇	
22	亿豪福山高疃风电场项目	4.8	烟台亿豪新能源开发有限公司	烟台市福山区高疃镇	
23	大唐邹城风电场一期项目	4.95	大唐山东清洁能源开发有限公司	济宁市邹城市城前镇	

续表

序号	项目名称	规模（万千瓦）	建设单位	项目地址	备注
24	华电莱州郭家店风电场项目	4.98	华电国际电力股份有限公司	烟台市莱州郭家店镇	
25	中广核临朐龙岗风电场项目	4.8	中广核风力发电有限公司山东分公司	潍坊市临朐县龙岗镇	
26	大唐桂冠莱州土山风电场二期项目	4.75	大唐桂冠山东电力投资有限公司	烟台市莱州土山镇	
27	华电淄川昆仑风电场项目	4.8	华电国际电力股份有限公司	淄博市淄川区昆仑镇	
28	华润邹城风电场一期项目	4.98	华润电力（风能）开发有限公司	济宁市邹城市郭里镇	
29	大唐招远金岭风电场二期项目	4.95	大唐烟台电力开发公司	烟台市招远金岭镇和蚕庄镇	
30	国电临港朱芦风电场项目	4.95	国电山东电力有限公司	临沂临港经济开发区朱芦镇	
小计			147.4		

河南省"十二五"第二批拟核准风电项目计划表

序号	项目名称	规模（万千瓦）	建设单位	项目地址	备注
1	中电投陕县盘陀山风电场项目	4.95	中电投河南电力有限公司	三门峡陕县	
2	中电投陕县雷震山风电场项目	4.2	中电投河南电力有限公司	三门峡陕县	
3	大唐渑池上渠风电场项目	4.8	中国大唐河南分公司	三门峡渑池县	
4	大唐陕县元宝山风电场项目	4	中国大唐河南分公司	三门峡陕县	
5	大唐平顶山卫东马鹏山风电场项目	3	中国大唐河南分公司	平顶山卫东区	
6	大唐郏县大刘山风电场项目	3.8	中国大唐河南分公司	平顶山市郏县	
7	国电叶县将军山风电场项目	4.8	国电河南中投盈科新能源有限公司	平顶山市叶县	
8	河南蓝天风电泌阳郭集风电场项目	3.2	河南蓝天风电有限公司	驻马店泌阳县	
9	国合社旗下洼乡风电场一期项目	4.8	国电联合动力技术有限公司	南阳市社旗县	
10	国电方城七顶山风电场一期项目	4.8	国电河南中投盈科新能源有限公司	南阳市方城县	
11	华润信阳浉河玉皇顶风电场项目	4.95	华润新能源投资有限公司	信阳市浉河区	
12	国电浉河区李家寨风电场项目	4.8	国电河南电力有限公司	信阳市浉河区	
13	中融淇县凤泉山风电场项目	4.8	鹤壁市中融东方新能源公司	鹤壁市淇县	
14	中国风电浚县火龙岗风电场项目	4.95	中国风电鹤壁协会浚龙发电有限公司	鹤壁市浚县	
15	许继紫云山风电场项目	4.8	北京许继新能源科技有限公司	许昌市襄城县	
16	国电济源大岭风电场项目	4.95	国电豫源发电有限责任公司	济源市下冶镇、大岭乡	
17	国电方城青山风电场项目	4.6	国电河南中投盈科新能源有限公司	南阳市方城县	
小计			76.2		

湖北省"十二五"第二批拟核准风电项目计划表

序号	项目	规模（万千瓦）	建设单位	项目地址	备注
1	三峡新能源恩施利川汪营风电场项目	4.8	中国三峡新能源公司	湖北省恩施州利川市	
2	华润新能源随州二妹山风电场项目	4.95	华润新能源投资有限公司	湖北省随州市	
3	华润新能源广水黑石垛风电场项目	4.5	华润新能源投资有限公司	湖北省广水市	
4	中广核孝感大悟五岳山二期风电场项目	4.95	中广核风电有限公司	湖北省孝感市大悟县	
5	湖北咸宁通山九宫山二期风电场项目	1.7	湖北省九宫山风力发电有限责任公司	湖北省咸宁市通山县	
6	中广核孝感大悟擂鼓台风电场项目	4.8	中广核风电有限公司	湖北省孝感市大悟县	
7	丰华广水武胜关风电场项目	4.8	湖北丰华能源有限公司	湖北省广水市	
小计		30.5			

湖南省"十二五"第二批拟核准风电项目计划表

序号	项目名称	规模（万千瓦）	建设单位	项目地址	备注
1	大唐新能源郴州汝城白云仙风电场项目	4.95	中国大唐集团新能源股份有限公司	郴州市汝城县	
2	华润郴州临武岚桥官里风电场项目	4.8	华润新能源第二风能有限公司	郴州市临武县	
3	国电电力郴州苏仙风电场项目	4.95	国电电力湖南新能源开发有限公司	郴州市苏仙区	
4	凯迪岳阳平江幕阜山风电场项目	4.95	武汉凯迪控股有限公司	岳阳市平江县	
5	华能国际怀化洪江苏宝顶风电场	15	华能国际电力股份有限公司	怀化市洪江市	
6	大唐新能源新化县吉庆风电场	4.99	中国大唐集团新能源股份有限公司	娄底市新化县	
7	中水顾问岳阳华容桃花山风电场项目	4.99	中国水电顾问集团中南勘测设计研究院	岳阳市华容县	
8	湘电郴州临武大冲风电场项目	4.95	湘电新能源有限公司	郴州市临武县	
9	中水建设株洲龙亭龙凤风电场项目	4.95	中国水电建设集团新能源开公司	株洲市株县	
10	中水顾问怀化溆浦柴荆山风电场项目	4.99	中国水电顾问集团中南勘测设计研究院	怀化市溆浦县	
11	华润郴州临武广宜风电场项目	4.99	华润新能源第二风能有限公司	郴州市临武县	
12	中国风电永州江华大路铺风电场	4.95	协合风电投资有限公司	永州市江华区	
13	湘电娄底新化大熊山风电场项目	4.99	湘电新能源有限公司	娄底市新化县	
小计		74.45			

广东省"十二五"第二批拟核准风电项目计划表

序号	项目名称	规模（万千瓦）	建设单位	项目地址	备注
1	国电台山紫罗山风电场项目	4.95	国电电力广东新能源开发有限公司	广东省台山市	
2	华电湛江徐闻黄塘风电场项目	4.95	广东华电前山风力发电有限公司	湛江徐闻县	
3	国电英德雪山嶂风电场项目	4.95	国电集团公司南方分公司	清远英德市	
4	粤电徐闻曲界风电场项目	4.95	广东省粤电集团有限公司	湛江徐闻县	
5	华润连州燕喜风电场项目	4.98	华润新能源连州风能有限公司	清远连州市	
6	成瑞高州三官山风电场项目	4.95	高州市成瑞风电有限公司	茂名高州市	
7	华润惠来三清山风电场项目	4.96	华润新能源连州风能有限公司	揭阳市惠来县	
8	京信台山北陡风电场项目	4.93	广东京信电力集团有限公司	台山市北陡镇	

序号	项目名称	规模（万千瓦）	建设单位	项目地址	备注
9	华润陆丰大埔风电场项目	4.96	华润新能源投资有限公司	汕尾陆丰市	
10	国电电力惠东斧头石风电场项目	4.95	国电电力广东新能源开发有限公司	惠州市惠东县	
11	华能饶平大北山风电场项目	4.95	华能新能源股份有限公司	潮州饶平市	
12	华能陆丰南寮风电场项目	4.95	华能新能源股份有限公司	汕尾陆丰市	
13	中航工业阳西散头咀风电场项目	4.8	中国航空工业新能源投资有限公司	阳江市阳西县	
14	中坳茂名金龙风电场项目	4.95	茂名市中坳风电有限公司	茂名信宜市	
15	大唐阳西白沙湾风电场项目	4.8	大唐国际发电股份有限公司	阳江市阳西县	
16	国电龙川山门前风电场项目	4.95	国电集团南方分公司	河源市龙川县	
小计		78.93			

广西壮族自治区"十二五"第二批拟核准风电项目计划表

序号	项目名称	规模（万千瓦）	建设单位	项目地址	备注
1	国电桂林燕子山风电场项目	4.95	中国国电集团公司广西分公司	恭城瑶族自治县	
2	华能富川金子岭风电场项目	4.95	华能新能源有限公司	贺州市富川县	
3	国电桂林天湖风电场项目	4.95	中国国电集团公司广西分公司	桂林市全州县	
4	国电桂林昌盛坪山风电场项目	4.95	中国国电集团公司广西分公司	桂林市全州县	
5	国电灌阳马头风电场项目	4.95	中国国电集团公司广西分公司	桂林市灌阳县	
6	协合三江侗族自治区八将风电场项目	4.8	协合风电投资有限公司	三江县八江乡	
7	协合富川朝东风电场项目	4.8	协合风电投资有限公司	富川县朝东镇	
8	UPC全州东山六字界风电场项目	4.95	北京优普欧能投资管理有限公司	桂林市全州县	
9	大唐新能源富川龙头风电场一期项目	4.95	大唐富川新能源有限公司	贺州市富川县	
10	大唐新能源龙胜南山风电场二期项目	4.95	大唐桂林新能源有限公司	桂林市龙胜县	
小计		49.2			

重庆市"十二五"第二批拟核准风电项目计划表

序号	项目名称	规模（万千瓦）	建设单位	项目地址	备注
1	大唐新能源丰都三坝风电场项目	4.95	大唐新能源公司	丰都县	
2	国电石柱县大堡梁风电场项目	4.95	国电重庆分公司	石柱县	
3	重庆水利茅草坝风电场二期项目	4.95	重庆水利投资集团	奉节县	
4	重庆能源万州蒲叶林风电场项目	4.95	重庆能源投资集团	万州区	
5	海装酉阳毛坝盖风电场项目	4.95	海装风力发电设备公司	酉阳县	
小计		24.75			

四川省"十二五"第二批拟核准风电项目计划表

序号	项目名称	规模（万千瓦）	建设单位	项目地址	备注
1	德昌风电开发公司凉山州德昌安宁河谷李家坝风电场项目	4.6	德昌风电开发有限公司	凉山州德昌县	
2	四川省能投凉山州会东拉马风电场项目	4.95	四川省能投风电开发有限公司	凉山州会东县	
3	华能新能源山州会理红旗风电场项目	4.95	华能新能源股份有限公司	凉山州会理县	

续表

序号	项目名称	规模（万千瓦）	建设单位	项目地址	备注
4	华能新能源凉山州昭觉洛尔风电场项目	4.95	华能新能源股份有限公司	凉山州昭觉县	
5	华能新能源凉山布拖火烈风电场项目	4.95	华能新能源股份有限公司	凉山州布拖县	
6	嘉陵江亭子口水利水电广元市中望江坪风电场项目	4.95	嘉陵江亭子口水利水电开发有限公司	广元市利州区	
7	国电雅安汉源清溪风电场项目	4.95	国电大渡河新能源投资有限公司	雅安市汉源县	
小计		34.3			

贵州省"十二五"第二批拟核准风电项目计划表

序号	项目名称	规模（万千瓦）	建设单位	项目地址	备注
1	大唐独山县大风坪风电场项目	4.95	大唐新能源公司	黔南州独山县	
2	华润锦屏县青山界风电场项目	5	华润新能源公司	黔东南州锦屏县	
3	华能威宁县雪山仙水坡风电场项目	4.95	华能赫章风力发电有限公司	毕节地区威宁县	
4	龙源威宁县老黑山风电场项目	4.75	国电龙源贵州公司	毕节地区威宁县	
5	龙源威宁县大杉树风电场项目	4.95	国电龙源贵州公司	毕节地区威宁县	
6	龙源威宁县大海子风电场项目	4.8	国电龙源贵州公司	毕节地区威宁县	
7	华能威宁县高峰风电场项目	4.95	华能新能源贵州分公司	毕节地区威宁县	
8	华能赫章县五时风电场项目	4.8	华能新能源贵州分公司	毕节地区赫章县	
9	大唐六盘水市盘县四格风场三期项目	4.95	大唐广西桂冠深圳博达公司	六盘水市盘县	
10	中水顾问黔南州惠水县龙塘山风电场	4.95	水电顾问集团贵阳院	黔南州惠水县	
11	中水顾问贵阳市花溪区云顶风电场	4.95	水电顾问集团贵阳院	贵阳市花溪区	
12	龙源毕节地区威宁县麻窝山风电场	4.8	国电龙源贵州公司	毕节地区威宁县	
13	龙源毕节地区威宁县龙河风电场项目	4.95	国电龙源贵州公司	毕节地区威宁县	
14	龙源毕节地区威宁县贵家营风电场项目	4.95	国电龙源贵州公司	毕节地区威宁县	
小计		68.7			

云南省"十二五"第二批拟核准风电项目计划表

序号	项目名称	规模（万千瓦）	建设单位	项目地址	备注
1	国电元谋县黑马山风电场项目	5	国电云南新能源有限公司	楚雄州元谋县	
2	华能大理沙帽山风电场项目	5	华能大理风力发电有限公司	大理州弥渡县和巍山县	
3	中广核牟定县大尖峰风电场项目	5	中广核楚雄牟定风力发电有限公司	楚雄州牟定县	
4	中云电禄丰县仙人洞风电场项目	5	云南中云电新能源有限责任公司	楚雄州禄丰县	
5	三峡姚安县梅家山风电场项目	5	三峡新能源云南姚安发电有限公司	楚雄州姚安县	
6	中水顾问泸西县大坡顶风电场项目	5	中国水电顾问集团风电泸西有限公司	红河州泸西县	
7	龙源剑川县金华风电场项目	5	龙源大理风力发电有限公司	大理州剑川县	
8	龙源陆良县马塘风电场项目	5	云南龙源风力发电有限公司	曲靖市陆良县	
9	龙源石林县支锅山风电场项目	5	龙源石林风力发电有限公司	昆明市石林县	
10	三峡姚安县山梁子风电场项目	5	三峡新能源云南姚安发电有限公司	楚雄州姚安县	
11	龙源剑川县甸南风电场项目	3.3	龙源大理风力发电有限公司	大理州剑川县	

续表

序号	项目名称	规模 (万千瓦)	建设单位	项目地址	备注
12	龙源剑川县百山母风电场项目	5	龙源大理风力发电有限公司	大理州剑川县	
13	龙源陆良县龙潭风电场项目	5	云南龙源风力发电有限公司	曲靖市陆良县	
14	国电巧家县清水海风电场项目	5	国电云南新能源有限公司	昭通市巧家县	
15	湘电富民县百花山风电场项目	4.8	云南湘电众佳新能源有限公司	昆明市富民县	
16	华电宁蒗县火木梁风电场项目	4.95	云南华电怒江水电开发有限公司	丽江市宁蒗县	
17	龙源剑川县金公山风电场项目	4.95	龙源大理风力发电有限公司	大理州剑川县	
18	华电开远市大黑山风电场项目	4.8	中国华电集团公司云南公司	红河州开远市	
19	国电巧家县大赖石山风电场项目	4.95	国电云南新能源有限公司	昭通市巧家县	
20	国电巧家县大岩洞风电场项目	3.9	国电云南新能源有限公司	昭通市巧家县	
21	华能祥云县白鹤厂风电场项目	4.95	华能澜沧江水电有限公司	大理州祥云县	
22	华能祥云县野猫山风电场项目	4.95	华能澜沧江水电有限公司	大理州祥云县	
23	大唐丘北县走赶马路风电场项目	4.95	大唐丘北风电有限责任公司	文山州丘北县	
24	大唐寻甸县高本山风电场项目	4.95	大唐云南新能源有限公司	昆明市寻甸县和东川区	
25	华能云龙县白龙庙风电场项目	4.95	华能新能源股份有限公司	大理州云龙县	
26	华能云龙县漕涧梁子风电场项目	4.95	华能新能源股份有限公司	大理州云龙县	
27	华电新能源开远市鲁土白风电场项目	4.8	华电新能源发展有限公司	红河州开远市	
28	华电新能源开远市左美果风电场项目	4.8	华电新能源发展有限公司	红河州开远市	
小计			135.95		

西藏自治区"十二五"第二批拟核准风电项目计划表

序号	项目名称	规模 (万千瓦)	建设单位	项目地址	备注
1	龙源那曲高海拔试验风电场	4.95	龙源电力集团公司	西藏那曲地区	
小计			4.95		

陕西省"十二五"第二批拟核准风电项目计划表

序号	项目名称	规模 (万千瓦)	建设单位	项目地址	备注
1	中电投李家梁风电场项目	4.95	中电投西北公司	榆林市靖边县	
2	华能榆林靖边龙州风电四期项目	4.95	华能陕西靖边电力有限公司	榆林市靖边县	
3	华电榆林靖边王渠则风电场一期项目	4.95	陕西华电风力发电有限公司	榆林市靖边县	
4	宁夏发电集团定边冯地坑风电场一期项目	4.95	宁夏发电集团	榆林市定边县	
5	龙源榆林靖边家沟风电场项目	4.95	龙源陕西风力发电有限公司	榆林市靖边县	
6	华电榆林靖边王渠则风电场二期项目	4.95	陕西华电风力发有限公司	榆林市靖边县	
小计			29.7		

青海省"十二五"第二批拟核准风电项目计划表

序号	项目名称	规模（万千瓦）	建设单位	项目地址	备注
1	力腾格尔木小灶火二期风电场项目	4.95	青海力腾新能源投资有限公司	海西州格尔木市	
2	金阳都兰诺木洪风电场项目	4.95	青海金阳新能源有限公司	海西州都兰县宗加镇诺木洪乡	
3	泰白锡铁山风电场一期项目	4.95	青海泰白新能源有限公司	海西州大柴旦行委	
4	三峡锡铁山矿山区风电场项目	4.95	三峡新能源大柴旦风电有限公司	海西州大柴旦行委锡铁山镇	
5	大唐刚察沙柳河东风电场项目	4.95	大唐国际发电股份有限公司	海西州格尔木市	
6	中电投格尔木大格勒风电场项目	4.95	中电投黄河中型水电开发公司	海西州格尔木市	
7	柴达木能源海南州哇玉香卡风电场项目	4.95	青海柴达木能源投资开发股份有限公司	海南州共和县	
8	中电投切吉石乃海风电场项目	4.95	黄河上游水电开发有限公司	海南州共和县	
9	全通畅锡铁山风电场一期项目	4.95	全通畅（北京）投资有限公司	海西州大柴旦行委	
10	天润大柴旦风电场一期项目	4.95	北京天润新能源投资有限公司	海西州大柴旦行委	
小计		49.5			

附表二：

分散式接入风电项目计划安排表

省份	序号	项目名称	规模（万千瓦）	项目单位	建设地点
陕西	1	国华能源榆林神木墩梁风电场项目	4.95	国华能源投资有限公司	榆林市神木县
	2	大唐新能源延安安塞王家湾风电场项目	4.95	中国大唐集团新能源股份有限公司	延安市安塞县
	3	大唐新能源延安安塞榆树湾风电场项目	4.95	中国大唐集团新能源股份有限公司	延安市安塞县
	4	华能新能源榆林定边狼尔沟、红柳沟、周台子、白湾子等分布式风电场项目	4.95	华能定边新能源发电有限公司	榆林市定边县
	5	国电龙源宝鸡凤县东河桥风电场项目	4.95	龙源陕西风力发电有限公司	宝鸡市凤县
	6	国电龙源宝鸡凤县马头滩风电场项目	4.95	龙源陕西风力发电有限公司	宝鸡市凤县
	7	国华能源榆林神木解家寨风电场项目	4.95	国华能源投资有限公司	榆林市神木县
	8	江苏远见榆林横山狄青塬风电场项目	4.95	江苏远见风能（江阴）有限公司	榆林市横山县
	9	国华能源铜川印台阿庄风电场项目	4.95	国华能源投资有限公司	铜川市印台区
	10	大唐新能源延安黄龙界头庙风电场项目	4.95	中国大唐集团新能源股份有限公司	延安市黄龙县
	11	国电龙源宝鸡凤县观日台风电场项目	4.95	龙源陕西风力发电有限公司	宝鸡市凤县
	12	国电延安吴起周湾风电场项目	4.95	国电陕西风力发电公司	延安市吴起县
内蒙古	1	龙源和林（二期）石门子风电场	4.95	龙源内蒙古风力发电有限公司	呼和浩特市林格尔县

续表

省份	序号	项目名称	规模（万千瓦）	项目单位	建设地点
湖南	1	大唐华银南山风电场二期工程	4.95	大唐华银城步新能源开发有限责任公司	邵阳市城步县
山西	1	华锐洪洞县分散式接入风电示范项目	3	华锐风电科技有限公司	临汾市洪洞县
浙江	1	中节能湖州南太湖一期风电场项目	2.4	中节能风电开发公司	浙江省湖州市
新疆	1	中广核哈密地区分散式接入示范项目	6.9	中广核风力发电公司	新疆自治区哈密市
江苏	1	华锐射阳陆上分散式接入风电示范项目	2.1	华锐风电科技有限公司	盐城市射阳县
总计			83.7		

附表三：

促进风电并网消纳示范项目计划安排表

省份	序号	项目名称	规模（万千瓦）	业主单位	建设地点	示范内容
内蒙古	1	阿拉善银星阿左旗贺兰山二期风储一体化示范项目	4.95	内蒙古阿拉善盟银风力发电有限公司	阿拉善盟阿拉善左旗	风储一体化示范项目
	2	国电奈曼巴彦塔拉风电场	4.95	国电集团内蒙古分公司	通辽奈曼旗	风电供热项目
	3	京能新能源乌兰察布凉城风电示范项目	4.95	北京京能新能源有限公司	乌兰察布市凉城县	跨省电网消纳项目
	4	乌兰察布察右中旗风电供热示范项目	4.95	华电新能源有限公司	乌兰察布市察右中旗	风电供热项目
	5	沙德体风电场直供火电电源点试点项目	5	内蒙古北方龙源风力发电有限责任公司	巴彦淖尔市乌拉特前旗	风火联调示范项目
	6	中电投幸福风电场项目	20	中电投华北分公司	乌兰察布市四子王旗	风电供热项目
	7	大唐新能源赤峰巴林左旗风电供热示范项目	4.95	大唐新能源有限公司	赤峰市巴林左旗	风电供热项目
吉林	1	吉林东丰气风互补示范项目新建工程	4.95	吉林省新能源、国电龙源吉林分公司	辽源东丰	风电与燃气机组联调示范项目
新疆	1	特变电工乌鲁木齐达坂城风光互补项目	5	特变电工新疆新能源股份有限公司	乌鲁木齐市达坂城区	风光互补项目
甘肃	1	三峡金昌就地消纳风电示范项目	20	三峡新能源公司	甘肃省金昌市	风电与高载能负荷联合运行示范项目
	2	酒泉大型风机示范项目	20	龙源电力集团公司	甘肃省酒泉市	大型风机示范项目
总计			99.7			

关于印发风力发电科技发展"十二五"专项规划的通知

（科技部 2012 年 3 月 27 日发布 国科发计［2012］197 号）

各省、自治区、直辖市、计划单列市科技厅（委、局），新疆生产建设兵团科技局，各国家高新技术产业开发区管委会，各有关单位：

为进一步贯彻落实《国家中长期科学和技术发展规划纲要（2006~2020 年）》和《国家"十二五"科学和技术发展规划》，加快推动能源技术产业创新发展，我部组织编制了《风力发电科技发展"十二五"专项规划》。现印发给你们，请结合本地区、本行业实际情况，做好落实工作。

特此通知。

附件：风力发电科技发展"十二五"专项规划

中华人民共和国科学技术部

二〇一二年三月二十七日

附件：

风力发电科技发展"十二五"专项规划

一、现状

"十一五"期间，我国风电产业发展引人瞩目，已成为新能源的领跑者，并具有一定国际影响力。在国家的大力支持下，经过科研机构、风电企业等各方的共同努力，我国在风能资源评估、风电机组整机及零部件设计制造、检测认证、风电场开发及运营、风电场并网等方面都具备了一定的基础，初步形成了完整的风电产业链。在海上风电开发领域，初步解决了海上运输、安装和施工等关键技术，开始积累海上风电场运营经验。在人才培养上，初步形成了一定规模的风电专业人才队伍，风电学科建设也已经起步。

（一）风电设备产业化情况

在"十一五"科技计划的引领下，国内科研机构、企业通过消化吸收引进技术、委托设计、与国外联合设计和自主研发等方式，掌握了 1.5~3.0 兆瓦风电机组的产业化技术。目前，国产 1.5~2.0 兆瓦风电机组是国内市场的主流机型，并有少量出口；2.5 兆瓦和 3.0 兆瓦风电机组已有小批量应用；3.6 兆瓦、5.0 兆瓦风电机组已有样机；6.0 兆瓦等更大容量的风电机组正在研制。国内叶片、齿轮箱、发电机等部件的制造能力已接近国际先进水平，满足主流机型的配套需求，并开始出口；轴承、变流器和控制系统的研发也取得重大进步，开始供应国内市场。

截至 2010 年底，我国具备兆瓦级风电机组批量生产能力的企业超过 20 家。2010 年新增装机容量前五名的风电整机制造企业当年市场份额占全国的 70% 以上。我国有四家企业 2010 年新增装机容量进入全球前十名。

（二）风电场建设及资源开发情况

《中华人民共和国可再生能源法》及一系列配套政策的实施，促进了国内风电开发快速增长。2010 年，我国风电新增装机容量 1890 万千瓦，居世界第一位。截至 2010 年底，我国具备大型风电场建设能力的开发商超过 20 家，共已建成风电场 800 多个，风电总装机容量（除台湾省未统计外）4470 万千瓦，超过美国，居世界第一位。

"十一五"期间，我国已启动海上风电开发，首个海上项目上海东海大桥风电场安装 34 台国产 3.0 兆瓦风电机组，并于 2010 年 6 月全部实现并网发电；2010 年 9 月，国家能源局组织完成了首轮海上风电特许权项目招标，项目总容量 100 万千瓦，位于江苏近海和潮间带地区。

（三）风电科学技术及公共服务发展情况

"十一五"期间，我国在大型风电机组整机及关键零部件设计、叶片翼型设计等风电关键科学技术领域获得了一批拥有自主知识产权的成果，打破了国外对风电科学技术的垄断。在海上风电开发领域，我国自主研究开发了一系列海上风电场设计、施工技术，研制了一批专用的海上风电施工机械装备。

风电产业的飞速发展也促进了风电行业公共服务体系建设。"十一五"期间，我国建立了一批风能领域相关的国家重点实验室和国家工程技术研究中心，并参考国际惯例初步建立了风电标准、检测和认证体系，为我国风电发展提供了技术支撑和保障。

（四）风电人才队伍及学科建设情况

"十一五"期间，我国风电产业的发展推动了风电人才队伍及学科的建设。目前，我国已拥有一批风资源勘测分析、风电机组整机及零部件设计制造、风电场设计、建设及运行维护、风电并网等风电行业各领域的专业人才，形成了风电全产业链的熟练技术人员队伍，并吸引了大量国外优秀的风电人才加盟。在学科建设方面，我国已初步建立了风能与动力工程专业，并开始培养专门化人才。

二、形势与需求

（一）当前形势

通过国家多年的持续支持，我国在风电科技领域取得了长足进步，但与国际先进水平相比，还存在较大差距。基于我国风电产业现状及国内外趋势，我国在风电科技领域仍面临一系列挑战，主要表现在：

1. 先进风电装备自主设计和创新能力有待加强

早期，我国风电机组主要依赖引进国外设计技术或与国外机构联合设计，根据我国风资源等环境条件进行自主设计、研发新型风电机组的能力不足，且缺少自主知识产权的风电机组设计工具软件系统。

在风电零部件方面，我国自主创新能力较弱，制造过程中的智能化加工和质量控制技术比较落后。如齿轮箱、发电机的可靠性有待提高；叶片处于自主设计的初级阶段；为兆瓦级以上风电机组配套的轴承、变流器刚开始小批量生产，控制系统尚处于示范应用阶段。

2. 风资源等基础数据不完善，风电场设计、并网及运行等关键技术需要提升

我国可利用的风能资源评价尚不精细，风电场设计需要的长期风资源数据不完善；风电场设计工具依赖国外软件产品，缺乏具有自主知识产权、符合我国环境和地形条件的风资源评估及风电场设计及优化软件系统；风电并网技术急需深入研究和创新，以提高风电并网消纳水平；尚未形成自主研发的先进运行控制和风电功率预测等风电场运行及优化系统。

3. 风电行业公共测试体系刚刚起步，风电标准、检测和认证体系有待进一步完善

我国已参考国际惯例初步建立了风电标准、检测和认证体系，但鉴于我国特殊的环境条件（如台风、低温、高海拔等）和工业基础与国际上有一定差别，需根据我国国情进一步完善。我国风电行业测试及相关测试系统设计等技术主要依赖国外，制约了我国风电技术的发展，而欧美风电发达国家已建成了完善的国家级风电机组野外测试、地面传动链和叶片测试等公共测试服务体系，为本国风电产业的发展做出了贡献。

4. 风电基础理论研究尚待深入，缺乏自主创新；风电学科建设、人才培养亟待加强

由于风电大规模发展较晚，我国在风电基础理论研究方面积累不够，大多是直接引用或跟踪国外的研究成果，对技术的突破和创新能力不足。风电的科研水平与国外有较大差距，风电科研人员系统培养机制有待加强。

5. 中小型风电机组研发和风电非并网接入技术需要进一步提高

我国小型风电机组生产和使用量均居世界之首，但产品的性能和可靠性有待提高，中型风电机组研发和风电非并网的分布式接入技术研究刚刚起步，在风电微网技术和多能互补利用集成技术方面需要持续研究和示范。

6. 风电直接工业应用技术研究需要扩展

虽然我国风电装机规模迅速增长，但在如何利用规模化储能降低风电的不确定性，以及如何利用风能进行制氢、海水淡化等工业直接应用方面的技术研究刚刚起步，需要进一步扩展。

（二）战略需求

在未来 5 年，我国风力发电科技要逐步实现从量到质的转变，完善和发展风力发电科技的实力，实现从风电大国向风电强国的转变。

根据我国发布的《国民经济和社会发展第十二个五年规划纲要》，在"十二五"期间，我国规划风电新增装机 7000 万千瓦以上。从我国能源规划、碳减排目标及产业发展需求来看，我国风力发电科技的战略需求主要体现在：

1. 特大型风电场建设的需要

特大型风电场建设是我国风电开发的需求重点，国外无法提供直接的经验。"十二五"期间，国家规划建设 6 个陆上和 2 个海上及沿海风电基地，迫切需要在特大型风电场风资源评估、风电场设计、并网消纳与智能化运营管理和大容量、高可靠性、高效率、低成本的风电机组等方面进行科技开发和创新，为我国特大型风电场建设提供技术保障。

2. 大规模海上风电开发的需要

我国海上风电已经起步，"十二五"期间潮间带和近海风电将进入快速发展、规模化开发阶段，因此，需要开展海上风电机组研制及产业化关键技术研究，加强工程施工与并网接入等海上（潮间带）风电场开发系列关键技术研究，为大规模海上风电开发提供技术支撑。

3. 风电自主创新体系、能力建设与人才培养的需要

"十二五"期间，结合国家能源产业和风电科技发展战略的总体部署，迫切需要建立公共研发测试服务体系，根据我国环境条件和地形条件等开发出具有自主知识产权的风电设计工具软件系统，在整机设计集成与关键部件制造领域实现技术突破，实现产、学、研、用相互结合共同发

展，为我国风电装备性能优化及自主设计提供条件和支持，保障我国风电产业的持续、快速和稳定增长。

三、总体思路

（一）指导思想

以科学发展观为指导，贯彻落实《国家中长期科学和技术发展规划纲要（2006~2020 年)》和《国民经济和社会发展第十二个五年规划纲要》，以"统筹规划、重点突破、交叉融合、自主创新"为原则，面向风力发电领域国家重大需求与国际科技前沿，发挥科技在风电产业发展过程中的支撑与引领作用，全面提升我国风电产业的核心竞争力，实现我国从风电大国向风电强国的跨越，推动我国风电产业健康可持续发展。

（二）发展原则

重点解决与自主创新能力相关的关键科技问题。立足现状，并面向我国风电发展的趋势，全面推动具有自主知识产权的风电关键技术研究，攻克一批陆上及海上风电机组设计制造和风电并网及非并网接入的关键技术。

加强基础性、共性技术研究。适当整合资源，实现成果共享，避免重复性建设、资源分散和浪费，同时，加强风电产业自主发展的基础研究和科研队伍建设，建立链条紧密、结构合理的科技研发和公共服务体系。

重视企业在技术创新领域的主体地位。以风电场规模化开发带动风电产业化发展，促进产、学、研科研链条的形成和健康发展，以科技推动产业进步。

（三）规划目标

在风电设备设计制造方面，掌握 3~5 兆瓦直驱风电机组及部件设计与制造，产品性能与可靠性达到国际领先水平，并实现产业化；掌握 7 兆瓦级风电机组及零部件设计、制造、安装和运营等成套产业化技术，产品性能和可靠性达到国际先进水平，推动我国大容量风电机组的产业化；突破10 兆瓦级海上风电机组整机和零部件设计关键技术，实现海上超大型风电机组的样机运行。

在风电场开发及运行方面，掌握大型风电场设计、建设、并网与运营关键技术，提高风电消纳能力，提高风电场的运营管理水平，支撑我国千万千瓦风电基地的建设。

在风电公共服务体系方面，突破从风资源特性到电网接入送出全过程的科学基础问题，推动行业整体进步；建设风电机组地面传动链测试、叶片测试和风电设计工具软件等一批公共系统，全面提升我国风电行业的整体水平；开发储备一批风电新技术，推动风电技术创新和应用；培育一批高水平的科技创新队伍，系统部署建设一批国家级重点实验室和工程技术研究中心，全面提升我国风电制造企业的国际竞争力。

通过"十二五"风电科技规划的实施，促进我国风电产业的健康、有序和可持续发展，使我国风电产业和风电科技整体上达到国际先进水平，为 2020 年我国二氧化碳排放强度降低 40%~45%、非化石能源占一次能源消费比重 15%能源战略目标的实现做出直接重要贡献。

四、重点方向

（一）基础研究类

为推动风电机组和风电场设计技术的发展与完善，解决基于我国气候条件的风能资源基础理论研究和风力发电系统基础理论研究等关键科学问题。

风能资源基础理论研究主要方向包括：陆地及海上大气边界层风特性与模型、复杂地形中尺度数值模式、海上风能资源及台风基本数据的观测理论方法等。

风力发电系统基础理论研究主要方向包括：风力机空气动力学理论、风电机组及关键部件建模和仿真理论、风力发电系统工程理论等。

（二）研究开发类

围绕风电的全产业链，结合国家能源发展战略，研究开发类重点方向涉及公共试验测试系统及测试、适合我国环境特点和地形条件的风电机组整机和关键零部件设计及制造、风电场开发及运营、海上风电场建设施工等主要领域，全面提升我国风电设备的自主设计能力和风电场的设计、施工及运行管理水平。

公共试验测试系统及测试技术主要方向包括：风电公共试验测试系统设计建设、风电测试等。

大容量风电机组整机关键技术主要方向包括：整机设计、制造、检测、认证和运行等技术；独立变桨、新型传动系统、先进控制系统等技术。

风电机组零部件关键技术主要方向包括：零部件设计、制造、检测、认证和运行等技术；零部件抗疲劳、在线监测与故障诊断等技术。

风力机翼型族设计关键技术主要方向包括：先进翼型族设计及应用技术、风力机风洞实验技术及设计工具软件开发技术等。

风电场关键技术主要方向包括：大型风电场设计及优化软件开发技术，海上风电场施工建设、接入系统设计技术，海上基础设计技术，区域多风电场运行控制及智能化管理技术等。

风电并网关键技术主要方向包括：风电并网模型及仿真技术、大规模风电并网接入技术、非并网的分布式接入技术等。

中小型风电机组关键技术主要方向包括：高性价比中小型风电机组设计、制造及并/离网运行技术，中小型风电机组检测认证技术等。

风电应用技术主要方向包括：风电大规模储能技术、风能直接工业应用技术等。

（三）集成示范类

依托示范工程，加强风电全系统集成技术研究，主要方向包括：风电场智能化管理，海上风电场建设，多能互补发电系统，分布式发电系统等。

（四）成果转化类

成果转化类的主要方向包括：先进风力机翼型族的应用；大容量风电机组及其关键零部件产业化；适合我国环境条件的风电机组产业化；先进控制等风电新技术规模化应用等。

五、重点任务

（一）基础研究类

1. 风能资源基础理论研究

研究复杂地形下中尺度数值模式的高精度参数化；研究中尺度模式资料四维同化；研究海上风资源及台风的测量及评价；研究卫星对地观测数据用于海上风能资源分析的方法；研究风速在不同海岸线走向、岸边不同地形条件下，由远海—近海—滩涂—陆地的变化机理；研究海上和陆上风速垂直切变、湍流变化等风特性模型及参数确定；研究台风系统的模型和参数化；研究特大型风电场风资源特性等。

2. 风力发电系统基础理论研究

研究风力机空气动力设计理论，研究风力机空气动力与结构、机械与电气等之间的耦合机理；

研究风电机组建模、验证与仿真理论和方法，研究建立风力发电系统整体动态数学模型的方法。

（二）研究开发类

1. 风电机组整机关键技术研究开发

研究 10 兆瓦级风电机组总体设计技术，包括长寿命（超过 20 年）及高可靠性设计方案、简单轻量化的新型传动技术、抗灾害性大风的气动和结构设计技术、抗盐雾和防腐蚀材料工艺设计及机械制造工艺设计技术等。

3~5 兆瓦永磁直驱风电机组产业化技术研究，包括总体设计、永磁电机的设计制造，机组设计优化、可靠性设计技术、系统控制技术以及装配工艺等。

7 兆瓦级风电机组研制及产业化技术研究，包括总体设计技术、载荷确定技术、强度和刚度校核技术、整体动力稳定性计算技术、先进控制技术，机组设计优化技术、可靠性设计技术、整体装配工艺流程与阶段质量控制技术和分体组装技术等。

研究风电机组结构紧凑化、轻量化等新型传动形式设计技术；研究风电机组独立变桨、载荷实时测量分析、激光雷达测速仪辅助控制等先进控制技术；研究新型传动调速技术。

研究耐低温、防沙尘、抗灾害性大风、防盐雾及适合高原地区等各类适合我国环境特点的风电机组整体结构设计技术、安全与先进控制设计优化技术、高性能电气部件设计技术、新型材料工艺设计与应用技术、制造工艺设计技术等。

研究高性价比中小型风电机组设计、制造及并/离网运行控制技术，研究中小型风电机组检测认证技术，制定中小型风电机组相关标准，建立中小型风电机组检测认证体系。

2. 零部件关键技术研究开发

研究大容量风电机组齿轮箱载荷谱分析技术、研究复杂载荷下齿轮箱的结构完整性及优化设计技术、研究齿轮箱轮齿传动齿向修正和齿形修形设计技术、研究齿轮箱箱体设计及密封技术，研究齿轮箱齿轮材料低温处理技术、研究齿轮箱轻量化设计技术、研究大容量风电机组齿轮箱产业化技术等。

研究超长叶片气动外形、结构、材料与控制一体化的设计技术，研究叶片气动控制、柔性结构设计技术，研究叶片整体装配工艺流程和结构铺层优化设计技术，研究分段式叶片设计及制造技术，研究碳纤维等先进材料在叶片结构设计中的应用技术，研究风电机组叶片性能仿真分析技术，研究超长叶片产业化技术等。

研究大容量风力发电机先进、高效的冷却技术，研究发电机结构及工艺设计技术，研究发电机电磁方案选择优化技术，研究发电机防腐设计技术，研究大容量风力发电机轻量化设计技术等。

研究大容量风电机组变流器和变桨系统等的模块化设计技术，研究变流器全数字化矢量控制、电磁兼容和中高压变流等技术，研究变桨距与变速控制技术，研究电网失电及系统内外各种故障下安全顺桨技术等，研究轴承、偏航系统等其他零部件设计技术。

3. 公共试验测试系统及测试技术研究

研究风力发电公共试验测试系统设计建设关键技术，研制大型风电机组传动链地面测试系统、野外测试风电场，研制叶片、轴承等关键零部件的公共测试系统，研究风电机组在线监测与故障诊断技术，研制大型风电机组在线综合动态测试、分析诊断和优化系统，研制风电机组/风电场并网特性测试系统，研究风电机组整机、传动链、关键零部件、并网等方面的测试技术。

4. 先进风力机翼型族设计及应用技术

研究风力机叶片先进翼型设计技术，包括大厚度翼型设计技术、翼型直接优化设计技术、钝尾缘修形方法和钝尾缘翼型减阻技术。

研究高精度风力机翼型大攻角性能仿真技术，包括翼型大攻角流场和气动特性数值模拟技术、翼型动态失速模拟技术、翼型气动噪声数值模拟技术，研究翼型数值模拟方法的软件实现技术。

研究风力机翼型大攻角风洞实验技术，包括翼型大攻角风洞实验洞壁干扰修正技术、翼型大攻角气动特性测试技术、翼型动态失速风洞实验技术、翼型绕流风洞实验技术。

研究风力机翼型在大型风力机叶片上的应用技术，包括翼型气动性能预测技术、二维翼型气动数据三维效应修正技术、翼型在风力机叶片上的优化布置技术、风力机叶片设计工具软件系统开发技术。

5. 大型风电场设计、建设及运行关键研究开发

研究高性能测试设备设计开发技术；研究复杂地形下的风能资源分析技术；研究风电场宏观选址、微观选址技术；研究符合我国环境条件和风电场特点的风电场设计、优化系统软件开发技术；研究适合陆上风电场吊装及维护专用设备的设计开发技术。

研究风电场功率预测技术，研究风电场有功/无功控制调节等风电场优化控制策略技术；研究集成功率预测、有功/无功调节的风电场综合监控技术；研究风电场集中解决低电压穿越的关键技术；研究区域多风电场远程故障诊断系统开发技术；研究风电场维护策略及优化技术；研究连接监控系统和远程诊断的区域风电场资产信息化管理系统开发技术。

研究特大型风电场与电网相互作用；研究大型风电场对局部气候、生态环境等的影响。

研究近海风电运输安装、风电场电力传输、变电及送出技术，研究近海风电场工程建设施工作业方法和技术，研究近海风电场运营维护技术和方法，研究近海风力发电场防腐蚀、抗破坏性大风、绝缘等相关技术；研究多桩式、悬浮式等不同海上风电机组基础设计技术。

6. 风电并网关键技术研究开发

研究大型风电场出力及运行特性、电压分层分区控制策略和综合控制技术、风电场支持电网调频的有功控制技术、新能源发电与系统稳定控制技术、风电场并网系统备用容量优化配置和辅助决策技术。

研究风电分布式接入电网的控制技术。

7. 储能及风能直接应用关键技术研发

研究新型储能材料，研究大容量、高效率、高可靠性、规模化储能装置和储能装置系统集成技术；研究利用风能进行制氢、海水淡化及高耗能工业领域直接应用技术；研究风电、光伏发电、水电等多能互补发电系统关键技术。

（三）集成示范类

在开展风力发电关键技术研究开发的同时，积极推进集成示范工程建设，形成海上风电机组、特大型风电场、多能互补发电系统和分布式发电系统等标志性示范工程，以进行海上风电机组设计、海上风电机组基础设计及施工、海上风电机组运输及安装、大型风电场运营管理、大型可再生能源多能互补发电系统接入电网特性技术和分布式发电系统直接应用技术等验证工作。

集成示范技术的主要方向如下：

（1）百万千瓦以上区域性多风电场的监控与智能化管理。

（2）15万千瓦海上及潮间带风电场，包含单机容量7兆瓦级风电机组。

（3）风、光、水、储等多能互补发电系统。

（4）分布式发电直接应用系统。

（四）成果转化类

衔接"十一五"已有成果，结合"十二五"规划的实施，以整机制造作为重点，将具有创新性的技术成果转移到整个行业，改进风电产品生产制造工艺，提高风电产品性能和可靠性，降低风电开发成本。

成果转化技术的主要方向如下：

（1）7兆瓦级风电机组及关键零部件产业化基地。

（2）耐低温、防沙尘、抗灾害性大风、防盐雾及适合高原地区等符合我国环境条件风电机组的产业化基地。

（3）将新开发翼型族应用于1.5兆瓦及以上风电机组叶片。

（4）将独立变桨技术在3.0兆瓦及以上主流风电机组上进行规模化应用等。

（五）公共服务体系建设

建设国家级风力发电公共数据库及信息服务中心，建设国家级公共研发与试验测试中心，研究风力发电测试技术，建立和完善各类风电标准、检测与认证体系，建设风力发电国家重点实验室，国家工程技术研究中心、产业联盟及产业化基地，推动我国风电产业的自主创新能力建设，推动风电技术进步，提高风电机组效率、性能与可靠性，提升我国风电产业的国际竞争力。

1. 公共数据库及信息服务中心建设

研究建立我国不同环境、地形与电网条件下风电机组的运行状况、故障以及翼型、标准、专利等各个方面的公共数据库，为我国风电机组设计及优化提供基础数据依据；建立风电公共信息服务中心，收集、分析、发布权威信息，推动数据与信息等资源的共享。

2. 标准、检测与认证体系建设

建立完善符合我国具体环境条件、地形条件与电网条件的风力发电标准体系，建立、完善大型及中小型风电产品检测与认证能力，加强检测认证机构能力建设，统一规范认证模式，建立完善的风电设备认证软件工具系统，有效推进并严格实施风电产品检测与认证工作。

3. 技术创新平台建设

建设风力发电国家重点实验室，国家工程技术研究中心、产业联盟以及产业化基地等技术创新平台，能够加快新技术和新设备从设计、开发、验证、成果转化和推广的进程，为风力发电技术进步提供强有力的支撑。

（六）人才培养

风力发电是一项综合性很强的高新技术，与众多学科有交叉，涵盖气象、材料、空气动力学、控制与自动化、电气、机械、电力电子、检测认证等多个专业领域。目前我国风电人才严重匮乏，尤其是风电机组研发专业人员、高级管理人才、制造专业人员、高级技工以及风电场运行和维护人员。因此，"十二五"期间必须重视和加强风电人才培养和人才队伍建设，培养从研发、设计、制造、试验到标准、检测认证、质量控制、管理、运行维护、售后服务等各个环节的人才，为我国风电产业的快速发展提供人才储备和支撑。

加强风能科技研究与产业化领域各类人才的培养，着力培育和建设一批专业技术过硬、自主创新能力强、具有国际竞争力和影响力的高水平研究团队；在高校和科研院所等科研教育单位设立风能相关专业，加强学科建设，培养不同层次的专业人才；设立青年人才培养计划，加强人才梯队建设，加大海外优秀人才和智力资源的引进；建立和完善人才培育引进的优惠政策、评价体系和激励机制，稳定人才队伍；积极鼓励和推荐我国科学家参与国际研究计划、并在国际组织机构任职，提升国际影响力。

1. 加快培育建设一批高水平研究团队

依托风能领域重大科研项目、重点学科和科研基地以及国际学术交流与合作项目，加大风电学科或学术带头人的培养力度，积极推进创新团队建设，培育一批专业技术过硬、自主创新能力强、具有国际竞争力和影响力的高水平研究团队；进一步完善高级专家培养与选拔的制度体系，培养造就一批中青年高级专家，提高风电自主研发与创新能力。

2. 充分发挥学科建设在人才队伍培养中的作用

加强风电科技创新与人才培养的有机结合，鼓励科研院所与高等院校培养研究型人才；支持研究生参与科研项目，鼓励本科生投入科研工作；高等院校要及时合理地设置风能学科及相关专业，开展相关风能资源评估、空气动力学、机械制造、电力电子、电力并网等方面的理论和实验研究，将基础研究与人才培养相结合。加强职业教育、继续教育与培训，培养适应风电产业发展需求的各类实用技术专业人才。

3. 支持企业培养和吸引科技人才

鼓励风电企业聘用高层次科技人才，培养优秀科技人才，并给予政策支持；鼓励和引导科研院所和高等院校的科技人员进入市场创新创业；鼓励企业与高等院校和科研院所共同培养技术人才；鼓励企业多方式、多渠道培养不同层次研发与工程技术人才；支持企业吸引和招聘海外科学家和工程师。

4. 加大高层次人才引进力度

制定和实施吸引风能领域海外优秀人才回国工作和为国服务计划，重点吸引高层次人才和紧缺人才；加大对高层次留学人才回国的资助力度；加大高层次创新人才公开招聘力度；健全留学人才为国服务的政策措施；实施有吸引力的政策措施，吸引海外高层次优秀科技人才和团队来华工作。

（七）国际科技合作

"十二五"期间，将风能开发与利用国际合作的内容纳入国家科技计划予以安排，列入双边或多边政府间科技合作协议框架，鼓励发展与风能领域主要国家、国际组织、知名研究机构等的长期合作关系。

1. 基础科学领域合作

结合我国风电发展对基础科学研究的迫切需求，围绕风能资源测量与评估、风力发电系统工程等研究领域中的基础科学问题，与国外科研机构开展有针对性的合作研究，提升我国风电基础科学领域的研究能力。

2. 适应我国环境特点与地形条件的技术开发领域合作

结合我国具体的环境、地形与电网条件，围绕风电机组及关键零部件设计制造、风电场设计及运营、风电并网及非并网的分步式接入、风力发电系统软件等技术开发领域的重点问题，深化与拓展与国外国际组织、科研机构及企业的技术合作，开展有针对性的联合开发或合作研究，开发适应我国实际情况的风电技术与产品。

3. 产业公共服务体系与能力建设领域合作

围绕风电公共测试系统设计与建设、风电关键测试技术研究、公共数据库信息服务中心建设等产业公共服务体系的建设和完善，以及标准、检测与认证体系、人才培养体制、政策、环境与安全研究等能力建设领域中的重点问题，与欧美等风电发达国家开展有针对性的合作研究与交流，借鉴国际先进经验，逐步建立、完善和规范我国产业公共服务体系。

4. 积极参与国际组织、国际研究计划及国际标准制定

紧密围绕国内需求、重点任务等相关要求，有针对性地积极参与风能领域国际组织和国际间研究计划，积极参与国际标准的研究与制定；适时发起新的由我国主导的国际研究计划，鼓励在华创建风能领域的国际或区域性科技组织；鼓励我国科学家和科研人员在国际组织及国际研究计划中任职或承担重要研究、管理工作，提高我国科研人员及科技成果的国际影响力。

六、保障措施

根据"基地＋人才＋项目"的总体建设模式，以企业为创新主体，以学和研为研发主力，采取产、学、研、用相结合的方式，完成科学突破、技术攻关和应用示范，确保"十二五"规划的顺利实施。

通过合理规划研发结构布局及资源配置，有效吸引、大胆使用和着力培养一批具有国际水平和合作精神的科研人才，提高科研项目管理水平，加强公共信息服务中心建设，保护知识产权，推进标准、检测、认证体系建设，最终形成可持续发展的风电产业科研体系。

结合风力发电多学科交叉的特点，打破传统学科和学历界限，广纳物理学、化学、材料学以及工程技术等多方面人才；将人才队伍建设与学科建设和创新体系建设紧密结合；注重队伍结构的合理性，在引进、培养技术/学术带头人的同时，相应地配置高水平的技术支撑人员和管理人员，大力推进团队建设，形成完善的人才培养体系和选拔机制。

充分发挥国家高新技术产业开发区、国家级高新技术产业化基地的作用，加快成果产业化，推动创新型产业集群建设工程，围绕本专项规划确定的主要目标，合理选择技术路径和产业路线，采取有效措施，促进产业集群的形成和创新发展。

国家能源局关于加强风电并网和
消纳工作有关要求的通知

（国家能源局　2012 年 4 月 24 日发布　国能新能［2012］135 号）

各省（区、市）发展改革委（能源局）、国家电网公司、南方电网公司、华能集团公司、大唐集团公司、华电集团公司、国电集团公司、中电投集团公司、神华集团公司、中广核集团公司、中国节能环保集团公司、水电水利规划设计总院：

随着我国风电装机的快速增长，局部地区的弃风限电问题日趋严重。2011 年度，全国风电弃风限电总量超过 100 亿千瓦时，平均利用小时数大幅减少，个别省（区）的利用小时数已经下降到 1600 小时左右，严重影响了风电场运行的经济性，风电并网运行和消纳问题已经成为制约我国风电持续健康发展的重要因素。为进一步做好风电发展工作，提高风电开发利用效率，现将 2011 年各省（区、市）风电年平均利用小时数予以公布，并就加强风电建设和运行管理、保障风电并网和消纳的有关要求通知如下：

一、把保障风电运行作为当前风电管理的重要工作。各省（区、市）发展改革委（能源局）要高度重视风电项目的并网运行和市场消纳工作。"三北"（华北、东北、西北）地区等风电并网运行矛盾突出的省（区）要深入分析本地区电力系统的运行特性和调峰潜力，提出保障风电并网运行的整体方案和针对性措施。积极鼓励风能资源丰富地区开展采用蓄热电锅炉、各类储能技术等促进风电就地消纳的试点和示范工作，加快建立风电场与供热、高载能等大电力用户和电力系统的协调运行机制。

二、认真落实并网接入等风电场建设条件。并网接入与电力消纳是目前影响风电发展的重要因素，各省（区、市）发展改革委（能源局）要把落实年度风电开发方案中确定的各风电项目的接入电网建设和电力市场消纳作为当前支持风电建设的重要任务，加强协调，明确目标，落实责任，确保所核准的风电项目顺利建设并发挥效益。今后，各省（区、市）风电并网运行情况将作为新安排风电开发规模和项目布局的重要参考指标，风电利用小时数明显偏低的地区不得进一步扩大建设规模。

三、进一步做好风电场运行调度管理工作。国家电网公司和南方电网公司要进一步加强电力运行管理工作，统筹协调系统内调峰电源配置，深入挖掘电力系统调峰潜力，把保障风电优先上网作为电力运行管理的重要内容，采取有效措施缓解夜间负荷低谷时段风电并网运行困难。要科学安排风电场运行，采取技术措施确保风电特许权项目的并网运行和所发电量的全额收购，不得限制特许权项目和国家能源主管部门批复的示范项目的出力。同时，要加强新建风电项目的并网审查工作，不得因新建风电项目限制已建成风电项目的出力。

四、着力提高风电场建设和运行水平。各风电开发企业要进一步加强风电场建设前期工作，在认真做好风能资源评价、风电场选址、设备选型等设计工作的同时，要更加重视并网条件的论证和电力市场的研究，深化风电场建设的可行性研究工作。要合理安排项目建设进度，协调好风电项目开发与配套电网建设进度。高度重视风电场运行管理工作，提高风电功率预测预报水平，积极开拓风电的用电市场，不断提高风电建设和运行管理水平，共同促进风电产业持续健康发展。

　　附：2011 年度各省级电网区域风电利用小时数统计表

国家能源局

二〇一二年四月二十四日

附：

2011 年度各省级电网区域风电利用小时数统计表

国家电网				1928	
华北电网	1982	西北电网	1924	东北电网	1816
京津唐	2214	陕西	1779	蒙东	1863
冀南	1908	甘肃	1824	辽宁	1802
山西	2113	宁夏	1926	吉林	1610
蒙西	1829	新疆	2317	黑龙江	2008
山东	2028				
华中电网	2085	华东电网	2204		
河南	2308	上海	2073		
湖北	1955	江苏	1849		
湖南	1936	浙江	2014		
江西	2340	安徽	1791		
四川	1781	福建	3096		
重庆	2166				
南方电网				1801	
广东	1638	云南	2440	海南	2135
广西	1700	贵州	2230		
全国平均				1920	

　　注：以上数据根据调度系统的实际上网电量推算得出，仅供参考，青海省因并网运行的数据搜集时间较短，西藏自治区无并网运行风电项目，故数据暂缺。

国家能源局关于印发风电发展
"十二五"规划的通知

（国家能源局 2012 年 7 月 7 日发布 国能新能［2012］195 号）

各省（自治区、直辖市、新疆生产建设兵团）发展改革委（能源局），有关中央企业，各可再生能源学会、协会：

根据《可再生能源发展"十二五"规划》，为促进风电产业持续健康发展，国家能源局组织编制了《风电发展"十二五"规划》。现印发你们，并就有关事项通知如下：

一、加强规划指导、优化项目布局。各省（区、市）能源主管部门应按照规划部署，结合本地区风电发展的实际情况，积极制定风电开发方案和开展相关前期工作，合理确定风电年度建设规模和项目布局，保障风电产业有序健康发展。

二、加强风电开发与电网建设和运行的协调。电网企业要根据风电规划布局及开发方案，加强配套电网的规划和建设，优化电力系统的调度运行，提高电力系统消纳风电的能力，满足符合规划的风电项目接入电网及并网运行的需要。

三、加强对风电场并网运行的管理。各相关单位要按照规划的要求严格规范风电项目规划、测风、前期工作、核准、建设以及并网运行等环节的管理。各风电开发企业要加强项目建设和运行管理，并以规划为指导积极开展技术和开发方式的创新。

四、建立动态调整和完善机制。在规划的实施过程中，将根据实际情况和需求对规划进行必要的修订和调整。2013 年对规划实施情况进行中期评估，相关工作由国家能源局统一协调组织实施。

　　附：风电发展"十二五"规划

国家能源局

二〇一二年七月七日

附：

风电发展"十二五"规划

前　言

风电是资源潜力大、技术基本成熟的可再生能源，在减排温室气体、应对气候变化的新形势下，越来越受到世界各国的重视，并已在全球大规模开发利用。"十一五"时期，我国风电快速发展，风电装机容量连续翻番增长，设备制造能力快速提高，已形成了较完善的产业体系，为更大规模发展风电奠定了良好基础。

"十二五"是我国全面建设小康社会的关键时期，是加快转变经济发展方式的重要阶段。为实现国家经济社会发展战略目标，加快能源结构调整，培育和发展战略性新兴产业，全面推进风能资源的合理利用，促进风电产业稳步健康发展，按照《可再生能源法》的要求，根据《国民经济和社会发展第十二个五年规划纲要》《国家能源发展"十二五"规划》和《可再生能源发展"十二五"规划》，制定了《风电发展"十二五"规划》（以下简称《规划》）。

《规划》阐述了我国 2011~2015 年风电发展的指导思想、基本原则、发展目标、开发布局和建设重点，并对 2020 年风电的发展进行了展望，是"十二五"时期我国风电发展的基本依据。

一、规划基础和背景

（一）发展基础

1. 国际风电发展状况

（1）发展现状。风电是近年来发展最快的新兴可再生能源，到 2010 年底，全球累计风电装机容量约 2 亿千瓦，最近 5 年年均增长率约 30%，2010 年新增装机容量 390 万千瓦，是新增装机容量最大的可再生能源电力。2010 年，全球风电装机容量约占全部发电装机容量的 4%，风电发电量约占全球电力消费量的 2.5%。全球风能资源分布广泛，开发利用风电的国家和地区已有 83 个，其中欧洲、亚洲、北美洲是开发规模最大的三个地区。到 2010 年底，欧洲累计风电装机容量 8600 万千瓦，亚洲累计风电装机容量 5800 万千瓦，北美洲累计风电装机容量 4400 万千瓦，美国、中国、德国是全球风电装机容量最大的三个国家，分别达到 4000 万千瓦、3100 万千瓦和 2700 万千瓦，西班牙、印度风电装机容量也均超过 1000 万千瓦。

（2）发展趋势。随着风电的大规模开发利用，风电已经在一些国家的能源供应中发挥重要作用。到 2010 年底，风电在丹麦、西班牙电力消费中的比重已经达到了 22% 和 16%，风电在欧盟总电力消费中达到了 5.3%。随着风电技术的进步，风电设备制造能力快速提高，风电设备正朝着特性化和大型化方向发展，2~3 兆瓦风电机组已是市场主流产品，5 兆瓦及以上的大型风电机组也开始应用，7~10 兆瓦的风电机组正在研制，风电的开发也开始从陆地逐步扩展到海上。风电的技术进步和规模化发展，推动了风电开发成本迅速下降，风电的经济性在很多地区已与常规能源发电基本相当。许多国家把大规模开发风电作为应对气候变化、改善能源结构的重要选择。预计今后 5~10 年，风电将继续保持大规模发展，在电力系统中的比重将稳步上升。风电的经济和社会效益将会更加显著。

（3）发展经验。

——**明确稳定的国家发展目标。**为促进可再生能源发展，许多国家制定了发展战略和规划，明确了中长期风电发展目标。欧盟颁布法令，到 2020 年可再生能源要占欧盟全部能源消费的 20%，欧盟各国也制定了 2020 年可再生能源发展目标，并提出了风电的具体发展目标和实施战略，丹麦、英国等还提出了 2050 年的发展思路，明确了风电的长期发展战略地位。

——**体系完整且有效的激励政策。**为确保风电等可再生能源发展目标的实现，许多国家制定了专门支持风电等可再生能源发展的法规和政策。德国、丹麦、西班牙等采取优惠的固定电价收购风电，英国、澳大利亚、美国实行强制性可再生能源电力市场配额和绿色证书交易制度，美国、巴西、印度等对风电实行投资补贴和税收优惠等政策，这些措施有效促进了风电市场的扩大。

——**竞争和开放的电力市场机制。**丹麦、西班牙等很多国家为了促进风电大规模发展，建立了适应风电特点的市场化机制，在电力市场的基础上，规定优先调度风电，并通过市场竞争机制合理确定各类发电机组上网电价，确保风电上网和电力系统运行安全。许多国家还通过对化石能源征收能源税、碳税等，建立了支持风电长期发展的资金保障机制。

2. 我国风电发展现状

在"十一五"时期，我国颁布施行了《可再生能源法》，制定了鼓励风电发展的分区域电价、费用分摊、优先并网等政策措施，建立了促进风电发展的政策体系，并组织了风能资源评价、风电特许权招标、海上风电示范项目建设，积极促进风电产业发展，推动风电技术快速进步，我国风电产业实力明显提升，市场规模不断扩大。在国际金融危机引发全球经济衰退和增长乏力的背景下，我国风电产业仍然保持了持续快速发展，标志着我国风电产业开始步入全面、快速、规模化发展的新阶段。

——**基本摸清风能资源状况，具备了大规模发展风电的资源基础**。国家组织开展了全国风能资源评价、风电场规划选址和风能资源专业观测网建设，建立了全国风能资源数据库，基本掌握了全国风能资源状况。全国陆上 70 米高度风能资源技术开发量约 25.7 亿千瓦，近海 100 米高度 5~25 米水深范围内技术开发量约为 1.9 亿千瓦、25~50 米水深范围约为 3.2 亿千瓦。"三北"（东北、华北、西北）地区及沿海地区风能资源较为丰富，内陆地区风能资源分布也很广泛，可满足风电大规模发展需要。

——**风电建设规模逐步扩大，在电力发展中的作用开始显现**。"十一五"时期，我国风电进入快速发展阶段，风电装机容量从 2005 年的 126 万千瓦迅速增长到 2010 年的 3100 万千瓦。到 2010 年底，我国已建成 802 个风电场，安装风电机组 3.2 万台，形成了一批装机规模百万千瓦以上的风电基地，内蒙古风电装机达到 1000 万千瓦以上。风电已经成为东北地区、华北地区和西北地区重要的新增电源。2010 年，全国风电发电量 500 亿千瓦时，占全国总发电量的 1.2%，在内蒙古西部电网，风电发电量已占到全部发电量的 9%。

——**风电技术水平快速提高，设备制造能力显著增强**。"十一五"时期，我国风电设备研发设计和制造能力与世界先进水平的差距迅速缩小，1.5 兆瓦和 2 兆瓦风电机组成为主流机型，3 兆瓦风电机组已研制成功并开始批量工程应用，5 兆瓦和 6 兆瓦陆上和海上风电机组相继研制成功，风电设备关键零部件的技术水平迅速提高。目前，我国已建立起内资企业为主导、外资企业和合资企业共同参与的风电设备制造体系，在开发适应国内风能资源特点的产品、满足国内市场需求的同时，我国风电设备已开始进入国际市场。

——**风电产业服务体系初步建立，建设运行管理水平不断提高**。随着风电产业的快速发展，配套产业服务体系也逐步建立和完善。初步建立了覆盖全产业链的管理办法、技术规定和工程规范，建立了国家级风电设备检测中心和试验风电场，完善了检测试验技术手段，依托国内主要科研机构和骨干企业，建立了多个国家级风电技术研发中心，将风电纳入了高等教育、职业教育和技术培训体系，培养了多层次的风电专业人才。通过大规模风电建设，逐步形成了专业的风电场规划设计、工程咨询、建设安装和运营管理力量，满足了风电规模化发展需要。

（二）发展形势

当前，人类面临的资源和环境压力不断加剧，可持续发展的需求十分迫切。福岛核事故对核电的发展造成了一定程度的影响，可再生能源发展也面临新的形势和任务。随着风电技术进步和成本不断下降，世界各主要国家对风电在未来能源结构调整和战略性新兴产业培育过程中的作用均寄予厚望。但受风能资源特性的影响，随着风电规模的扩大，风电发展面临着许多新的挑战。

一是风电并网和市场消纳问题亟须解决。随着我国风电建设规模不断扩大，风电设备制造能力逐步增强，风电发展已从过去设备制造能力的制约转变为市场消纳能力的制约，特别是在"三北"风能资源丰富地区，风电出力受系统运行条件限制的问题日益突出。这一问题的出现，既与风电出力具有波动性的特点有关，也与风电与其他电源、电网相互发展不协调以及电力管理体制不适应风电的特点有关。优化电源结构和电网布局，深化电力体制改革，建立适应新能源特点的电力管理体制和运行机制势在必行。

二是风电设备制造产业的整体竞争力有待提高。与全球领先的风电设备产量及生产规模相比，我国还没有建立起与之相匹配的核心技术能力和产业竞争实力。目前国内风电设备制造企业主要是依靠引进技术成长起来的，风电机组设计和关键技术仍然依赖国外，国内低层次技术的同质化竞争十分严重。部分企业面对激烈的市场竞争，单纯以降低成本方式占领市场，忽视技术进步、产品可靠性等内在核心竞争力的培育，已暴露出一些风电设备质量问题。此外，一些附加值较高的风电设备关键零部件、材料和元器件尚未改变主要依靠进口的局面，影响了风电产业整体实力的进一步提高。

三是风电开发建设秩序有待进一步规范。近年来，随着国家对开发风电支持力度的加大，各地发展风电的积极性很高，但一些风能资源丰富的地区，在没有落实电网接入和市场消纳方案的情况下，盲目加快风电建设速度，加剧了风电并网运行困难。同时，个别地区盲目引进风电设备制造企业，并强制风电开发企业采购本地制造的风电设备，既加剧了风电设备低水平重复扩张，也损害了公平竞争的市场环境，扰乱了风电开发建设秩序。此外，风电并网技术标准和法规体系尚不完善，风电建设、运行、检修维护和技术监督等环节的管理亟须进一步加强。

二、指导方针和目标

（一）指导思想

高举中国特色社会主义伟大旗帜，以邓小平理论和"三个代表"重要思想为指导，深入贯彻落实科学发展观，围绕加快培育和发展战略性新兴产业的总体要求，把发展风电作为优化能源结构、推动能源生产方式变革、构建安全稳定经济清洁的现代能源产业体系的重大战略举措。以技术创新和完善产业体系为主线，积极培育和发展具有国际竞争的风电产业。着力推进和完善适应风电规模化发展的电力管理体制和运行机制，有效开发和利用风电，不断提高风电在能源消费中的比重，为实现国家非化石能源发展目标、积极应对全球气候变化、促进经济社会可持续发展提供重要保障。

（二）基本原则

坚持统筹协调和规范有序发展。加强开发规划指导，合理安排项目布局和建设时序，建立以规划为基础的风电开发建设管理制度。国家统筹安排百万千瓦及以上大型风电基地建设，各地根据国家规划提出风电项目开发方案，在国家统筹协调下有序开发建设。

坚持项目开发与电网建设相协调。协调风电项目与配套电网建设，完善风电并网管理，建立适应风电特点的电力运行机制。统筹协调风电开发与电网建设，合理配置电力系统内的各类调峰电源，改善电网负荷特性，结合电力输送通道建设扩大风电消纳范围，提高电力系统消纳风电的能力，保障风电高效可靠运行。

坚持集中开发与分散发展并重。加快大型风电基地配套电网建设，有序推进"三北"地区成片风能资源的开发。加快推动东部沿海地区和内陆风能资源较为丰富、消纳条件好的地区风电的规模化发展。积极推动中东部及南方省（区、市）分散风能资源的开发利用，鼓励接入配电网的分散式接入风电项目建设，探讨与其他分布式能源发展相结合的方式，发挥各自优势，形成集中开发与分散发展并举的格局。

坚持陆上开发和海上示范同步进行。着力解决陆上风电消纳市场和并网运行矛盾，提高陆上风电的微观选址和优化开发技术水平，加强陆上大型风电基地并网运行管理，形成风电规模化开发与电网安全运行的协调体系。通过海上风电示范项目建设，积极开展海上风能开发技术研究，提高海上风电设备制造能力，形成海上风电设备、施工和运行维护的系统集成能力。

坚持市场开发和产业培育相互促进。继续推进风电的规模化发展，建立稳定的市场需求，促进风电设备制造产业的壮大升级。加快提升风电设备制造研发能力，着力降低风电开发利用成本，提高风电的市场竞争力。推动风电的更大规模开发利用，形成风电产业良性循环发展的环境。

（三）发展目标

风电发展的总目标是：实现风电规模化开发利用，提高风电在电力结构中的比重，使风电成为对调整能源结构、应对气候变化有重要贡献的新能源；加快风电产业技术升级，提高风电的技术性能和产品质量，使风电成为具有较强国际竞争力的重要战略性新兴产业。

"十二五"时期具体发展指标为：

（1）到2015年，投入运行的风电装机容量达到1亿千瓦，年发电量达到1900亿千瓦时，风电发电量在全部发电量中的比重超过3%。其中，河北、蒙东、蒙西、吉林、甘肃酒泉、新疆哈密、江苏沿海和山东沿海、黑龙江等大型风电基地所在省（区）风电装机容量总计达到7900万千瓦，海上风电装机容量达到500万千瓦。

（2）"十二五"时期，风电机组整机设计和核心部件制造技术取得突破，海上风电设备制造能力明显增强，基本形成完整的具有国际竞争力的风电设备制造产业体系。到2015年，形成3~5家具有国际竞争力的整机制造企业和10~15家优质零部件供应企业。

在"十二五"时期提升风电产业能力和完善风电发展市场环境的基础上，2015年后继续推动风电以较大规模持续发展。到2020年，风电总装机容量超过2亿千瓦，其中海上风电装机容量达到3000万千瓦，风电年发电量达到3900亿千瓦时，力争风电发电量在全国发电量中的比重超过5%。

专栏1 "十二五"风电发展主要指标

指标类别	主要指标	2010年	2015年	2020年
装机容量指标	陆地风电（万千瓦）	3118	9900	17000
	海上风电（万千瓦）	13.2	500	3000
	合计（万千瓦）	3131.2	10400	20000
发电量指标	总发电量（亿千瓦时）	500	1900	3900
	风电占全部发电量比例（%）	1.2	3	5

三、重点任务

（一）开发布局

按照集中开发和分散发展并举的原则，推进风电有序快速健康发展。在"三北"风能资源丰富地区，结合电网布局、电力市场、电力外送通道，优化风电开发布局，有序推进风电的规模化发展。在风能资源相对丰富、电网接入条件好的省区，加快风电开发建设。积极开展海上风电开发技术准备、前期工作和示范项目建设，适时稳妥扩大海上风电建设规模，以特许权招标项目和试验示范项目建设带动海上风电技术进步和设备制造产业升级，为海上风电大规模开发建设打好基础。在风能资源分散的内陆地区，因地制宜推动分散接入低压配电网的风电开发，为风电发展开辟新的途径。

1. 有序推进大型风电基地建设

研究大型风电基地风能资源特点，结合电力市场、区域电网和电力外送条件，积极有序推进河北、蒙东、蒙西、吉林、甘肃、山东、江苏、新疆和黑龙江等大型风电基地建设。到 2015 年，上述大型风电基地装机容量总计达到 7900 万千瓦以上。

（1）河北基地。

重点开发张家口、承德、秦皇岛、唐山和沧州等地区风能资源。"十二五"时期，建成张家口百万千瓦基地二期工程和承德百万千瓦基地一期工程，新增装机容量 250 万千瓦。启动张家口百万千瓦基地三期工程和承德百万千瓦基地二期工程建设。在沧州、唐山等地区，根据当地风能资源条件，加快风电开发建设。到 2015 年，河北省累计风电装机容量达到 1100 万千瓦以上。

张家口、承德地区近期建成的风电主要在京津唐电网消纳。后续风电项目通过加强与京津唐主网、河北南网的联网和协调运行，增加河北北部风电的消纳空间。其他分散开发的风电场接入当地电网就近消纳。

（2）蒙东基地。

重点开发赤峰、通辽、兴安盟和呼伦贝尔等地区风能资源。"十二五"时期，建成通辽开鲁、科左中旗珠日和百万千瓦级风电基地，新增装机容量 350 万千瓦。启动呼伦贝尔、兴安盟桃合木百万千瓦级风电基地建设。到 2015 年，蒙东基地累计风电装机容量达到 800 万千瓦以上。

通辽开鲁基地和科左中旗珠日和基地的风电汇集接入东北电网。呼伦贝尔、兴安盟桃合木百万千瓦风电基地结合蒙东煤电基地建设统筹外送。蒙东基地风电主要在东北电网区域内消纳，同时通过加强东北省际电网联络并统筹跨区外送等措施，增加本区域风电的市场消纳空间。

（3）蒙西基地。

重点开发包头、巴彦淖尔、乌兰察布和锡林郭勒等地区成片风能资源。"十二五"时期建成包头达茂旗、巴彦淖尔乌拉特中旗及锡林郭勒百万千瓦级风电基地，新增装机容量 970 万千瓦；启动四子王旗幸福百万千瓦级风电基地和吉庆百万千瓦级风电基地建设。到 2015 年，蒙西基地累计风电装机容量达到 1300 万千瓦以上。

蒙西地区风电主要在蒙西电网内消纳。通过加强蒙西与华北电网的联络及协调运行，提高蒙西风电消纳能力，结合蒙西电网外送通道建设，研究利用外送通道扩大风电消纳范围的市场机制和运行方式。

（4）吉林基地。

重点开发白城、四平和松原等地区成片风能资源。"十二五"时期，启动白城通榆瞻榆、大安、洮南，四平大黑山，松原长岭百万千瓦级风电基地建设，因地制宜开发吉林其他地区风能资源。到 2015 年，吉林省累计风电装机容量达到 600 万千瓦以上。

吉林风电消纳在吉林省电网和东北电网内统筹考虑，接入本省及东北电网的主干网进行消纳。加强东北地区省际电网联络，扩大吉林风电的消纳范围。

（5）甘肃基地。

重点开发酒泉瓜州、玉门、肃北及民勤等地区风能资源。"十二五"时期，建设酒泉千万千瓦级风电基地二期工程；启动民勤百万千瓦级风电基地建设。到 2015 年，甘肃省累计风电装机容量达到 1100 万千瓦以上。

调整优化酒泉地区产业结构，增加当地用电负荷并加强需求侧管理，提高本地消纳风电能力。在甘肃与青海等地区 750 千伏骨架电网建成完善后，利用黄河上游水电与风电协调运行，提高西北电网整体消纳风电的能力。结合西北电网与外区联网通道，研究扩大西北风电的消纳市场。

（6）新疆基地。

重点开发哈密地区和乌鲁木齐达坂城等地区的风能资源。"十二五"时期，建设哈密东南部百万千瓦级风电基地，新增装机容量 200 万千瓦；扩建达坂城风电基地，累计装机容量达到 180 万千瓦。启动哈密三塘湖、淖毛湖等地区的风电规模化开发，根据外送通道建设进展确定开发时间和建设规模，其他区域的风电项目根据风能资源和当地电网条件因地制宜开发。到 2015 年，新疆自治区累计风电装机容量达到 1000 万千瓦以上。

达坂城地区风电主要在新疆电网内消纳，哈密东南部、三塘湖、淖毛湖地区的风电项目除加强本地消纳外，利用规划的煤电外送通道扩大消纳范围，其余规模较小的风电项目在当地就近消纳。

（7）江苏基地。

"十二五"时期，加快连云港北部、盐城、南通陆上风电开发，陆上风电装机容量达到 200 万千瓦以上。推进盐城和南通海域的海上风电开发建设，建成海上风电装机容量 200 万千瓦以上。因地制宜分散开发建设其他资源相对丰富区域的风电项目。到 2015 年，江苏省累计风电装机容量达到 600 万千瓦以上。

通过建设沿岸和海上风电配套的 220 千伏、500 千伏输变电工程，加强风电基地与省内电力负荷中心的电网联系，以及华东地区省际联网，促进江苏省沿海地区风电的市场消纳。

（8）山东基地。

"十二五"时期，加快烟台、威海、东营、滨州、潍坊、青岛、日照等地区的陆上风电开发，陆上风电新增装机容量 500 万千瓦。启动滨州、东营、潍坊、烟台海域的鲁北和莱州湾百万千瓦级海上风电基地建设，建成海上风电装机容量 50 万千瓦。因地制宜分散开发建设其他资源相对丰富区域的风电项目。到 2015 年，山东省累计风电装机容量达到 800 万千瓦以上，全部在山东省内消纳。

通过建设沿岸和海上风电配套的 220 千伏、500 千伏输变电工程，加强风电基地与省内电力负荷中心的联系，确保海上风电的并网运行。

（9）黑龙江基地。

重点开发大庆、齐齐哈尔、哈尔滨东部（依兰、通河）、佳木斯、伊春、绥化、牡丹江等地区的风能资源。"十二五"时期，建成大庆市西部百万千瓦级风电基地，新增装机规模 300 万千瓦。启动大庆北部、齐齐哈尔富裕等百万千瓦级风电基地建设，因地制宜推动黑龙江省其他地区风能资源的分散开发。2015 年，全省累计风电装机容量达到 600 万千瓦以上。

通过建设风电配套的 220 千伏、500 千伏输变电工程，加强风电基地与省内电力负荷中心及东北电网的联系，促进黑龙江风电的市场消纳。

专栏 2　大型风电基地开发布局及重点建设项目（万千瓦）

基地名称	已建容量	新增容量	规划容量	重点开发区域	重点项目	消纳市场
河北	378	720	1100	张家口、承德、沿海地区	建成张家口二期（165）、承德一期（85），启动张家口三期、承德二期百万基地，建设唐山海上风电场项目	华北电网
蒙东	382	420	800	通辽、呼伦贝尔、兴安盟	建设通辽开鲁百万基地（150）、通辽科左中旗珠日和百万基地（200）、建设兴安盟桃合木百万基地、呼伦贝尔百万基地	东北电网
蒙西	630	670	1300	包头、巴彦淖尔、乌兰察布、锡林郭勒	建成包头达茂旗百万基地（160）、巴彦淖尔乌拉特中旗百万基地（210）、锡林郭勒百万基地（600），建设乌兰察布幸福和吉庆百万基地	华北电网和华东电网
吉林	202	400	600	白城、四平、松原	建设白城通榆瞻榆百万基地、白城洮南百万基地、大安百万基地、四平大黑山百万基地、松原长岭百万基地	东北电网
甘肃	144	950	1100	酒泉、武威	建成酒泉千万基地一期工程（380）和酒泉千万基地二期工程（300），建设武威民勤百万基地	西北电网
新疆	113	900	1000	哈密、乌鲁木齐	建成哈密东南部百万基地（200）、乌鲁木齐达坂城百万基地。结合哈密地区电力外送通道，建设哈密三塘湖百万基地、哈密淖毛湖百万基地	西北电网和华中电网
江苏	156	450	600	盐城、南通	建成首批特许权海上风电项目（100），建设盐城东部、南部海上百万基地	华东电网
山东	197	600	800	烟台、威海、东营、滨州、潍坊、青岛、日照	建设沿海陆地及内陆分布较广的风电项目，建设莱州湾、鲁北海上百万基地	华北电网
黑龙江	199	400	600	大庆、齐齐哈尔、哈尔滨东部（依兰、通河）、佳木斯、伊春、绥化、牡丹江等	建成大庆西部百万基地（100），建设大庆北部、齐齐哈尔富裕百万基地	东北电网
合计	2400	5500	7900			

注：新增容量一栏含重点项目和其他分散项目。

2. 加快内陆资源丰富地区风能资源开发

加快风能资源较丰富内陆地区的风能资源，包括：山西省的朔州、大同、运城和忻州地区，辽宁省的阜新、锦州、沈阳、营口地区，宁夏的吴忠、银川和中卫地区。在河南、江西、湖南、湖北、安徽、云南、四川、贵州以及其他内陆省份，因地制宜开发建设中小型风电项目，扩大风能资源的开发利用范围。

发挥这些地区风能资源距离电力负荷近、电网接入条件好的优势，加强省内及省际电网联系和电力需求侧管理，加大调峰电源建设，立足本地消纳同时加强相邻电网互联，通过网际协调运行提高消纳风电的能力。在实现规划基本目标的基础上，鼓励通过加强风能资源勘查和采用先进的风电技术扩大风电的开发规模。

专栏3　较丰富地区风电开发布局（万千瓦）

省份	已建容量	规划容量	重点开发区域
山西	46	500	朔州、忻州、大同、运城
辽宁	330	600	阜新、锦州、沈阳、营口
宁夏	75	300	吴忠、中卫、银川
云南	34	300	大理州、红河州、楚雄州、昆明市、曲靖市
广东	81	240	江门、汕头、阳江、湛江、汕尾、珠海
福建	57	160	福州、莆田、漳州、泉州

3. 积极开拓海上风电开发建设

"十二五"时期，在海上风电示范项目取得初步成果的基础上，促进海上风电规模化发展。重点开发建设上海、江苏、河北、山东海上风电，加快推进浙江、福建、广东、广西、海南和辽宁等沿海地区海上风电的规划和项目建设。到2015年，全国投产运行海上风电装机容量500万千瓦。

上海在已建东海大桥10万千瓦风电场的基础上，重点开发建设上海东海大桥二期工程、南汇和奉贤等海域的海上风电项目，到2015年，上海建成海上风电装机容量50万千瓦以上。加快江苏盐城、南通的海上风电项目建设，到2015年底，江苏建成海上风电装机容量200万千瓦。加快山东鲁北、莱州湾等海域的海上风电建设，到2015年底，山东建成海上风电装机容量50万千瓦以上。加快河北唐山、沧州的海上风电建设，到2015年底，河北建成海上风电装机容量50万千瓦以上。

加快广东湛江外罗、珠海桂山海上风电建设，到2015年，广东建成海上风电装机容量50万千瓦以上。加快浙江嘉兴、普陀、岱山等海上风电建设，到2015年建成海上风电50万千瓦。加快福建莆田、南日岛、平海湾等区域海上风电建设，到2015年，福建建成海上风电30万千瓦。广西在防城港及北海、辽宁在大连等海域，启动前期工作充分的海上风电项目。

加强海上风电规划与海洋功能区划、海岸线开发利用规划、重点海域海洋环境保护规划，以及国防用海等规划的相互协调。鼓励在水深超过10米、离岸10公里以外的海域开发建设海上风电项目。潮间带海域的海上风电项目建设在与沿岸经济建设、生态保护、渔业养殖统筹协调的前提下进行。

各省海上风电通过建设配套的220千伏或500千伏输变电工程汇集，近期在省级电网内消纳，开发规模进一步加大后通过跨省外送通道扩大消纳范围。

专栏 4　海上风电建设项目及布局（万千瓦）

省（市）	已投运容量	新增投运容量	在建容量	开展前期容量	重点项目
江苏省	3.2	200	200	250	大丰潮间带 C1A、C4（50），如东潮间带 C1、H5（40），响水海上 H1（20），如东海上 H9（15），四个首批特许权招标项目（100），大丰海上 H7（20），东台海上 H2（30），南通蒋家沙海上 C2（30），盐城竹根沙潮间带 C1（30）等
山东省		50	150	150	鲁北 5# 海上（25），鲁北二期海上（30），莱州湾 1# 海上（35），莱州湾 2# 海上（18），莱州湾 7# 海上（25），莱州湾 8# 海上（20），莱州湾 13# 海上（12），长岛湾海上（30），半岛 2 号海上（25）等
上海市	10	50	20	80	东海大桥二期海上（10），临港一期海上（20），临港二期海上（40），奉贤一期海上（30）等
河北省		50	60	120	唐山乐亭菩提岛海上（30），唐山乐亭月坨岛海上（30），唐山三号海上（30），黄骅海上（20）等
广东省		50	120	120	湛江外罗海上（20），珠海桂山海上（20），湛江新寮岛海上（30），汕尾甲西海上（36），珠海金湾海上（45），揭阳金湾海上（15），惠州西冲海上（30）等
福建省		30	70	60	莆田平海湾一期海上（20），莆田南日岛一期海上（20），漳浦六鳌一期海上（30），宁德霞浦一期海上（20），平潭海上（20）等
浙江省		50	120	120	嘉兴 1# 海上（30），普陀 6# 海上（20），岱山 1# 海上（30），岱山 2# 海上（20），岱山 4# 海上（30），慈溪 1# 海上（20），嘉兴 2# 海上（20），象山 1# 海上（15）等
其他地区		20	60	100	广西防城港、北海、辽宁大连海上风电场
总计	13.2	500	800	1000	

4. 鼓励分散式风电发展

按照全国 110 千伏及以下电压等级的变电站分布，综合考虑变电站附近风能资源、土地、交通运输以及施工安装等风电开发建设条件，在原则上不新增建设 110 千伏和 66 千伏输变电工程，以及保障电网安全运行的基础上，合理选择可接入的风电装机容量，按照"分散开发，集中管理"的方式，支持和鼓励分散式风电的开发建设。各省（区、市）可结合风能资源和电网结构等条件，提出本省（区、市）分散式接入风电的实施方案。同时，积极鼓励开展风电与其他分布式能源相结合的开发模式创新，最大限度提升清洁能源在当地电力消费中的比例。

在农村及高原、山区、有居民生活的岛屿、草原等边远地区，充分发挥风电与小型光伏发电、水电、生物质发电等在季节、天气、地域上的互补作用，增强多种电源的联合运行能力，有效提高分散式接入风电的利用效率和经济性，为当地能源供应提供支撑。

积极推广离网型风电的应用领域。促进远离城市的边远农村、牧区等地区离网型风电的发展，同时鼓励为城市景区、庭院等地方亮化和照明的离网型风电应用。

（二）配套电网建设与系统优化

1. 加强配套电网建设，扩大风电消纳范围

进一步加强风电开发规划与电网规划的协调，衔接好风电项目开发与配套电网建设，确保风电项目与配套电网同步投产，保障风电项目的顺利并网运行和高效利用。在风电项目集中开发且已出现并网运行困难的内蒙古、新疆、甘肃和东北地区，加强配套电网建设，结合电力外送通道建设，

扩大风电的市场消纳范围。在风能资源和煤炭资源均比较丰富的"三北"地区能源基地建设中，在煤电基地规划和建设的同时同步规划大型风电基地，利用煤电外送通道输送风电，通过优化送端电源配置，增加电源开发中的风电比重，在跨区电力外送方案中优先考虑输送风电，提高外送电量中的风电比例。

华北地区：研究加强河北北部电网与京津唐电网、河北南部电网联网的方案。利用锡林郭勒盟外送输电通道，增加锡林郭勒盟、乌兰察布等地区的风电消纳能力。完善蒙西电网到华北电网的现有联网通道，加强蒙西电网与华北电网的协调运行，提高蒙西风电的外送规模及华北电网对蒙西电网风电运行的支持作用。

东北地区：研究蒙东至东北主电网的输电通道，为东北的蒙东地区、吉林地区增加风电消纳能力。在黑龙江等地区加强"北电南送"电力输送通道建设促进风电在更大范围消纳。

西北地区：利用新疆至华中地区的特高压直流外送通道，为新疆风电增加消纳空间。研究利用西北电网主网架建设以及与其他电网的联网工程，提高甘肃风电消纳能力。结合宁夏等地区"西电东送"电力外送通道建设，促进风电在更大范围消纳。

2. 优化电源结构，提高系统调峰能力

优化各区域电力系统的电源结构和开发布局，合理安排抽水蓄能电站和燃气电站等调峰电源建设，加强供热机组供热监测和运行控制，提高供热机组参与调峰的调节性能。风电集中开发地区通过优化各类机组的协调运行、统筹区域电网内的调峰能力、发展可调节用能技术、发挥跨区电网错峰调峰作用等方式，深入挖掘系统的调峰潜力，提高电力系统的整体调节能力，满足大规模风电并网运行需要。到 2015 年，集中开发的重点省（区）的风电发电量在电力消费总量中的比重达到 10% 以上，各区域电网应统筹配置区域内各省级电网的调峰能力，提高区域整体上消纳风电的能力。鼓励在具备风能资源条件的地区就近分散开发风电，并在配电网内就地消纳。

3. 加强电力需求侧管理，增强消纳风电的能力

进一步加强电力需求侧管理，有效改善系统负荷特性。在北方风电集中开发地区，建立风电场与供热、高载能、农业排灌等可调节用电负荷、大电力用户和电力系统的协调运行机制。开展蓄热电锅炉、热泵供热等利用低谷风电的"以电代煤"供热试点。选择适宜地区，探索开展工商企业用户参与电网调峰运行方式试点，建立局部地区风电与电力用户双向互动协调发用电运行机制。合理安排农业排灌用电时间，促进用电低谷时段的风电利用。制定合理的峰谷电价、分时电价、直供电价等，保障各类削峰填谷措施发挥作用。鼓励各省（区、市）根据自身实际情况，研究制定加强电力需求侧管理的政策措施，积极开展电力用户的负荷管理试点示范工作。

4. 建立风电功率预测预报体系，促进风电与电网协调运行

建立以风电功率预测为基础的电网调度与风电协调运行机制。各风电场建立风电预测预报系统，按照相关要求向电力调度机构报送风电预测信息。省级电力调度机构建立覆盖服务区域的中长期、短期超短期的风电预测体系，结合各风电场功率预报结果，建立以风电功率预测技术为基础的风电并网运行调度工作机制，协调安排各类电源发电计划，使风电与电力需求和其他电源运行相互适应。电力调度机构制定优先调度风电的电网调度运行规则，建立统筹风电消纳能力的分级控制指标，做好分散接入配电网的风电运行管理。加快动态无功补偿装置等支撑风电场安全运行的关键电气设备的规范化应用。

（三）技术装备和产业体系

在现有产业基础上，形成支撑风电技术持续进步的研发机制，提高风电技术研发能力，促进风电设备制造产业升级。推进风电标准化进程，建立风电全产业社会化服务体系，健全人才培养机制，建立具有国际竞争力的风电产业体系，支撑我国风电产业健康持续快速发展。

1. 建立完整的风电技术创新体系

建立以市场为导向、企业为主体、国家为基础，产学研结合的多层次技术创新体系。整合风电相关科研院所、高等院校的技术力量，加强国家风电技术研究体系建设，开展风能基础理论、前沿技术、关键技术和共性技术研究。建立风电公共技术研究试验测试平台，加强风能资源评价、风电设备测试、风电并网检测等有关机构的建设。引导和鼓励风电机组制造企业和关键零部件制造企业提高技术研发能力，设立对产业技术进步起引导作用的工程技术中心。鼓励地方政府和当地企业共同出资建设风电技术研发机构，形成具有竞争优势的技术创新和产业聚集地。

2. 全面提升风电设备制造水平

提高风电机组整机开发设计能力。全面掌握整机结构设计、计算分析、控制策略等关键技术。开发和制造高效率、高可靠性、低成本、电网适应性好、适应不同运行环境的系列化先进风电机组。重点突破海上大容量风电机组研发和制造。掌握整机控制系统、变流器等核心部件、轴承及变桨系统等部件设计及制造技术，形成配套齐全的风电设备制造产业链。提高叶片、齿轮箱、发电机等主要部件的制造工艺水平。掌握叶片用树脂和碳纤维、轴承钢、防腐耐磨材料等重要原材料的生产技术。加快动态无功补偿装置等支撑风电场安全并网运行的风电场内关键电气设备开发和产业化应用。完善风电设备测试和检测能力及设施，形成全面的质量控制体系，确保风电机组质量，提高风电机组可利用率。

3. 建立风电全产业社会化服务体系

依托现有基础，建立以专业机构和企业为主体、以市场需求为导向、支撑风电产业健康发展的社会化服务体系。加快完善风电标准体系，加强标准的贯彻实施，重点制定和完善风能资源评价、风电设备、风电场设计、电网接入、施工与安装、运行维护等领域的风电标准体系。支持检测和认证机构能力建设，完善检测技术手段，培养检测认证技术力量。实行风电设备认证制度，规范风电设备市场准入。完善风电产业信息统计，建立国家风电信息数据库。加强风能资源、技术发展、设备制造、风电工程建设及运行等信息统计和管理工作。实行重大事故报告制度，建立风险预警和管理机制。建立完善的风电建设运行服务体系，提高风电场规划、设计、功率预测、设备运输、施工安装、检修维护、运行管理等专业化服务能力。

4. 加强风电人才培养

以风电设备制造和风电开发为重点领域，在国家"百千万人才计划"中，培养既熟悉风电技术又通晓管理的高端复合型人才。在高等院校和科研机构成体系地设立一批风电专业，增加博士、硕士授予点和博士后流动站，鼓励高等院校、科研机构与企业合作培养高端专业技术人才。建立风电职业教育和技术培训体系，为风电产业提供专门技术人才。

（四）国际发展与合作

1. 融入全球风电技术创新体系

鼓励开展全球化的技术研发合作。利用全球技术资源，开展风电技术研究和产品开发。通过联合设计、在海外设立设计研发中心等方式，使技术研发能力迅速达到国际先进水平。创造鼓励和支持技术研发的环境，建设具有全球影响力的风电技术研发基地。支持企业参与国际性的技术发展计划，与国外企业合作开展前沿技术和共性技术研究。在国际双边合作和多边合作机制中，支持开展风电技术研发和新技术示范项目建设。

2. 积极参与全球风电发展

提高企业的国际化经营能力，积极参与国际风电项目投资建设，融入全球风电设备制造体系。开发制造适合不同需求的风电设备，提高我国企业风电设备在国际市场的竞争力。加强风电领域国际合作，在与发展中国家开展的风电产业合作中，支持发展中国家建立技术研究、设备制造、工程建设和运行维护等体系，促进发展中国家风电开发利用。

3. 积极参与国际标准和规则制定

积极参与国际风电技术标准的制定，鼓励相关研究机构、企业、行业协会参加国际标准化活动，加强风电机组检测和认证体系的国际交流与合作，促进我国风电机组检测、认证体系的国际互认，提高我国在风电标准制定方面的影响力。积极参与风电相关国际贸易、投资、知识产权和技术转让规则的制定，推动建立有利于风电技术全球化应用的市场环境。

四、规划实施

（一）保障措施

为确保风电"十二五"规划目标的实现，采取下列保障措施，支持风电发展。

1. 实施可再生能源电力配额制度

为解决风电并网运行受限和风电的市场消纳困难，支持风电等可再生能源电力的持续发展，实施可再生能源电力配额制度。根据各地区非水电可再生能源资源条件、电力市场、电网结构及电力输送通道等情况，国家对各省（区、市）全社会电力消费量规定非水电可再生能源电力比例指标。各省（区、市）人民政府承担完成本地区可再生能源电力配额的行政管理责任，电网企业承担其经营区覆盖范围内可再生能源电力配额完成的实施责任。达到规定规模的大型发电投资经营企业，非水电可再生能源电力装机容量和发电量应达到规定的比重。

2. 完善促进风电发展的电价政策和补贴机制

积极推进电力市场化改革，进一步完善促进风电发展的政策环境和市场机制。按照有利于促进风电开发利用和经济合理的原则，结合风电产业技术水平和发展趋势，研究完善风电的发电补贴和费用分摊政策。通过完善风电相关价格政策和创新补贴机制，促进风电产业技术水平的持续进步和开发成本的不断下降。与风电供热等示范项目建设相结合，在局部地区建立有利于电力负荷低谷期风电应用的价格体系，促进风电就近消纳和资源优化配置。

3. 完善财政支持和税收优惠政策

按照《可再生能源法》，围绕国家确定的非化石能源发展目标，建立长期稳定的可再生能源发展基金制度形成持续的风电技术研发和产业体系建设资金投入机制。根据风电等可再生能源电力的发展规划，合理制定支持其发展的年度财政预算和电价附加征收标准，确保支持风电发展的资金及时足额到位。完善风电相关财税政策，建立鼓励风电有效开发的税收和财政转移支付制度，使风能资源集中的欠发达地区的风电开发起到支持地方经济发展的作用。研究制定反映资源稀缺及环境外部损害成本的能源产品税收机制，充分发挥风电等可再生能源的环境效益和社会效益。

4. 提高风电并网运行的技术和管理水平

加强风电并网运行管理，进一步完善风电并网运行的相关技术标准体系，规范并网技术管理。加强风电机组和风电场并网检测工作，衔接好风电项目开发与配套电网规划建设。深入挖掘电力系统调峰潜力，研究经济合理的各类调峰电源辅助服务补偿机制和相关支持政策，提高电力系统的整体调节能力。优化风电并网调度运行，建立以风电功率预测预报为辅助手段的各类电源协调运行的调度机制。积极鼓励相关企业和研究机构开展促进风电并网的技术研发和试点示范工作，及时总结和推广应用相关的经验。

5. 加强风电发展的协调和监管

从战略和全局高度，建立促进风电可持续发展的部际联席会议协调机制，统筹研究风电开发布局、相关输电通道建设、电网接入和市场消纳等重点问题，以及相关电价机制、财政税收等政策。

建立适应风电发展的电力市场机制。建立风电产业发展监测体系，加强风电场生产和运行监管，落实风电的全额保障性收购制度，促进风电的快速持续健康发展。

（二）实施机制

1. 加强规划协调管理

强化规划对全国风电发展的指导作用，规范有序开发风电，确保规划目标的实现。各级地方政府和有关企业应按各自职责，按照国家风电规划，结合本地区实际，制定相应的开发规划及实施方案，各省级区域的风电发展规划应报国务院能源主管部门备案，确保各级规划有机衔接和目标一致。

2. 完善信息统计管理

加强风电信息统计体系建设，建立风能资源、风电技术装备、风电生产及并网运行等信息收集、统计和管理机制，及时掌握风电产业发展动态。各地区应做好地方的风电相关信息、管理工作，各有关企业要记录、保存并及时提供相关信息。国务院能源主管部门组织国家风电信息数据库建设，并按照国家信息公开制度向社会提供风电相关信息服务。

3. 建立规划滚动调整机制

根据风电信息统计，加强风电发展的形势分析工作，建立年中、年度风电发展状况分析报告制度，及时剖析产业发展存在问题，掌握风电规划实施进展情况，根据规划执行情况，适时对规划目标和重点任务进行动态调整，使规划更加科学和符合实际发展需求。2013 年进行规划实施的中期评估，以适当方式向社会公布评估结果。

4. 统筹开发建设管理

按照《风电开发建设管理暂行办法》编制年度风电开发计划。加强风电接入电网、电力输送和市场消纳研究，多途径拓展风电发展的市场空间。国务院能源主管部门统一组织大型风电基地建设，其他项目按照风电年度开发计划有序推进。各地区电力发展要优化电源结构，加强风电开发与其他电源建设的协调。电网企业要按照风电规划及实施要求，开展相应的电网规划和建设，落实风电的消纳市场、电网接入工程、输电通道和电力运行优化方案，切实保证按照规划建设的风电项目安全可靠并网运行。

5. 加强目标监测考核

加强风电产业评价指标体系建立，完善产业健康发展、企业社会责任、地方落实目标、政策实施效果等风电产业监测评估指标，逐步建立风电规划实施监测考核评价机制，保证风电规划目标顺利实现。配合可再生能源电力配额制的实施，建立风电发展考核及评价体系，对各地区、各企业的风电开发利用进行评价。

五、投资估算和环境社会影响分析

（一）投资估算

"十二五"时期新增风电装机容量约 7000 万千瓦，按平均每千瓦工程造价 7500 元测算，总投资需求约 5300 亿元。

（二）环境社会影响分析

风电发电过程不产生废气、废水、固体废弃物等污染物。风电开发对建设环境的影响主要是施工开挖、交通运输等对植被、地貌的影响。运行期风电机组产生的噪声、电磁辐射可能对环境有一定的影响。此外，风电机组旋转的叶轮可能影响鸟类的栖息，如靠近风景区对景观有一定的影响。风电场需要土地面积较大，但除了依附土地的塔基和建筑物占地，其余土地的原有用途基本不受影响。

　　在项目实施中，可以通过科学规划场址、加强施工管理、按照环保要求强化环境保护措施等方式，尽量减少对环境的影响。通过对风电机组位置的合理布置，保持风电机组基础、道路之外土地的既有用途。

　　风电作为可规模化开发的清洁可再生能源，开发利用可节约和替代大量化石能源，显著减少温室气体和污染物排放，改善能源结构。按 2015 年发电量测算，年节能约 6000 万吨标准煤，减少二氧化碳排放 1.5 亿吨，减少硫化物排放 150 万吨，节约用水约 5 亿立方米，环境效益和社会效益显著。我国风能资源主要分布在西北地区、东北地区和华北地区，通过大规模开发这些地区的风能资源，可以显著促进当地经济发展，加快落后地区脱贫致富，促进地区间经济社会均衡和谐发展。

第三篇　太阳能政策法规

关于组织实施 2012 年度太阳能光电建筑应用示范的通知

(财政部办公厅　住房和城乡建设部办公厅　2011 年 12 月 16 日发布
财办建〔2011〕187 号)

各省、自治区、直辖市、计划单列市财政厅（局）、住房和城乡建设厅（委、局），新疆生产建设兵团财务局、建设局：

根据《关于加快推进太阳能光电建筑应用的实施意见》（财建〔2009〕128 号）、《太阳能光电建筑应用财政补助资金管理暂行办法》（财建〔2009〕129 号）及《关于加强金太阳示范工程和太阳能光电建筑应用示范工程建设管理的通知》（财建〔2010〕662 号）等文件精神，现就申请 2012 年度太阳能光电建筑应用示范项目的有关事项通知如下：

一、示范内容

为加快启动国内太阳能光电建筑应用市场，进一步提升太阳能光电建筑应用水平，2012 年光电建筑应用政策向绿色生态城区倾斜，向一体化程度高的项目倾斜，具体内容如下：

（一）太阳能光电建筑应用集中示范区。鼓励在绿色生态城区的公共建筑及民用建筑集中连片推广应用光伏发电。绿色生态城区应当以宜居、绿色、低碳为建设目标，以居住功能为主，把太阳能光伏发电等可再生能源建筑应用比例作为约束性指标，绿色建筑应达到一定比例，从整体上实现资源节约利用与生态环境保护。申请集中示范的绿色生态城区应具备较强的组织实施能力，在 2~3 年内推广规模不低于 15MW，并说明 2012 年可完成装机容量。

（二）太阳能光电建筑一体化应用示范项目。依托博物馆、科技馆、体育馆、会展中心、机场航站楼、车站等建筑项目，应用一体化程度高的建材型、构件型光伏组件，光伏系统与建筑工程同步设计、同步施工，达到光伏系统与建筑的良好结合。建筑本体应达到国家或地方建筑节能标准。

二、补助标准与资金拨付

对建材型等与建筑物高度紧密结合的光电一体化项目，补助标准暂定为 9 元/瓦，对与建筑一般结合的利用形式，补助标准暂定为 7.5 元/瓦。最终补贴标准将根据光伏产品市场价格变化等情况予以核定。

三、有关要求

（一）并网要求。光电建筑应用示范项目，特别是太阳能光电建筑应用集中示范区，应优先采用用户侧并网方式，实现光伏发电自发自用，并推广微电网并网技术，提高光伏发电对现有电网条件的适应能力。

（二）光伏组件质量要求。示范项目应采用性能先进的光伏组件产品，其中：晶体硅光伏组件全光照面积的光电转换效率（以含组件边框面积计算转换效率）不得低于14%，输出功率衰减率2年内不高于5%、10年内不高于10%、25年内不高于15%；非晶硅组件全光照面积的光电转换效率（以含组件边框面积计算转换效率）不得低于6%，输出功率衰减率2年内不高于4%、10年内不高于10%、25年内不高于20%；用于采光顶、幕墙等部位的光伏玻璃材料应符合《建筑安全玻璃管理规定》（发改运行〔2003〕2116号）要求。

（三）项目建设周期要求。申请光电建筑应用示范的项目均要求于2012年年底前完工。

四、申请要求

（一）太阳能光电建筑应用集中示范区应由所在城区管委会提出申请（无管委会的可由所在城市财政、住房城乡建设部门提出申请），并组织编制实施方案（附件1），太阳能光电建筑一体化应用示范项目由建筑项目业主单位提出，并按要求编制实施方案（附件2）。

（二）省级财政和住房城乡建设主管部门负责对本行政区域内申报的示范项目组织论证及筛选，重点对项目的落实情况、与建筑结合程度、项目建设周期、光伏发电使用及并网情况等进行审查，每个省（区、市）光电建筑集中示范区原则上不超过2个，光电建筑一体化应用项目原则上不超过6个。

（三）省级财政和住房城乡建设主管部门应于2012年2月25日前，将示范项目财政补助资金申请表（见附件3）报送至财政部经建司、住房城乡建设部建筑节能与科技司，同时将示范项目实施方案（一式两份）报送至可再生能源建筑应用项目管理办公室。资金申请本着成熟一批、申报一批的原则，对条件成熟的项目，实行动态申报，不断补充完善项目库。

（四）申报单位登陆"可再生能源建筑应用示范项目信息管理系统"（http://www.chinaeeb.gov.cn），凭账号、密码登陆系统进行申报。网上申报应与纸质申报材料一致。

联系人及联系电话：财政部经济建设司综合处王志雄，010-68552521；住房城乡建设部建筑节能与科技司胥小龙，010-58934548；可再生能源建筑应用项目管理办公室李现辉，010-88082199。

附件：1. 太阳能光电建筑应用集中示范区实施方案编制大纲

2. 太阳能光电建筑一体化应用示范项目实施方案编制大纲

3. 太阳能光电建筑应用财政补助资金申请汇总表

财政部办公厅

中华人民共和国住房和城乡建设部办公厅

二〇一一年十二月十六日

附件1：太阳能光电建筑应用集中示范区实施方案编制大纲（略）

附件2：太阳能光电建筑一体化应用示范项目实施方案编制大纲（略）

附件3：太阳能光电建筑应用财政补助资金申请汇总表（略）

关于做好 2012 年金太阳示范工作的通知

（财政部　科技部　国家能源局　2012 年 1 月 18 日发布　财建〔2012〕21 号）

各省、自治区、直辖市、计划单列市财政厅（局）、科技厅（委、局）、发展改革委（能源局），新疆生产建设兵团财务局、科技局、发展改革委：

为加快国内光伏发电规模化应用，促进光伏产业持续稳定发展，现将 2012 年金太阳示范工作有关事项通知如下：

一、支持范围

（一）在经济技术开发区、高新技术开发区、工业园区、产业园区、商业区进行集中建设的用户侧光伏发电项目，优先支持建设规模较大的集中成片示范项目和已批准的集中应用示范区扩大建设规模。

（二）利用工矿、商业企业既有建筑等条件分散建设的用户侧光伏发电项目。

（三）开展与智能电网和微电网技术相结合的集中成片用户侧光伏发电项目示范。

（四）解决偏远无电地区居民用电问题的独立光伏、风光互补发电等项目。

二、支持条件

（一）项目单位资本金不低于项目总投资的 30%。

（二）光伏发电集中应用示范区项目需整体申报，总装机容量原则上不小于 10 兆瓦，分散建设的用户侧发电项目装机容量原则上不低于 2 兆瓦。采取合同能源管理方式建设的项目，项目实施单位必须与用电单位签订长期协议。

（三）进行光伏发电集中应用示范的经济技术开发区、高新技术开发区、工业园区、产业园区，必须明确专门的管理机构，负责协调项目建设、电网接入、运行管理等方面工作。

（四）示范项目需具备较好经济效益，设计方案合理，建筑屋顶改造投资较低等条件，对于新建厂房整体规划建设的项目优先支持。

（五）项目并网设计符合规范，发电量主要自用。

（六）独立发电项目必须以县（及以上）为单位整体实施，并选择有实力的项目业主单位，制定完善的运行管理方案，确保项目建设质量和长期稳定运行。

（七）项目采用的关键设备（包括光伏组件、逆变器、蓄电池）由实施单位自主采购，设备供应企业和产品性能必须满足相关要求（见附件 1）。

（八）项目必须在 2012 年 12 月 31 日前完成竣工验收。

（九）以前年度承担金太阳示范项目但未按要求期限完工的项目单位，不得申报新项目。已获得相关政策支持的项目不得重复申报。

三、补助标准

（一）2012 年用户侧光伏发电项目补助标准原则上为 7 元/瓦。考虑到 2011 年四季度以来，光伏发电系统建设成本下降幅度较大，2011 年用户侧光伏发电项目的补助标准原则上由 9 元/瓦调整为 8 元/瓦，对确实不能实现合理收益的项目，可由项目单位申请调整或取消。

（二）独立光伏、风光互补发电等项目的补助标准另行确定。与智能电网和微电网技术相结合的集中成片用户侧光伏发电项目补助标准在 7 元/瓦基础上，考虑储能装置配备等因素适当增加。

四、项目申报和资金下达程序

（一）项目实施单位按有关要求编制项目实施方案，按属地原则上报省级财政、科技、能源主管部门。

（二）省级财政、科技、能源主管部门对项目实施方案进行严格审核，将符合条件的项目按类别汇总后（格式见附件 2），于 2012 年 3 月 10 日前联合上报财政部、科技部、国家能源局。

（三）财政部、科技部、国家能源局组织对项目进行评审，公布示范项目目录。

（四）列入目录的示范项目完成关键设备采购合同和能源管理合同签订、电网接入许可等准备工作，并履行审核备案手续后，及时提交补助资金申请报告。财政部核定补助金额，并按 70% 下达预算，剩余资金在项目完工后进行清算。

五、以前年度示范项目清算要求

（一）2010 年和 2011 年下达资金的项目必须分别在 2012 年 2 月 15 日和 6 月 30 日前提交工程验收报告、竣工决算报告等相关材料，申请资金清算，逾期不予受理。对未按规定申请清算的项目，原则上予以取消并收回补助资金；确实由于客观原因难以按期完工的项目，要说明具体原因并明确完工时间，同时补贴标准按新标准执行。

（二）按照《国家能源局 财政部 科技部关于印发金太阳示范项目管理暂行办法的通知》（国能新能〔2011〕109 号）要求，项目实施单位必须建立完善的运行管理制度，配备专业技术人员，保证项目稳定运行。其中，用户侧发电项目必须按规定履行电网接入程序，安装自动电能计量装置和运行监控系统，并向电网运行管理机构传送相关数据。

附件 1：金太阳示范工程关键设备基本要求（2012 年）

附件 2：金太阳示范（略）项目汇总表

财政部　科技部　国家能源局

二〇一二年一月十八日

附件1

金太阳示范工程关键设备基本要求（2012年）

一、电池组件

（一）性能要求

1. 晶体硅组件全光照面积的光电转换效率（含组件边框面积）≥14.5%，非晶硅薄膜组件≥7%，CIGS薄膜组件≥10%。

2. 工作温度范围为-40℃~+85℃，初始功率（出厂前）不低于组件标称功率。

3. 使用寿命不低于25年，质保期不少于5年。晶体硅组件衰减率在2年内不高于2%，25年内不高于20%。非晶硅薄膜组件衰减率在2年内不高于4%，25年内不高于20%。

4. 晶体硅和非晶硅薄膜组件分别按照GB/T9535（或IEC61215）和GB/T18911（或IEC61646）以及GB/T20047（或IEC61730）标准要求，通过国家批准认证机构的认证，关键部件和原材料（电池片、封装材料、玻璃面板、背板材料、焊接材料、接线盒和接线端子等）型号、规格及生产厂家应与认证产品一致。

（二）生产企业资质要求

1. 在中华人民共和国注册的独立法人，注册资本金在1亿元人民币以上。

2. 具有三年以上相关产品独立生产、供应和售后服务的能力。晶体硅组件企业的生产检验能力不低于500 MWp，2011年实际发货量不低于300MWp（以海关报关单或销售发票为准）。非晶硅薄膜组件企业的生产检验能力不低于50MWp，CIGS薄膜组件企业的生产检验能力不低于30MWp。

3. 配备AAA级太阳模拟器、组件隐裂测试设备、高低温环境试验箱等关键检验设备。

4. 2009~2011年无重大质量投诉或合同违约责任。

二、并网逆变器

（一）性能要求

1. 无隔离变压器型逆变器最大转换效率≥97%，含变压器型逆变器最大转换效率≥95%。

2. 逆变器输出功率大于其额定功率的50%时，功率因数应不小于0.98，输出有功功率在20%~50%时，功率因数不小于0.95。

3. 逆变器应具有电网过/欠压保护、过/欠频保护、防孤岛保护、恢复并网保护、过流保护、极性反接保护、过载保护功能和绝缘阻抗监测、残余电流监测功能，电磁兼容性能应满足相应的环境使用要求。

4. 按照CNCA/CTS0004—2009A《并网光伏发电专用逆变器技术条件》要求，通过国家批准认证机构的认证，关键器件和原材料（IGBT、变压器、滤波器等）型号、规格及生产厂家应与认证产品一致。

5. 质保期不低于2年。

6. 鼓励采用高发电性能、高智能管理、安装灵活方便的新型逆变器。

（二）生产企业资质要求

1. 在中华人民共和国注册的独立法人，注册资本金在3000万元人民币以上。

2. 具有三年以上独立生产、供应和售后服务的能力，2011 年实际发货量不低于 50MWp（以海关报关单或销售发票为准）。

3. 配备直流源、功率分析仪、示波器、电能质量分析仪、绝缘耐压测试仪、残余电流测试仪、漏电流测试仪、RLC 可调负载等出厂检验设备。

4. 2009~2011 年内无重大质量投诉或合同违约责任。

三、储能蓄电池

（一）性能要求

1. 直流电压等级为 2V、12V。

2. 充电接受能力：充电电流 Ica 与 C10/10 的比值不小于 2.2。

3. 容量一致性：最大实际容量与最小实际容量差值不大于 5%。

4. 荷电保持能力：2V 蓄电池储存后剩余容量与额定容量比值不低于 96%，12V 蓄电池不低于 90%。

5. 不含有镉、汞、锑等有害重金属物质。

6. 在海拔高度 4500 米，环境温度–20~+45℃条件下能正常使用。正常使用期限不低于 5 年，2V 蓄电池质保期为 3 年，12V 蓄电池质保期为 2 年。

7. 按照 GB/T 22473 标准要求，通过国家批准认证机构的认证。

（二）生产企业资质要求

1. 在中华人民共和国注册的独立法人，国家环保部门在产许可企业，注册资本金须在 2000 万元人民币以上。

2. 具有三年以上独立生产、供应和产品售后服务的能力，且生产检验能力达到 200 万 KWh。

3. 通过清洁生产资质认证。

4. 持有危险废物经营许可证，并有能力履行废旧电池回收业务，以避免回收环节中的铅危害。

太阳能光伏产业"十二五"发展规划

(工业和信息化部　2012年2月24日发布)

前　言

太阳能资源丰富、分布广泛,是最具发展潜力的可再生能源。随着全球能源短缺和环境污染等问题日益突出,太阳能光伏发电因其清洁、安全、便利、高效等特点,已成为世界各国普遍关注和重点发展的新兴产业。

在此背景下,近年来全球光伏产业增长迅猛,产业规模不断扩大,产品成本持续下降。2009年全球太阳能电池产量为10.66吉瓦(GW),多晶硅产量为11万吨,2010年分别达到20.5GW、16万吨,组件价格则从2000年的4.5美元/瓦下降到2010年的1.7美元/瓦。

"十一五"期间,我国太阳能光伏产业发展迅速,已成为我国为数不多的、可以同步参与国际竞争并有望达到国际领先水平的行业。加快我国太阳能光伏产业的发展,对于实现工业转型升级、调整能源结构、发展社会经济、推进节能减排均具有重要意义。国务院发布的《关于加快培育和发展战略性新兴产业的决定》,已将太阳能光伏产业列入我国未来发展的战略性新兴产业重要领域。

根据《工业转型升级规划(2011~2015年)》、《信息产业"十二五"发展规划》以及《电子信息制造业"十二五"发展规划》的要求,在全面调研、深入研究、广泛座谈的基础上,编制太阳能光伏产业"十二五"发展规划,作为我国"十二五"光伏产业发展的指导性文件。

一、"十一五"发展回顾

(一)我国光伏产业概况

1. 产业规模迅速提高,市场占有率稳居世界前列

"十一五"期间,我国太阳能电池产量以超过100%的年均增长率快速发展。2007~2010年连续四年产量世界第一,2010年太阳能电池产量约为10GW,占全球总产量的50%。我国太阳能电池产品90%以上出口,2010年出口额达到202亿美元。

2. 掌握关键材料生产技术,产业基础逐步牢固

"十一五"期间,我国投产的多晶硅年产量从两三百吨发展至4.5万吨,光伏产业原材料自给率由几乎为0提高至50%左右,已形成数百亿元级的产值规模。国内多晶硅骨干企业已掌握改良西门子法千吨级规模化生产关键技术,规模化生产的稳定性逐步提升。

3. 主流产品技术与世界同步,产品质量稳步提高

"十一五"末期,我国晶硅电池占太阳能电池总产量的95%以上。太阳能电池产品质量逐年提

升，尤其是在转换效率方面，骨干企业产品性能增长较快，单晶硅太阳能电池转换效率达到 17%~19%，多晶硅太阳能电池转换效率为 15%~17%，薄膜等新型电池转换效率约为 6%~8%。

4. 节能减排成效明显，资源利用率大幅提升

光伏产业节能减排取得显著成效，副产物综合利用水平稳步提高，资源利用率整体取得大幅提升。2006 年每生产 1 公斤多晶硅的平均单耗水平为：工业硅 1.8~2.0 公斤、液氯 1.8 公斤、综合电耗 300~350 千瓦时，到 2010 年分别下降为：工业硅 1.3~1.4 公斤、液氯 1.0 公斤、综合电耗 160~180 千瓦时，部分骨干企业达到 130~150 千瓦时/公斤。生产晶硅太阳能电池的多晶硅用量从 2006 年的 11 克/瓦下降到 2010 年的 7~8 克/瓦。

5. 生产设备不断取得突破，本土化水平不断提高

国产单晶炉、多晶硅铸锭炉、开方机等设备逐步进入产业化，占据国内较大市场份额。晶硅太阳能电池专用设备除全自动印刷机和切割设备外基本实现了本土化并具备生产线"交钥匙"的能力。硅基薄膜电池生产设备初步形成小尺寸整线生产能力。2010 年我国光伏专用制造设备销售收入超过 40 亿元人民币，出口交货值达到 1 亿元人民币。

6. 国内光伏市场逐步启动，装机量快速增长

我国已相继出台了《太阳能光电建筑应用财政补助资金管理暂行方法》和《关于实施金太阳示范工程的通知》等政策，并先后启动了两批总计 290 兆瓦（MW）的光伏电站特许权招标项目。截至 2010 年，我国累计光伏装机量达到 800MW，当年新增装机容量达到 500MW，同比增长 166%。

（二）我国光伏产业发展特点

1. 充分利用国内外市场要素，产业发展国际化程度高

我国光伏产业充分运用国内外资金、人才两大市场要素，"十一五"末期，已有数十家企业实现海外及国内上市，产品广销国际市场。国内光伏企业以民营企业为主，主要企业实力不断增强，有 4 家企业太阳能电池产量位居全球前十，成为国际知名企业。

2. 自主创新与引进吸收相结合，形成自主特色产业体系

通过自主创新与引进消化吸收再创新相结合，初步形成了具有我国自主特色的光伏产业体系，多晶硅、电池组件及控制器等制造水平不断提高，制造设备的本土化率已经超过 50%，太阳能电池的质量和技术水平也逐步走向世界前列。

3. 产业链上下游协同发展，推动光伏发电成本下降

"十一五"期间，我国光伏产业突破材料、市场以及人才等发展瓶颈，产业规模迅速壮大，上下游完整产业链基本成型。我国光伏产业的崛起带动了世界光伏产业的发展，有效地推动了技术进步，降低了光伏产品成本，加快了全球光伏产业应用步伐。

4. 产业呈现集群化发展，有效提高区域竞争力

我国光伏产业区域集群化发展态势初步显现，依托区域资源优势和产业基础，国内已形成了江苏、河北、浙江、江西、河南、四川、内蒙古等区域产业中心，并涌现出一批国内外知名且具有代表性的企业，主要企业初步完成垂直一体化布局，加快海外并购和设厂，向国际化企业发展。

二、"十二五"面临形势

目前，各主要发达国家均从战略角度出发大力扶持光伏产业发展，通过制定上网电价法或实施"太阳能屋顶"计划等推动市场应用和产业发展。国际各方资本也普遍看好光伏产业：一方面，光伏行业内众多大型企业纷纷宣布新的投资计划，不断扩大生产规模；另一方面，其他领域如半导体企业、显示企业携多种市场资本正在或即将进入光伏行业。

从我国未来社会经济发展战略路径看，发展太阳能光伏产业是我国保障能源供应、建设低碳社会、推动经济结构调整、培育战略性新兴产业的重要方向。"十二五"期间，我国光伏产业将继续处于快速发展阶段，同时面临着大好机遇和严峻挑战。

（一）我国光伏产业面临广阔发展空间

世界常规能源供应短缺危机日益严重，化石能源的大量开发利用已成为造成自然环境污染和人类生存环境恶化的主要原因之一，寻找新兴能源已成为世界热点问题。在各种新能源中，太阳能光伏发电具有无污染、可持续、总量大、分布广、应用形式多样等优点，受到世界各国的高度重视。我国光伏产业在制造水平、产业体系、技术研发等方面具有良好的发展基础，国内外市场前景总体看好，只要抓住发展机遇，加快转型升级，后期必将迎来更加广阔的发展空间。

（二）光伏产业、政策及市场亟待加强互动

从全球来看，光伏发电在价格上具备市场竞争力尚需一段时间，太阳能电池需求的近期成长动力主要来自各国政府对光伏产业的政策扶持和价格补贴；市场的持续增长也将推动产业规模扩大和产品成本下降，进而促进光伏产业的健康发展。目前国内支持光伏应用的政策体系和促进光伏发电持续发展的长效互动机制正在建立过程中，太阳能电池产品多数出口海外市场，产业发展受金融危机和海外市场变化影响很大，对外部市场的依存度过高，不利于持续健康发展。

（三）面临国际经济动荡和贸易保护的严峻挑战

近年来全球经济发展存在动荡形势，一些国家的新能源政策出现调整，相关补贴纷纷下调，对我国光伏产业发展有较大影响。同时，欧美等国已发生多起针对我国光伏产业的贸易纠纷，类似纠纷今后仍将出现，主要原因有：一是我国太阳能电池成本优势明显，对国外产品造成压力；二是国内光伏市场尚未大规模启动，产品主要外销，可能引发倾销疑虑；三是我国相关标准体系尚不完善，存在产品质量水平参差不齐等问题。

（四）新工艺、新技术快速演进，国际竞争不断加剧

全球光伏产业技术发展日新月异：晶体硅电池转换效率年均增长一个百分点；薄膜电池技术水平不断提高；纳米材料电池等新兴技术发展迅速；太阳能电池生产和测试设备不断升级。而国内光伏产业在很多方面仍存在较大差距，国际竞争压力不断升级：多晶硅关键技术仍落后于国际先进水平，晶硅电池生产用高档设备仍需进口，薄膜电池工艺及装备水平明显落后。

（五）市场应用不断拓展，降低成本仍是产业主题

太阳能光伏市场应用将呈现宽领域、多样化的趋势，适应各种需求的光伏产品将不断问世，除了大型并网光伏电站外，与建筑相结合的光伏发电系统、小型光伏系统、离网光伏系统等也将快速兴起。太阳能电池及光伏系统的成本持续下降并逼近常规发电成本，仍将是光伏产业发展的主题，从硅材料到组件以及配套部件等均将面临快速降价的市场压力，太阳能电池将不断向高效率、低成本方向发展。

三、指导思想、基本原则与发展目标

（一）指导思想

深入贯彻落实科学发展观，抓住当前全球大力发展新能源的大好机遇，紧紧围绕降低光伏发电成本、提升光伏产品性能、做优做强我国光伏产业的宗旨，着力推动关键技术创新、提升生产工艺水平、突破装备研发瓶颈、促进市场规模应用，使我国光伏产业的整体竞争力得到显著提升。

（二）基本原则

1. 立足统筹规划，坚持扶优扶强

加强国家宏观政策引导，坚持做好行业统筹规划和产业合理布局，规范光伏产业健康发展。集中力量支持优势企业做优做强，鼓励重点光伏企业推进资源整合和兼并重组。

2. 支持技术创新，降低发电成本

以企业为技术创新和产业发展的主体，强化关键技术研发，提升生产工艺水平，从高纯硅材料规模化生产、电池转换效率提高、生产装备国产化、新型电池和原辅材料研发、系统集成等多方面入手，努力降低光伏发电成本。

3. 优化产业环境，扩大光伏市场

推动各项光伏扶持政策的落实，调动各方面的资源优势，优化产业发展环境。充分发挥市场机制作用，巩固国际市场，扩大国内多样化应用，使我国光伏产业的发展有稳定的市场依托。

4. 加强服务体系建设，推动产业健康发展

加强公共服务平台建设，建立健全光伏标准及产品质量检测认证体系，严格遵守环境保护和安全生产规定，推进节能减排、资源循环利用，实现清洁生产和安全生产。

（三）发展目标

1. 经济目标

"十二五"期间，光伏产业保持平稳较快增长，多晶硅、太阳能电池等产品适应国家可再生能源发展规划确定的装机容量要求，同时积极满足国际市场发展需要。支持骨干企业做优做强，到2015年形成：多晶硅领先企业达到5万吨级，骨干企业达到万吨级水平；太阳能电池领先企业达到5GW级，骨干企业达到GW级水平；1家年销售收入过千亿元的光伏企业，3~5家年销售收入过500亿元的光伏企业；3~4家年销售收入过10亿元的光伏专用设备企业。

2. 技术目标

多晶硅生产实现产业规模、产品质量和环保水平的同步提高，还原尾气中四氯化硅、氯化氢、氢气回收利用率不低于98.5%、99%、99%，到2015年平均综合电耗低于120度/公斤。单晶硅电池的产业化转换效率达到21%，多晶硅电池达到19%，非晶硅薄膜电池达到12%，新型薄膜太阳能电池实现产业化。光伏电池生产设备和辅助材料本土化率达到80%，掌握光伏并网、储能设备生产及系统集成关键技术。

3. 创新目标

到2015年，企业创新能力显著增强，涌现出一批具有掌握先进核心技术的品牌企业，掌握光伏产业各项关键技术和生产工艺。技术成果转化率显著提高，标准体系建设逐步完善，国际影响力大大增强。充分利用已有基础，建立光伏产业国家重点实验室及检测平台。

4. 光伏发电成本目标

到2015年，光伏组件成本下降到7000元/千瓦，光伏系统成本下降到1.3万元/千瓦，发电成本下降到0.8元/千瓦时，光伏发电具有一定经济竞争力；到2020年，光伏组件成本下降到5000元/千瓦，光伏系统成本下降到1万元/千瓦，发电成本下降到0.6元/千瓦时，在主要电力市场实现有效竞争。

四、"十二五"主要任务

（一）推动工艺技术进步，实现转型升级

发展清洁、安全、低能耗、高纯度、规模化的多晶硅生产技术，提高副产物综合利用率，缩小

与国际先进生产水平的差距。实现太阳能电池生产技术的创新发展，鼓励规模化生产，提高光伏产业的核心竞争力。推动行业节能减排。密切关注清洁、环保的新型光伏电池及材料技术进展，加强技术研发。

（二）提高国产设备和集成技术的研发及应用水平

以提高产品质量和光电转换效率，降低生产能耗为目标，支持多晶硅、硅锭/硅片、电池片及组件、薄膜电池用关键生产设备以及发电应用设备研发与产业化，加强本地化设备的应用。推动设备企业与光伏产品企业加强技术合作与交流。

（三）提高太阳能电池的性能，不断降低产品成本

大力支持低成本、高转换效率和长寿命的晶硅太阳能电池研发及产业化，降低电池产品成本和最终发电成本，力争尽快实现平价上网。推动硅基薄膜、铜铟镓硒薄膜等电池的技术进步及产业化进程，提高薄膜电池的转率效率。

（四）促进光伏产品应用，扩大光伏发电市场

积极推动上网电价政策的制定和落实，并在农业、交通、建筑等行业加强光伏产品的研发和应用力度，支持建立一批分布式光伏电站、离网应用系统、光伏建筑一体化（BIPV）系统、小型光伏系统及以光伏为主的多能互补系统，鼓励大型光伏并网电站的建设与应用，推动完善适应光伏发电特点的技术体系和管理体制。

（五）完善光伏产业配套服务体系建设

建立健全标准、专利、检测、认证等配套服务体系，加强光伏行业管理与服务，支持行业自律协作。积极参与国际标准制定，建立完善符合我国国情的光伏国家/行业标准体系，包括多晶硅材料、电池/组件的产品标准，光伏生产设备标准和光伏系统的验收标准等。加快建设国内认证、检测等公共服务平台。

五、"十二五"发展重点

（一）高纯多晶硅

支持低能耗、低成本的太阳能级多晶硅生产技术。在现有的基础上，通过进一步的研究、系统改进及完善，支持研发稳定的电子级多晶硅生产技术，并建立千吨级电子级多晶硅生产线。突破高效节能的大型提纯、高效氢气回收净化、高效化学气相沉积、多晶硅副产物综合利用等装置及工艺技术，建设万吨级高纯多晶硅生产线，综合能耗小于 120 度/公斤。

（二）硅锭/硅片

支持高效率、低成本、大尺寸铸锭技术，重点发展准单晶铸锭技术。突破 150~160 微米以下新型切片关键技术，如金刚砂、钢线切割技术，提高硅片质量和单位硅材料出片率，减少硅料切割损耗。

（三）晶硅电池

大力发展高转换率、长寿命晶硅电池技术的研发与产业化。重点支持低反射率的绒面制备技术、选择性发射极技术及后续的电极对准技术、等离子体钝化技术、低温电极技术、全背结技术的研究及应用。关注薄膜硅/晶体硅异质结等新型太阳能电池成套关键技术。

（四）薄膜电池

重点发展非晶与微晶相结合的叠层和多结薄膜电池。降低薄膜电池的光致衰减，鼓励企业研发5.5 代以上大面积高效率硅薄膜电池，开发柔性硅基薄膜太阳电池卷对卷连续生产工艺等。及时跟进铜铟镓硒和有机薄膜电池的产业化进程，开发并掌握低成本非真空铜铟镓硒薄膜电池制备技术、磁控溅射电池制备技术、真空共蒸法电池制备技术，规模化制造关键工艺。

（五）高效聚光太阳能电池

重点发展高倍聚光化合物太阳能电池产业化生产技术，聚光倍数达到 500 倍以上，产业化生产的电池在非聚光条件下效率超过 35%，聚光条件下效率超过 40%，衬底剥离型高倍聚光电池转化效率在非聚光条件下效率超过 25%。突破高倍聚光太阳电池衬底玻璃技术、高效率高倍聚光化合物太阳电池技术、高倍率聚光电池测试分析和稳定性控制技术等，及时发展菲涅尔和抛物镜等配套设备。

（六）BIPV 组件

重点发展 BIPV 组件生产技术，包括可直接与建筑相结合的建材、应用于厂房屋顶、农业大棚及幕墙上的双玻璃 BIPV 组件、中空玻璃组件等，解决 BIPV 组件的透光、隔热等问题，设计出美观、实用、可直接作为建材和构件用的 BIPV 组件。扩大建筑附着光伏（BAPV）组件应用范围。

（七）光伏生产专用设备

支持还原、氢化等多晶硅生产设备，大尺寸、低能耗、全自动单晶炉，吨级多晶硅铸锭炉，大尺寸、超薄硅片多线切割机，硅片自动分选机等关键生产设备。支持多槽制绒清洗设备、全自动平板式等离子体增强化学气相沉积（PECVD）、激光刻蚀机、干法刻蚀机、离子注入机、全自动印刷机、快速烧结炉等晶硅太阳能电池片生产线设备和 PECVD 等薄膜太阳能电池生产设备。促进光伏生产装备的低能耗、高效率、自动化和生产工艺一体化。

（八）配套辅料

在关键配套辅料方面，实现坩埚、高纯石墨、高纯石英砂、碳碳复合材料、玻璃、乙烯–醋酸乙烯共聚物（EVA）胶、背板、电子浆料、线切割液等国产化。

（九）并网及储能系统

掌握太阳能光伏发电系统集成技术、百万千瓦光伏发电基地的设计集成和工程技术，开发大功率光伏并网逆变器、储能电池及系统、光伏自动跟踪装置、数据采集与监控系统、风光互补系统等。

（十）公共服务平台建设

支持有能力的企事业单位建设国家级光伏应用系统检测、认证等公共服务平台，包括多晶硅、电池片和组件、薄膜电池的检测，光伏系统工程的验收等。支持相关服务平台开展行业共性问题研究，制定和推广行业标准，研发关键共性技术等。

六、政策措施

（一）提升光伏能源地位，加强产业战略部署

光伏能源是一种可持续、无污染、总量大的绿色新能源，应当充分认识太阳能光伏发电的战略价值和重要意义，切实在国家能源经济和社会可持续发展的总体部署中予以统筹考虑，提升太阳能光伏产业在国民经济发展中的战略地位。通过实施工业转型升级和可再生能源等相关规划，统筹制定产业、财税、金融、人才等扶持政策，积极促进我国光伏产业健康发展。

（二）加强行业管理，规范光伏产业发展

根据产业政策要求和行业发展实际需要，切实加强行业管理，推动行业节能减排，规范我国光伏产业发展，建立健全光伏行业准入标准，引导地方政府坚决遏制低水平重复建设，避免一哄而上和市场恶性竞争。推动相关职能部门联合加强产品检查，对于不达环保标准、出售劣质产品、扰乱正常市场竞争秩序的企业，依照相关规定给予处罚和整顿。

（三）着力实施统筹规划，推进产业合理布局

加强行业统筹规划，推动企业转型升级，坚持市场主导与政府引导相结合，扶持产业链完备、已具有品牌知名度的骨干企业做优做强。鼓励实力领先的光伏企业依靠技术进步、优化存量、扩大发展规模，实施"走出去"战略，积极参与国际产业竞争。实施差异化政策，引导多晶硅等产业向西部地区转移。推动资源整合，鼓励企业集约化开发经营，支持生产成本低、竞争力强的企业兼并改造生产经营不佳的光伏企业。

（四）积极培育多样化市场，促进产业健康发展

推动制定和落实上网电价实施细则，继续实施"金太阳工程"等扶持措施，鼓励光伏企业与电力系统等加强沟通合作，加快启动国内光伏市场。坚持并网发电与离网应用相结合，以"下乡、富民、支边、治荒"为目标，支持小型光伏系统、离网应用系统、与建筑相结合的光伏发电系统等应用，开发多样化的光伏产品。通过合理的电价标准、适度的财政补贴和积极的金融扶持，积极扩大国内光伏市场。

（五）支持企业自主创新，增强产业核心竞争力

支持光伏企业转型升级，通过技术改造等手段扶持掌握自主技术的骨干企业，巩固和提高核心竞争力。加大对光伏产业技术创新的扶持力度，重点支持多晶硅节能降耗、副产物综合利用、太阳能电池高效高质和低成本新工艺技术的研发和产业化项目。加强产学研结合，支持关键共性技术研发，全面提升本土化光伏设备技术水平。加大人才培养力度，支持建立企业技术研发中心与博士后科研流动站。

（六）完善标准体系，推动检测认证、监测制度建设

重视光伏产品和系统标准体系建设，以我国自主知识产权为基础，结合国内产业技术实际水平，推动制定多晶硅、硅锭/硅片、太阳能电池等产品和光伏系统相关标准，积极参与制定国际标准，建立健全产品检测认证、监测制度，促进行业的规范化、标准化发展。加强对光伏产品质量标准符合性的行业管理，避免劣质产品流入市场。推动企业加强光伏产品回收。

（七）加强行业组织建设，积极参与国际竞争

建立健全光伏行业组织，推动行业自律管理，加强行业交流与协作，集中反映产业发展愿景，打造国内光伏产业合作创新平台。充分发挥市场机制作用，以行业组织为纽带，以企业为主体，以市场为导向，提高产业应对国际竞争和市场风险的能力。加强国际交流和合作，优化产业发展环境，完善出口风险保障机制，鼓励企业积极争取海外资金，巩固和拓展国际市场。

太阳能发电科技发展"十二五"专项规划

（科技部　2012 年 3 月 27 日发布　国科发计 ［2012］ 198 号）

一、形势——挑战与机遇

（一）国际形势

世界太阳能科技和应用发展迅猛，2008 年金融危机后，德国、日本、美国等纷纷调高发展目标。预计太阳能发电将在 2030 年占到世界能源供给的 10%，对世界的能源供给和能源结构调整做出实质性的贡献。

到 2010 年，世界光伏累计装机容量已接近 40GW，近十年平均年增长 45%，成为发展速度最快的产业之一。光伏电池生产主要集中在中国、日本、德国、美国等国家，德国、西班牙等国为主要应用市场。晶体硅太阳电池市场份额超过 85%，其商业化最高效率已经达到 22%，技术向着高效率和薄片化发展，未来 10~20 年内仍将是市场主流；薄膜太阳电池市场份额约占 15%，铜铟镓硒薄膜电池商业化最高效率达到 13.6%，技术向着高效率、稳定和长寿命的方向发展。得益于产业发展和技术进步，光伏发电成本将持续下降，2015 年光伏电价有望降至 0.15 美元/kWh。

太阳能热发电近年在欧美地区快速发展。截至 2011 年 4 月，全球太阳能热发电累计装机容量为 1.26GW，在建的太阳能热发电站超过 2.24GW，年平均效率超过 12%。面向承担基础电力负荷的"大容量—高参数—长周期储热"是国际太阳能热发电的技术发展趋势。目前，太阳能热发电成本价格在 0.2 欧元/kWh，到 2020 年有望降低到 0.05 欧元/kWh。

在太阳能建筑供能方面，面向区域性建筑供暖是太阳能低温热利用的重要发展方向。目前全球已陆续建成面积万平方米级以上跨季节储能的区域性太阳能建筑供热系统 12 座。年太阳能保证率超过 50%，万立方米规模化储能系统单位建设成本降低到 50 欧元/m³。

在太阳能中温技术与工业节能应用方面，目前全球已陆续建立了百余个太阳能热利用工业领域应用工程，涵盖了 11 个工业领域，应用和示范的太阳能空调项目超过 300 个。

（二）国内形势

我国政府长期以来对太阳能开发利用给予高度重视，近年来太阳能技术、产业和应用取得了全面进步。

2010 年，多晶硅实际产量 45000 吨，自给率从 2007 年的 10% 提高到 2010 年的 50%；自 2002 年以来，我国太阳电池产量均以 100% 以上的年增长率快速发展，2010 年产量 8.7GW，占到世界总产量的 50%，连续四年产量世界第一，商业化晶体硅太阳电池光电转换效率已接近 19%，硅基薄膜电池商业化最高效率达到 8% 以上，生产设备也已经从过去的全部引进到现在 70% 的国产化率。2009 年，我国政府开始实施"金太阳示范工程"，通过光伏产品的规模化应用带动国内太阳能发电的商业化进程和技术进步。2010 年国内新增光伏装机 500MW，累计装机达到 800MW，500kW 级光伏并网逆变器等关键设备实现国产化，并网光伏系统开始商业化推广，光伏微网技术开发与国际基本同步。

我国太阳能热发电技术研究起步较晚，目前仍无在运行太阳能热发电站。"八五"以来，科技部就关键部件在技术研发方面给予了持续支持，"十一五"期间启动了 1MW 塔式太阳能热发电技术研究及系统示范。目前，大规模发电技术已有所突破，部分关键器件已产业化。

在太阳能建筑供能方面，我国的被动太阳能建筑技术已经基本发展成熟。但在区域太阳能建筑供暖技术和应用领域仍为空白。目前在区域太阳能建筑集中供暖的核心技术跨季节储能方面只有小规模的研发，还没有大系统的设计、建设和运行经验。

在太阳能中温技术与工业节能应用方面，我国的太阳能热利用技术在工业领域的应用还几乎是空白。目前仅有几例应用，太阳能空调应用示范项目约 50 个，缺少大系统的设计、建设和运行经验。

（三）问题和需求

要实现太阳能从补充能源到主要能源，必须大幅度降低成本，为此需要依靠技术进步和大规模的推广应用。目前我国太阳能产业和市场的问题及需求如下：

1. 太阳能硅材料及关键配套材料

我国具有自主知识产权的规模化多晶硅生产工艺研发及装备制造仍处于起步阶段，在生产成本、产品质量、综合利用等方面与国际先进水平仍存在明显差距。

我国太阳电池关键配套材料产业的发展也相对落后，一些关键配套材料，如银浆、银铝浆材料、TPT 背板材料、EVA 封装材料等还大量依赖进口，必须加快技术研发，提高质量，实现关键配套材料的国产化，进一步降低太阳电池生产成本。

2. 太阳电池

晶体硅高效电池方面，国际发达国家商业化效率已达 20% 以上，我国仍处于空白状态；薄膜电池方面，非晶硅/微晶硅叠层电池和国际上有差距，国际上已经产业化的碲化镉薄膜和铜铟镓硒薄膜电池，在我国还没有商业化生产线；新型电池仍然没有掌握国际上已经产业化的薄膜硅/晶体硅异质结电池、高倍聚光电池、柔性电池的中试和生产技术，染料敏化电池也需要向实用产品发展。在全光谱电池、黑硅电池等前沿技术研究方面，也与国际水平存在一定差距。

3. 生产装备

晶体硅电池部分关键生产设备性能与国际先进水平存在相当差距，成套生产线自动化程度低；薄膜电池的关键设备和生产线主要依靠进口。缺乏国产化整线集成解决方案。

4. 光伏系统

在大型并网光伏电站、光伏微网、区域建筑光伏系统及光伏直流并网系统等光伏大规模利用的设计集成、关键设备、功率预测和并网技术方面与国外先进技术水平有一定差距，综合利用方面还缺少经验。

5. 太阳能光热利用

我国目前还没有商业化运营的太阳能热发电站，缺乏系统设计能力和集成技术，高温聚光、吸热和储热技术不成熟。区域太阳能建筑供暖技术、太阳能中温技术与工业节能应用在我国仍为空白。

6. 测试及平台

我国在标准电池计量、电池、组件测试等方面需要进一步完善，系统模拟和测试技术能力刚刚起步，大型逆变器的研究测试和室外实证性的研究测试示范基地仍然处于空白。

二、指导思想与目标

（一）指导思想

总体按照"一个目标，二项突破，三类技术、四大方向"的指导思想。一个目标：实现太阳能大规模利用，发电成本可与常规能源竞争；二项突破：突破规模化生产和规模化应用技术；三类技术：全面布局开展晶体硅电池、薄膜电池及新型电池技术研发；四大方向：全面部署材料、器件、系统和装备科技攻关。

（二）基本原则

（1）坚持以降低终端发电成本为中心。

针对产业发展瓶颈技术，部署关键技术研发、核心工艺设计和重大装备研制，实现发电成本的持续下降。

（2）坚持技术创新与示范工程相结合。

以金太阳示范工程等为牵引，实现以典型示范工程带动前沿关键技术突破、以产品推广应用拉动光伏全产业链快速健康发展。

（3）坚持面向全产业链布局攻关。

以材料、电池、系统及装备为经线的太阳能全产业链布局；以晶硅、薄膜和新型电池为纬线的三类太阳电池技术统筹布局。按照研发、示范和推广应用三个层次循序推进。

（4）坚持多层次技术研发和产业服务体系并举。

建立包括产业联盟、平台基地、人才机制、标准规范和政策法规的可持续发展支撑体系。

（三）规划目标

"十二五"期间，实现光伏技术的全面突破，促进太阳能发电的规模化应用，晶硅电池效率20%以上，硅基薄膜电池效率10%以上，碲化镉、铜铟镓硒薄膜电池实现商业化应用，装机成本1.2万元~1.3万元/kW，初步实现用户侧并网光伏系统平价上网，公用电网侧并网光伏系统上网电价低于0.8元/kWh，基本掌握多种光伏微网系统关键部件及设计集成技术，实现示范应用。太阳能热发电具备建立100MW级太阳能热发电站的设计能力和成套装备供应能力，无储热电站装机成本1.6万元/kW；带8小时储热电站装机成本2.2万元/kW，上网电价低于0.9元/kWh。突破太阳能中温热能在工业节能中的应用技术和太阳能建筑采暖的长周期储热技术，并示范应用。初步建立太阳能发电国家标准体系和技术产品检测平台，形成我国完整的太阳能技术研发、装备制造、系统集成、工程建设、运行维护等产业链技术服务体系。

关键指标如下：

（1）实现多晶硅材料生产成本降低30%，配套材料国产化率达到50%。

（2）晶体硅太阳电池整线成套装备国产化，具备自主知识产权的晶硅整线集成"交钥匙"工程能力。

（3）单晶硅电池产业化平均效率突破20%，拥有自主知识产权的非晶硅薄膜电池产业化平均效率突破10%。

（4）突破100MW级并网光伏电站、100MW级城镇多点接入生态居住小区光伏系统技术、10MW级光伏微网系统与10MW级区域建筑光伏系统关键技术及设备。

（5）突破100MW级太阳能热发电关键技术及装备并建立核心产品生产线、测试平台和示范系统；通过系统集成掌握电站设计、优化和运行技术。

（6）突破区域建筑跨季储热供暖技术及设备。

（7）完善太阳能中温热利用技术，并建立工业应用示范。

（8）突破太阳能分布式发电技术。

（9）建成太阳能利用实证性研究示范基地。

（10）在光伏直流并网发电、太阳能热与化石燃料互补发电等创新性研究方面取得进展。

三、重点方向

（一）材料方向

在光伏产业链上，硅材料主要涉及太阳电池用的多晶硅提纯和下游的硅片、单晶和多晶铸锭。发展高效节能低成本多晶硅材料的清洁生产技术和太阳电池关键配套材料制备技术，将有利于降低光伏电池生产成本和实现硅材料生产的环境友好。相关内容包括：改良西门子法、硅烷法、物理、化学冶金法多晶硅材料生产技术，太阳电池用银浆、银铝浆、TPT 背板材料、EVA 封装材料、薄膜电池用 TCO 玻璃基板等关键配套材料制备技术等。

（二）器件方向

太阳能发电效率的提高和生产成本的降低将直接影响发电成本。晶体硅电池正朝着高效率、薄片化和低成本三个方向进行改进；低能耗、低成本的薄膜太阳电池技术正朝着高效、稳定和长寿命的方向努力。相关内容包括：效率 20% 以上低成本超薄晶体硅电池产业化制造技术，效率 10% 以上薄膜电池产业化制造技术，高倍率聚光电池及发电关键技术，柔性衬底硅基薄膜太阳电池中试制造技术，非真空电沉积柔性 CIGS 薄膜太阳电池中试制造技术，量子点电池、热光伏电池、硅球电池、多晶硅薄膜电池、有机电池等新型太阳电池的前沿制备技术，高温直通式真空管及槽式聚光集热实验平台等。

（三）系统方向

突破光伏规模化利用的成套关键技术与装备，建成多种形式的光伏发电示范工程，能够有效推动光伏发电技术在我国的大规模应用；开展太阳能热利用关键装备和系统集成科技攻关，依托规模化示范工程建设，能够推动太阳能热利用技术与产业发展。相关内容包括：100MW 级大型并网光伏电站系统及设备技术，100MW 级城镇多点接入生态居住小区光伏系统技术，10MW 级光伏微网系统及设备技术，区域性高密度光伏建筑并网系统及设备技术，10MW 级次高参数太阳能热发电技术，硅基高可靠光伏建筑一体化关键技术、大型多能互补光伏并网系统技术、光伏直流并网发电技术、分布式太阳能热发电技术，太阳能储热技术，太阳能中温热在工业节能中的应用技术等。

（四）装备方向

太阳能光伏生产设备是贯穿整个产业链的基础，目前亟须突破产业链部分环节核心设备的瓶颈，提升其关键生产设备的性能和成套生产线的自动化程度。相关内容包括：晶体硅太阳电池整线成套装备集成技术，效率 10% 以上年产能 40MW 硅基薄膜太阳电池制造技术，效率 10% 以上年产能 30MW 碲化镉薄膜太阳电池制造技术，效率 8% 以上年产能 5MW 染料敏化太阳电池制造技术，薄膜硅/晶体硅异质结电池中试制造技术，硅基高可靠 BIPV 系列组件制造装备技术等。

四、重点任务

（一）重点任务

（1）掌握太阳能材料、器件、系统核心技术和工业生产线的关键工艺及装备；

（2）突破太阳能发电系统规模化利用的关键技术及装备；

（3）建设国家重点实验室、工程中心和产业化基地；

（4）完善太阳能产品及系统的检测技术和认证标准；

（5）集成示范太阳能开发利用的新技术、新设备。

（二）任务分解

"十二五"期间，根据四个研究方向和五项重点任务，在太阳能科技领域分解出 19 项研究内容，其中：材料方向 2 项，器件方向 8 项，系统方向 9 项，装备方向研究内容分布在前三项中。

1. 材料方向

（1）高效节能多晶硅材料大规模清洁生产关键技术研究。

提升改良西门子工艺大规模低成本清洁生产技术，突破硅烷法工艺规模化生产，探索物理、化学冶金法等低成本新工艺技术。

（2）太阳电池关键配套材料制备技术研究。

突破太阳电池用银浆、银铝浆、TPT 背板材料、EVA 封装材料、薄膜电池用 TCO 玻璃基板等关键配套材料制备技术。

2. 器件方向

（1）新型太阳电池中试及前沿技术研究。

建成年产能 2MW 的薄膜硅/晶体硅异质结太阳电池中试示范线，中试效率达到 18.5%；建成年产能 1MW 的柔性硅薄膜太阳电池卷对卷制造中试示范线，电池稳定效率达到 10%；掌握高倍聚光太阳电池及应用技术，建成年产能 5MW 的中试线，电池效率超过 35%。

（2）效率 20%以上低成本晶体硅电池产业化成套关键技术研究及示范生产线。

在产业化平均效率指标上，单晶硅电池达到 20%，多晶硅电池达到 19%，主要新型技术设备实现国产化；晶体硅电池成本降至 7 元/W，硅片厚度降至 160 微米；推动高效电池技术在全国范围内的大规模产业化，实现年产能 100MW。

（3）规模化铜铟镓硒薄膜太阳电池成套制造工艺技术研发。

突破规模化铜铟镓硒（硫）薄膜太阳电池生产线中的关键设备设计与制造瓶颈，开发具有国际水平的成套工艺技术，建成年产能 5MW 卷对卷式柔性衬底 CIGS 薄膜电池生产线、MW 级柔性铜铟镓硒硫薄膜太阳电池生产线、电化学法沉积 CIGS 薄膜太阳电池示范生产线、涂覆-热处理法制备 CIGS 太阳电池示范生产线和集电管式 CIGS 薄膜太阳电池示范生产线，并形成批量产品。

（4）效率 10%以上规模化薄膜太阳电池成套制造工艺技术研发。

研制具有自主知识产权的年产能 40MW 硅基薄膜太阳电池生产线关键设备和年产能 30MW 碲化镉薄膜太阳电池生产线关键设备，完成硅基薄膜太阳电池和碲化镉薄膜太阳电池成套工艺技术研发，产业化组件效率 10%以上，生产成本低于 5 元/W。

（5）年产能 5MW 效率 8%染料敏化太阳电池组件成套制造技术研发。

掌握染料敏化剂、电解质、光阳极等关键材料的批量生产工艺和合成技术，研制染料敏化太阳电池配套材料批量生产的关键设备；解决 MW 级染料敏化太阳电池关键技术及生产工艺设备，掌握大面积电池产业化制作技术，建成年产能 5MW 的染料敏化太阳电池生产线。

（6）效率 10%以上 50MW 非晶/微晶硅叠层薄膜太阳电池成套制造工艺技术研发。

研究高效电池用非晶硅材料、硅薄膜材料、ZnO 透明导电薄膜制备工艺等技术，建成年产能 50MW 硅非晶/微晶硅叠层薄膜太阳电池生产线，组件稳定效率 10%以上，成本低于 5 元/W。

（7）高倍聚光太阳电池成套制造工艺技术研发及示范。

掌握 GaInP/GaInAs/Ge 三结太阳电池制造工艺技术，建成年产能大于 5MW 的聚光多结太阳电池中试生产线及聚光电池可靠性测试平台和户外实测平台；掌握 1200 倍聚光光伏系统设计技术，研制大功率 CPV 并网逆变器。

（8）太阳能槽式集热发电技术研究与示范。

面向商业化槽式聚光集热技术研究，突破高温真空集热管和高精度聚光器成型关键工艺、批量化生产技术和关键装备，建立 MW 级槽式聚光集热集成实验示范系统。

3. 系统方向

（1）大型光伏并网系统设计集成技术研究示范及装备研制。

瞄准 100MW 级大型并网光伏电站技术研究，掌握 100MW 级并网光伏电站的单元设计集成与工程化技术及关键设备，区域高密度多接入点建筑光伏、双模式建筑光伏系统集成技术及关键设备。安全并网及电能质量调节技术，高海拔地区功率预测和生态环境监测技术，建立实证性研究示范基地。

（2）高稳定性光伏微网系统技术研究与示范。

突破包括光伏的多能互补微网的稳定性技术，掌握系统集成与工程技术、稳定控制技术和电能质量调控技术，研制完成微网能量管理系统、电能质量调节系统及微网型光伏电站自动化在线测控系统，建成 10MW 级光/水互补微网系统、数 MW 级多能互补的微网系统、100MW 级多点接入区域光伏示范系统。

（3）适合于微网运行的大功率光伏控制/逆变器关键技术研究及设备研制。

突破自同步电压源逆变器及高效光伏充电控制器的关键技术，掌握自同步电压源逆变器多机稳定并联运行技术及与最大功率跟踪相结合的高效智能光伏充电技术，完成自同步电压源逆变器及高效光伏充电控制器的产品化研究，具备批量化生产能力；提出改进自同步电压源并网逆变器下垂控制器实现方法，完成自同步电压源逆变器及高效光伏充电控制器的产业化研究。

（4）10MW 级太阳能塔式热发电技术研究与示范。

面向高参数—高效率—稳定输出的太阳能热发电技术研究，突破次高参数熔融盐吸热—储热塔式发电关键技术及设备，建立 10MW 示范熔融盐塔式示范电站。

（5）大型多能互补光伏并网系统技术研究与示范。

面向大型光伏电站与大型风电场、与水电站、与太阳能热电站的互补并网发电应用，突破互补发电系统的设计集成与并网技术，多种电源功率预测技术、联合控制技术、能量优化管理技术，建立多种互补发电系统示范。

（6）硅基高可靠光伏建筑一体化（BIPV）关键技术及示范。

瞄准太阳能光伏建筑一体化组件及应用技术，突破硅基高可靠 BIPV 系列组件制造装备及生产线关键工艺技术，完成系列化 BIPV 构件产业制造并形成规模应用标准和规范。

（7）分布式太阳能热发电技术。

面向 100kW 级分布式太阳能热发电技术研究，突破有机朗肯、碟式斯特林、单螺杆膨胀机、太阳能热电半导体发电技术等分布式发电重大装备设计与制造技术，并进行实证性试验与示范。

（8）太阳能储热技术研究与规模化应用。

掌握低温段（20℃~95℃）和高温段（450℃以上）储热材料设计、制备、大容量储热系统热损抑制、区域集中供热系统集成、能量输配与管理技术，形成分布式和大容量集中太阳能储热与供热系统示范。

（9）太阳能中温技术与工业应用。

面向太阳能中温热利用的实用化和产业化技术研究，突破太阳能 80℃~250℃中温集热器、中温储热、太阳能空调和系统集成的技术和装备，建立太阳能中温集热系统工农业生产领域应用示范。

"十二五"期间，还需要在光伏直流并网发电等新技术、新系统方面进行创新性探索研究。

（三）从基础到产业化的全链条规划

太阳能级硅材料方面，重点研究高效节能多晶硅材料的产业化技术。太阳电池方面，重点研究高效、低成本、超薄晶硅太阳电池和高效薄膜太阳电池的产业化技术，着力发展新型太阳电池关键技术。光伏系统及平衡部件方面，重点研究100MW级并网光伏电站、高密度区域建筑光伏系统、光伏微电网系统技术和大型多能互补光伏并网系统技术与关键设备的产业化技术。太阳能热利用方面，重点研究太阳能热发电和太阳能热利用技术与关键设备的产业化技术。

五、保障措施

围绕《专项规划》和"十二五"科技重点发展的部署，制定保障措施，加大实施力度，切实形成有利于自主创新的新体制和新机制。

1. 加强科技专项的组织领导和统筹协调。设立计划实施领导小组，强化政府的科技宏观管理能力，实行重点计划重点落实与协调，切实保障计划顺利有效实施；在技术层面，设立总体技术专家组，完善专家管理机制，从系统角度把握科技发展的宏观与微观技术网络，有效提高专项资金使用效率，保证计划的有效推进；成立光伏和光热两个项目办公室，建立科技统计、技术预测、第三方独立评估、信用管理等制度，加强对科技投入的统筹管理，完善项目管理后评价机制及问效问责制，加强对计划实施全过程的监督和绩效评估，从而降低项目风险。

2. 加强科技投入力度，鼓励各类社会资本投入。大幅度增加重点项目科技投入，强化重点项目科技投入滚动增长的保障和后评估机制。加大对技术创新平台的支持力度和广度，加强对基础研究、前沿高技术研究、科技基础条件建设、人才培养的支持，引导行业部门、地方政府、产业联盟、企业及其他各类社会资本加大科技投入，建立各类研究开发和服务平台，支持在高等教育中强化太阳能相关学科设置，重点解决太阳能利用未来的重大科技问题。

3. 制定和落实促进科技专项实施的各项激励政策。结合科技项目的实施，有计划地推进示范项目与金太阳示范工程的结合，通过工程实施实现对科研成果先进性和有效性的验证；建立产业发展预警机制，充分重视太阳能服务业的发展；同时，鼓励企业充分利用财税、金融、政府采购等政策，以企业投入为主，有针对性地解决产业发展中的重大技术问题，从而打破国外的技术垄断，保障光伏市场的规范性和成果转化的高效性。

4. 充分发挥金太阳示范工程的带动作用。以金太阳示范工程带动太阳能开发利用技术的进步；以技术进步推动和保障金太阳示范工程的顺利实施；依托金太阳示范工程建立和完善服务支撑体系。

5. 建成第三方的与国际对等的权威检测机构。建立国家级的光伏系统及平衡部件的实证性研究基地和大型光伏并网逆变器的测试平台，用于现场考验光伏组件、平衡部件以及光伏发电系统的实际运行效果，分析评价各类产品与技术的性能及其变化趋势，提升部件及系统的测试、分析和判断能力，为我国未来大型光伏系统新技术提供开放式、公益性的实证基地，为我国光伏产品提供第三方、公正、权威的测试条件。

6. 充分发挥国家高新技术产业开发区、国家级高新技术产业化基地的作用，加快成果产业化，推动创新型产业集群建设工程，围绕本专项确定的主要目标，合理选择技术路径和产业路线，采取有效措施，促进产业集群的形成和创新发展。

关于公布 2012 年金太阳示范项目目录的通知

（财政部　科技部　国家能源局　2012 年 4 月 28 日发布　财建〔2012〕177 号）

有关省、自治区、直辖市、计划单列市财政厅（局）、科技厅（委、局）、发展改革委（能源局）：

　　根据各地上报的《2012 年金太阳示范项目实施方案》和专家评审结果，财政部、科技部、国家能源局确定 2012 年金太阳示范工程总规模为 1709 兆瓦，现将示范项目予以公布。为加快示范项目建设，提高财政资金使用效益，现就做好示范项目实施工作的有关事项通知如下：

一、项目单位要抓紧做好各项前期准备工作，及时提交财政补助资金申请文件

　　（一）抓紧完成项目立项审批、工程招标、电网接入许可等各项工作，落实建设资金，并按照《财政部　科技部　国家能源局关于做好 2012 年金太阳示范工作的通知》（财建〔2012〕21 号）要求，与关键设备（组件、逆变器、蓄电池）企业签订正式采购合同（必须明确采购价格、交货日期及违约责任等内容）。

　　（二）租用其他单位屋顶，采用合同能源管理方式建设和运行的项目，项目单位必须与建筑业主单位签订正式的屋顶租赁和节能服务合同。

　　（三）项目单位在完成各项准备工作后，要及时向省级财政、科技、能源主管部门提交财政补助资金申请文件（包括项目立项文件、电网接入意见、项目资本金证明、屋顶租赁和节能服务合同、关键设备采购合同等相关材料）。省级财政、科技、能源主管部门审核汇总后，于 2012 年 5 月 20 日前上报财政部、科技部、国家能源局。

　　（四）考虑到今年以来，光伏发电系统建设成本持续下降的实际情况，经研究决定，2012 年用户侧光伏发电项目的补助标准确定为 5.5 元/瓦。财政部据此核定示范项目补助资金后按一定比例进行预拨，剩余资金在项目完工后进行清算。

二、加强示范项目的监督管理工作，确保示范项目建设进度、
工程质量和示范效果

　　（一）地方财政、科技、能源部门要对示范项目建设情况进行日常监督，积极协调解决项目建设中出现的问题，确保示范项目按期完工。

　　（二）光伏发电集中应用示范区管委会要成立专门的管理机构，加强对项目建设、电网接入、运行管理等方面的组织协调，保证示范工程顺利实施。

　　（三）省级能源主管部门要按照《国家能源局　财政部　科技部关于印发金太阳示范项目管理暂行办法的通知》（国能新能〔2011〕109 号）要求，于每年 7 月底和 1 月底将本地区金太阳示范

项目建设和运行情况上报国家能源局、财政部、科技部。
　　附件：2012年金太阳示范工程项目目录

财政部　科技部　国家能源局
二〇一二年四月二十八日

附件：

2012年金太阳示范工程项目目录

序号	项目名称	装机容量（千瓦）	项目业主
	合计	1709244	
	北京市	107672	
1	北京市阳光校园光伏发电示范项目（二期）	95000	北京源深节能技术有限责任公司
2	北京京城机电控股有限责任公司光伏发电示范项目	12672	北京京城机电控股有限责任公司
	天津市	24006	
1	天津滨海高新区光伏发电示范项目	10006	大唐山东发电有限公司
2	信义玻璃（天津）有限公司光伏发电示范项目	10000	信义玻璃（天津）有限公司
3	鸿富锦精密电子（天津）有限公司光伏发电示范项目	4000	鸿富锦精密电子（天津）有限公司
	河北省	58809	
1	保定国家高新技术产业开发区屋顶光伏发电项目（三期）	10000	英利集团有限公司
2	永清高科技阳光农业产业示范区光伏发电项目（一期）	20000	廊坊新奥光伏集成有限公司
3	巨力园区屋顶太阳能光伏发电项目	10008	巨力新能源股份有限公司
4	河北鼎力新能源科技有限公司用户侧光伏发电示范项目	10000	河北鼎力新能源科技有限公司
5	晶龙实业集团有限公司屋顶光伏发电项目	6001	晶龙实业集团有限公司
6	河北涿州新材料产业园光伏发电项目	2800	北京金自天正智能控制股份有限公司
	山西省	20003	
1	古交市科技开发工业园区光伏发电集中应用示范项目	10003	山西盛华能源科技股份有限公司
2	太原钢铁（集团）不锈钢工业园屋顶光伏发电项目	10000	山西华秦信息技术有限公司
	内蒙古自治区	37767	
1	包头市山晟新能源有限责任公司光伏发电示范项目	20000	包头市山晟新能源有限责任公司
2	赤峰红山经济开发区集中成片应用光伏发电示范项目	10000	赤峰市恒亿投资开发有限公司
3	赤峰市创新中蒙药研究所有限公司太阳能光伏发电示范项目	5487	赤峰市创新中蒙药研究所有限公司
4	偏远无电地区电信行业通讯站址独立光伏电站示范项目	2280	中兴能源（天津）有限公司
	辽宁省	2001	
1	锦州阳光能源有限公司用户侧光伏发电项目	2001	锦州阳光能源有限公司
	大连市	2600	
1	大连旅顺口区佳丰机械制造有限公司用户侧光伏发电项目	2600	大连佳丰机械制造有限公司
	吉林省	20000	
1	中国一汽汽车集团公司光伏发电示范项目	20000	江苏鼎晟新能源投资有限公司/无锡硕能新能源科技发展有限公司
	黑龙江省	2139	
1	哈尔滨远大购物广场光伏发电项目	2139	黑龙江远大房地产开发有限公司
	上海市	92975	
1	上海金桥出口加工区光伏发电项目	31500	国电光伏（江苏）有限公司
2	宝钢股份金太阳示范项目（一期）	50000	北京国发华企节能科技有限公司

续表

序号	项目名称	装机容量（千瓦）	项目业主
	上海市	92975	
3	上海晶澳太阳能发电示范项目	4003	上海晶澳太阳能科技有限公司
4	虹桥机场货运楼屋顶光伏发电项目	3456	中节能（上海）太阳能发电有限公司
5	中铝上海铜业有限公司光伏发电示范项目	2016	上海雍泽新能源投资管理有限公司
6	上海电力学院光伏发电示范项目	2000	大唐亚能（上海）新能源股份有限公司
	江苏省	272975	
1	徐州经济技术开发区光伏发电集中应用项目	13500	江苏艾德太阳能科技有限公司
2	苏州工业园区光伏发电示范项目	10001	保利协鑫能源控股有限公司
3	江苏协鑫硅材料科技发展有限公司屋顶光伏发电项目	10001	江苏协鑫硅材料科技发展有限公司
4	中广核苏州木渎屋顶光伏发电项目（一期）	10368	中广核太阳能开发有限公司
5	无锡市宜兴经济开发区光伏发电示范项目	10001	保利协鑫能源控股有限公司
6	扬州经济技术开发区光伏发电示范项目	10001	扬州港口污泥发电有限公司
7	苏州高新区光伏发电示范项目（一期）	30000	阿特斯（中国）投资有限公司
8	江苏省丹阳市大亚科技厂房屋顶光伏发电示范项目	15000	江苏苏美达能源工程有限公司
9	盐城经济开发区光伏发电应用示范项目	20022	盐城市普光能源技术有限公司
10	常州钟楼经济开发区光伏发电集中应用示范项目	16128	常州同辉太阳能电力有限公司
11	常州市新北区工业厂房屋顶光伏发电示范项目	10000	江苏隆昌新能源投资有限公司
12	中节能江苏如皋软件园光伏发电集中应用示范项目	10000	中节能太阳能科技有限公司
13	盱眙经济开发区光伏发电示范项目	15002	保利协鑫能源控股有限公司
14	苏州金红叶纸业集团光伏发电示范项目	20000	江苏鼎晟新能源投资有限公司
15	天合光能（常州）科技有限公司光伏发电示范项目	2012	常州天合光能有限公司
16	东海晶澳光伏发电示范项目	4003	东海晶澳太阳能科技有限公司
17	淮安共创工业园光伏屋顶发电项目	8582	中节能太阳能发电淮安有限公司
18	常州亿晶屋顶光伏发电项目	5600	常州亿晶光电科技有限公司
19	江阴海润屋顶光伏发电项目	3792	江阴海润太阳能电力有限公司
20	中节能太阳能科技（镇江）有限公司光伏发电示范项目	3008	中节能太阳能科技（镇江）有限公司
21	南京农副产品物流中心屋顶光伏发电示范项目	6187	中节能太阳能科技南京有限公司
22	中集集团南通港闸屋顶太阳能光伏发电项目	5052	上海航天工业总公司
23	中达电子屋顶光伏发电示范项目	2177	中达电子（江苏）有限公司
24	苏州大族屋顶光伏示范项目	2000	苏州大族科技有限公司
25	淮安市东旺工贸光伏发电示范项目	2006	保利协鑫能源控股有限公司
26	南京吉马光伏发电示范项目	2213	苏州保利协鑫光伏电力投资有限公司
27	江苏中能光伏发电示范项目	2002	江苏中能硅业科技有限公司
28	南通荣威娱乐用品有限公司光伏发电示范项目	2119	东台苏中环保热电有限公司
29	东台碧城商贸园光伏发电示范项目	2011	东台苏中环保热电有限公司
30	江苏海鑫新能源光伏发电示范项目	4230	江苏海鑫新能源发展有限公司
31	友达光电集团苏州工业园区光伏发电示范项目	4900	友达光电（苏州）有限公司
32	江阴复睿光伏科技有限公司扬子江造船金太阳示范项目	5000	江阴复睿光伏科技有限公司
33	宏华海洋屋顶光伏发电示范工程	6057	宏华海洋油气装备（江苏）有限公司
	浙江省	139787	
1	横店集团屋顶光伏发电示范项目	20709	横店集团东磁股份有限公司
2	永康市经济开发区屋顶光伏发电项目	20000	群升集团有限公司
3	温州经济技术开发区集中光伏发电示范项目	10040	浙江埃菲生能源科技有限公司
4	浙江省化学原料药基地临海园区用户侧光伏发电项目	10000	临海市华邦节能技术有限公司
5	海宁经济开发区用户侧光伏发电示范项目	10380	天通控股股份有限公司

续表

序号	项目名称	装机容量（千瓦）	项目业主
	浙江省	139787	
6	杭州建新浮法玻璃工业有限公司深加工产业园厂区屋顶光伏发电工程	8784	浙江正泰新能源开发有限公司
7	福莱特光伏玻璃集团屋顶光伏发电项目	2810	嘉兴协鑫环保热电有限公司
8	奇男子五金制品（浙江）有限公司屋顶光伏并网电站	2004	北京能高自动化技术股份有限公司
9	浙江华飞轻纺有限公司光伏发电示范项目	10003	浙江华飞轻纺有限公司
10	德清天马重工机械有限公司厂区屋顶光伏发电项目	16003	浙江正泰新能源开发有限公司
11	浙江佳宝新纤维集团有限公司屋顶光伏并网发电示范项目	3009	浙江佳宝新纤维集团有限公司
12	上海航天上虞太阳能光伏发电示范项目	5000	上海航天工业总公司
13	杭州福斯特光伏材料股份有限公司屋顶光伏发电示范项目	3045	杭州福斯特光伏材料股份有限公司
14	东风裕隆汽车有限公司杭州临江工业园一期厂房屋顶光伏发电项目	18000	浙江正泰新能源开发有限公司
	安徽省	111610	
1	安徽马鞍山承接产业转移示范园区光伏发电示范项目（一期）	12400	马鞍山南部承接产业转移新区经济技术发展有限公司
2	合肥市金太阳示范工程用户侧发电项目（三期）	30810	合肥市金太阳能源科技股份有限公司
3	芜湖经济技术开发区光伏发电示范项目	20056	江苏鼎晟能源投资有限公司
4	宁国港口生态工业园光伏发电示范项目	15000	蚌埠玻璃工业设计研究院
5	中国玻璃新材料科技产业园光伏发电集中应用示范项目	10080	蚌埠玻璃工业设计研究院
6	芜湖经济技术开发区信义光伏玻璃光伏发电示范项目	10000	信义光伏产业控股有限公司
7	安徽迎驾贡酒光伏发电示范项目	10000	安徽迎驾贡酒股份有限公司
8	合肥海润光伏发电示范项目	3264	合肥海润光伏科技有限公司
	福建省	54000	
1	泉州台商投资区光伏发电示范项目	12000	福建钧石能源有限公司
2	泉州鲤城区江南工业园区光伏发电示范项目	11000	泉州市金太阳电子科技有限公司
3	友达光电集团（厦门）光伏发电示范项目	10000	友达光电（厦门）有限公司
4	宁德东侨光伏发电项目	10000	福建省恒久节能科技有限公司
5	福建旗滨光伏发电用户侧示范项目	11000	福建旗滨集团有限公司
	江西省	95948	
1	景德镇市高新开发区光伏发电示范项目	10240	江西国信中电电气新能源有限公司
2	新余高新技术产业园区光伏发电示范项目（三期）	20000	江西赛维LDK太阳能高科技有限公司
3	新余市下村工业基地屋顶光伏发电项目	13000	江西瑞晶太阳能科技有限公司
4	九江经济技术开发区光伏发电集中成片示范项目	20707	九江市旭阳光电有限公司
5	上海超日（九江）太阳能有限公司光伏发电示范项目	8001	上海超日（九江）太阳能有限公司
6	新余市天翔纺织集团屋面光伏发电项目	10000	江西瑞晶太阳能科技有限公司
7	新余市远东纺织集团屋面光伏发电项目	14000	江西瑞晶太阳能科技有限公司
	山东省	43000	
1	济南高新技术产业开发区光伏发电示范项目	15000	大唐山东发电有限公司
2	高密阳光光伏发电项目	10000	高密阳光光伏产业发展有限公司
3	高唐经济开发区光伏发电示范项目	8000	高唐风光发电装备制造有限公司
4	山东艾尼维尔新能源科技有限公司用户侧光伏发电示范项目	2000	山东艾尼维尔新能源科技有限公司
5	流云集团屋顶光伏发电项目	3000	华电国际电力股份有限公司
6	山东天圆铜业屋顶光伏发电项目	5000	山东天圆铜业有限公司

续表

序号	项目名称	装机容量（千瓦）	项目业主
	青岛市	67669	
1	中节能青岛汽车及零部件工业功能区金太阳集中应用示范项目	20000	中节能太阳能科技有限公司
2	平度市经济开发区金太阳示范项目	15009	大唐山东发电有限公司
3	昌盛日电农业科技大棚光伏发电示范项目	20000	昌盛日电太阳能科技有限公司
4	青岛晓天屋顶光伏发电项目	7660	中节能太阳能科技有限公司
5	赛轮工业园二期金太阳示范工程	5000	赛轮股份有限公司
	河南省	58578	
1	阿特斯洛阳高新区光伏发电集中应用示范项目（一期）	30000	阿特斯光伏电力（洛阳）有限公司
2	中国平煤神马集团机械制造产业园光伏发电项目	12500	江西赛维 LDK 太阳能高科技有限公司
3	商东水务有限公司光伏发电示范工程	5063	河南天祥太阳能发电设备安装有限公司
4	中农颖泰林州生物有限公司金太阳示范项目（二期）	3010	中农颖泰林州生物有限公司
5	驻马店润升国际商贸建材城屋顶光伏发电示范项目	3000	郑州百年置业有限公司
6	河南平棉纺织集团股份有限公司光伏发电示范项目	5005	河南平棉纺织集团股份有限公司
	湖北省	39400	
1	襄阳高新技术产业开发区光伏发电项目	10000	襄阳三和友信城建投资有限公司
2	武汉沌口开发区高新工业园集中连片用户侧光伏发电项目	10900	湖北美鲜农业科技开发有限公司
3	汉川农业科技大棚光伏发电项目	10000	中节能太阳能科技有限公司
4	鸿富锦精密工业（武汉）有限公司用户侧光伏发电项目	8500	鸿富锦精密工业（武汉）有限公司
	湖南省	92902	
1	湘潭国家级经济开发区集中连片光伏发电项目（二期）	30711	湖南兴业太阳能科技有限公司
2	湖南常德经济技术开发区屋顶光伏发电项目	20085	湖南兴业太阳能科技有限公司
3	郴州有色金属园用户侧光伏发电示范项目	10001	中科恒源科技股份有限公司
4	株洲国家高新技术产业开发区集中连片光伏发电示范项目	20000	千百亿（北京）投资咨询有限公司
5	长沙经开区用户侧光伏发电项目	3003	中科恒源股份有限公司
6	益阳科力远产业园光伏发电示范项目	3940	益阳科力远电池有限责任公司
7	湖南湘鹤集团屋顶光伏发电项目	3102	湖南湘鹤集团电缆科技有限公司
8	特变电工衡阳变压器有限公司用户侧光伏发电项目	2060	特变电工衡阳变压器有限公司
	海南省	80000	
1	海南老城经济开发区及海南金盛达建材商城集中连片光伏发电项目	30000	海南天能电力有限公司
2	两岸新能源合作海南航天智能微网光伏发电示范项目（一期）	50000	上海航天工业总公司
	广东省	130554	
1	龙源比亚迪惠州园区屋顶光伏发电示范项目	20000	龙源（北京）太阳能技术有限公司
2	广东佛山禅城经济开发区光伏发电项目	20000	广东威恒输变电工程有限公司、中兴能源（深圳）有限公司
3	珠海新青科技工业园太阳能光伏发电项目	10000	珠海创伟新能源有限公司
4	广东粤电广州开发区光伏发电项目	21237	广东省粤电集团有限公司
5	广州（梅州）产业转移工业园光伏发电示范项目	10007	梅州紫晶光电科技有限公司
6	中广核佛山三水园区屋顶光伏发电项目（一期）	10000	中广核太阳能开发有限公司
7	兴业太阳能广东艺华铝业光伏屋顶示范项目	5000	珠海兴业绿色建筑有限公司
8	上海航天三水光伏发电示范项目	3003	上海航天工业总公司
9	台达电子（东莞）有限公司光伏发电示范项目	2117	台达电子（东莞）有限公司
10	广交会展馆光伏屋顶发电项目	7080	中节能太阳能科技有限公司
11	珠海高新区兴业新能源产业园屋顶光伏发电及智能微电网示范项目	5000	珠海兴业新能源科技有限公司

续表

序号	项目名称	装机容量（千瓦）	项目业主
	广东省	130554	
12.	广东阳江汉能屋顶光伏发电示范项目	7110	阳江市汉能工业有限公司
13	广东河源汉能光伏有限公司光伏发电项目	10000	广东汉能光伏有限公司
	深圳市	55365	
1	深圳比亚迪宝龙工业园光伏发电示范项目	30084	北京市太阳能研究所集团有限公司
2	深圳光明科技园光伏发电项目	20680	中兴能源（深圳）有限公司
3	蛇口集装箱码头太阳能光伏发电示范项目	2000	蛇口集装箱码头有限公司
4	创维深圳平面显示科技园屋顶光伏项目	2601	深圳创动科技有限公司
	广西壮族自治区	6024	
1	柳化氯碱屋顶光伏发电示范项目	3524	广西柳化氯碱有限公司
2	南宁富桂精密工业有限公司用户侧光伏发电项目	2500	南宁富桂精密工业有限公司
	四川省	5000	
1	攀枝花市金勇工贸厂区闲置屋顶光伏应用项目	5000	云南君晟能源投资管理有限公司
	陕西省	20849	
1	陕西延安经济技术开发区厂房屋顶光伏发电集中连片示范项目	10003	延安深圳轻工产业园有限公司
2	咸阳彩虹数码显示有限公司光伏发电项目	3700	咸阳彩虹数码显示有限公司
3	陕西众兴高科生物科技有限公司光伏发电示范项目	5112	陕西众兴高科生物科技有限公司
4	西安惠森现代农业示范基地综合馆光伏发电示范项目	2034	西安惠森农业综合开发科技有限公司
	甘肃省	22680	
1	兰州新区光伏发电集中应用示范项目	20680	中节能太阳能科技有限公司
2	甘肃白银市移动通信基站光伏发电项目	2000	中科恒源科技股份有限公司
	青海省	2560	
1	偏远无电地区电信行业通讯站址独立光伏发电站项目	2560	中兴能源（天津）有限公司
	宁夏回族自治区	2000	
1	宁夏塞上乳业有限公司光伏发电项目	2000	宁夏塞上乳业有限公司
	西藏自治区	38189	
1	西藏自治区村村通电金太阳示范工程	38189	龙源西藏新能源有限公司
	新疆维吾尔自治区	2182	
1	偏远无电地区独立光伏电站示范项目	2182	新疆中兴能源有限公司
	以前年度取消项目	35417	
1	2010 年天津经济开发区天大科技园用户侧光伏发电项目	695	
2	2010 年天津经济开发区丰华工业园用户侧光伏发电项目	2150	
3	2010 年天津经济开发区永旺购物中心用户侧光伏发电项目	919	中兴能源（天津）有限公司
4	2010 年天津经济开发区泰达医院用户侧光伏发电项目	383	
5	2010 年上海张江高科技园区示范项目	10000	上海泰豪智能建筑电气有限公司
6	2009 年黑河市太阳能设施农业一体化并网发电示范工程	10000	黑龙江省东方绿洲光伏科技开发有限公司
7	2009 年新疆乌鲁木齐甘泉堡光伏发电示范项目	10000	新疆裕天新能源投资有限公司
8	2009 年厦门市同安轻工食品工业园光伏科技示范应用项目	1270	厦门多科莫太阳能科技有限公司

国家能源局关于印发太阳能发电发展"十二五"规划的通知

(国家能源局　2012 年 7 月 7 日发布　国能新能〔2012〕194 号)

各省、自治区、直辖市、新疆生产建设兵团发展改革委(能源局)、国家电网公司、南方电网公司、各有关能源企业、水电水利规划总院、各可再生能源学会、协会:

　　为促进太阳能发电产业持续健康发展,国家能源局根据《可再生能源发展"十二五"规划》,组织编制了《太阳能发电发展"十二五"规划》,现印发给你们,并就有关事项通知如下:

　　一、加强规划指导,优化建设布局。各地能源主管部门根据本规划要求,完善本地区太阳能发电规划目标、布局和开发时序,有序推进太阳能发电项目建设。

　　二、立足就地消纳,优先分散利用。太阳能发电项目开发要综合考虑太阳能资源、承载物(或土地)资源及并网运行条件等,所发电量立足就地消纳平衡,优先发展分布式太阳能发电。

　　三、加强电网建设,落实消纳市场。电网企业要加强配套电网建设,优化电网运行,加强电力需求侧管理,建立太阳能发电综合技术支持体系,提高适应太阳能发电并网运行的系统调节能力,保障太阳能发电并网运行和高效利用。

　　四、加强建设运行管理,提高技术水平。项目单位要充分发挥项目建设和运行的主体作用,高度重视工程质量,全面加强项目建设运行管理,鼓励开展多种技术和运营方式的创新。

　　五、加强规划评估,适时调整完善。在规划实施过程中,适时开展太阳能发电规划评估,根据发展形势对规划进行必要的修订和调整。

　　附:太阳能发电发展"十二五"规划

国家能源局

二〇一二年七月七日

附:

太阳能发电发展"十二五"规划

前　言

　　太阳能资源丰富,分布广泛,开发利用前景广阔。太阳能发电作为太阳能利用的重要方式,已经得到世界各国的普遍关注。近几年,太阳能发电技术进步很快,产业规模持续扩大,发电成本不断下降，在全球已实现较大规模应用。在国际市场的带动下，我国太阳能光伏产业快速发展，光伏技术和成本上均已形成一定的国际竞争力。从发展趋势看，太阳能发电即将成为技术可行、经济合理、具备规模化发展条件的可再生能源，对我国合理控制能源消费总量、实现非化石能源目标发挥了重要作用。

为贯彻《可再生能源法》，根据《国民经济和社会发展第十二个五年规划纲要》、《能源发展"十二五"规划》和《可再生能源发展"十二五"规划》，制定了《太阳能发电发展"十二五"规划》（以下简称《规划》）。《规划》主要阐述了太阳能发电发展的指导思想和基本原则，明确了太阳能发电的发展目标、开发利用布局和建设重点，是"十二五"时期我国太阳能发电发展的基本依据。

一、规划基础和背景

（一）发展基础

1. 国际发展状况

（1）发展现状。

太阳能发电是新兴的可再生能源技术，目前已实现产业化应用的主要是太阳能光伏发电和太阳能光热发电。太阳能光伏发电具有电池组件模块化、安装维护方便、使用方式灵活等特点，是太阳能发电应用最多的技术。太阳能光热发电通过聚光集热系统加热介质，再利用传统蒸汽发电设备发电，近年来产业化示范项目开始增多。

光伏发电。近10年来，全球太阳能光伏电池年产量增长约6倍，年均增长50%以上。2010年，全球太阳能光伏电池年产量1600万千瓦，其中我国年产量1000万千瓦。并网光伏电站和与建筑结合的分布式并网光伏发电系统是光伏发电的主要利用方式。到2010年，全球光伏发电总装机容量超过4000万千瓦，主要应用市场在德国、西班牙、日本、意大利，其中德国2010年新增装机容量700万千瓦。随着太阳能光伏发电规模、转换效率和工艺水平的提高，全产业链的成本快速下降。太阳能光伏电池组件价格已经从2000年每瓦4.5美元下降到2010年的1.5美元以下，太阳能光伏发电的经济性明显提高。

光热发电。光热发电也称太阳能热发电，尚未实现大规模发展，但经过较长时间的试验运行，开始进入规模化商业应用。目前，美国、西班牙、德国、法国、阿联酋、印度等国已经建成或在建多座光热电站。到2010年底，全球已实现并网运行的光热电站总装机容量为110万千瓦，在建项目总装机容量约1200万千瓦。

（2）发展趋势。

太阳能发电技术经济性明显改善。目前，太阳能发电还处于发展初期，未来5~10年，太阳能发电产业将进入快速成长期。随着太阳能发电技术水平的提高，市场应用规模将逐步扩大，太阳能发电成本将不断下降，市场竞争力将显著提高，太阳能发电有望加速进入规模化发展阶段。

太阳能发电技术多元化发展。光伏发电和光热发电具有不同的技术特点。晶体硅光伏电池、薄膜光伏电池技术，以及塔式、槽式、碟式等光热发电技术，都各自具有不同的技术优势，太阳能发电将呈现多元化技术路线和发展趋势。有效的市场竞争将会促进太阳能发电技术进步和成本下降，并形成各类太阳能发电技术互为补充、共同发展的格局。

太阳能发电逐步成为电力系统的重要组成部分。随着太阳能发电技术经济性的明显改善，太阳能发电已开始进入规模化发展阶段。在2010年欧盟新增发电装机容量中，太阳能发电首次超过风电，成为欧盟新增发电装机最多的可再生能源电力。随着全球太阳能发电产业技术进步和规模扩大，太阳能发电即将成为继水电、风电之后重要的可再生能源，成为电力系统的重要组成部分。

（3）发展经验。

长期目标引导。欧盟、美国等发达国家或经济体都将太阳能发电作为可再生能源重要领域，制定了 2020 年乃至更长远的发展目标。根据欧盟及成员国颁布的可再生能源行动计划，到 2020 年，欧盟太阳能发电总装机容量将超过 9000 万千瓦，其中德国光伏发电总装机容量将达到 5100 万千瓦，西班牙光热发电将达到 1000 万千瓦。欧盟启动了"欧洲沙漠行动"，计划在撒哈拉沙漠建设大规模太阳能电站向欧洲电力负荷中心输电。

法律政策保障。德国、西班牙、美国等均制定专门法律支持可再生能源发展。欧盟各国普遍通过优惠上网电价政策支持太阳能发电等可再生能源电力的发展，美国通过税收减免和初投资补贴等政策支持太阳能发电发展，各国对电网企业均明确提出了可再生能源发电设施优先接入电网的要求。

2. 我国发展现状

在国际太阳能光伏发电市场的带动下，在《可再生能源法》及配套政策的支持下，我国太阳能发电产业快速成长，已经建立了较好的太阳能光伏电池制造产业基础，在技术和成本上形成了国际竞争优势。已经启动了大型光伏电站、光热电站、分布式光伏发电及离网光伏系统等多元化的太阳能发电市场。初步建立了有利于成本下降的市场竞争机制，太阳能发电成本实现了快速下降，具备了在国内较大规模应用的条件。

（1）资源潜力

我国太阳能资源十分丰富，适宜太阳能发电的国土面积和建筑物受光面积也很大，青藏高原、黄土高原、冀北高原、内蒙古高原等太阳能资源丰富地区占到陆地国土面积的 2/3，具有大规模开发利用太阳能的资源潜力。东北地区、河南、湖北和江西等中部地区，以及河北、山东、江苏等东部沿海地区太阳能资源比较丰富，可供太阳能利用的建筑物面积很大。在四川、重庆、贵州、安徽、湖南等太阳能资源总体一般的区域，也有许多局部地区适宜开发利用太阳能。

（2）发展现状

近年来，我国太阳能光伏电池制造产业迅猛发展，产业体系快速形成，生产能力迅速扩大，技术经济优势明显提高。

光伏电池制造产业基本形成。2010 年，我国大陆地区光伏电池产量达 1000 万千瓦，占全球市场份额 50%以上，其中 5 家企业光伏电池产量居全球前 10 位。我国光伏电池技术和质量位居世界前列，已掌握千吨级多晶硅规模化生产技术，硅材料生产副产品综合利用水平明显提高，先进企业能耗指标接近国际先进水平。国内可生产 50%的光伏电池生产设备，包括单晶炉、多晶硅铸锭炉、开方机、多线切割机等。光伏电池组件价格已从 2000 年的每瓦 40 元下降到 2010 年的每瓦 7~8 元，太阳能发电的上网电价从 2009 年以前的每千瓦时 4 元下降到 2010 年的每千瓦时 1 元左右。

太阳能光热发电的重大装备设计、制造和系统集成等技术取得重要突破。首座商业化光热电站特许权项目已开工建设，有效带动了光热发电的关键设备及电站系统设计与集成等产业链的发展，为我国光热发电发展初步奠定了技术和产业基础。多元化国内市场快速启动。近年来，为积极培育我国太阳能发电市场，结合太阳能发电的技术类型，启动了多元化的国内应用市场。在西部地区组织了共计 30 万千瓦光伏电站特许权项目招标，在内蒙古鄂尔多斯地区组织了 5 万千瓦太阳能热发电特许权项目招标。国家制定了太阳能发电上网电价政策，在西部太阳能资源优势地区建成了一批并网光伏电站。组织实施了金太阳示范工程，利用财政补贴资金支持用户侧光伏发电系统建设。同时，光伏发电系统在无电地区供电、太阳能交通信号、太阳能路灯，以及在通信、气象、铁路、石油等领域也得到普遍利用。到 2010 年底，全国累计光伏电池安装量总计 86 万千瓦，其中大型并网光伏电站共计 45 万千瓦，与建筑结合安装的光伏发电系统共计 26 万千瓦。

产业服务体系日渐完善。大型太阳能电站和分布式光伏发电系统的应用，推进了太阳能发电产业服务体系的建立和完善。初步建立了太阳能光伏电池组件产品的标准、检测和认证体系，基本具备了光伏发电系统及平衡部件的测试能力，国家太阳能发电公共技术研发和测试平台建设正在实施。初步建立了人才培养、信息统计和咨询服务体系，一些大学设置了太阳能发电本科生和研究生教育的相关专业。建立了太阳能热发电主要材料与装备性能测试方法和测试平台。

（二）发展形势

与常规电力相比，太阳能发电无论是在技术经济性方面，还是在与电力系统适应性方面，还存在许多亟待解决的问题，突出表现在以下几个方面：

一是经济性仍是制约太阳能发电发展的主要因素。太阳能发电成本虽然已显著降低，但与常规能源发电相比，光伏发电的经济性仍然较差，目前光伏发电的成本是常规能源发电成本的 3 倍左右。光热发电设备制造产业基础还比较薄弱，电站开发建设还处于示范阶段，发电成本比光伏发电略高。在目前政策体系和市场机制下，经济性差是制约太阳能发电规模化发展的主要因素。

二是并网运行管理是制约太阳能发电发展的关键因素。与建筑结合的分布式光伏发电是太阳能发电的重要应用方式，但我国尚未形成适应分布式发电发展的电力体制和价格机制。特别在电网接入和并网运行管理上，仍未建立与分布式发电相适应的电网接入和并网运行机制，无法充分发挥分布式光伏发电规模小、效率高、效益好的优势，极大影响了分布式能源企业的积极性，制约了分布式光伏发电的大规模发展。

三是促进太阳能发电的政策体系还不完善。目前，促进太阳能发电发展的土地、价格、财税等方面的经济政策和电网接入等方面的技术政策还不够完善，适应分布式光伏发电的电力管理体制还不成熟，完善太阳能发电政策体系、促进电力体制改革的任务十分迫切。

四是光伏制造业亟待转型升级。我国光伏产品产能扩张过快，国内光伏产品应用市场培育不足，严重依赖国外市场，在国际市场需求增速下降和部分国家实行贸易保护主义后，产能过剩矛盾突出，企业经营压力普遍加大。光伏制造关键技术研发滞后，主要生产设备依赖进口，缺乏核心竞争力，许多企业生产规模小、技术水平不高，低劣产品扰乱市场和无序竞争现象时有发生，产业亟待整合和转型升级，行业管理需要加强。

二、指导方针和目标

（一）指导思想

高举中国特色社会主义伟大旗帜，以邓小平理论和"三个代表"重要思想为指导，深入贯彻落实科学发展观，按照加快培育和发展战略性新兴产业以及建立现代能源体系的要求，把加快发展太阳能发电作为优化能源结构、推进能源生产方式变革的重要举措，以技术进步和发展方式创新为主线，促进太阳能发电产业规模化发展，提高太阳能发电的经济性和市场竞争力，将太阳能发电产业培育成具有国际竞争力的优势产业，为实现我国非化石能源发展目标和经济社会可持续发展开辟新途径。

（二）基本原则

规模发展与提高竞争力相结合。逐步扩大太阳能发电的应用规模，特别是分布式光伏发电系统应用，为太阳能发电的产业化发展提供市场空间。同时，继续坚持市场竞争机制，加快推进技术进步，降低太阳能发电成本、提高其市场竞争力，为太阳能发电的大规模发展创造条件。

集中开发与分散利用相结合。在太阳能资源和土地资源较为丰富的西部地区，以增加当地电力供应为目的，建设大型太阳能电站；在太阳能资源较为丰富、经济条件较好的中东部地区，优先利用建筑屋顶建设分布式光伏发电系统，实现集中开发、分散开发和分布式利用共同发展。

市场培育与发展方式创新相结合。通过建设一定规模的太阳能电站和大力推广分布式光伏发电系统，积极培育持续稳定增长的国内太阳能发电市场。积极开展太阳能发电应用方式和投资、建设及运营模式创新，并通过电力体制机制改革创新，建立和完善太阳能多元化发展的政策体系，为太阳能发电提供广阔的市场空间和良好的发展环境。

国内发展与国际合作相结合。 全面完善国内太阳能发电产业体系，形成从技术研发、设备制造到各类应用及产业服务的全产业链。通过吸纳国际技术创新资源和加强国际合作，促进我国太阳能发电技术进步和产业升级，推进我国太阳能发电设备和产品融入国际产业体系。继续提高我国太阳能发电设备和产品的国际竞争力，形成国内国外两个市场均衡发展的格局。

（三）发展目标

太阳能发电发展的总目标是：通过市场竞争机制和规模化发展促进成本持续降低，提高经济性上的竞争力，尽早实现太阳能发电用户侧"平价上网"。加快推进技术进步，形成我国太阳能发电产业的技术体系，提高国际市场持续竞争力。建立适应太阳能发电发展的管理体制和政策体系，为太阳能发电发展提供良好的体制和政策环境。

具体发展指标是：

（1）实现较大规模发展。 到 2015 年底，太阳能发电装机容量达到 2100 万千瓦以上，年发电量达到 250 亿千瓦时。重点在中东部地区建设与建筑结合的分布式光伏发电系统，建成分布式光伏发电总装机容量 1000 万千瓦。在青海、新疆、甘肃、内蒙古等太阳能资源和未利用土地资源丰富地区，以增加当地电力供应为目的，建成并网光伏电站总装机容量 1000 万千瓦。以经济性与光伏发电基本相当为前提，建成光热发电总装机容量 100 万千瓦。

（2）产业竞争力明显提高。 光伏电池基础研究与技术创新能力取得长足进步，建立比较完整的材料、生产装备、系统集成和辅助服务产业体系，光伏电池转化效率继续提高，产业链全面优化，光伏电池技术和成本的全球竞争力进一步提高。太阳能光热电站的整体设计与技术集成能力明显提高，形成若干家技术先进的关键设备制造企业，具备光热发电全产业链的设备及零部件供应能力。

（3）政策体系和发展机制逐步完善。 结合电力体制改革、电价机制改革，完善太阳能发电的政策体系和发展机制，建立有利于分布式可再生能源发电发展的市场竞争机制和电力运行管理机制，为太阳能发电产业发展提供良好的体制机制环境。通过新能源微网工程与新能源示范城市建设开展政策和发展模式创新，探索建立适合可再生能源发展的电力系统运行和管理模式。在"十二五"发展的基础上，继续推进太阳能发电产业规模化发展，到 2020 年太阳能发电总装机容量达到 5000 万千瓦，使我国太阳能发电产业达到国际先进水平。

专栏 1　太阳能发电建设布局（万千瓦）

发电类别	2010 年	2015 年		2020 年
		建设规模	重点地区	建设规模
1. 太阳能电站	45	1100		2300
光伏电站	45	1000	在青海、甘肃、新疆、内蒙古、西藏、宁夏、陕西、云南，以及华北、东北的部分适宜地区建设一批并网光伏电站。结合大型水电、风电基地建设，发展一批风光互补、水光互补光伏电站	2000
光热电站	0	100	在太阳能日照条件好、可利用土地面积广、具备水资源条件的地区，开展光热发电项目的示范	300

续表

发电类别	2010 年	2015 年		2020 年
		建设规模	重点地区	建设规模
2. 分布式光伏发电系统	41	1000	在中东部地区城镇工业园区、经济开发区、大型公共设施等建筑屋顶相对集中的区域，建设并网光伏发电系统。在西藏、青海、甘肃、陕西、新疆、云南、四川等偏远地区及海岛，采用独立光伏电站或户用光伏系统，解决电网无法覆盖地区的无电人口用电问题。扩大城市照明、交通信号等领域光伏系统应用	2700
合计	86	2100		5000

三、重点任务

（一）有序推进太阳能电站建设

利用青海太阳能资源丰富和黄河上游水电调节性好的优势，以满足当地用电需求为目的，重点推进柴达木盆地等地的太阳能电站建设，鼓励开展各种太阳能发电技术的试验示范。结合新疆太阳能资源与水能、风能等其他可再生能源的开发优势，以及新疆加快能源资源转化的总体发展布局，以解决当地供电问题为主，推动南疆和东疆地区大型并网太阳能电站建设，优先建设巴州、和田、吐鲁番、哈密等地区的太阳能电站项目。结合甘肃丰富的太阳能资源和风电开发和布局，以增加当地电力供应为目的，重点推进河西走廊的太阳能电站建设，鼓励开展风光互补、水光互补等项目建设。

利用内蒙古风能资源和太阳能资源优势，以满足当地供电需要为主，重点在内蒙古阿拉善盟、巴彦淖尔、包头、鄂尔多斯、呼和浩特等地区和蒙东电网条件较好的地区，结合风电开发建设一批太阳能电站。

在宁夏的中卫、吴忠和石嘴山地区，陕西的榆林和延安市，结合能源结构优化推进并网太阳能电站建设。在西藏的拉萨、日喀则和山南地区，结合当地用电需求建设一批太阳能电站。在云南的楚雄和大理地区，结合当地水电和风电开发建设一批太阳能电站。

在河北北部、山西北部、四川高原地区、辽宁西北部、吉林西部、黑龙江西部和山东部分地区，稳步推进太阳能电站建设，在确保资源条件与建设条件可行的基础上，统筹安排部分太阳能光伏电站项目。

（二）大力推广分布式太阳能光伏发电

发挥用户侧光伏发电与当地用电价格较接近、电量可就地消纳的优势，加快推广用户侧分布式并网光伏发电系统。鼓励在有条件的城镇公共设施、商业建筑及产业园区的建筑屋顶安装光伏发电系统，支持在大型工业企业的内部电网中接入光伏发电系统，探索并建立适应用户侧光伏发电的电网运行技术体系和管理方式。"十二五"时期，全国分布式太阳能发电系统总装机容量达到 1000 万千瓦以上。

中部地区和东部沿海地区太阳能发电一般采用与建筑物或其他设施结合的分布式方式建设。支持北京、天津、上海、重庆、河南、江苏、浙江、安徽、湖南、湖北、江西、福建、广东、广西、贵州、海南等省（区、市）推广分布式太阳能发电系统。鼓励在河北中南部、山西中南部、山东、四川与东北各主要城市工业园区、大型工业企业建设分布式太阳能发电系统。以新疆生产建设兵团为主要依托单位，在兵团电网开展多点高密度接入光伏发电的分布式供电系统。结合新能源示范城市建设，开展以智能电网技术为支撑的分布式光伏发电系统建设。

（三）建设新能源微电网示范工程

按照"因地制宜、多能互补、灵活配置、经济高效"的思路，在可再生能源资源丰富和具备多元化利用条件的地区，结合智能电网技术，以解决当地供电问题为主，建设新能源微电网工程，建立充分利用新能源发电的新型供用电模式。"十二五"时期，建设30个新能源微电网示范工程。

支持在西藏、青海、新疆等西部省（区）的偏远乡镇、浙江、福建、广东、广西等省（区）人口聚居的离岸海岛及其他特定区域，根据其对供电可靠性和稳定性的需求，开展新能源微电网示范工程建设。通过投资补贴方式支持边远地区分散用户的供用电工程建设，鼓励在西藏、青海、新疆、云南等省（区）的边远地区以及东部人口较少的离岸海岛，推广独立光伏电站、户用光伏发电系统，解决电网无法覆盖地区的无电人口用电问题。

（四）创建新能源示范城市

选择生态环保要求高、经济条件相对较好、可再生能源资源丰富的城市，采取统一规划、规范设计、有序建设的方式，支持在城区及各类产业园区推进太阳能等新能源技术的综合示范应用，替代燃煤等传统的能源利用方式，形成新能源利用的区域优势。以公共机构、学校、医院、宾馆、集中住宅区为重点，推广太阳能热利用、分布式光伏发电等新能源技术的应用。支持各地在各类产业园区的新建和改造过程中，开展先进多样的太阳能等新能源技术应用示范，满足园区电力、供热、制冷等能源需求。通过政策支持和市场手段促进新能源在大中型城市的应用。"十二五"期间，建设100个新能源示范城市和1000个新能源示范园区。

（五）完善太阳能发电技术创新体系

建立以市场为导向、企业为主体、产学研结合的多层次技术创新体系。整合太阳能发电相关科研院所、高等院校的技术力量，建立国家级太阳能发电实验室，重点开展太阳能基础理论、前沿技术、关键技术和共性技术研究。依托现有科研机构和技术创新能力基础好的企业，支持建设国家太阳能光伏发电、国家太阳能光热发电工程技术中心，重点开展太阳能光伏发电、光热发电应用技术研发。加强太阳能光伏发电、光热发电设备及产品检测及认证能力建设，形成先进水平的新产品测试和试验研究基地。鼓励地方政府和企业共同开展太阳能发电技术研发创新平台建设，形成具有区域产业优势的太阳能发电技术创新聚集地。支持创新能力较强的国内科研机构与国际先进水平的科研机构合作，联合设立太阳能发电技术研发中心，重点开展太阳能发电应用系统集成技术和并网运行等共性技术联合研发，促进我国太阳能发电技术和应用的整体进步。

（六）提高太阳能发电产品持续竞争力

提高太阳能发电技术研发能力和关键装备制造能力，巩固光伏发电制造在全球的持续竞争优势。全面提升光伏发电理论研究能力和系统利用水平。开发和制造高效率、高可靠性、低成本、清洁环保、适应不同运行环境的先进太阳能光伏电池组件，提高全产业链的设备和集成技术水平。突破太阳能热发电定日镜、真空管等关键部件设计和制造技术，依托我国集成控制与工程热物理等相关前沿学科的优势，形成配套齐全的光热发电关键设备集成产业链。完善光伏电池组件设备测试和检测方法，形成全面的质量控制体系，提高光伏电池组件性能和质量。

（七）建立完善太阳能发电产业体系

以太阳能发电产业的规模化发展为基础，逐步将目前以主要部件销售为重点的产业体系转变为以工程建设和全生命周期管理为核心的产业体系。依托现有条件，建立以国家能源发展战略为指导，以专业技术机构为主体，以市场需求为导向，支撑太阳能发电产业全面发展的产业服务体系。完善太阳能资源评价、太阳能电站规划设计、施工安装、运行维护等领域的标准体系。建立完善的太阳能发电建设运行服务体系，提高太阳能电站选址、规划、设计、施工安装、检修维护的专业化服务能力。完善太阳能发电产业信息统计，形成太阳能发电信息监测体系。

（八）促进光伏制造业健康发展

积极扩大国内光伏产品应用市场，实现从过度依赖外需向内外需并重转变。积极推进光伏产业结构优化，鼓励企业按照市场规律兼并重组，淘汰落后产能，增强企业抗风险能力，提高产业集中度，加强光伏产业关键技术研发，建立光伏制造技术研发中心，支持企业提高技术创新能力，开成自主技术为基础的产业核心竞争力，使我国光伏产业这现从规模效益型发展向技术效益型发展的转变。规范企业采购光伏电池招投标活动和市场秩序，创造有利于光伏制造业健康发展的市场环境。

（九）积极开展国际合作

开展全球化技术研发合作，鼓励国内企业与国外企业合作开展太阳能发电相关前沿技术、共性技术研究，重点开展太阳能发电应用技术研究开发，以及与太阳能发电相关的电网运行控制技术研究开发。与欧美国家主要研究机构和企业联合开展太阳能发电系统集成设计、太阳能资源测评、太阳能发电预测技术研究。加强国际人才交流与合作，与太阳能发电技术和应用强国进行人才交流，支持有关科研院所和企业建立国际化人才培养和引进机制，重点培养太阳能发电领域的高端专业技术人才和综合管理人才。鼓励国内企业积极参与国外太阳能发电项目建设，形成具有国际先进技术和管理水平的太阳能发电企业集团。

四、规划实施

（一）保障措施

（1）完善促进太阳能发电发展的市场机制。继续完善促进太阳能发电规模化发展的市场竞争机制，促进太阳能发电成本持续下降，建立并完善以市场竞争为基础的太阳能发电国家补贴机制，逐渐减少单位电量的国家补贴额度。建立自发自用为主的分布式光伏发电非歧视无障碍并入电网的管理机制，促进分布式光伏发电进入公共设施和千家万户。

（2）建立适应太阳能发电的电力运行机制。开展用户侧分布式光伏发电系统的运营模式创新，建立以智能电网为技术支撑的分布式发电运行体系，推进新能源微电网试点示范，调动地方政府、电网企业和电力用户的积极性，形成全方位推进分布式能源发展的格局。积极推动新能源微电网和离网太阳能发电的运行和技术服务体系建设，通过市场手段实现资金与技术资源的优化配置。

（3）加强太阳能发电的规划和项目管理。根据全国太阳能发电规划，统筹各地太阳能发电发展规划和分阶段开发建设方案。加强大型并网太阳能电站建设管理，严格项目前期、项目核准、竣工验收、运行监督等环节的技术管理，统筹协调太阳能电站建设和并网运行管理，促进太阳能发电产业有序健康发展。

（4）完善太阳能发电的标准体系。完善建立太阳能光伏电池组件、逆变器等关键产品的标准，形成与国际接轨的产品检测认证体系。规范大型太阳能电站的设计、建设和运行等各环节的规程规范。建立太阳能发电的信息监测评价体系，加强太阳能发电的全过程技术监督工作。

（5）加强光伏制造业行业管理。研究制定光伏制造业产业发展政策，严格准入标准，规范市场准入机制。进一步加强投资管理，控制产能扩张，优化产业布局。加大投入，支持重点企业掌握核心技术，提升核心竞争力。加强光伏产品质量评定和检测认证管理，阻止低劣光伏产品进入市场。

加强光伏产业市场监管，防止无序竞争等扰乱市场秩序的行为。

（二）实施机制

（1）**加强规划协调管理。**各省级政府能源主管部门根据全国规划要求，做好本地区规划的制定及实施工作，认真落实国家规划确定的发展目标和重点任务。地方的太阳能发电发展规划，在公布实施前应获得国家能源主管部门确认，确保各级规划有机衔接。

（2）**建立滚动调整机制。**加强太阳能发电产业的信息统计工作，建立产业监测体系，及时掌握规划执行情况，做好规划中期评估工作。根据中期评估结果，按照有利于太阳能发电产业发展的原则对规划进行滚动调整。

（3）**组织实施年度开发方案。**建立健全太阳能发电规划管理和实施机制，组织各地区依据全国太阳能发电发展"十二五"规划，制订年度开发方案，加强规划及开发方案实施的统筹协调，衔接好太阳能发电并网接入和运行，并合理安排国家补贴资金预算。

（4）**加强运行监测考核。**委托技术归口管理单位开展太阳能电站项目后评估，重点对大规模集中建设的太阳能发电工程进行后评估。电网企业要加强对太阳能发电项目的并网运行监测，采取有效技术措施保障太阳能发电正常并网运行。

五、投资估算和环境社会影响分析

（一）投资估算

"十二五"时期新增太阳能光伏电站装机容量约 1000 万千瓦，太阳能光热发电装机容量 100 万千瓦，分布式光伏发电系统约 1000 万千瓦，光伏电站投资按平均每千瓦 1 万元测算，分布式光伏系统按每千瓦 1.5 万元测算，总投资需求约 2500 亿元。

（二）环境社会影响分析

随着环境保护要求的提高和太阳能发电技术进步的加快，早期投资少、高能耗和高污染的西门子法生产多晶硅技术逐步退出，已经通过改良西门子法或硅烷法等技术手段实现四氯化硅和氯化氢等废液废气的回收和无害化处理，晶体硅光伏电池可通过增加附加值的方式实现环境友好的规模化生产。光伏电站工程建设对自然与生态环境的影响，主要来自对地表的破坏、扬尘和噪音，施工期造成的环境影响将随着工程的结束而消失。太阳能电站运行期无任何污染物排放，基本不消耗工业用水，生活污水和垃圾生产数量也很少，对环境影响甚微。光热电站工程要消耗水，通过采用空冷技术可将用水量降至最低。太阳能电站建设集中在西部未利用土地上，通过合理选址可以避开各类环境保护区，不仅对自然环境和生产生活无不利影响，而且在某种程度上可以减少地表水蒸发，有利于防沙治沙，有利于促进生态环境保护。

太阳能发电产业涉及领域广、产业链长，带动相关产业发展能力强。预计到 2015 年，太阳能发电产业从业人数可达到 50 万人。通过发展太阳能发电产业，可在若干地区形成优势产业聚集区和规模开发利用集中地区，将有力推动这些地区的经济发展转型，促进地区经济社会可持续发展。

国家能源局关于申报分布式光伏发电规模化应用示范区的通知

（国家能源局　2012 年 9 月 14 日发布　国能新能［2012］298 号）

各省（自治区、直辖市）发展改革委（能源局）、新疆生产建设兵团发展改革委：

　　近年来，太阳能光伏发电技术迅速进步，相关制造产业和开发利用规模逐渐扩大，已经成为可再生能源发展的重要领域。光伏发电适合结合电力用户用电需要，在广大城镇和农村的各种建筑物和公共设施上推广分布式光伏系统。特别在用电价格较高的中东部地区，分布式光伏发电已经具有较好的经济性，具备了较大规模应用的条件。为落实可再生能源发展"十二五"规划，促进太阳能发电产业可持续发展，我局将组织分布式光伏发电应用示范区建设。现就有关事项通知如下：

　　一、根据全国可再生能源发展"十二五"规划和太阳能发电发展"十二五"规划，请各省（区、市）选择具有太阳能资源优势、用电需求大和建设条件好的城镇区域，提出分布式光伏发电规模化应用示范区的建设方案。

　　二、示范区的分布式光伏发电项目应具备长期稳定的用电负荷需求和安装条件，所发电量主要满足自发自用。优先选择电力用户用电价格高、自用电量大的区域及工商企业集中开展应用示范。同时，选择具备规模化利用条件的城镇居民小区或乡镇（村）开展集中应用试点。

　　三、鼓励采用先进技术并创新管理模式，特别是采用智能微电网技术高比例接入和运行光伏发电，不断创新微电网建设和运营管理模式。

　　四、国家对示范区的光伏发电项目实行单位电量定额补贴政策，国家对自发自用电量和多余上网电量实行统一补贴标准。项目的总发电量、上网电量由电网企业计量和代发补贴。分布式光伏发电系统有关技术和管理要求，国家能源局将另行制定。

　　五、电网企业要配合落实示范区分布式光伏发电项目接入方案并提供相关服务，本着简化程序、便捷服务的原则，规范并简化分布式光伏发电接入电网标准和管理程序，积极推进分布式光伏发电的规模化应用。

　　六、各省（区、市）可结合新能源示范城市、绿色能源县和新能源微电网项目建设，抓紧研究编制示范区实施方案。首批示范区在若干城市相对集中安排。每个省（区、市）申报支持的数量不超过 3 个，申报总装机容量原则上不超过 50 万千瓦。

　　七、鼓励各省（区、市）利用自有财政资金，在国家补贴政策基础上，以适当方式支持分布式光伏发电示范区建设。

　　八、请各省（区、市）能源主管部门于 10 月 15 日前上报分布式光伏发电示范区实施方案。国家能源局将根据专家评审结果确定并批复示范区名单及实施方案。电网企业按批复的示范区实施方案落实相应电网接入和并网服务。

国家能源局

二〇一二年九月十四日

国家电网公司关于做好分布式光伏发电并网服务工作的意见（暂行）

（国家电网公司　2012 年 10 月 29 日发布）

一、总　则

1. 分布式光伏发电对优化能源结构、推动节能减排、实现经济可持续发展具有重要意义。国家电网公司认真贯彻落实国家能源发展战略，积极支持分布式光伏发电加快发展，依据《中华人民共和国电力法》、《中华人民共和国可再生能源法》等法律法规以及有关规程规定，按照优化并网流程、简化并网手续、提高服务效率原则，制定本意见。

二、适用范围

2. 分布式光伏发电是指位于用户附近，所发电能就地利用，以 10 千伏及以下电压等级接入电网，且单个并网点总装机容量不超过 6 兆瓦的光伏发电项目。

3. 以 10 千伏以上电压等级接入或以 10 千伏电压等级接入但需升压送出的光伏发电项目，执行国家电网公司常规电源相关管理规定。

三、一般原则

4. 电网企业积极为分布式光伏发电项目接入电网提供便利条件，为接入系统工程建设开辟绿色通道。接入公共电网的分布式光伏发电项目，接入系统工程以及接入引起的公共电网改造部分由电网企业投资建设。接入用户侧的分布式光伏发电项目，接入系统工程由项目业主投资建设，接入引起的公共电网改造部分由电网企业投资建设（西部地区接入系统工程仍执行国家现行投资政策）。

5. 分布式光伏发电项目并网点的电能质量应符合国家标准，工程设计和施工应满足《光伏发电站设计规范》和《光伏发电站施工规范》等国家标准。

6. 建于用户内部场所的分布式光伏发电项目，发电量可以全部上网、全部自用或自发自用余电上网，由用户自行选择，用户不足电量由电网企业提供。上、下网电量分开结算，电价执行国家相关政策。

7. 分布式光伏发电项目免收系统备用容量费。

四、并网服务程序

8. 地市或县级电网企业客户服务中心为分布式光伏发电项目业主提供并网申请受理服务，协助项目业主填写并网申请表，接受相关支持性文件。

9. 电网企业为分布式光伏发电项目业主提供接入系统方案制订和咨询服务，并在受理并网申请后 20 个工作日内，由客户服务中心将接入系统方案送达项目业主，项目业主确认后实施。

10. 10 千伏接入项目，客户服务中心在项目业主确认接入系统方案后 5 个工作日内，向项目业主提供接入电网意见函，项目业主根据接入电网意见函开展项目核准和工程建设等后续工作。380 伏接入项目，双方确认的接入系统方案等同于接入电网意见函。

11. 分布式光伏发电项目主体工程和接入系统工程竣工后，客户服务中心受理项目业主并网验收及并网调试申请，接受相关材料。

12. 电网企业在受理并网验收及并网调试申请后，10 个工作日内完成关口电能计量装置安装服务，并与项目业主（或电力用户）签署购售电合同和并网调度协议。合同和协议内容执行国家电力监管委员会和国家工商行政管理总局相关规定。

13. 电网企业在关口电能计量装置安装完成后，10 个工作日内组织并网验收及并网调试，向项目业主提供验收意见，调试通过后直接转入并网运行。验收标准按国家有关规定执行。若验收不合格，电网企业向项目业主提出解决方案。

14. 电网企业在并网申请受理、接入系统方案制订、合同和协议签署、并网验收和并网调试全过程服务中，不收取任何费用。

五、咨询服务

15. 国家电网公司为分布式光伏发电并网提供客户服务中心、95598 服务热线、网上营业厅等多种咨询渠道，向项目业主提供并网办理流程说明、相关政策规定解释、并网工作进度查询等服务，接受项目业主投诉。

附件：分布式光伏发电并网流程

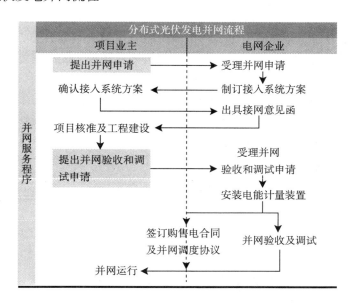

关于组织申报金太阳和光电建筑
应用示范项目的通知

（财政部办公厅　科技部办公厅　住房城乡建设部办公厅　国家能源局综合司
2012 年 11 月 7 日发布　财办建〔2012〕148 号）

各省、自治区、直辖市、计划单列市、新疆生产建设兵团财政厅（局）、科技厅（委、局）、建设厅（委、局）、发展改革委（能源局），总后勤部基建营房部、武警总部军需部：

为促进国内光伏发电应用，财政部、科技部、住房城乡建设部、国家能源局决定在今年上半年金太阳和太阳能光电建筑应用示范工作基础上，在今年年底前再启动一批示范项目。现将有关事项通知如下：

一、申报内容和要求

（一）金太阳示范项目参照财政部、科技部、国家能源局《关于做好 2012 年金太阳示范工作的通知》（财建〔2012〕21 号）执行。

（二）太阳能光电建筑应用示范项目参照财政部办公厅、住房城乡建设部办公厅《关于组织实施 2012 年太阳能光电建筑应用示范的通知》（财办建〔2011〕187 号）执行。

（三）支持应用条件好的省（区、市）和市（县）开展分布式光伏发电应用示范，每个省示范市（县）原则上不超过 3 个。鼓励与新能源城市、绿色能源示范县、可再生能源建筑应用示范市县等相结合申报项目；地方应安排配套资金，与中央财政支持资金形成合力，配套资金落实、政策保障有力的地区将优先予以支持。省级财政、科技、住房城乡建设、能源主管部门联合组织申报。

（四）示范项目选用的晶体硅光伏组件全光照面积的光电转换效率（含边框面积）不低于 15%，非晶硅薄膜组件转换效率不低于 8%，且必须由该品牌拥有企业自有工厂生产。

（五）为引导技术进步，鼓励先新技术和产品的应用示范，支持以光伏发电为主的微电网技术集成及应用示范，并将根据投资情况给予财政补助。

（六）积极拓展应用领域，鼓励在学校、医院、社区、公共建筑、市政等领域安装光伏发电系统。

（七）完善支持方式，各地应选择申报适于投资补助的项目，同时试行度电补贴支持方式。

二、补助标准

（一）为鼓励项目加快实施，补助标准与批复及竣工时间挂钩。其中，本次批复且于 2013 年 6

月30日前完工的金太阳以及与建筑一般结合的太阳能光电建筑应用示范项目补助标准原则上为5.5元/瓦，建材型等与建筑紧密结合的光电建筑一体化项目补助标准原则上为7元/瓦，具体补助标准将根据应用形式和投资成本等情况确定。在规定期限以后完工的项目补助标准将予以降低。

（二）偏远地区独立光伏电站的补助标准原则上为25元/瓦，户用系统的补助标准原则上为18元/瓦。

（三）对光伏发电入社区、入家庭项目，根据投资成本情况，在金太阳和太阳能光电建筑应用示范项目补助标准基础上予以适当增加。

三、申报程序

（一）金太阳示范项目由各地财政、科技、能源主管部门按照财政部、科技部、国家能源局《关于做好2012年金太阳示范工作的通知》（财建〔2012〕21号）组织申报。财政部、科技部、国家能源局公布示范项目目录后，财政部按一定比例预拨补助资金，各地财政部门在项目完成审批备案、资本金落实等准备工作后，根据相关规定按进度拨付补助资金。项目完工后，财政部根据审核验收情况进行清算。

（二）太阳能光电建筑应用示范项目由各地财政、住房城乡建设主管部门按照财政部办公厅、住房城乡建设部办公厅《关于组织实施2012年太阳能光电建筑应用示范的通知》（财办建〔2011〕187号）组织申报。

（三）军队、武警、教育等行业系统光伏发电示范项目，由相关主管部门编制实施方案，直接报财政部、科技部、住房城乡建设部、国家能源局。

请根据以上要求，抓紧组织项目申报工作，将相关文件和材料于11月15日前上报。

财政部办公厅　科技部办公厅 住房城乡建设部办公厅 国家能源局综合司
二〇一二年十一月七日

第四篇　水电政策法规

国家能源局关于印发水电工程概算调整管理办法（试行）的通知

（国家能源局　2011 年 3 月 16 日发布）

为加强水电工程建设管理，规范概算调整工作，保障工程建设顺利进行与工程效益有效发挥，促进水电建设持续健康发展，根据国家基本建设管理和水电工程造价管理有关规定，我局制定了《水电工程概算调整管理办法》（试行），现予印发，请遵照执行。

附件：水电工程概算调整管理办法（试行）

国家能源局
二〇一一年三月十六日

附件：
水电工程概算调整管理办法（试行）

第一条　为加强水电工程建设管理，规范概算调整工作，根据国家基本建设管理和水电工程造价管理有关规定，制定本办法。

第二条　本办法适用于在主要河流上建设的水电工程项目、总装机容量 25 万千瓦及以上水电工程项目、抽水蓄能电站项目，其他水电工程可参照执行。

第三条　对于经核准并开工建设的水电工程，在建设过程中由于国家政策调整、市场价格变化以及工程设计变更等原因，导致原批准设计概算不能满足工程实际需要，且投资完成额超过原批准设计概算 80% 及以上的，可向国家能源局申请调整概算。

第四条　申请调整概算时，应提交以下材料：

（一）项目核准文件；

（二）原工程可行性研究报告、设计概算文件及技术审查文件；

（三）工程调整概算报告（或称工程复核概算报告），应包括调整后的概算文件及与原批准设计概算对比分析，分类定量说明投资变化原因、依据和计算方法；

（四）设计变更汇总专题报告及重大设计变更审查、核准意见；

（五）与调整概算有关的合同文件及结算资料；

（六）调整概算所需的其他材料。

第五条　工程调整概算报告由项目法人委托原设计概算编制单位编制。项目法人委托编制完成调整概算报告，并经工程所在地省级发展改革委、能源局和所属计划单列企业集团（或中央管理企业）同意后，方可向国家能源局申请调整概算。

第六条　国家能源局收到概算调整申请报告后，委托原设计概算审查单位，按照工程概算管理的有关规定，组织专家进行技术审查并出具审查意见。

第七条　工程调整概算报告应按照静态控制、动态管理的原则，以原设计概算为基础，根据设计变更汇总专题报告、建设征地和移民安置规划调整专项报告（含补偿投资概算调整）等复核调整设计概算相应项目及工程量，按原设计概算价格水平编制工程静态投资，并在分年度静态投资基础上，依据工程建设期国家政策调整、市场价格变化以及工程建设实际情况，编制工程建设期价差和贷款利息。

第八条　工程调整概算报告编制单位和编制人员，应严格执行国家的政策、法规和行业的有关规定，广泛、深入地了解工程实际，认真分析工程实施过程中的变化情况，实事求是，合理反映工程实际情况和造价水平。

第九条　工程调整概算报告的编制依据主要包括：

（一）国家有关法律、法规及行业有关规定；

（二）经审定、批准的可行性研究报告及设计概算；

（三）重大设计变更专题报告及审查、核准意见；

（四）建设征地和移民安置、环境保护工程、水土保持工程、劳动安全与工业卫生等专项调整报告及审查意见；

（五）一般工程设计变更报告；

（六）国家或行业主管部门发布的相关价格指数以及工程建设期间市场价格资料；

（七）机电及金属结构设备的采购合同文件、分年度材料采购合同文件、施工合同及其他重要合同文件、结算资料等；

（八）其他相关资料。

第十条　工程设计变更复核是编制工程调整概算报告的重要基础。工程设计变更包括重大设计变更和一般设计变更等内容。水电工程重大设计变更的界定及审查、核准程序按照国家及行业相关规定执行。在提交工程调整概算报告的同时，应提交工程设计变更汇总专题报告。

第十一条　工程设计变更汇总专题报告应按照设计概算项目划分，对工程项目和工程量变化情况进行说明，特别是对新增项目和工程投资变化较大的工程项目和工程量，应说明设计方案变更情况，分析变更原因，按照《水电工程设计工程量计算规定》有关要求编制变更工程量计算书，并附有关图纸。

第十二条　对申请调整概算的工程，审查单位应严格按照国家、行业的有关政策、法律、规定，结合市场价格变化及工程建设实际，区别不可抗力因素和人为因素，组织有关专家对工程调整概算报告及相关资料进行认真审查，提出审查意见。

第十三条　对由于地质条件变化或其他合理原因造成设计变更的工程项目和工程量，经审查认可后在调整概算中予以调整。属于重大设计变更的，须按规定已经履行设计变更审查、核准程序，并取得原设计审查单位的审查意见；未履行相关程序的，不予调整。

第十四条　对由于政策调整、市场价格上涨等不可抗力因素造成建安工程费用、设备价格、独立费用以及建设期利息增加的，经审查认可后予以调整。

第十五条　涉及环境保护、水土保持、安全设施等方面的设计变更，应以有关主管部门的变更审批文件作为依据。

第十六条　需对批准的建设征地和移民安置规划及补偿投资进行调整的水电工程，应当依照《大中型水利水电工程建设征地补偿和移民安置条例》及相关法律法规，编制建设征地和移民安置规划调整报告，同时对补偿投资进行调整，经专项审查后，按重新审定的补偿投资计入工程调整概算报告。

第十七条　对由于勘察、设计、施工、设备材料供应、监理单位过失造成工程投资超过原设计概算的，根据违约责任扣减有关责任单位的费用，超出的投资不作为计取独立费用的基数。对过失情节严重的责任单位，由相关部门依法予以处理。

第十八条　对由于项目法人单位管理不善、失职渎职，擅自扩大规模、提高标准、增加建设内容，以及因上述原因造成工程投资超过原设计概算的，其超出的投资不予调整，并将视情给予批评、通报或追究项目法人单位的法律责任。

第十九条　经国家能源局审查认可的工程调整概算，作为原项目核准机关对项目核准文件规定内容调整出具书面确认意见或重新核准的依据。同时，也是工程项目融资、投资控制管理、项目经济评价和对项目进行稽查、审计的依据。

第二十条　本办法由国家能源局负责解释，自印发之日起施行。

国家能源局关于加强水电建设管理的通知

（国家能源局 2011 年 5 月 17 日发布 国能新能〔2011〕156 号）

各省、自治区、直辖市发展改革委、能源局，国家电网公司、南方电网公司，国电、华电、华能、大唐、中电投集团公司，国家开发投资公司、中国长江三峡集团公司、中国水利水电建设集团公司、葛洲坝集团公司，中国国际工程咨询公司、水电水利规划设计总院：

　　水能是重要的可再生能源。我国水能资源丰富，开发利用水电资源，是增加能源供应，保障能源安全，构建稳定、经济、清洁现代能源体系的重要选择；也是减排温室气体，应对气候变化，实现节能减排目标的重要举措。近年来，我国水电建设取得了很大成就，但受管理制度不健全和地方与企业盲目追求进度等影响，一些工程出现明显的质量问题；受工作责任不落实等多方面因素的影响，移民安置方案频繁调整、安置工作进度滞后等情况时有发生。目前，我国正处在水电建设高峰时期，任务艰巨，为加强建设管理，促进我国水电健康发展，现将有关要求通知如下：

一、加强水电工程前期设计工作

　　水电工程前期设计工作包括预可行性研究和可行性研究，主要任务是查明工程建设条件，确定工程建设方案和移民安置方案。科学的建设方案和合理的移民安置方案是保障工程安全和妥善安置移民的基础。

　　（一）**科学制定工程建设方案**。设计单位要加强重大技术问题的科研攻关，要专题研究涉及工程质量的重大问题；合理采用新技术、新工艺、新设备和新材料，处理好技术创新与工程安全质量的关系；根据我国水电建设的新形势、新要求，统筹考虑工程开发任务、工程建设条件、移民安置和环境保护等要求，提出科学合理的工程建设方案。

　　（二）**合理拟定移民安置方案**。设计单位要按照现行法律法规政策和技术标准，以资源环境承载能力为基础，与当地经济和社会发展规划、土地利用总体规划、城集镇规划等有效衔接，充分听取移民群众和地方政府意见，尊重少数民族的生产、生活和风俗习惯，拟定科学可行的移民安置规划方案。移民安置规划报告设计深度要全面达到枢纽工程同等深度要求，并适度超前。

　　（三）**切实加强技术管理工作**。水电水利规划设计总院作为行业技术管理单位，要坚持技术管理机构的独立公正性，保持技术管理的科学有效性和权威性；要充分发挥工程咨询的重要指导作用，提高前期设计工作质量；要进一步加强和改进设计审查，并对审查结论负责；要对大坝防震抗震、移民安置规划大纲和报告、工程建设方案等重要技术问题加强指导、严格审查，对工作内容和深度达不到规范要求的，不予安排审查。

二、高度重视水电工程建设质量

质量是工程安全的基础和保障，是工程产生经济和社会效益的前提。水电工程涉及公共安全和利益，关系到上下游人民生命财产的安全。必须高度重视工程建设质量，切实加强工程建设管理。

（一）**落实建设质量管理主体责任**。建设单位对工程建设质量负总责。建设单位要组建专门质量管理机构，配备足够的技术质量管理人员，建立健全技术质量管理制度和质量检查体系；负责全面履行项目策划、技术质量、建设实施、安全生产全过程的质量管理责任；要严格执行基本建设程序，保证合理设计周期和施工工期；依法公开公平公正开展招标工作，以投标单位的业绩和能力为主要评判标准，确定的中标价格应该符合国家规定；严格设计变更管理，重大设计变更要经原审查单位审查同意；积极探索建立第三方检测制度，对重要部位和隐蔽工程，如基础灌浆，要进行第三方检测；自觉接受相关行业、政府部门的监督，发生重大质量事故要及时上报，认真组织开展验收工作。

（二）**强化勘察设计质量责任**。勘察设计单位对设计产品质量负责。勘察设计单位要严格执行工程建设强制性标准，加强设计产品校审制度建设和执行，确保质量管理体系有效运行并持续改进；要合理配置技术力量，充分发挥整体设计水平；及时解决建设过程中出现的问题，加强现场技术服务，根据现场地质等条件的变化优化设计，重大设计变更要充分论证。

（三）**发挥好建设监理的作用**。监理单位要按照有关法律法规、技术标准和设计文件要求，认真开展工程建设监理工作，对工程建设质量负监理责任。要加强监理队伍建设，提高监理人员素质，配备与承担业务相适应的监理力量。以工程质量控制为核心，坚持事前检查、过程控制和成果检测，对重要部位和隐蔽工程，要落实即时跟班监督检查制度。要建立健全各项管理制度，加强对监理人员的法制教育和职业道德教育，认真履行监理职责，充分发挥监理在工程建设质量控制中的作用。

（四）**切实加强施工质量管理**。施工单位对建设工程的施工质量负责。施工单位是工程建设的实施主体，施工质量直接决定工程建设质量。要加强施工质量控制体系建设，建立健全内部质检机构，不断改进质量控制措施；要合理配置施工力量，禁止转包工程，不得违法分包；严格按照设计文件和技术标准进行施工，杜绝野蛮施工、违章作业、偷工减料；对重要部位和隐蔽工程要制定专门的质量保障和监督检查措施，加强质量控制和质量检查。

（五）**发挥工程质量监督作用**。工程质量监督制度是我国工程建设质量管理的一项基本制度，是行业主管部门对工程质量实施监管的重要手段。国家委托水电水利规划设计总院设立"水电建设工程质量监督总站"，承担政府对水电建设工程质量监督管理工作。地方各级能源主管部门要建立健全质量监督管理机构，履行相应质量监督职责。"水电建设工程质量监督总站"要尽快建立适应市场、权责明确、监督有力的水电建设质量监督体系，发挥质量监督作用。

（六）**认真落实工程安全鉴定和验收制度**。水电工程验收是水电工程建设管理的重要环节，安全鉴定是验收工作的依据和前提，经验收合格，水电工程方可交付使用。建设单位要组织安排好安全鉴定和各项验收准备工作，各有关单位要据实提供工程安全鉴定和验收材料，严禁提供虚假资料。安全鉴定单位要深入现场检查，不断改进安全鉴定的方法和手段；建立安全鉴定机构动态管理和定期考核制度，对安全鉴定成果质量低劣以及在工作中玩忽职守、造成重大失误的，将视情提出警告或取消其资格。验收单位要制定和完善相关验收管理办法，形成制度化、规范化的验收程序。

三、认真做好移民安置工作

作为水电工程建设的重要组成部分，移民安置要按照以人为本的要求，不断创新思路，落实责任，认真做好事关移民利益的各项工作。

（一）**落实地方各级政府工作责任。**省级政府全面负责移民安置工作，要加强对市（州）、县（市）政府移民工作的领导，整合地方各类资源，统筹做好移民安置和库区建设工作；统一制定本省水电工程建设征地补偿和移民安置实施办法、移民生产安置方式及相应补偿补助标准等重要政策，保持政策的连续性。要维护移民安置规划的严肃性，省级政府批准的移民安置规划大纲及其移民主管部门审核并经国家批准的移民安置规划应当严格执行，不得随意调整。确需调整的，应按规定重新报批，涉及重大变更的，应该报原核准机关核准。市（州）、县（市）政府负责做好本行政区的水电移民工作，研究制订落实移民政策的具体措施，按批准的移民安置规划组织实施移民安置工作，负责组织移民工程建设。

（二）**加强移民安置实施工作。**地方政府要切实抓好移民安置实施工作，将各项移民政策落实到位。要高度重视移民政策宣传，通过广播、电视、宣传册等形式，让广大移民群众知晓和理解移民政策；要针对移民搬迁建房相对集中的情况，运用经济和价格等调控手段，合理控制安置区建材供应量与价格，保持库区和安置区良好的经济秩序。要采取各种措施，有效推进移民安置实施工作，推广建立干部与移民对口帮扶制度以及干部包村包户机制；积极探索和试点推广移民工程项目由项目法人、主体设计单位等有社会责任的企业代建和总承包等多种形式，鼓励相关企业尽可能利用当地人工和材料，以加快移民搬迁进度，确保移民工作顺利实施。

（三）**建设单位要积极参与移民安置工作。**建设单位要根据项目特点和能力，积极促进地方经济发展，采取有效措施促进移民脱贫致富。加强与地方各级政府的沟通，积极配合地方政府做好移民安置工作，根据移民工作进展及时足额支付移民工作费用；根据地方各级政府要求，发挥自身优势，参与移民工程建设工作。

（四）**加强设计管理和综合监理工作。**主体设计单位要全面负责移民安置规划设计及移民工程勘测设计等工作；要合理组织规划设计队伍，加强管理，确保质量；要加强移民安置区地质灾害危险性评价和勘察工作，确保移民安置区选址安全合理。

综合监理单位要保持独立性，加强能力建设和现场工作管理，强化对移民工作进度、移民补偿补助资金兑付、移民工程招投标及资金运用情况、移民安置生产生活水平恢复、移民安置区社会功能恢复和专项设施的配套建设等的监督，充分发挥综合监理作用。

（五）**加强移民安置工作技术管理和政策研究。**水电水利规划设计总院在做好移民前期规划设计工作技术咨询和审查工作基础上，要会同地方政府和有关部门，加强对移民安置实施阶段规划设计的技术指导，不断总结移民工作经验，加强移民政策研究，完善水电工程建设征地移民安置规划设计技术标准体系，适应经济社会发展对移民工作的要求。

（六）**加强移民干部培训和移民生产技能培训。**地方各级政府要加强移民干部培训，确保移民干部全面掌握移民政策，提高移民工作水平；重视移民工作方式方法，建立移民干部与移民群众的有效联系制度，融洽移民干部、群众的关系。要结合地区特点，利用库区资源，发展特色产业，为移民创造就业机会；要重视农村移民生产技能培训，制定切实可行的培训计划，让移民学到一技之长，安心就业，勤劳致富。

（七）**建立移民突发事件应急管理机制。**地方各级政府要建立健全移民突发事件应急管理机制，建立健全信息公开、移民参与、诉求表达、争议协商、风险评估、应急响应等机制，提高处置移民突发群体性事件的能力，遇突发事件要及时采取措施，妥善平息事态，按规定及时上报有关情况。

　　各有关单位和相关部门要按照上述要求，高度重视，加强领导，各尽其责，切实提高水电工程的建设质量，统筹做好移民安置工作，促进我国水电建设健康、和谐、可持续发展，确保实现"十二五"规划纲要制定的水电发展目标。

国家能源局

二〇一一年五月十七日

国家能源局关于进一步做好抽水蓄能电站建设的通知

（国家能源局 2011 年 7 月 31 日发布 国能新能 ［2011］ 242 号）

各省、自治区、直辖市发展改革委、能源局，国家电网公司、南方电网公司：

抽水蓄能电站具有调节电力系统峰谷差、确保电力系统安全可靠运行等多种功能。为有序建设和发展抽水蓄能电站，国家发展改革委于 2004 年印发了《关于抽水蓄能电站建设管理有关问题的通知》（发改能源 ［2004］ 71 号），有效规范了抽水蓄能电站的建设与管理。随着我国经济的快速发展和能源结构的调整步伐加快，对电力系统运行的安全性和可靠性要求越来越高，适度加快抽水蓄能电站建设步伐十分必要。针对近年来抽水蓄能电站规划建设中出现的问题，为进一步规范建设管理，现将有关要求通知如下：

一、坚持为系统服务的原则。抽水蓄能电站建设应纳入整个电力系统的发展规划统筹考虑，以整体提高电力系统的安全性和经济性为原则，做好抽水蓄能电站的选点和建设规划，有序推进各项前期工作，避免简单为电源项目配套而建设，杜绝单纯为促进地方经济发展上项目、建抽水蓄能电站。

二、坚持"厂网分开"的原则。要按照国家电力体制改革和电价市场化形成机制改革的有关规定，原则上由电网经营企业有序开发、全资建设抽水蓄能电站，建设运行成本纳入电网运行费用；杜绝电网企业与发电企业（或潜在的发电企业）合资建设抽水蓄能电站项目；严格审核发电企业投资建设抽水蓄能电站项目。

三、坚持建设项目技术可行、经济合理的原则。新规划、建设的抽水蓄能电站，必须具有经济性，其效益应体现在整个电力系统经济性的提高。在现行销售电价水平下，不得因建设抽水蓄能电站给电力消费者增加经济负担或推动全社会电价上涨。

四、坚持机组设备自主化的原则。在技术引进、消化吸收的基础上，以大型抽水蓄能电站建设为依托，继续推进机组设备自主化，着力提高主辅设备的独立成套设计和制造能力；逐步引入竞争机制，放开机组设备市场。

五、坚持科学合理调度的原则。抽水蓄能电站具有调峰、填谷、调频、调相和事故备用等多种功能，兼有动态和静态效应。要根据电网运行特性和电力系统安全要求，科学制定调度规则，合理调度运行蓄能机组，充分发挥抽水蓄能电站在电力系统中的综合效益。

请各省（区、市）发展改革委、能源局和有关电力企业，按照上述原则，认真做好抽水蓄能电站的规划、建设和管理，继续执行好发改能源 ［2004］ 71 号文件的有关要求，促进抽水蓄能电站建设健康有序发展。

国家能源局

二〇一一年七月三十一日

国家能源局关于印发水电工程验收
管理办法的通知

（国家能源局　2011 年 8 月 13 日发布　国能新能〔2011〕263 号）

各省、自治区、直辖市发展改革委、能源局，国家电网公司、南方电网公司、中国国电集团公司、中国华电集团公司、中国华能集团公司、中国大唐集团公司、中国电力投资集团公司、国家开发投资公司、中国长江三峡集团公司、中国水利水电建设集团公司、葛洲坝集团公司，水电水利规划设计总院：

　　为加强水电工程建设管理，规范验收工作，保障水电工程安全及上下游人民生命财产安全，促进水电建设持续健康发展，根据国家基本建设管理有关规定，我局制定了《水电工程验收管理办法》，现予印发，请遵照执行。

　　附件：水电工程验收管理办法

国家能源局

二〇一一年八月十三日

附件：

水电工程验收管理办法

第一章　总则

　　第一条　为加强水电工程建设管理，规范验收工作，保障水电工程安全及上下游人民生命财产安全，根据《水库大坝安全管理条例》、《建筑工程质量管理条例》和国家有关法规，制定本办法。

　　第二条　本办法适用于企业投资的，在主要河流上建设的水电工程项目、总装机容量 25 万千瓦及以上的水电工程项目和抽水蓄能电站项目（以下简称水电工程）。企业投资的其他水电工程可参照执行。

　　第三条　水电工程验收包括阶段验收和竣工验收。

　　阶段验收分为工程截流验收、蓄水验收和水轮发电机组启动验收。截流验收和蓄水验收前应进行建设征地移民安置专项验收。

　　工程竣工验收在枢纽工程、建设征地移民安置、环境保护、水土保持、消防、劳动安全与工业卫生、工程决算和工程档案专项验收的基础上进行。

　　第四条　水电工程在截流、蓄水、机组启动前以及工程完工后，必须进行验收。

第五条　水电工程验收工作，应当做到科学、客观、公正、规范。

第六条　国家能源局负责水电工程验收的管理、指导、协调和监督。

各级能源主管部门按规定权限负责和参与本行政区域内水电工程验收的管理、指导、协调和监督。

第七条　工程蓄水验收、枢纽工程专项验收和工程竣工验收由国家能源局负责，并委托有资质单位作为验收主持单位，会同工程所在地省级发展改革委、能源局共同组织验收委员会进行。

工程截流验收由项目法人会同工程所在地省级发展改革委、能源局共同组织验收委员会进行；水轮发电机组启动验收由项目法人会同电网经营管理单位共同组织验收委员会进行，具体要求按相关规定执行。

建设征地移民安置、环境保护、水土保持、消防、劳动安全与工业卫生、工程决算和工程档案验收按相关法规办理。

第八条　水电工程验收的主要依据是：

（一）国家有关法律、法规及行业有关规定；

（二）国家及行业相关规程规范与技术标准；

（三）项目审批、核准、备案文件；

（四）经批准的可行性研究设计、施工图设计、设计变更及概算调整等文件；

（五）工程建设的有关招标文件、合同文件及合同中明确采用的质量标准和技术文件等。

第九条　项目法人应组织协调设计、施工、监理、监测、设备制造安装、运行、安全鉴定、质量监督等单位提交验收所需的资料，协助验收委员会开展工作。

以上单位对各自在工程验收中所提交资料的真实性负责。

第二章　工程蓄水验收

第十条　项目法人应根据工程进度安排，在计划下闸蓄水前6个月，经工程所在地省级发展改革委、能源局初审并提出意见，向国家能源局报送工程蓄水验收申请。属于计划单列企业集团或中央管理企业的项目，还须经所属计划单列企业集团（或中央管理企业）报送验收申请。工程蓄水验收申请报告应同时抄送验收主持单位。

第十一条　工程蓄水验收申请材料应包括以下主要内容：

（一）项目基本情况，包括工程开发任务、建设规模、建设方案、投资规模、主要投资方、项目审批（核准）情况等；

（二）项目进展情况，包括工程进度、形象面貌、投资完成情况及其安全度汛措施等；

（三）蓄水验收计划安排；

（四）建设征地移民安置实施情况；

（五）工程蓄水安全鉴定单位建议。

第十二条　验收主持单位收到工程蓄水验收申请材料后，应会同工程所在地省级发展改革委、能源局，并邀请相关部门、项目法人所属计划单列企业集团（或中央管理企业）、有关单位和专家共同组成验收委员会进行验收。必要时可组织专家组进行现场检查和技术预验收。

验收委员会主任委员由验收主持单位有关负责同志担任，副主任委员由工程所在地省级发展改革委、能源局和计划单列企业集团（或中央管理企业）有关负责同志担任。

第十三条　通过水电工程蓄水验收应当具备的基本条件：

（一）工程形象面貌满足水库蓄水要求，挡水、引水、泄水建筑物满足防洪度汛和工程安全要求；

（二）近坝区影响工程安全运行滑坡体、危岩体、崩塌堆积体等地质灾害已按设计要求进行处理；

（三）与蓄水有关的建筑物的内外部监测仪器、设备已按设计要求埋设和调试，并已测得初始值。需进行水库地震监测的工程，其水库地震监测系统已投入运行，并取得本底值；

（四）已编制下闸蓄水施工组织设计，制定水库调度和度汛规划，以及蓄水期事故应急救援预案；

（五）安全鉴定单位已提交工程蓄水安全鉴定报告，并有可以下闸蓄水的明确结论；

（六）建设征地移民安置已通过专项验收，并有不影响工程蓄水的明确结论。

第十四条　验收委员会完成蓄水验收工作后，应出具工程蓄水验收鉴定书。验收主持单位应在下闸蓄水前将验收鉴定书报送国家能源局。国家能源局认为不具备下闸蓄水条件的，应在 5 个工作日内通知验收主持单位和项目法人。

验收主持单位应在下闸蓄水 1 个月后、3 个月内，将下闸蓄水及蓄水后的有关情况报国家能源局。

第十五条　水电工程分期蓄水的，可以分期进行验收。

第三章　枢纽工程专项验收

第十六条　项目法人应根据工程进度安排，在枢纽工程专项验收计划前 3 个月，经工程所在地省级发展改革委、能源局初审并提出意见，向国家能源局报送枢纽工程专项验收申请。属于计划单列企业集团或中央管理企业的项目，还须经所属计划单列企业集团（或中央管理企业）报送验收申请。枢纽工程专项验收申请报告应同时抄送验收主持单位。

第十七条　验收申请报告应包括以下主要内容：

（一）项目基本情况；

（二）项目建设情况，包括工程进度、工程面貌、投资完成情况等；

（三）工程运行情况，包括工程蓄水、水轮发电机组和各单项工程运行情况、工程运行效益情况等；

（四）枢纽工程专项验收计划安排。

第十八条　验收主持单位收到枢纽工程专项验收申请材料后，应会同工程所在地省级发展改革委、能源局，并邀请相关部门、项目法人所属计划单列企业集团（或中央管理企业）、有关单位和专家共同组成验收委员会进行验收。必要时可组织专家组进行现场检查和技术预验收。

验收委员会主任委员由验收主持单位有关负责同志担任，副主任委员由工程所在地省级发展改革委、能源局和计划单列企业集团（或中央管理企业）有关负责同志担任。

第十九条　通过水电工程枢纽工程专项验收应当具备的基本条件：

（一）枢纽工程已按批准的设计文件全部建成，工程重大设计变更已完成变更手续；

（二）施工单位在质量保证期内已及时完成剩余尾工和质量缺陷处理工作；

（三）工程运行已经过至少一个洪水期的考验，多年调节水库需经过至少两个洪水期考验，最高库水位已经达到或基本达到正常蓄水位，全部机组均能按额定出力正常运行，每台机组至少正常运行 2000 小时（含电网调度安排的备用时间），各单项工程运行正常；

（四）工程安全鉴定单位已提出工程竣工安全鉴定报告，并有可以安全运行的结论意见。

第二十条　验收委员会完成枢纽工程专项验收工作后，应出具枢纽工程专项验收鉴定书。验收主持单位应及时将验收鉴定书报送国家能源局。

第二十一条　水电工程分期建设的，可根据工程建设进度分期或一次性进行验收。

第四章　竣工验收

第二十二条　项目法人应在工程基本完工或全部机组投产发电后的一年内，开展竣工验收相关工作，单独或与枢纽工程专项一并报送开展工程竣工验收工作的申请。

单独报送的，须经工程所在地省级发展改革委、能源局初审并提出意见，向国家能源局报送验收申请。属于计划单列企业集团或中央管理企业的项目，还须经所属计划单列企业集团（或中央管理企业）报送验收申请。竣工验收申请报告应同时抄送验收主持单位。

第二十三条　验收申请报告应包括项目基本情况、工程建设运行情况、专项验收计划及竣工验收总体安排等内容。

第二十四条　验收主持单位收到竣工验收申请材料后，应会同工程所在地省级发展改革委、能源局，并邀请相关部门、项目法人所属计划单列企业集团（或中央管理企业）、有关单位和专家共同组成验收委员会进行验收。必要时可组织专家组进行现场检查和技术预验收。

验收委员会主任委员由验收主持单位有关负责同志担任，副主任委员由工程所在地省级发展改革委、能源局和计划单列企业集团（或中央管理企业）有关负责同志担任。

第二十五条　枢纽工程、建设征地移民安置、环境保护、水土保持、消防、劳动安全与工业卫生、工程决算、工程档案等专项验收完成后，项目法人应对验收工作进行总结，向验收委员会提交工程竣工验收总结报告。

工程竣工验收总结报告应包括项目基本情况、各专项验收鉴定书的主要结论以及所提主要问题和建议的处理情况、遗留单项工程的竣工验收计划安排等。

第二十六条　水电工程通过竣工验收的条件：

（一）已按规定完成各专项竣工验收的全部工作；

（二）各专项验收意见均有明确的可以通过工程竣工验收的结论；

（三）已妥善处理竣工验收中的遗留问题和完成尾工；

（四）符合其他有关规定。

第二十七条　验收委员会完成竣工验收工作后，应出具竣工验收鉴定书。验收主持单位应及时将工程竣工验收总结报告、验收鉴定书及相关资料报送国家能源局。

第二十八条　国家能源局在收到工程竣工验收总结报告和验收鉴定书后，对符合竣工验收条件的水电工程颁发竣工验收证书（批复）。

第二十九条　水电工程竣工验收完成后，项目法人应当按国家有关规定办理档案、固定资产移交等相关手续。

第五章　附则

第三十条　验收结论应当经三分之二以上验收委员会成员同意，验收委员会成员应当在验收鉴定书上签字。验收委员会成员对验收结论持有异议的，应当将保留意见在验收鉴定书上明确记载并签字。

第三十一条　验收过程中如发生争议，由验收委员会主任委员协调、裁决，并将验收委员会成员提出的涉及重大问题的保留意见列入备忘录，作为验收鉴定书的附件。主任委员裁决意见有半数以上委员反对或难以裁决的重大问题，应由验收委员会报请验收主持单位决定，重大事项应及时上报国家能源局。

第三十二条　水电工程验收管理的其他有关要求按《水电站基本建设工程验收规程》执行。

第三十三条　本办法由国家能源局负责解释，自发布之日起施行。

国家发展改革委、环境保护部关于印发《河流水电规划报告及规划环境影响报告书审查暂行办法》的通知

（国家发展改革委　环境保护部　2011 年 10 月 18 日发布
发改新能〔2011〕2242 号）

各省、自治区、直辖市发展改革委、能源局、环境保护厅，水电水利规划设计总院：

为做好河流水电规划报告及规划环境影响报告书的审查工作，明确审查原则、审查程序和组织形式，保障审查的客观性、公正性和科学性，促进水电建设健康有序发展，国家发展改革委和环境保护部制定了《河流水电规划报告及规划环境影响报告书审查暂行办法》，现印发实施。

附件：河流水电规划报告及规划环境影响报告书审查暂行办法

国家发展改革委
环境保护部
二〇一一年十月十八日

附件：

河流水电规划报告及规划环境影响报告书审查暂行办法

第一章　总则

第一条　为规范河流（河段）水电规划报告及规划环境影响报告书的审查工作，明确审查原则、审查程序和组织形式，保障审查的客观性、公正性和科学性，依据国家有关法律法规，结合水电规划的特点，制定本办法。

第二条　本办法适用于我国主要河流的水电规划。主要河流包括大型河流、跨国境河流和主要跨省界（含边界）河流，具体范围由国家发展改革委另行制定。

第三条　河流（河段）水电规划是水电开发建设的基本依据，必须贯彻全面协调、统筹兼顾、保护生态、发挥综合效益的原则，实现人与自然和谐相处，促进经济社会可持续发展。河流（河段）水电规划环境影响评价是水电规划工作的重要组成部分，应当对规划实施后可能造成的环境影响进行分析、预测和评估，提出预防或者减轻不良环境影响的对策和措施，并给出明确的环境影响评价结论。

第四条　国家发展改革委负责国家主要河流（河段）水电规划的安排、管理和审批工作。国家能源局负责水电规划的行业管理和组织实施工作。环境保护部会同国家发展改革委负责水电规划环境影响报告书的审查召集工作。

第五条　国家发展改革委委托中国水电（601669）工程顾问集团公司（以下简称中国水电顾问集团）负责招标确定大中型河流（河段）水电规划的编制单位和环境影响评价单位，以及规划编制工作协调和成果验收。

第六条　中国水电顾问集团应在河流（河段）水电规划工作完成后的 30 日内，将规划报告报国家发展改革委，并将规划环境影响报告书一并附送。同时，应将水电规划环境影响报告书报送环境保护部进行审查。

国家能源局可根据需要组织专家对水电规划报告技术方案先行进行审查。

第七条　河流水电规划报告及规划环境影响报告书审查工作应遵循全面、客观、公正、科学的原则。水电规划报告和水电规划环境影响报告书的结论及审查意见是规划审批决策的重要依据。

第二章　水电规划环境影响报告书审查

第八条　水电规划环境影响报告书的审查应依据国家有关环境保护的法律、法规和政策，从经济、社会和环境可持续发展的角度，结合流域环境特征和水电规划特点，全面评价规划实施后对相关区域、流域生态系统产生的整体影响，对环境、人群健康产生的直接和潜在影响，规划实施的经济效益、社会效益与环境效益的关系。

第九条　环境保护部会同国家发展改革委召集有关部门代表和专家组成审查小组，对国家主要河流（河段）水电规划环境影响报告书进行审查，提出书面审查意见。召集审查前，根据需要组织现场踏勘、专家咨询、座谈研讨等审查准备工作。

第十条　审查小组的专家从环境保护部依法设立的环境影响评价审查专家库内的相关专业、行业专家名单中随机抽取，应当包括环境影响评价、水文水资源、水环境、生态、生物多样性、地质环境、规划等方面的专家。审查小组中的专家人数不少于审查小组总人数的二分之一。

环境保护部对专家库内的专家进行动态管理，在更新和补充相关专业、行业专家名单时，征求国家发展改革委的意见。

第十一条　审查小组应当客观、公正、全面、科学、独立地对水电规划环境影响报告书提出审查意见。

审查意见应当包括下列内容：

（一）基础资料、数据的可靠性和代表性；

（二）评价方法的适用性和适当性；

（三）环境影响分析、预测和评估的合理性和可靠性；

（四）预防或者减轻不良环境影响的对策和措施的合理性和有效性；

（五）公众意见采纳情况及改进措施的有效性；

（六）环境影响评价结论的科学性；

（七）从社会、经济和环境可持续发展的角度对水电规划的合理性、可行性的总体评价与优化调整建议，及方案实施建议。

审查意见应当经审查小组四分之三以上成员签字同意，方可通过。审查小组成员有不同意见的，应当如实记录和反映。

第十二条　有下列情形之一的，审查小组应当提出不予通过环境影响报告书的意见：

（一）依据现有知识水平和技术条件，对规划实施可能产生的不良环境影响的程度或者范围不能做出科学判断的；

（二）规划实施可能造成重大不良环境影响，并且无法提出切实可行的预防或者减轻对策和措施的。

第十三条　环境影响报告书有下列情形之一的，审查小组应当建议退回修改：

（一）基础资料、数据失实的；

（二）评价方法选择不当的；

（三）对不良环境影响的分析、预测和评估不准确、不深入，需要进一步论证的；

（四）预防或者减轻不良环境影响的对策和措施存在严重缺陷的；

（五）环境影响评价结论不明确、不合理或者错误的；

（六）未附具对公众意见采纳与不采纳情况及其理由的说明，或者不采纳公众意见的理由明显不合理的；

（七）内容存在其他重大缺陷或者遗漏的。

第十四条　环境保护部在收到规划环境影响报告书后，商国家发展改革委在 30 日内组织审查。中国水电顾问集团应依据审查意见组织有关单位，对水电规划报告和环境影响报告书进行补充、修改和完善，对审查意见采纳情况作出说明，并将有关材料上报国家发展改革委和环境保护部。

第十五条　国家发展改革委在审查和审批水电规划报告时，对环境影响报告书结论以及审查意见不予采纳的，应当逐项就不予采纳的理由作出书面说明，并存档备查。

第三章　水电规划报告审查

第十六条　水电规划报告的审查应依据国家有关法律、法规、政策和技术规范，按照水资源综合利用的要求，从经济社会发展需要、工程技术条件、水库淹没与移民安置、生态环境影响、工程投资以及发电效益、综合利用效益、社会效益等方面，综合比选各规划方案，全面分析水电规划实施的科学性、合理性、协调性和可行性。

第十七条　国家发展改革委商有关部门设立水电规划报告审查专家库。专家库成员应当包括水文泥沙、地质、水环境、水资源、水生生物、陆生生物、生态、动能经济、规划、移民、航运、水工、机电、施工、造价、电力系统、宏观经济、能源政策研究和管理等方面的专家。

第十八条　国家发展改革委负责召集有关部门代表、河流规划涉及的省级人民政府代表和审查专家组长组成审查领导小组，对审查中的重大问题进行协调。

国家发展改革委委托水电水利规划设计总院（以下简称水规总院）负责审查具体工作，由其组织成立审查专家组，提出审查意见。审查会召开前，水规总院应组织有关部门代表和专家进行现场查勘。

第十九条　参加审查的专家应当从专家库内相关专家名单中，综合考虑水电规划的专业要求，以随机抽取的方式确定。

第二十条　审查会议一般应包括大会汇报、专家和代表评审、大会审议等程序。专家评审可按专业分组进行。审查会议应充分听取和综合考虑各方意见。

第二十一条　水电规划报告审查意见应当包括下列内容：

（一）该河流（河段）开发任务的合理性和全面性；

（二）对水文、地质、水库淹没、移民安置、环境保护等开发条件的评价；

（三）从国民经济发展需要、水资源综合利用、工程技术条件、移民安置、环境影响等方面对推荐梯级开发方案的梯级布置、开发规模和开发方式的合理性、可行性的综合评价；

（四）对水电规划的环境影响评价结论及审查意见的采纳情况；

（五）规划实施方案和近期工程安排的合理性以及下步工作建议。

第二十二条 水电规划报告有下列情形之一的，不得予以通过：

（一）河流（河段）开发任务论证不正确或不全面，不能满足水资源综合利用的基本要求的；

（二）水文、地质、水库淹没和生态环境等基础资料不可靠，代表性差，不能够支撑规划方案的科学性和可靠性的；

（三）梯级布置方案存在重大安全隐患，没有有效的防范措施的；

（四）梯级布置方案不合理，经济性差，国民经济评价不可行的；

（五）没有开展规划环境影响评价工作或者规划环境影响报告书未经过审查的；

（六）报告不符合水电规划编制规程要求的。

第二十三条 审查会后，水规总院应在 10 日内将审查情况及审查意见报国家发展改革委。

第二十四条 国家发展改革委根据国家能源建设和经济社会发展的需求，综合考虑规划成果、规划环评结论及其审查意见，按国家有关规定和要求对水电规划进行审批。

第四章 规划变更审查及后评价

第二十五条 已经批准的河流（河段）水电规划在实施范围、梯级布局、开发方式等方面进行重大调整或者修订的，该规划的编制单位应当按照本办法的规定重新审查和报批水电规划报告及水电规划环境影响报告书。

第二十六条 国家发展改革委委托水规总院负责组织对水电规划实施情况进行跟踪，并适时开展补充论证和跟踪评价工作。

第五章 罚则

第二十七条 负责水电规划编制管理的单位应依有关法律法规及本办法规定，通过招标程序，科学、公正、合理确定规划编制单位和规划环评单位。相关单位的工作人员如有徇私舞弊情形的，应追究其行政责任；构成犯罪的，依法追究其刑事责任。

第二十八条 负责组织开展水电规划审查的单位，应依照法律法规规定开展审查组织工作。有下列情形之一的，国家发展改革委可以取消其委托，并依据有关规定做出相应处罚：

（一）水电规划审查工作有重大失误；

（二）水电规划审查成果质量低劣；

（三）审查过程中有违反本办法规定的行为；

（四）其他违反国家法律法规规定的行为。

第二十九条 审查专家应以科学、客观、公正的态度参加审查工作，在审查过程中不受任何干扰，独立、负责地发表观点和提出意见。对于违反职业道德、徇私舞弊和本办法规定或国家法律法规规定的，依据情节轻重对其提出批评或取消其专家资格。

第六章 附则

第三十条 国家主要河流以外河流（河段）水电规划报告及规划环境影响报告书的审查，可参照本办法执行。

　　第三十一条　本办法由国家发展改革委、环境保护部负责解释。

　　第三十二条　本办法自发布之日起执行。

国家能源局关于印发水电工程勘察设计管理办法和水电工程设计变更管理办法的通知

（国家能源局　2011 年 11 月 3 日发布　国能新能〔2011〕361 号）

各省、自治区、直辖市发展改革委、能源局，国家电网公司、南方电网公司、中国国电集团公司、中国华电集团公司、中国华能集团公司、中国大唐集团公司、中国电力投资集团公司、国家开发投资公司、中国长江三峡集团公司、中国水利水电建设集团公司、葛洲坝集团公司，水电水利规划设计总院：

为加强水电工程勘察设计管理，规范勘察设计和设计变更行为，保证设计质量和工程安全，根据水电工程建设管理实际，我局组织制定了《水电工程勘察设计管理办法》和《水电工程设计变更管理办法》。现印发你们，请遵照执行。

附件：一、水电工程勘察设计管理办法
　　　二、水电工程设计变更管理办法

国家能源局
二〇一一年十一月三日

附件一：

水电工程勘察设计管理办法

第一章　总则

第一条　为加强水电工程勘察设计管理，保证勘察设计质量和工程安全，根据《中华人民共和国可再生能源法》、《建设工程勘察设计管理条例》和《建设工程质量管理条例》等法律法规，制定本办法。

第二条　本办法适用于在主要河流上建设的水电工程项目、总装机容量 25 万千瓦及以上的水电工程项目和抽水蓄能电站项目（以下简称水电工程）。其他水电工程参照执行。

第三条　本办法所称水电工程勘察设计是指根据水电工程建设要求，查明、分析和评价工程场地地质条件，分析论证技术、经济、资源和环境相关情况，确定工程设计方案，编制勘察设计文件的活动。

第四条　水电工程建设应坚持"先勘察、后设计、再施工"的原则。

水电工程勘察设计应与社会经济发展水平相适应，做到安全可靠、技术先进、经济合理、资源节约和环境友好，实现水电开发的经济效益、社会效益和环境效益相统一。

第五条　水电工程勘察设计阶段分为河流水电规划（或抽水蓄能电站选点规划）、预可行性研究、可行性研究、招标设计及施工详图设计等五个阶段。勘察设计单位应分阶段开展工作，提出符合相应阶段规程规范要求的勘察设计文件。

第六条　勘察设计单位应依法进行工程勘察设计，严格执行工程建设强制性标准，确保勘察设计文件的完整性、真实性和准确性，并对勘察设计的成果质量负责。

第七条　国家能源局负责水电工程勘察设计活动的监督管理。

各级地方能源主管部门按规定权限负责和参与本行政区域水电工程勘察设计活动的监督管理。

第八条　发挥设计咨询的作用，鼓励在大型水电工程勘察设计工作中开展工程设计咨询，提高设计水平，优化设计方案，保证设计质量。

第二章　资质与合同

第九条　从事水电工程勘察设计活动的单位应具有国家规定的相应资质。勘察设计单位应在其资质等级许可的范围内承揽工程勘察设计业务。

禁止勘察设计单位超越其资质等级许可的范围或者以其他勘察设计单位的名义承揽工程勘察设计业务。禁止勘察设计单位允许其他单位或者个人以本单位的名义承揽勘察设计业务。

第十条　勘察设计单位从事大型水电工程勘察设计应具有工程勘察和工程设计甲级资质（水力发电）；承担坝高200米及以上水电工程和地震基本烈度Ⅷ度及以上高坝水电工程的勘察设计单位应具有大（1）型水电工程勘察设计业绩。

第十一条　水电工程勘察设计依法实行招标发包或直接发包。发包工作一般应在河流水电规划或抽水蓄能电站选点规划批准后进行。

第十二条　建设单位不得将工程勘察设计业务发包给不具有相应资质和业绩的勘察设计单位。勘察设计单位不得将所承揽的勘察设计业务转包或违法分包。

第十三条　建设单位应依法与勘察设计单位签订勘察设计合同，对勘察设计工作范围、内容、深度、进度、质量及服务进行约定，保证合理的勘察设计周期，执行国家有关勘察设计收费标准。

建设单位不得强迫或暗示勘察设计单位违反工程建设强制性标准，降低工程质量。

第十四条　两个及以上单位承担同一工程勘察设计的，合同中应明确主体勘察设计单位。主体勘察设计单位负责总体策划、组织协调和设计集成。其他勘察设计单位负责向主体勘察设计单位提供资料和成果，并对其成果质量负责。

第三章　技术要求

第十五条　勘察设计单位应做好勘察设计工作策划，确定勘察设计的重点以及相关技术路线，编制勘察设计科研工作大纲，合理配置与勘察设计任务相适应的资源和专业技术人员。

第十六条　勘察设计单位应收集并分析勘察设计工作所需的地形地质、水文气象、生态环境、移民安置、经济社会发展等基础资料，所采用资料应真实、有效。

第十七条　工程地质勘察应涵盖枢纽工程建设区、水库淹没影响区和移民安置区。勘察设计单位应重视对断层、滑坡体、堆积体、泥石流、岩溶、崩塌等不良地质现象的调查分析，保证选址的合理性和建筑物地基的安全性。

第十八条 勘察设计单位应根据工程需要，组织开展重大技术问题研究和科技攻关工作，科学论证工程设计方案，确保工程安全可靠。

第十九条 勘察设计单位应会同地方政府按阶段要求开展移民安置规划设计工作。移民安置规划设计应以资源环境承载力为基础，与当地国民经济和社会发展规划以及土地利用总体规划、城市总体规划、村庄和集镇规划等相适应，听取移民和安置区居民以及建设单位的意见。

可行性研究阶段，移民安置规划设计文件应达到枢纽工程同等设计深度。

第二十条 勘察设计单位应依据批复的项目环境影响评价报告、水土保持方案报告和安全预评价报告，开展环境保护措施设计、水土保持措施设计和劳动安全与工业卫生设计。

第二十一条 勘察设计单位应以审定的可行性研究报告为依据开展招标设计，复核、深化和细化设计方案，满足招标文件编制的要求。

第二十二条 勘察设计单位负责编制施工详图阶段设计文件，满足工程施工要求。施工图设计文件应对涉及工程质量和施工安全的重点部位注明有关安全质量方面的提示信息，对防范工程安全质量风险提出指导意见。

第二十三条 勘察设计单位应建立健全技术质量管理体系，落实技术质量责任制，对勘察设计产品进行分级管理，按规定履行勘察设计文件校审制度，并做好勘察设计文件的归档工作。

第四章 技术审查

第二十四条 国家对水电工程勘察设计文件实行技术审查制度，委托行业技术管理单位对勘察设计文件进行技术审查。技术审查包括河流水电规划报告（或抽水蓄能电站选点规划报告）审查、预可行性研究报告审查、可行性研究报告以及有关专题报告审查。

第二十五条 技术审查内容主要包括：检查勘察设计工作是否执行国家法律法规和工程建设强制性标准；评价勘察设计范围、内容和深度是否满足规程规范的要求；审议勘察设计采用基础资料是否全面准确、重大技术问题是否论证充分、结论是否正确；审定工程主要特征参数及工程设计方案和移民安置方案；协调工程综合利用等有关问题。

第二十六条 审查单位应坚持技术决策的独立性、公正性和科学性，组织有关单位和专家开展技术审查工作，听取有关部门、地方政府以及建设单位的意见，形成技术审查意见，并对审查结论负责。

技术审查工作完成后，审查单位应及时将审查意见上报国家能源局，并印送建设单位和有关单位。

第二十七条 经审查的勘察设计文件是后续勘察设计工作的基础。

可行性研究报告及其审查意见是项目核准和建设的技术依据。

第五章 现场服务

第二十八条 工程施工阶段，勘察设计单位应设立现场设计代表机构，及时派驻相应的技术人员，制定相关工作制度，提供现场技术服务，满足工程建设要求。

第二十九条 现场设计代表应做好技术交底；跟踪现场施工情况，研究并及时解决工程建设有关技术问题；参与隐蔽工程和关键部位的检查验收；配合工程质量检查、质量监督、安全鉴定和工程验收等工作。

第三十条 现场设计代表应按照有关要求，开展地质编录和工程地质条件预测预报；根据开挖揭露的地质条件和工程其他实际情况，加强工程重大技术问题解决方案的复核，及时完善设计方案和施工技术要求。

第三十一条　现场设计代表发现不按设计文件要求施工、野蛮施工、弄虚作假或偷工减料等情况，应及时以书面形式向建设单位反映。必要时，应报告质量监督机构和国家能源局。

第六章　设计变更

第三十二条　招标设计和施工详图设计阶段，对审定的工程特征参数、工程设计方案和移民安置方案进行的调整、补充和优化均属设计变更。

第三十三条　工程设计变更分为一般设计变更和重大设计变更。一般设计变更由设计单位负责编制设计变更文件。重大设计变更由建设单位组织设计单位编制专题报告，报原审查单位审查。

水电工程设计变更管理办法另行制定。

第七章　设计回访

第三十四条　勘察设计单位应定期开展枢纽工程设计回访，检查评价枢纽建筑物和主要设施设备的安全性、适用性。根据工程实际需要，开展必要的设计复核，总结勘察设计经验，并为工程安全运行提供技术支持。

第三十五条　枢纽工程设计回访分为全面设计回访和专项设计回访。全面设计回访至少每 10 年一次。首次全面设计回访，应在工程投入运行后的 5 年之内进行。专项设计回访视需要进行。

建设单位或运行管理单位应为设计回访提供必要的工作条件。勘察设计单位应向建设单位或运行单位提交设计回访报告。

第八章　附则

第三十六条　本办法由国家能源局负责解释，自发布之日起施行。

附件二：
水电工程设计变更管理办法

第一条　为加强水电工程设计和建设管理，规范设计变更行为，保证工程安全和质量，依据《建设工程勘察设计管理条例》和《水电工程勘察设计管理办法》，制定本办法。

第二条　本办法适用于在主要河流上建设的水电工程项目、总装机容量 25 万千瓦及以上的水电工程项目和抽水蓄能电站项目（以下简称水电工程）。其他水电工程参照执行。

第三条　设计变更是指在招标设计阶段和施工详图阶段，对审定的工程主要特征参数、工程设计方案和移民安置方案等所进行的改变，包括调整、补充和优化。

第四条　设计变更应坚持科学求实的原则，符合国家有关法律法规和工程建设强制性标准的规定，做到先论证、后审查（或审核）、再实施。

第五条　设计变更分为一般设计变更和重大设计变更。重大设计变更是指涉及工程安全、质量、功能、规模、概算，以及对环境、社会有重大影响的设计变更。除此之外的其他设计变更为一般设计变更。

水电工程重大设计变更的界定见附件。水电工程概算调整管理办法另行制定。

第六条　设计单位应结合工程建设实际，复核工程设计方案和主要参数，及时提出必要的设计变更文件。建设单位、监理单位和施工单位可以提出变更设计的建议，设计单位应考虑施工水平和管理水平的影响，对变更设计的建议进行技术、经济论证。确需变更的，由设计单位编制设计变更文件。

第七条　重大设计变更文件应达到或超过可行性研究阶段的深度要求。内容主要包括：

（一）工程概况；

（二）重大设计变更的缘由和必要性、变更的项目和内容、与设计变更相关的基础资料及试验数据；

（三）设计变更与原勘察设计文件的对比分析；

（四）变更设计方案及原设计方案在工程量、工程进度、造价或费用等方面的对照清单和相应的单项设计概算文件；

（五）必要时，还应包含设计变更方案的施工图设计及其施工技术要求。

第八条　工程建设过程中，因抢险救援或应急处置导致的设计变更，应由参建各方代表签字确认。属于重大设计变更的，建设单位应及时组织设计单位编制设计变更文件，并按规定程序报审。

第九条　审查单位在收到建设单位重大设计变更审查申请后，负责组织开展审查工作，提出审查意见，报送国家能源局。

第十条　经审定的重大设计变更一般不得再次变更。确需再次变更的，建设单位须组织设计单位先进行必要性论证，报原审查（或审核）单位同意后，再行编制设计变更文件，履行相关程序。

第十一条　严禁借设计变更变相扩大工程建设规模、增加建设内容，提高建设标准；严禁借设计变更，降低安全质量标准，损害和削弱工程应有的功能和作用；严禁肢解设计变更内容，规避审查。

第十二条　本办法由国家能源局负责解释，自发布之日起施行。

附：
水电工程重大设计变更范围目录

（一）设计条件和安全标准

1. 工程开发方式、开发任务及工程规模的变化；

2. 水库特征水位、水库调度运行方式重大改变；

3. 工程等别及主要建筑物设计安全标准的变化。

（二）工程布置及主要建筑物

1. 坝、厂址及其主要建筑物场址的变化；

2. 主要建筑物的布置或结构方案的改变；

3. 增加或取消重要的单体水工建筑物；

4. 主要筑坝材料料源方案的改变；

5. 施工导流方式或导流建筑物方案的变化；

6. 工程总进度及主要控制进度的变化。

（三）机电及金属结构设备

1. 电站接入系统方式和电气主接线方案的变化；

2. 机组型式、单机容量和重要技术参数的变化；

3. 高压配电装置和高压引出线设计方案的变化；

4. 电站控制运行方式及继电保护方案的重大变化；

5. 金属结构设备布置方案及设备型式的重大变化。

（四）环境保护和水土保持

1. 环境保护和水土保持工程措施的重大变化；

2. 环境保护和水土保持工程项目的增加或取消。

（五）移民安置

1. 征地范围调整及重要实物指标的较大变化；

2. 移民安置方案与移民安置进度的重大变化；

3. 城（集）镇迁建和专项处理方案重大变化。

国家能源局关于印发水电发展
"十二五"规划的通知

（国家能源局　2012 年 7 月 7 日发布　国能新能〔2012〕200 号）

各省、自治区、直辖市发展改革委、能源局，国家电网公司、南方电网公司、中国国电集团公司、中国华电集团公司、中国华能集团公司、中国大唐集团公司、中国电力投资集团公司、国家开发投资公司、中国长江三峡集团公司、中国水利水电建设集团公司、葛洲坝集团公司，水电水利规划设计总院：

各省、自治区、直辖市、新疆生产建设兵团发展改革委（能源局），有关中央企业、有关行业协会、学会：

根据《国民经济和社会发展第十二个五年规划纲要》"在做好生态保护和移民安置的前提下积极发展水电"的方针和《可再生能源发展"十二五"规划》的要求，为促进水电持续健康发展，国家能源局组织编制了《水电发展"十二五"规划》（以下简称《规划》），现印发你们并就有关事项通知如下：

一、合理布局，加强前期设计。各地能源主管部门要结合本地水电发展实际，按照《规划》提出的"十二五"期间水电发展布局，积极开展水电规划和相关前期工作。

二、关注民生，做好移民安置。移民工作关系民生和稳定，要不断总结移民工作经验，加强移民政策研究，创新移民工作思路。

三、保护生态，重视环保工作。要加强河流水电规划环境影响评价工作，落实项目环境保护措施，处理好环保和开发的关系，落实"在保护中开发，在开发中保护"的要求。

四、加强管理，发挥主体作用。各重点电力企业要充分发挥自身在项目建设中的主体作用，加强项目管理，高度重视工程质量，确保工程安全。

五、积极推进，适时调整完善。在《规划》实施过程中，根据发展要求需对《规划》进行必要的修订和调整的，由国家能源局统一协调、完善和实施。

附件：水电发展"十二五"规划

国家能源局
二〇一二年七月七日

附件：

水电发展"十二五"规划

前　言

水能是清洁的可再生能源，具有技术成熟、成本低廉、运行灵活的特点，世界各国都把水电发展放在能源建设的优先位置。我国水能资源丰富，总量居世界首位，但目前开发利用程度较低。加快开发利用丰富的水能资源是有效增加清洁能源供应、优化能源结构、保障能源安全、应对气候变化、实现可持续发展的重要措施。从目前我国能源特点来看，加快水电发展是实现 2020 年非化石能源发展目标的必由之路，也是有效降低单位国民生产总值二氧化碳排放量的重要措施。

经过多年的努力，我国水电装机已从建国初期的 16.3 万千瓦增加到 2010 年的 2.16 亿千瓦，水电开发程度达到 27.7%，水电占全国发电装机的比例为 22.3%，对节能减排和能源结构调整起到了重要作用。"十二五"时期是全面建设小康社会的关键时期，能源发展面临着转变方式和调整结构的重大任务，为实现 2015 年、2020 年非化石能源占一次能源消费比重 11.4%、15% 的目标，"十二五"时期水电应新增投产 7400 万千瓦，开工 1.2 亿千瓦以上，水电建设任务十分艰巨。因此"十二五"时期水电必须破解移民和环保两大难题，推进体制机制创新，实现水电健康有序发展。

根据《国民经济和社会发展第十二个五年规划纲要》、《国家能源发展"十二五"规划》和《可再生能源发展"十二五"规划》，制订了《水电发展"十二五"规划》（以下简称《规划》）。《规划》以保障能源供应、调整能源结构和实现 2020 年非化石能源发展目标为主线，提出了"十二五"水电发展指导思想、基本原则和发展目标，对水电发展布局和重点领域进行了部署，并从完善移民政策、做好生态保护、加强统筹协调、创新体制机制等方面提出了保障措施，是"十二五"时期我国水电发展的重要依据。

一、规划基础和背景

（一）发展基础

1. 国外水电发展状况

（1）发展现状

全球水能资源理论蕴藏量约 39.9 万亿千瓦时，技术可开发量约 14.6 万亿千瓦时，经济可开发量约 8.7 万亿千瓦时。到 2010 年底，全球水电装机容量超过 10 亿千瓦，年发电量超过 3.6 万亿千瓦时，开发程度约为 25%（按发电量计算），其中欧洲、北美洲、南美洲、亚洲和非洲水电开发程度分别为 47%、38%、24%、17% 和 8%，亚洲和非洲为今后水电建设的重点地区。目前经济发达国家水能资源开发已基本完毕，如瑞士、法国开发程度达到 97%，西班牙、意大利达到 96%，日本达到 84%，美国达到 73%，发展中国家水电开发程度普遍较低。

（2）发展趋势

水电是技术成熟、运行稳定的可再生能源，受到世界各国的高度重视。目前，北美和欧洲等地区的发达国家已基本完成水电开发任务，发展重点转移到了对已建水电站的更新改造；亚洲、南美等地区的多数发展中国家制定了发展规划，计划在 2025 年左右基本完成水电大规模开发任务；非洲等地区的欠发达国家，虽然拥有丰富的水能资源，也一直积极致力于水能资源开发，但因资金、技术等条件限制，水电开发仍面临诸多困难。还有一些政局不稳定的国家，虽然急需发展水电，但是限于国力条件，推进相对缓慢。

总体上看，今后 10~15 年，水电仍具有较大开发潜力，优先开发水电仍是发展中国家能源建设的重要方针。全球水电开发将集中于亚洲、非洲等资源开发程度不高、能源需求增长快、经济欠发达地区。

（3）发展经验

——优先发展水电是发达国家发展初期的共同选择。从经济发达国家发展历程来看，电力建设优先选择水能资源开发，待水电开发到一定程度后，才转向大规模开发其他资源。一方面由于水电单位综合成本低，大量廉价的电力为各国经济社会发展起到巨大推动作用；另一方面水电具有防洪、灌溉、供水、航运等综合利用功能，开发水电可以实现多目标利用，综合效益显著。水电开发成为众多发达国家能源建设的首选。

——流域梯级开发是水电发展的成功模式。从多数国家，特别是发达国家水电开发经验来看，统筹规划、统一管理、权责明确的流域梯级开发是水电发展的成功模式。一是制定流域规划，确定流域开发任务和要求，明确北极星电力网实施和组织方式。二是重视综合利用，统筹兼顾发电、防洪、灌溉、供水、航运、养殖、旅游等需要。三是实行流域统一管理，成立职责明确的流域开发机构，统一负责流域梯级建设运行管理，实现综合利用效益最优。

——建立利益共享机制是促进水电开发的重要经验。水电开发涉及的利益主体较多，建立水电开发利益共享机制，协调并保障好涉及流域开发各方的利益关系，是促进水电开发的重要经验。如瑞士、挪威等通过优惠电价、免费电量、直供电等方式，吸引高载能产业投资，促进地方经济发展和当地居民就业；如法国、美国等在保障开发主体适当收益的基础上，通过返还部分利润给当地居民，保障当地居民共同享受水电开发成果。

2. 我国水电发展现状

（1）资源潜力

根据 2003 年全国水力资源复查结果，我国水能资源理论蕴藏年电量 6.08 万亿千瓦时，平均功率 6.94 亿千瓦；技术可开发年发电量 2.47 万亿千瓦时，装机容量 5.42 亿千瓦；经济可开发年发电量 1.75 万亿千瓦时，装机容量 4.02 亿千瓦。随着经济社会发展、技术进步和勘察规划工作不断深入，我国水能资源技术可开发量和经济可开发量将进一步增加。根据雅鲁藏布江下游河段现场考察和初步规划情况，目前我国水电技术可开发装机容量可增加到 5.7 亿千瓦。

我国水能资源理论蕴藏量、技术可开发量和经济可开发量均居世界第一。截至 2010 年，水电开发程度为 27.7%（按发电量计算），与发达国家相比仍有较大差距，开发潜力较大。

（2）发展现状

"十一五"时期，是我国水电发展最快的时期。按照在保护生态的基础上有序开发水电的方针，坚持以人为本、科学发展，高度重视环境保护和移民安置工作，加快推进大型水电基地建设，因地制宜开发中小流域，水电装机规模突破 2 亿千瓦，水电建设与管理水平迈上新的台阶，为保障能源供应、调整能源结构、应对气候变化、促进可持续发展做出了重要贡献。

——水电装机规模快速增加。"十一五"期间新增水电在产装机容量 9867 万千瓦，年均增长 13%，其中大中型水电 6882.5 万千瓦、小水电 1990 万千瓦、抽水蓄能电站 994.5 万千瓦。到 2010 年底，全国水电装机容量达到 21606 万千瓦，其中大中型水电 14071.5 万千瓦、小水电 5840 万千瓦、抽水蓄能电站 1694.5 万千瓦，水电装机占全国发电总装机容量的 22.3%；2010 年全国水电发电量 6867 亿千瓦时，占全国发电量的 16.2%。

专栏1 "十一五"水电发展主要指标及完成情况

项目	2005年装机容量（万千瓦）	"十一五"预期目标（万千瓦）	2010年装机容量（万千瓦）	年均增长（%）
一、常规水电	11039	17000	19911.5	12.5
1、大中型水电	7189	12000	14071.5	14.4
2、小水电	3850	5000	5840	8.7
二、抽水蓄能	700	2000	1694.5	19.3
合计	11739	19000	21606	13.0

——重大项目建设有序推进。"十一五"时期，开工建设了长江三峡地下电站，金沙江向家坝、金安桥，澜沧江景洪、功果桥，大渡河长河坝、大岗山，雅砻江锦屏二级、官地，乌江思林、沙沱，黄河积石峡，北盘江光照，雅鲁藏布江藏木水电站等一批大型和特大型工程，以及广东清远、江西洪屏、江苏溧阳、浙江仙居、福建仙游、安徽响水涧、内蒙古呼和浩特等抽水蓄能电站，总计开工规模5150万千瓦。此外，金沙江乌东德、白鹤滩、梨园、阿海，澜沧江黄登、苗尾、托巴，大渡河硬梁包，黄河羊曲，吉林丰满重建工程等大型水电以及安徽绩溪、吉林敦化、山东文登、河南天池、海南琼中等抽水蓄能电站正抓紧开展前期工作，总装机容量6400万千瓦。

专栏2 "十一五"国家核准（审批）开工的水电项目

常规水电	长江干流：三峡地下电站和电源电站
	金沙江：向家坝、金安桥
	澜沧江：景洪、功果桥
	大渡河：深溪沟、龙头石、泸定、长河坝、大岗山
	雅砻江：锦屏二级、官地、桐子林
	乌江：东风扩机、思林、银盘、沙沱
	黄河：炳灵、积石峡
	红水河：桥巩、岩滩扩建
	沅水：白市、托口
	雅鲁藏布江：藏木
	其他流域：雪卡、南沙、光照、长洲、大盈江四级、江坪河、潘口、江边、老虎嘴、毛尔盖、马堵山、董箐
抽水蓄能	内蒙古呼和浩特、江苏溧阳、浙江仙居、安徽响水涧、安徽佛子岭、福建仙游、江西洪屏、湖南黑麋峰二期、广东清远

专栏3　"十一五"投产的重大水电项目

常规水电	长江干流：三峡右岸机组
	澜沧江：景洪、小湾
	大渡河：瀑布沟、龙头石、沙湾
	乌江：构皮滩、彭水、思林
	黄河：拉西瓦、炳灵
	红水河：龙滩、桥巩
	其他流域：水布垭、滩坑、光照、直孔、雪卡
抽水蓄能	浙江桐柏、山东泰安、安徽琅琊山、江苏宜兴、河北张河湾、湖北白莲河、湖南黑麋峰等

——技术装备水平显著提高。"十一五"期间，以重大工程建设为依托，坚持自主创新，加强技术研发，着力解决工程建设中的技术难题，工程建设技术和装备制造水平显著提高。建成了世界最高碾压混凝土重力坝龙滩水电站、世界最高面板堆石坝水布垭水电站、世界最高双曲拱坝小湾水电站，坝工技术迈入世界领先水平。在引进消化国外技术基础上，实现了70万千瓦级水轮发电机组国产化，并已成功应用于三峡、龙滩、拉西瓦等水电站，形成了具有国际竞争力的水电设备制造能力。以打捆招标和技贸结合的方式，引进并掌握了30万千瓦级抽水蓄能机组的装备制造技术，并已广泛应用于抽水蓄能电站建设中。

——流域水电规划全面开展。"十一五"期间，为适应西部水电开发的需要，开展了大渡河干流以及乌江、金沙江干流部分河段等水电规划修编和调整工作，启动了怒江上游、雅砻江上游、那曲河、通天河、雅鲁藏布江中游和下游等水电规划，继续完善怒江中下游水电规划方案，开展了金沙江虎跳峡河段、长江干流宜宾至重庆河段开发方案论证工作。为适应抽水蓄能电站的发展，以省（区、市）为单元，全面启动了抽水蓄能电站选点规划，已完成福建、海南、安徽、广东等省选点规划工作。

——移民环保工作不断创新。"十一五"期间，国家修订了移民安置法规，提高了水库淹没补偿标准，完善了后期扶持政策，加大了后期扶持力度，彻底扭转了重工程、轻移民的思想，积极探索先移民后建设的水电开发新方针，初步形成了多渠道、多途径安置移民的工作思路，开展了对淹没土地实行长期货币补偿的移民安置工作试点，移民工作更加科学合理、规范有序。水电开发环境保护意识全面提升；在流域规划和电站建设中高度重视河流生态系统维护、保护区协调、珍稀动植物保护等工作，全面开展河流水电规划环境影响评价，加强环境友好型水电技术研发，重点开展了分层取水、过鱼设施、驯养繁殖等技术研究和工程应用，已初步形成水电建设环境保护技术标准体系。

——国际合作取得重大突破。"十一五"期间，水电"走出去"战略取得了积极进展，在继续积极参与国际水电建设的同时，加强了与周边国家资源开发的合作。发挥技术优势积极参与发展中国家水电建设，承担了哥伦比亚、几内亚、塞拉利昂等国家部分流域水电规划，承建了苏丹麦洛维、马来西亚巴贡等大型水电站，投资建设了柬埔寨甘再、印度尼西亚阿萨汉一级、缅甸瑞丽江一级等水电站；坚持互利互惠，加强了与周边国家水电开发合作，建立了缅甸恩梅开江、迈立开江及伊洛瓦底江、丹伦江部分河段的合作开发机制，开工建设了缅甸其培、柬埔寨额勒赛等水电站。通过加强国际合作，已与 80 多个国家建立了水电规划、建设、投资合作关系。水电已成为我国具有国际竞争力的行业。

（二）发展形势

"十二五"时期是全面建设小康社会的关键时期，能源发展面临着转变方式和调整结构的重大任务。特别是日本福岛核事故发生后，核电发展受到一定程度的影响，使可再生能源在增加非化石能源比重和减少温室气体排放的作用更加突出。水电是目前技术最成熟、最具大规模开发条件的可再生能源。加快水电发展是保障能源供应、调整能源结构、实现非化石能源发展目标的重要措施。总体来看，水电开发面临着建设任务紧迫、移民安置难度增加、生态环境保护要求提高以及体制机制障碍逐渐显现等新形势和新问题。

——水电建设任务紧迫。水电在实现非化石能源发展目标中起着举足轻重的作用，要实现 2015 年、2020 年非化石能源占一次能源消费比重达到 11.4%、15% 的发展目标，水电比重须达到 7% 和 8% 以上。由于水电建设周期长，2020 年投产水电均须在"十二五"时期开工建设，加之受前期工作滞后、建设难度加大等影响，开发建设存在诸多不确定因素，水电建设时间紧、任务艰巨，加快开发是"十二五"时期水电发展的重要任务。

——移民安置工作艰巨。移民工作是目前水电建设的最大难点。随着西南水电的逐步开发，新建水电主要集中在金沙江、雅砻江、大渡河、澜沧江和黄河上游等地区。这些地区山高坡陡、耕地匮乏、生态脆弱、安置容量有限，加之少数民族移民比重大，移民安置难度增加。同时，随着经济社会的发展，移民群众搬迁安置和地方发展期望值不断提高，对移民工作也提出了新的要求，做好移民工作已成为水电建设最重要的任务。

——生态保护制约明显。保护流域生态是建设生态文明的重要内容。受国际环境及国内部分河段不合理开发的影响，水电开发的环境影响问题越来越受到社会关注，加之缺乏科学系统的评判体系，近年来水电开发争议不断，已严重影响了河流水电规划和环境影响评价等前期工作以及项目建设。同时，随着我国环境友好型社会的建设，水电开发生态环境保护要求越来越高，环境保护问题已成为水电建设的重要制约因素。

——体制机制亟待完善。完善的体制机制是水电行业健康发展的基本保障。随着经济体制和投资体制改革的不断深化，水电开发经历了从计划经济到市场经济、从政府投资到企业投资、从单一主体到多元主体的变革，外部环境发生了深刻变化，但目前水电行业主要沿用过去的管理模式，行业管理相对薄弱和建设管理体制不适应等问题并存。需进一步完善行政管理体制、深化电力体制改革、建立水电市场机制，为水电进一步发展提供体制保障。

二、指导方针和目标

（一）指导思想

高举中国特色社会主义伟大旗帜，以邓小平理论和"三个代表"重要思想为指导，深入贯彻落实科学发展观，以建设资源节约型、环境友好型社会为目标，把发展水电作为构建安全、稳定、经济、清洁现代能源产业体系的重要举措，坚持在做好生态保护和移民安置的前提下积极发展水电的方针，统筹水电开发与环境保护、移民安置、经济社会发展，为实现"十二五"规划和 2020 年非化石能源发展目标、促进国民经济和社会可持续发展提供重要保障。

（二）基本原则

坚持把统筹开发和重点推进相结合作为水电发展的基本思路。统筹大中型与小型、干流与支流、常规与蓄能水电开发，大力推进西部地区大型水电开发，加快调节性能好的控制性水库建设，因地制宜开发小水电，适度加快抽水蓄能电站建设。

坚持把妥善安置移民和保护生态环境作为水电建设的重要前提。坚持水电开发与环境保护并重，建设环境友好型工程。坚持以人为本，因地制宜，创新移民工作思路，通过水电建设促进移民脱贫致富和地方经济发展，维护库区社会和谐稳定。

坚持把内外统筹和科技进步作为促进水电发展的重要举措。统筹国内国外两个大局，加快实施水电"走出去"战略，积极推进跨界河流水电开发合作；坚持自主创新，加大科技投入，加强科技攻关，不断提高水电规划、建设、运行管理技术水平。

坚持把体制改革和机制创新作为水电发展的重要保障。深化以市场配置资源、供需形成价格为核心的电力体制改革，完善水电市场机制，建立健全符合投资体制改革要求和水电建设实际的管理体制，保障水电持续健康发展。

（三）发展目标

按照实现能源发展目标、促进技术和产业发展、保护生态环境、妥善安置移民的总体要求，"十二五"时期水电发展的主要目标是：

——水电建设平稳较快发展。全国新开工常规水电 1.2 亿千瓦，抽水蓄能 0.4 亿千瓦，新增投产 0.74 亿千瓦，2015 年水电总装机容量达到 2.9 亿千瓦（抽水蓄能 0.3 亿千瓦），年发电量 9100 亿千瓦时，折合标煤约 3 亿吨；2020 年水电总装机容量达到 4.2 亿千瓦（抽水蓄能 0.7 亿千瓦），年发电量 1.2 万亿千瓦时，折合标煤约 4 亿吨。"西电东送"能力不断扩大，2015 年水电送电规模超过 8400 万千瓦。

——生态保护取得重大进展。环境友好的水电开发和河流生境修复技术取得新的突破，主要流域生态安全监控、环保综合措施和生态调度体系逐步形成，已开发河流生境修复与生态建设取得明显进展。水电建设环境保护技术标准与综合监管体系进一步完善。科学系统的环境影响评价体系初步建立。

——移民工作机制不断完善。水电开发机制和移民安置政策体系进一步完善，水电开发与移民群众、地方政府的利益共享机制逐步建立"先移民后建设"的水电移民政策措施体系初步形成，移民安置工作的科学化、民主化水平明显提升，移民的合法权益得到切实保障，重点水库移民遗留问题基本解决，移民社会管理工作明显加强，库区社会更加和谐稳定。

——科技装备水平明显提升。水电建设坝工技术水平持续提升，复杂地质条件、高地震烈度及300 米级高坝等筑坝关键技术取得重大突破。装备制造水平明显加强，百万千瓦级常规机组和 40万千瓦、500 米水头以上抽水蓄能机组全面实现自主化。水电科技研发、装备制造、人才队伍建设体系基本健全。

——管理体制机制逐步健全。水电行业管理显著加强，开发建设市场秩序全面规范，水电开发政策体系和投资体制更加完善，水电管理体制和电价形成机制改革取得明显进展。科学合理的抽水蓄能电站建设管理和运营机制基本建立。

——国际合作取得重大进展。科技合作与技术交流进一步加强，合作领域不断扩展，合作水平明显提高。"走出去"战略实施进一步深化，国际水电资源合作开发规模不断扩大。跨界河流共同开发取得积极进展，互利共赢的国际合作格局基本建立。

专栏 4　"十二五"水电发展目标

	开工规模（万千瓦）	新增投产规模（万千瓦）	2015 年目标规模	
			装机规模（万千瓦）	年发电量（亿千瓦时）
一、常规水电	12000	6100	26000	9100
1. 大中型水电	11000	5100	19200	6400
2. 小水电	1000	1000	6800	2700
二、抽水蓄能	4000	1300	3000	
合计	16000	7400	29000	9100

三、重点任务

（一）发展布局

根据我国水能资源分布特点和开发现状，统筹规划、合理布局东部、中部和西部水电开发。

——全面推进西部地区大型水电能源基地建设。全面推进金沙江下游、雅砻江、大渡河、黄河上游、澜沧江大型水电能源基地建设；加快开发金沙江中游水电能源基地；启动金沙江上游和怒江中下游大型水电能源基地建设，积极推动藏东南"西电东送"接续能源基地建设；有序开展抽水蓄能电站建设。到 2015 年，常规水电装机规模达到 16700 万千瓦，占全国的比例为 64%，开发程度达到 38%；抽水蓄能电站装机规模达到 130 万千瓦，约占全国的 4%。

——合理开发中部地区重点流域剩余水能资源。合理开发黄河北干流、汉江下游、溇水、堵河、赣江等流域剩余水能资源，适度加快抽水蓄能电站建设。到 2015 年，常规水电装机规模达到 5900 万千瓦，占全国的比例为 23%，开发程度达到 97%；抽水蓄能电站装机规模达到 800 万千瓦，约占全国的 27%。

——有序开展东部地区电站扩机改造和抽水蓄能建设。重点做好丰满等已建电站的扩机和改造升级，加强抽水蓄能电站建设。到 2015 年，常规水电装机规模达到 3400 万千瓦，占全国的比例为 13%，开发程度达到 86%；抽水蓄能电站装机规模达到 2070 万千瓦，约占全国的 69%。

专栏 5　"十二五"水电发展布局

	水电合计	常规水电			抽水蓄能	
	开发规模（万千瓦）	开发规模（万千瓦）	占全国的比例（%）	开发程度（%）	开发规模（万千瓦）	占全国的比例（%）
西部地区	16830	16700	64	38	130	4
中部地区	6700	5900	23	97	800	27
东部地区	5470	3400	13	86	2070	69
总计	29000	26000	100	48	3000	100

（二）重点领域

1. 水电开发前期工作

根据水电前期工作的特点及进展情况，"十二五"时期，水电前期工作主要包括河流水电规划、重点河段研究论证、重大项目勘测设计、抽水蓄能电站选点规划等。

——加快河流水电规划。将西部四川、青海、云南等大江大河上游河段及西藏大中型河流作为水电规划的重点，加大前期工作力度。继续做好西藏那曲河、帕隆藏布、四川雅砻江上游等河流水电规划工作；研究完善怒江水电规划；完成金沙江上游、澜沧江上游、黄河上游、雅鲁藏布江中游和通天河等河流（河段）水电规划；继续推进雅鲁藏布江下游水电规划工作，完成第二阶段地震地质、生态环保、移民安置、控制性水库布局等重大专题研究论证工作，启动第三阶段梯级开发方案布局及规划环境影响评价工作。

——加强重点河段研究论证。统筹考虑流域水资源开发综合利用，以及生态环境保护、移民安置、流域地区发展、应对气候变化对水电开发与保护提出的新要求、新任务，继续做好金沙江虎跳峡、黄河黑山峡、长江宜宾至重庆等河段规划方案综合研究论证工作。开展大渡河老鹰岩、澜沧江古水等河段开发方案调整完善研究。

——推进重大项目勘测设计。抓紧开展一批战略性工程、控制性水库、骨干型项目的前期工作，重点做好金沙江下游白鹤滩、乌东德，澜沧江如美，金沙江中游龙盘，大渡河双江口，雅砻江两河口，黄河宁木特、玛尔挡，怒江松塔、马吉等梯级电站的勘测设计、方案研究等工作，加快推进项目建设各项准备工作，力争 2020 年大江大河均基本具备水资源调配能力。

——做好抽水蓄能电站选点规划。有序推进抽水蓄能电站开发建设前期工作，重点开展火电核电比重高、新能源开发规模大、外调电力份额大地区的相关工作，完成东部沿海浙江、江苏、山东、辽宁，中部安徽、湖南、湖北，西部重庆、陕西、新疆、甘肃、内蒙古等省（自治区、直辖市）抽水蓄能电站选点规划工作，储备一批规模适宜、布局合理、建设条件优良、经济指标优越的抽水蓄能站址。

专栏 6 "十二五"水电前期工作重点

前期工作内容	工作重点
河流水电规划	金沙江上游、澜沧江上游、黄河上游、雅砻江上游、雅鲁藏布江中游、通天河、那曲河、怒江、帕隆藏布、雅鲁藏布江下游等
抽水蓄能选点规划	浙江、江苏、山东、辽宁、吉林、安徽、湖南、湖北、江西、重庆、陕西、新疆、甘肃、山西、河南、内蒙古、黑龙江、河北、贵州等
重点河段研究论证	金沙江虎跳峡、黄河黑山峡、长江宜宾至重庆、大渡河老鹰岩、澜沧江古水等河段
重大项目勘测设计	金沙江白鹤滩、乌东德、龙盘，澜沧江如美，大渡河双江口，雅砻江两河口，黄河宁木特、玛尔挡，怒江松塔、马吉等水电站

2. 大型水电基地建设

按照"建设十大、建成八大"千万千瓦级水电基地的目标，综合考虑资源状况、开发条件、前期工作等因素，重点开发大渡河、雅砻江、澜沧江中下游、金沙江中下游等流域，启动金沙江上游、澜沧江上游、黄河上游（茨哈峡以上）、雅鲁藏布江中游、怒江中下游等水电基地开发。

——优化开发闽浙赣、东北、湘西水电基地。开工建设赣江井冈山、第二松花江丰满重建等工程，总规模 130 万千瓦。新增投产托口等水电项目，总规模 80 万千瓦。到 2015 年，闽浙赣、东北、湘西水电基地总规模分别为890万千瓦、660万千瓦、780万千瓦，除东北水电基地外，其余两基地水电基本开发完毕。

——基本建成长江上游、南盘江红水河、乌江水电基地。开工建设长江干流小南海、乌江白马和红水河龙滩二期等水电站，总规模350万千瓦。新增投产三峡地下电站、乌江沙沱、银盘、红水河岩滩扩机等大型水电项目，总规模650万千瓦。到2015年，长江上游、南盘江红水河、乌江水电基地建设基本完成，总规模分别为2850万千瓦、1270万千瓦、1110万千瓦。

——全面推进金沙江中下游、澜沧江中下游、雅砻江、大渡河、黄河上游、雅鲁藏布江中游水电基地建设。继续抓好金沙江溪洛渡、向家坝，雅砻江锦屏一级、锦屏二级、官地，大渡河长河坝、大岗山等重大项目建设，确保按期发电，投产规模达到4000万千瓦。开工建设金沙江乌东德、白鹤滩、梨园、鲁地拉、龙开口、观音岩，雅砻江两河口、卡拉、杨房沟，大渡河双江口、猴子岩、硬梁包、丹巴，澜沧江古水、黄登、苗尾，黄河上游玛尔挡、宁木特、茨哈峡，雅鲁藏布江中游加查、街需、大古等项目；重点加强调节性能好的龙头水库电站建设。"十二五"期间金沙江中下游、澜沧江中下游、雅砻江、大渡河、黄河上游、雅鲁藏布江中游等水电基地开工规模分别为3830万千瓦、1560万千瓦、850万千瓦、1180万千瓦、650万千瓦、140万千瓦，2015年投产总规模分别达到2390万千瓦、1640万千瓦、1410万千瓦、1180万千瓦、1500万千瓦、50万千瓦。

——有序启动金沙江上游、澜沧江上游、怒江水电基地建设。加快推进金沙江上游和澜沧江上游水电开发步伐，开工建设叶巴滩、拉哇、苏洼龙、如美等项目，适时启动怒江中下游水电基地开发，力争开工建设松塔、马吉、亚碧罗、六库、赛格等梯级电站，开工规模2400万千瓦。着力打造金沙江上游、澜沧江上游、怒江上游"西电东送"接续能源基地。

专栏7　"十二五"期间重点推进的10个千万千瓦级大型水电基地

序号	基地名称	规划总规模（万千瓦）	2010年建成规模（万千瓦）	"十二五"开工规模（万千瓦）	"十二五"新增投产规模（万千瓦）	2015年目标规模（万千瓦）
1	长江上游	3400	2431	170	420	2850
2	金沙江	7700	0	4640	2390	2390
3	澜沧江	3140	885	2030	750	1640
4	雅砻江	2600	330	850	1080	1410
5	大渡河	2640	641	1180	540	1180
6	乌江	1140	933	40	170	1110
7	黄河上游	2530	1457	650	40	1500
8	南盘江、红水河	1570	1208	140	60	1270
9	雅鲁藏布江	7400	0	140	50	50
10	怒江	3600	0	1120	0	0
	合计	35720	7885	10960	5500	13400

专栏8　"十二五"水电重点开工项目

序号	河流	重点工程
1	金沙江	叶巴滩、拉哇、苏洼龙、昌波、旭龙、龙盘、梨园、阿海、龙开口、鲁地拉、观音岩、白鹤滩、乌东德等
2	澜沧江	侧格、卡贡、如美、古学、古水、乌弄龙、里底、托巴、黄登、大华桥、苗尾、糯扎渡、橄榄坝等
3	雅砻江	两河口、牙根一级、牙根二级、孟底沟、杨房沟、卡拉等
4	大渡河	双江口、金川、安宁、巴底、丹巴、猴子岩、黄金坪、硬梁包，枕头坝一、二级，沙坪一、二级，安谷等
5	黄河上游	门堂、宁木特、玛尔挡、茨哈峡、羊曲、班多等
6	怒江干流	松塔、马吉、亚碧罗、赛格、六库等
7	雅鲁藏布江中游	大古、街需、加查等
8	其他河流	长江小南海，汉江旬阳、新集，堵河小漩，第二松花江丰满重建，乌江白马，红水河龙滩二期，帕隆藏布忠玉，库玛拉克河大石峡、开都河阿仁萨很托亥水电站等

3. 小水电开发

全面总结小水电开发经验，提高建设管理水平，完善电价形成机制，推动小水电持续健康发展。发挥小水电资源丰富、广泛分布于农村地区的特点，重点开发偏远、离网地区小水电，加快解决无电地区用电问题；优化开发中小流域，增加清洁能源电力供应。"十二五"期间，开工小水电1000万千瓦，新增小水电1000万千瓦。到2015年，全国小水电装机规模达到6800万千瓦，其中西部地区3300万千瓦，占全国的48%；东部地区2030万千瓦，占全国的30%；中部地区1470万千瓦，占全国的22%。

——推动老电站改造升级。以新的环境理念和管理要求，做好老旧电站的增效扩容和改造升级。对于建设方案不合理、环境破坏严重的电站要清理拆除；对机组设备老化陈旧、水能利用率低、安全隐患突出的老电厂进行改造升级，提高效率；对生态环境保护考虑不够但具有继续利用价值的电站，要增加环境保护设施，促进流域生态恢复。根据各流域、各地区开发状况，对小水电开发程度较高地区重点实施增效扩容改造，对环境保护、水土流失问题相对突出的流域重点开展生态修复工作。

——优化新建电站开发。新建电站要更加重视生态环境保护工作，统筹协调好全流域、干支流开发与保护关系，按照"小流域、大生态"的理念，科学规划梯级布局，合理确定开发方式，慎重选择引水式开发，保障河流基本生态功能。继续支持资源丰富地区因地制宜科学开发小水电。到2015年，建成江西、贵州、湖北、新江、广西等5个300万千瓦的小水电大省及湖南、广东、福建、云南、四川等5个500万千瓦的小水电强省。

——支持无电地区电站建设。加快边远缺电离网地区小水电开发，继续实施水电新农村电气化县建设及小水电代燃料工程，解决好农村用电问题，提升用电水平。"十二五"期间基本解决边远山区无电缺电问题，建成300个水电新农村电气化县，解决生态环境特别脆弱、以烧柴为主的140多万户农民的生活燃料问题。

专栏9 "十二五"小水电发展重点

1	老电站改造升级
	总体发电能力提高35%以上，机组综合效率平均达到80%以上。对800万千瓦的农村水电站实施增效扩容改造，增效扩容新增年发电量近100亿千瓦时
2	优化新建电站开发
	建成江西、贵州、湖北、浙江、广西等5个300万千瓦的小水电大省及湖南、广东、福建、云南、四川等5个500万千瓦的小水电强省
3	支持无电地区建设
	建成300个水电新农村电气化县，基本解决生态环境特别脆弱、以烧柴为主的140多万户农民的生活燃料问题

4. 抽水蓄能电站建设

坚持"统一规划、合理布局"的原则，结合新能源开发及电网安全稳定运行要求，着力完善东部地区抽水蓄能站点布局，适度加快中部地区抽水蓄能电站建设，有序推进西部地区抽水蓄能电站开发。

——着力完善东部地区站点布局。在华东、广东等区外送电比重北极星电力网高和煤电核电比重大，海南、福建等核电发展较快，以及吉林、河北等风电大规模开发地区，根据电网调峰要求，合理布局一批经济指标优越的抽水蓄能电站，保障电网安全稳定运行。开工建设丰宁、荒沟、敦化、文登、宁海、厦门、深圳、琼中等一批抽水蓄能电站，总装机容量约2300万千瓦。建成投产仙游、深阳、清远、仙居、蒲石河等抽水蓄能电站，新增规模878万千瓦。

——适度加快中部地区电站建设。着力解决中部地区因水火分布不均、水电基本开发完毕、"三北"地区风电受端带来的电网调峰和安全运行问题，加快建设一批条件成熟的抽水蓄能电站。开工建设绩溪、天池、五岳、上进山等抽水蓄能电站，总装机容量约700万千瓦。建成投产响水涧、洪屏、佛子岭等抽水蓄能电站，新增规模326万千瓦。

——有序推进西部地区蓄能开发。在西北风能和太阳能资源丰富地区，适应新能源基地大规模开发需要，按照分类指导、突出重点的原则，有序推进抽水蓄能电站建设。开工建设镇安、阜康、中宁、肃南和重庆蟠龙等抽水蓄能电站，总装机容量约1000万千瓦。建成投产呼和浩特抽水蓄能电站，新增规模120万千瓦。

专栏10 "十二五"时期抽水蓄能电站重点开工项目

所在区域	省份	项目名称	总装机容量（万千瓦）
东部地区	黑龙江	荒沟	120
	吉林	敦化	140
	辽宁	桓仁	80
	河北	丰宁一期	180
		丰宁二期	180
	山东	文登	180
	江苏	马山	70
		句容	135
	浙江	宁海	140
		天荒坪二	210

续表

所在区域	省份	项目名称	总装机容量（万千瓦）
东部地区	福建	厦门	140
	广东	深圳	120
		梅州	120
		阳江	120
	海南	琼中	60
中部地区	安徽	绩溪	180
	河南	天池	120
		五岳	80
	湖北	上进山	120
西部地区	宁夏	中宁	60
	甘肃	肃南	120
	新疆	阜康	120
	陕西	镇安	140
	内蒙古	锡林浩特	80
	重庆	蟠龙	120
总计			3135

5. 西电东送

根据我国水能资源及电力市场分布特点，充分考虑西部地区用电负荷增长需要，深入推进"西电东送"战略，通过加强北部、中部、南部输电通道建设，不断扩大水电"西电东送"规模，完善"西电东送"格局，强化通道互连，实现资源更大范围的优化配置。优化北部通道。北部通道主要依托黄河上游水电，将西北电力输往华北地区。"十二五"期间，在拉西瓦和公伯峡水电站200万千瓦外送规模的基础上，结合黑山峡河段及黄河上游水电开发，进一步优化北部通道水电外送规模和外送方式。

——完善中部通道。中部通道主要将长江上游、金沙江下游、雅砻江、大渡河等水电基地的电力送往华东和华中地区。目前已建成三峡、二滩等水电站向华东和重庆输电通道，送电规模1690万千瓦。"十二五"期间，通过陆续投产金沙江溪洛渡、向家坝及雅砻江锦屏一级和锦屏二级等特大型水电站，大幅提升中部通道外送规模，达到4600万千瓦。

——加强南部通道。南部通道主要将金沙江中带、澜沧江、红水河、乌江和怒江等水电基地的电力送往两广地区。在保证广西南盘江的天生桥一级、天生桥二级以及红水河干流龙滩、平班等水电项目持续向广东进电的基础上，根据澜沧江小湾、糯扎渡以及金沙江梨园、阿海、鲁地拉、龙开口等水电站的投产进度，进一步扩大外送规模，到2015年南部通道输电规模达到3700万千瓦。此外，根据东南亚缅甸等国家水电开发进程，统筹考虑当地消纳与送电中国境内南方电网，合理规划和适时调整南部通道送电规模。

——构建互济通道。根据南北区域能源资源分布特点和电力负荷特性，合理规划能源配置范围和能源流向，建设跨流域互济通道。"十一五"已建成西北电网与四川电网直流联网工程，实现长江流域与黄河流域水电的互济运行（规模300万千瓦）。"十二五"期间将进一步加强华中与华北、四川与西北、西藏与青海输电通道建设，形成南北跨流域互济格局。

专栏 11　水电"西电东送"外送初步规划

项目	送电方向	外送规模（万千瓦）			主要外送水电电源
		2010 年	2015 年	2020 年	
"西电东送"总规模		3532	8452	11792	
一、南部通道		1842	3672	5222	
1. 云南网对网外送	南方	280	280	280	
2. 澜沧江小湾平台	南方	500	500	500	小湾、金安桥等
3. 澜沧江糯扎渡	南方		500	500	糯扎渡等
4. 金沙江上游等藏东南水电基地	南方			750	旭龙等
5. 金沙江中游梨园、阿海等梯级打捆	南方		300	300	梨园、阿海、龙盘等
6. 金沙江中游鲁地拉+龙开口梯级打捆	南方		400	400	鲁地拉、龙开口等
7. 金沙江下游乌东德、白鹤滩梯级	南方			800	乌东德、白鹤滩
8. 金沙江下游溪洛渡梯级	南方		630	630	溪洛渡
9. 广西龙滩+天生桥梯级打捆	南方	462	462	462	龙滩、天生桥一级、天生桥二级等
10. 乌江构皮滩	南方	300	300	300	构皮滩
11. 三峡	南方	300	300	300	三峡
二、中部通道		1690	4580	6370	
1. 四川网对网外送	华中	400	800	1200	
2. 四川雅砻江基地	华东		720	720	锦屏一级、锦屏二级、官地等
	华中		200	200	
3. 金沙江上游等藏东南水电基地	华中			750	叶巴滩等
4. 金沙江下游乌东德+白鹤滩梯级打捆	华东、华中			640	乌东德、白鹤滩
5. 金沙江下游溪洛渡+向家坝梯级打捆	华东		1270	1270	溪洛渡、向家坝
6. 三峡	华中	570	570	570	三峡
	华东	720	1020	1020	
三、北部通道			200	200	
黄河公伯峡+拉西瓦梯级	山东		200	200	公伯峡、拉西瓦

6. 科技装备

"十二五"期间科技装备的重点是进一步提高工程建设技术水平、增强机电设备制造能力和提升水电行业管理水平。

——提高工程建设技术水平。坚持技术创新与工程应用相结合，重点开展高坝筑坝、大型地下洞室施工、高水头大流量泄洪消能、超高坝建筑材料等技术攻关，解决工程建设重大技术难题，实现技术水平提升。以茨哈峡水电站作为 250 米级面板堆石坝的依托工程，以双江口、两河口和如美水电站作为 300 米级心墙堆石坝的依托工程，以锦屏一级、马吉水电站作为 300 米级混凝土拱坝的依托工程，以黄登水电站作为 200 米级混凝土重力坝的依托工程开展研究工作。

——增强机电设备制造能力。坚持自主创新和引进消化吸收相结合，继续增强机电设备制造能力。以白鹤滩水电站为依托，开展百万千瓦级大型水轮机组技术研究。以仙居、绩溪、敦化、厦门等抽水蓄能电站为依托，巩固 30 万千瓦级抽水蓄能机组整机设计制造技术，实现 40 万千瓦级、500 米水头及以上大容量、高水头抽水蓄能机组设计制造自主化。继续开展 7 万千瓦以上贯流式水轮发电机组研究，提升贯流机组制造水平。

　　——提升水电行业管理水平。坚持建设与运行管理并重，项目开发与人才培养相结合，全面提升水电行业勘测、设计、施工、运行管理水平。依托白鹤滩、乌东德、锦屏一级、马吉等重大项目建设，培养一批专业水平领先、科技创新能力突出的人才和团队。以乌江、红水河等流域运行管理为依托，研究流域优化调度机制，培养水电优化调度管理人才，提高水库运行管理水平。

专栏12　"十二五"科技装备重点

类别	重点内容	依托重点工程
重大科技攻关	复杂地质条件下高坝筑坝技术、大型地下洞室及高边坡锚固技术、高水头大流量泄洪消能关键技术、超高坝建筑材料和大坝应力变形稳定等	茨哈峡、如美、双江口、两河口、锦屏一级、马吉、黄登等
水轮发电机组制造自主化	百万千瓦级大型水轮发电机组，40万千瓦级、500米水头及以上大容量、高水头抽水蓄能机组，7万千瓦以上贯流式水轮发电机组等设计制造自主化	白鹤滩、绩溪、仙居、敦化、厦门等
行业管理水平提升	培养流域梯级调度管理人才及专业水平领先、科技创新能力突出的专业人才和团队	乌江、红水河、白鹤滩、乌东德、锦屏一级、马吉等

　　7. 国际合作

　　结合国际水电开发的形势和现状"十二五"期间通过继续深化与周边国家的合作，积极营造跨境河流开发环境，加快实施水电"走出去"战略，全面提升国际合作水平。

　　——继续深化与周边国家的合作。加强与东南亚国家的合作，建立健全对外协调机制，为东南亚水电向我国供电创造条件。"十二五"期间，继续做好额勒赛等水电项目建设工作，推进缅甸伊洛瓦底江、瑞丽江、丹伦江、老挝南乌江等河流规划梯级的前期工作，根据国际形势和国内电力消纳等实际情况，有序推进我国企业参与的老挝北本、萨拉康，伊洛瓦底江乌托、腊撒，丹伦江滚弄、哈吉，瑞丽江二级，太平江二级等一批大中型电站项目。深化与巴基斯坦、哈萨克斯坦、吉尔吉斯斯坦、塔吉克斯坦、俄罗斯等国家的交流合作。

　　——积极营造跨境河流开发环境。加强政府间的交流和对话，发挥国际组织和非政府组织的作用，充分利用大湄公河次区域等合作机制，加强与其他国家和地区的区域水电合作，探索和建立跨境河流开发合作机制，为跨境河流开发创造良好条件，积极推动雅鲁藏布江、怒江、澜沧江等河流开发。

　　——加快实施水电"走出去"战略。鼓励我国水电企业通过水电咨询、规划设计、工程承包、投资合作等方式参与境外水电开发，提升我国水电的国际影响力和竞争力。加快我国的水电技术、水电标准、水电设备"走出去"步伐，不断拓展国际合作领域，深化与亚洲、非洲、拉丁美洲等国家的合作，促进非洲、东南亚等国家水电产业共同发展。

四、规划实施

（一）保障措施

　　——加强前期工作。加大前期投入，加深前期工作深度，积极推进重点河流（河段）水电规划。加强协调与沟通，加快前期工作进度，着力推进河流水电规划审批工作，加强重大项目勘测设计，做好项目储备。完善水电前期工作管理体制机制，充分调动和发挥各方的积极性，确保前期工作质量和进度，保障水电建设持续健康发展。

——完善移民政策。坚持以人为本、因地制宜，不断总结移民工作经验，创新移民工作思路，加强移民政策的研究和完善，结合社会主义新农村建设和城镇化的要求，制定和完善移民安置社会保障、城市化安置、先移民后建设等政策措施，积极探索和推广少土、无土多渠道安置移民方式；加强移民社会管理，研究制定地方和移民参与移民工作的新机制，强化移民工作监督管理，落实省级政府的移民工作责任。通过完善移民政策，为做好移民工作提供政策保障，推进项目顺利建设，确保库区和谐稳定。

——做好生态保护。加强河流水电规划环境影响评价，完善河流水电规划环境影响评价审查制度，制定明确的环境影响评价审查标准。开展生态补偿、干支流开发统筹、河流生态系统健康评估体系等方面的研究，强化生态环境保护。

——创新体制机制。加强水电行业管理，建立健全国家、地方、企业等有关各方共同参与、责任明晰的建设管理体制。调整完善以项目核准制为核心的投资管理制度，发挥企业的自主决策和政府的宏观调控作用；研究完善符合水电开发实际的政策体系，积极推进水电电价市场化改革进程，进一步完善抽水蓄能电站建设管理和运营机制，促进水电建设持续健康发展。

——加强统筹协调。加强与相关行业和地方的协调，统筹水电开发与水资源综合利用、生态保护、移民安置、地区发展，研究建立符合水电开发规律、适应管理要求的水电开发综合监管与行业监管相结合的管理机制。加强水电科普教育和舆论宣传，营造良好的水电开发外部环境。充分发挥行业组织、企业协会、专业机构等在水电建设中的技术支撑、行业自律、沟通协调作用构建和谐有序的水电开发管理服务体系，推动水电建设持续健康发展。

（二）实施机制

——强化规划组织管理。强化规划对"十二五"水电发展的指导作用，规范水能资源开发秩序，加强基本建设管理，防止无序开发，确保布局合理、开发有序以及规划目标的实现。各地区、各大型企业要根据本规划合理制定本地区、本系统的水电开发规划，做好与水利、水运、国土等相关规划的衔接，细化落实本规划提出的主要任务，形成落实本规划的重要抓手。投资主管部门负责水电投资管理制度的完善，推进水电电价改革等；能源主管部门负责水电政策法规制定、重大项目建设审核、重大问题研究论证等行业管理工作；环保、国土、水利、地震等部门负责加强水电开发生态环境保护、建设用地、水资源利用与水土保持以及地震等相关业务的指导和监督，共同保障规划实施。

——建立滚动调整机制。加强水电行业发展的统计分析工作，强化对规划实施情况的跟踪和监督，及时掌握规划执行情况，并根据执行情况适时对规划目标和重点进行动态调整，使规划更加科学，符合发展实际。2013年要做好中期评估，评估情况以适当方式向社会公布。

——强化目标考核。建立健全水电开发利用的年度实施计划，对水电前期工作的进展、移民安置实施情况、建设项目施工进度等设置考核目标，逐步建立目标考核体系和奖惩制度，保障规划目标和任务顺利实现。

五、投资估算和环境社会影响分析

（一）投资估算

初步测算"十二五"期间水电建设投资需求约8000亿元，其中大中型水电约6200亿元，小水电约1200亿元，抽水蓄能电站约600亿元。按20%的资本金比例测算"十二五"期间资本金需求为1600亿元，融资6400亿元。西部的四川省和云南省是水电建设的重点区域，水电建设投资分别达到 3300 亿元、3400 亿元。

（二）环境和社会影响分析

1. 综合效益分析

水电具有发电、防洪、航运、灌溉、促进经济社会发展等综合效益。

"十二五"期间，水电将累计提供 4.2 万亿千瓦时的清洁电力，满足我国经济社会发展的需要，相应节约 12.7 亿吨标准煤，减少排放二氧化碳 36.4 亿吨，对减轻大气污染和控制温室气体排放将起到重要的作用，具有巨大的环境效益。

"十二五"期间，随着溪洛渡、糯扎渡、锦屏一级等一批大型水库建成投产，金沙江、澜沧江、雅砻江等河流防洪能力进一步提高，水资源调配能力进一步增强，水电综合效益发挥进一步显现，对下游河段及河口区域的水环境改善，城市和乡村供水条件改善，河流湿地生态功能维护都有积极作用。初步统计"十二五"新投产水电可新增调节库容约 240 亿立方米，防洪库容约 56 亿立方米，灌溉面积约 370 万亩，改善航道 900 余公里。以糯扎渡为例，糯扎渡是澜沧江干流骨干水库，装机规模 585 万千瓦、调节库容达 114 亿立方米，电站建成后每年可援供 240 亿千瓦时的清洁电力，可将景洪市城市防洪标准提高到 50 年一遇水平，可将下游枯水期平均流量提高 70%，发电、防洪、水资源调配等综合效益十分显著。

"十二五"期间，我国水电将至少拉动 11000 万吨水泥、1700 万吨的钢筋、600 万吨钢材的生产。水电建设和运行期间还将为地方经济社会发展增加大量的税费收入，初步测算，运行期年均税费可达 1800 亿元。此外，电站建设对改善当地基础设施建设、拉动就业、促进城镇化发展都具有积极作用。

2. 环境和社会影响

水电作为可大规模开发的清洁可再生能源，其开发利用可节约和替代大量化石能源，显著减少温室气体排放和污染物，保护当地生态环境，改善当地生产生活条件，有效促进地方经济社会可持续发展以及人与自然的协调发展。

规划实施的不利环境影响主要包括水库淹没造成其他资源损失，破坏动植物栖息地；水库初期蓄水引起库岸滑坡、坍塌等次生地质灾害；改变河流水文情势，河道水温、水质等发生变化；改变鱼类生存环境，阻隔鱼类洄游通道等。规划水电项目的实施北极星电力网均遵循"先规划、后开发"的原则，严格按法律法规开展规划环境影响评价和项目环境影响评价工作。将通过加强环境影响评价工作，全面分析各流域、各项目的环境影响，识别环境保护和影响对象，提出预防和减缓措施。同时，在项目实施中，可以通过建设水库分层取水设施、建设过鱼设施及鱼类增殖放流站、对施工迹地绿化恢复等工程措施，以及通过优化梯级布局，预留天然河段等非工程措施，尽量减小对环境的影响。

水电建设不可避免地会淹没土地、搬迁移民，改变移民的生产生活环境，破坏原有的社会关系，可能导致一些社会问题。同时，水电建设在改善当地的基础设施、加快城镇化建设进程、促进地方经济社会发展等方面具有积极作用。初步测算"十二五"期间，水电建设需要搬迁安置移民约 40 万人，淹没耕地约 60 万亩。在项目实施中，通过加强移民管理，完善移民法规，创新安置方式，使水电开发与地方经济社会发展共赢，实现移民安居乐业。

第五篇　核电政策法规

国家能源局关于发布《压水堆核电厂标准体系项目表》和《核电标准建设工作规则》的通知

（国家能源局　2009 年 10 月 12 日发布　国能科技〔2009〕274 号）

各有关单位：

为适应我国核电快速发展的形势，提高核电产业的自主化和创新能力，加快我国核电标准体系建设步伐，尽快形成适合我国国情、与国际水平接轨和协调完整的核电标准体系，国家能源局组织相关单位编制了《压水堆核电厂标准体系项目表》和《核电标准建设工作规则》。

经核电标准建设领导小组同意，现正式发布。

请各单位依照以上文件，积极开展核电标准的制、修订工作，不断完善我国的核电标准体系。

附件：一、《压水堆核电厂标准体系项目表》（略）

　　　　二、《核电标准建设工作规则》

国家能源局

二〇〇九年十月十二日

附件二：

核电标准建设工作规则

第一章　总则

第一条　为建立适合中国国情的核电标准体系，做好核电标准建设的组织管理工作，保证核电标准能顺利贯彻实施，依据《中华人民共和国标准化法》、《中华人民共和国标准化法实施条例》及国务院标准化管理部门和国务院能源管理部门有关标准化工作的规定，特制定本规则。

第二条　核电标准建设按照协商一致的原则，统一规划、统筹安排、分工合作、协调配合，实现核电标准的完整与统一。

第三条　本规则所称核电标准是指为核电厂选址、设计、建造、运行、退役等专门制定的国家标准和行业标准，涉及的行业标准包括核能、电力、机械、冶金等。

第四条　核电国家标准的相关工作遵守国务院标准化管理部门的有关规定，核电行业标准的相关工作遵守国家能源局发布的《能源领域行业标准化管理办法（试行）》及其实施细则的有关规定。

第五条　核电标准建设要充分发挥核电企业、行业协会的作用。

第二章　组织机构及管理职责

第六条　核电标准建设领导小组（以下简称"领导小组"）负责核电标准建设工作的组织和领导，根据国家核电发展方针，确定我国核电标准建设工作政策，审定核电标准体系建设规划和核电标准技术路线，领导标准建设的顶层设计，批准核电标准发展规划和核电标准体系表，审定核电标准年度工作重点和年度工作计划，批准标准建设工作经费，并协调核电标准编制的重大问题。

第七条　核电标准建设领导小组下设办公室（以下简称"核电标准办公室"）承担领导小组的日常工作，具体指导和协调标准制修订工作。根据核电标准发展规划和核电标准体系，组织编制核电标准发展规划和核电标准体系，提出核电标准年度工作重点和年度工作计划，提出工作经费筹集方案，具体组织开展标准建设的顶层设计，组织专家咨询组的活动，制定管理规章并监督执行。核电标准办公室设在国家能源局能源节约和科技装备司。

第八条　核电标准建设专家咨询组为非常设机构，负责对核电标准建设的重大技术问题进行研究，向领导小组提供咨询意见，为核电标准体系的顶层设计和项目实施等提供技术咨询。

第九条　核电标准建设领导小组、核电标准办公室和核电标准建设专家咨询组的组成见国能局科技〔2009〕75号文。

第十条　组建核电行业标准化技术委员会，负责核电专业技术领域内的标准化技术归口工作。核电行业标准化技术委员会及其秘书处的组建方案与工作章程将另行发布。

第十一条　对于多个下属单位承担多项核电标准制修订工作的大型企业集团，应成立核电标准建设工作的管理组织，对本集团承担的制修订工作进行管理和协调，以便保质、按期实现标准制修订计划目标。

第十二条　核电标准办公室根据工作需要，指定相关机构或企业为核电行业标准化管理的技术支持单位。技术支持单位在标准立项、起草、审查。报批、批准发布、编号、备案、档案管理、出版、复审、修订、修改等工作中提供技术支持。

第三章　核电行业标准的立项、计划与实施

第十三条　有关单位根据年度工作重点提出核电行业标准立项申请。并填写《行业标准项目任务书》以及相关论证材料（论证报告），报核电标准办公室，抄送技术支持单位。

第十四条　核电标准立项申请经核电标准办公室审查通过后，进入核电标准年度建议计划草案。

第十五条　核电标准办公室对核电标准年度建议计划草案整理后，向领导小组汇报核电标准年度计划。

第十六条　领导小组审核后，核电标准年度计划由国家能源局批准下达。

第十七条　核电标准办公室对核电标准计划的执行情况进行监督检查。

第十八条　在核电标准计划实施过程中出现重大问题，编写单位应及时报核电标准办公室，并由核电标准办公室协调解决，必要时提请领导小组解决。

第十九条　核电标准计划项目因故需调整时，须由编写单位向核电标准办公室提出调整申请。

第四章　核电行业标准的起草、审查与报批

第二十条　编写单位完成标准的起草后，向核电标准办公室申请标准审查。同时将送审稿报送相关的技术支持单位进行标准化审查。

第二十一条　技术支持单位对核电行业标准征求意见稿的格式内容、送审稿（包括行业标准项目任务书、编制说明、征求意见汇总处理表等）进行标准化审查。

第二十二条　核电行业标准化技术委员会秘书处根据标准送审稿所属领域和专业，组织相关的专家组进行审查。

行业标准审查时，应组织有代表性的生产、用户、科研、检验等方面的单位代表参加。

第二十三条　编写单位根据专家审查意见进行修改后，形成报批稿。

第二十四条　核电标准办公室对核电行业标准报批稿进行审定后报国家能源局批准发布并按相关规定进行备案。

第五章　核电行业标准的出版、应用及维护

第二十五条　核电行业标准出版由核电行业标准化技术支持单位负责。

第二十六条　核电行业标准颁布后，核电从业单位应认真贯彻实施。各企业、行业协会或核电标准的使用单位应及时向核电行业标准化技术支持单位或核电标准办公室反馈核电标准的应用情况。

第二十七条　核电标准办公室根据核电标准的应用情况对核电标准进行动态管理，组织定期复审，及时修订。

第二十八条　根据需要，核电标准办公室组织对重要标准的贯彻实施情况进行监督检查。

第六章　附则

第二十九条　本工作规则针对于核电标准建设的具体情况制定。

第三十条　本工作规则由核电标准办公室负责解释。

第三十一条　本工作规则自发布之日起实施。原国防科学技术工业委员会于 2007 年 8 月 13 日以"科工二司〔2007〕853 号"《国防科工委关于印发核电标准建设工作规则（试行）的通知》同时作废。

关于调整三代核电机组等重大技术装备
进口税收政策的通知

（财政部　工业和信息化部　海关总署　国家税务总局　2011 年 7 月 5 日发布

财关税〔2011〕45 号）

各省、自治区、直辖市、计划单列市财政厅（局）、工业和信息化主管部门、国家税务局，新疆生产建设兵团财务局，海关总署广东分署、各直属海关：

按照《财政部　国家发展改革委　工业和信息化部　海关总署　国家税务总局　国家能源局关于调整重大技术装备进口税收政策的通知》（财关税〔2009〕55 号）规定，根据国内相关产业发展情况，在广泛听取有关主管部门、行业协会及企业意见的基础上，经研究决定，对三代核电机组、千万吨炼油设备及天然气管道运输设备、大型船舶装备、成套棉纺设备及其关键零部件、原材料进口税收政策予以调整；对《财政部海关总署　国家税务总局关于调整重大技术装备进口税收政策暂行规定有关清单的通知》（财关税〔2010〕17 号）附件 2 中城市轨道交通设备免税进口零部件及原材料清单进行调整，现通知如下：

一、自 2010 年 1 月 1 日起，对符合规定条件的国内企业为生产国家支持发展的三代核电机组（见附件 1）而确有必要进口部分关键零部件、原材料（见附件 2），免征关税和进口环节增值税。

自 2011 年 7 月 1 日起，对符合规定条件的国内企业为生产国家支持发展的千万吨炼油设备及天然气管道运输设备、大型船舶装备、成套棉纺设备（见附件 1）而确有必要进口部分关键零部件、原材料（见附件 2），免征关税和进口环节增值税。

二、自 2012 年 1 月 1 日起，对财关税〔2009〕55 号附件《重大技术装备进口税收政策暂行规定》第三条所列项目和企业进口本通知附件 3 所列自用设备以及按照合同随上述设备进口的技术及配套件、备件，一律征收进口税收。

三、国内企业申请享受本通知附件 1 有关领域进口税收优惠政策的，具体申请程序和要求应按照财关税〔2009〕55 号有关规定执行。从事三代核电机组的制造企业或承担核电重大技术装备自主化依托项目的业主在 2010 年 1 月 1 日至 2011 年 12 月 31 日期间进口物资申请享受本进口税收政策的，应在 2011 年 7 月 1 日至 8 月 15 日期间按照财关税〔2009〕55 号规定的程序提交申请文件；从事千万吨炼油设备及天然气管道运输设备、大型船舶装备、成套棉纺设备的制造企业在 2011 年 7 月 1 日至 12 月 31 日期间进口物资申请享受本进口税收政策的，应在 2011 年 7 月 1 日至 8 月 15 日期间按照财关税〔2009〕55 号规定的程序提交申请文件。

四、工业和信息化部或省级工业和信息化主管部门按照财关税〔2009〕55 号规定审查企业的申请文件，经审核符合规定的，应当予以受理，并向申请企业出具受理证明文件。申请企业凭受理部门出具的证明文件，可向海关申请凭税款担保先予办理有关零部件及原材料放行手续。省级工业和信息化主管部门应在 2011 年 8 月 31 日前将申请文件及初审意见汇总上报工业和信息化部。工业和信息化部会同有关部门根据财关税 [2009] 55 号规定对企业资格进行认定，在 2011 年 9 月 15 日前将企业资格认定及认定依据通知财政部等相关部门。

国家能源局会同有关部门根据财关税 [2009] 55 号规定对核电领域承担重大技术装备自主化依托项目的业主资格进行认定，在 2011 年 9 月 15 日前将企业资格认定及认定依据通知财政部等相关部门。

五、取得认定资格的企业，根据财关税 [2009] 55 号文有关规定，在免税额度内办理有关重大技术装备进口关键零部件、原材料的免税手续。享受重大技术装备进口税收优惠政策的企业应在每年 3 月 1 日至 3 月 31 日按规定将上一年度的优惠政策落实情况报财政部备案。

六、根据国内相关产业发展情况，本通知附件 2 对财关税 [2010] 17 号附件 2 中城市轨道交通设备免税进口零部件及原材料清单进行了调整。为保证政策调整平稳过渡，在 2009 年 7 月 1 日至 2011 年 12 月 31 日，符合规定条件的企业进口本通知附件 2 和财关税 [2010] 17 号附件 2 中城市轨道交通设备免税进口零部件及原材料，免征关税和进口环节增值税。2012 年 1 月 1 日起，财关税 [2010] 17 号附件 2 中城市轨道交通设备免税进口零部件及原材料清单废止，本通知附件 2 中城市轨道交通设备免税进口零部件及原材料清单继续有效。

附件：1. 三代核电机组等重大技术装备目录（节选）
2. 三代核电机组等重大技术装备进口关键零部件、原材料商品清单（节选）
3. 进口不予免税的部分重大技术装备设备目录（节选）

财政部 工业和信息化部 海关总署 国家税务总局
二〇一一年七月五日

附件 1：
三代核电机组等重大技术装备目录（节选）

编号	名称	技术规格要求	销售业绩要求
一	大型清洁高效发电装备		
（一）	核电机组（三代核电机组）	百万千瓦级	
1	核岛设备：反应堆压力容器、蒸汽发生器、稳压器、反应堆堆内构件、控制棒驱动机构、环形吊车、主管道、安全注入箱、主设备支撑、数字化仪控系统、堆芯补水箱、安全壳、非能动余排换热器、结构模块、核燃料元件	三代核电机组核岛设备	持有合同订单
2	常规岛设备：汽轮机、汽轮发电机、除氧器、汽水分离器再热器、加热器	三代核电机组常规岛设备	持有合同订单
3	核级泵：核主泵（反应堆冷却剂主泵）、上充泵、安注泵、安全壳余热排出泵、喷淋泵、冷却水泵（海水循环泵）、电动辅助给水泵、设备冷却水泵、凝结水泵	三代核电机组核级泵	持有合同订单
4	核级阀：安全壳隔离阀、蝶阀、波纹管截止阀、稳压器安全阀、稳压器比例喷雾调节阀、主蒸汽隔离阀、通风系统、核岛阀	三代核电机组核级阀	持有合同订单
三	大型石化设备		
（五）	千万吨级炼油设备		

续表

编号	名称	技术规格要求	销售业绩要求
1	炼油用加氢反应器、精制反应器	设备单重≥1000 吨	持有合同订单
2	循环氢离心压缩机	轴功率≥7000kW	持有合同订单
3	大型工业汽轮机	输出功率≥60000kW	持有合同订单
（六）	天然气管道运输装备		
1	长输管道燃驱压缩机组	30MW 级及以上	持有合同订单
2	长输管道电驱压缩机组	20MW 级及以上	持有合同订单
3	高压大口径全锻焊管道球阀	公称通径≥40″，压力等级≥class600Lb	持有合同订单
七	大型船舶、海洋工程设备		
（二）	大型高技术、高附加值船舶		
1	大型汽车运输船	5000 车位及以上	持有合同订单
2	客滚船	海船	持有合同订单
3	科学考察船、火车轮渡	大型	持有合同订单
4	大型绞吸挖泥船	生产率在 3500 立方米/小时及以上	持有合同订单
5	大型耙吸挖泥船	泥舱容量在 10000 立方米以上	持有合同订单
八	高速铁路、城市轨道交通设备		
（一）	新型地铁车辆及机电设备		
1	城市轨道交通车辆：列车网络控制系统、车辆制动系统、主牵引传动系统、辅助逆变器、转向架设备、接地装置、车钩、车门、车体		持有合同订单
2	信号系统：列车自动防护/列车自动控制系统（ATP/ ATO）、联锁系统（CI）		持有合同订单
3	直流供电牵引设备：直流牵引控制设备、气体绝缘开关设备（GIS）		持有合同订单
4	火灾自动报警及气体灭火系统：火灾自动报警系统、气体灭火系统、烟雾火灾探测系统		持有合同订单
十三	新型纺织机械		
（五）	高效现代化成套棉纺设备		
1	清梳联合机（梳棉机）	产量≥150 千克/小时	持有合同订单
2	环锭细纱机	最高纺速为 20000r/min	持有合同订单
3	粗纱机	最高转速为 1500r/min	持有合同订单
4	精梳机	钳次≥400	持有合同订单

注：该目录的编号按照财关税（2010）17 号文件附件 1 已有序列编制。

附件2：
三代核电机组等重大技术装备进口关键零部件、原材料商品清单（节选）

设备名称	一级部件	二级部件	单机用量	税则号列（供参考）
十三、新型纺织机械				
（五）高效现代化成套棉纺设备				
1.清梳联合机（梳棉机）	钢丝针布		110 公斤	84483100
2.环锭细纱机	气动摇架		240 件	84483990
3.粗纱机	气动摇架		60 件	84483990
	板簧摇架		60 件	84483990
4.精梳机	锡林		8 套	84483200
	顶梳		8 套	84483200

注：该目录的编号按照财关税（2010）17 号文件附件 2 已有序列编制。

附件3：

进口不予免税的部分重大技术装备设备目录（节选）

编号	税则号列	设备名称	技术规格
一、大型清洁高效发电装备			
（一）百万千瓦级核电机组（三代核电机组）			
1	84137099	反应堆主冷却剂泵（包括电机、变频器、开关）	二代加核电用反应堆主冷却剂泵：所有规格；三代核电用反应堆主冷却剂泵：功率≤5000kW
2	85044020 85044090 85371090	核岛直流不间断电源（包括逆变器/UPS/充电器等）	所有规格（核安全等级为1E级或RCCE标准K3及以上的除外）
3	84195000	非能动余热排出热交换器	所有规格（核一级的除外）
4	84014090	核反应堆压力容器安全壳	所有规格
5	84269900	核反应堆厂房环形吊车	所有规格
6	84137099	主扬水泵组（含电机）	单级叶轮扬程低于500m
7	84137099 84139100 84135031	核级泵（上充泵/辅助给水泵/余热排出泵/水压试验泵/堆芯补水泵，含电机）	核安全三级及以下
8	84714991	DCS仪控设备	所有规格（具有核电安全级或核抗震1级和2级的DCS仪控设备除外）
9	90251910 90328100 85365000	核级温度传感器/温度开关/核级压力开关、差压开关	所有规格（核安全等级为1E级或RCCE标准K3及以上的除外）
10	84194090 84798999	放射性废物处理设备（包括脱气塔、蒸发器）	核安全三级及以下
11	85446012 85444921	K1类及K3类或AP10001E级大截面动力电缆	单芯截面小于400mm²或耐受辐照剂量低于80Mrad
12	84212990	核岛安全壳过滤排放系统	气溶胶滞留能力≤80kg，气溶胶滞留率≤99.9%，元素碘滞留率≤99%，有机碘滞留率≤80%，碘挥发>0.1%
13	84212990	核岛辅助水过滤器	过滤颗粒大于200微米
14	84014090 84289090	乏燃料贮存格架	所有规格（覆盖中子吸收材料的除外）
15	84798999 84014090	核岛液压阻尼器	所有规格（主回路阻尼器和蒸发器阻尼器除外）
十、石化设备			
1	84198910	炼油各种加氢反应器（包括精制反应器、裂化反应器）	所有规格
2	84148090	循环氢离心压缩机组	所有规格
3	84140090	二、四、六列往复式新氢压缩机组	轴功率≤7000kW
4	84140090	长输管道压缩机组	轴功率≤30MW
5	85015300	管道压缩机用高速变频防爆电机	输出功率≤25MW
6	84140090	炼油用大型无油原料气往复压缩机	所有规格
7	84137010 84137090	加氢进料泵	所有规格
8	84068200	大型工业汽轮机	输出功率≤100000kW所有规格
9	84814000	地面安装高压大口径全锻焊管道球阀	公称通径≤48英寸（48″）、压力等级≤900磅（class900LB）

续表

编号	税则号列	设备名称	技术规格
十、石化设备			
10	84814000	埋地安装高压大口径大锻焊管道球阀	公称通径≤48英寸（48″）、压力等级≤900磅（class900Lb）
11	84714991	千万吨级炼油装置DCS集散控制系统	所有规格
十五、新型纺织机械			
1	84451111	棉纺清梳联合机	单机产量≤120千克/小时
2	84451112	往复式抓棉机	所有规格
3	84451310	棉纺并条机	所有规格
4	84451210 84451220 84451290	棉纺精梳机	生产速度≤500钳次/分钟
5	84451321	棉纺粗纱机	所有规格
6	84451900	开棉机	所有规格
7	84451900	混棉机	所有规格
8	84451900	清棉机	所有规格
9	84451900	清梳联棉箱	单机产量≤100千克/小时
10	84452041	棉纺环锭细纱机	所有规格
十九、船舶设备			
1	89章	船舶	所有船舶整船（生产率在4000立方米/小时及以上的绞吸挖泥船、泥舱容量在20000立方米以上的耙吸挖泥船、海洋工程船舶除外）

注：该目录的编号按照财关税（2010）17号文件附件3已有序列编制。

海峡两岸核电安全合作协议

（海峡两岸关系协会　财团法人海峡交流基金会　2011 年 10 月 20 日发布）

"安全第一"是核电应用普遍遵守的基本原则，攸关人的健康、安全、财产及环境。为保障两岸人民福祉，提升两岸核电运转安全，加强核电安全资讯透明化，促进两岸核电安全资讯及经验交流，海峡两岸关系协会与财团法人海峡交流基金会就两岸核电安全合作事宜，经平等协商，达成协议如下：

一、合作范围

双方同意本着平等互惠原则，就两岸核电安全及事故紧急通报等事宜，在下列领域进行交流合作：

（一）核电安全法规与标准

核电安全相关之法规、标准、导则、参考文献等资讯交流。

（二）核电安全分析与审查评估经验

核电安全分析与审查评估之方法、流程、报告、参考文献及安全分析审查评估所需使用之相关工具发展等资讯交换及经验交流。

（三）核电安全监督方法与经验

核电安全监督架构作业方式、报告、参考文献等资讯交换及经验交流。

（四）核电厂基本资讯

核电厂机组运转、工作人员辐射剂量、环境辐射监测、安全指标、异常事件及机组兴建进度等相关基本资讯定期交换。

（五）核安事件安全评估与运转经验回馈

就国际核安事件分级（INES）各级之重要核电机组异常事件，定期交换调查报告、改进措施及后续安全监督报告，并进行经验交流。

（六）核电厂老化管理

核电厂老化管理、评估、监督、现场查证等资讯交换及经验交流。

（七）核电安全研究经验

核电安全研究发展，包含燃料安全、热传流力、数位仪控、防火安全、人因工程、风险评估、地震与海啸防护、事故分析与评估及非破坏检测品质验证等资讯交换及经验交流。

（八）核电厂事故紧急通报

任一方发生国际核安事件分级（INES）二级及二级以上或引发大众关注之事件，事故（件）方在通报相关方面的同时，应通报对方，并持续沟通及通报完整即时之相关资讯，如接获对方查询时，应尽速给予回应与协助。双方指定联系及事故通报的单位与人员，平时定期进行通报测试。

核电厂事故通报内容包括事故电厂名称、事故发生时间及可能原因、机组最新状况、放射性物质外释状况、未来可能影响及进行评估的相关资料、已采取的防护措施等。必要时，双方得商定增加通报内容。

事故方应积极协助确认对方人民在事故方受影响地区的安全情况，并提供必要协助。

（九）核电厂环境辐射监测资讯

进行环境辐射监测资讯交换及符合公认标准之环境样品放射性分析比对之交流。

（十）核电厂事故紧急应变及准备之经验

核电厂事故紧急应变经验交流，包含应变计划、平时准备、民众防护行动、复原规划等。

（十一）核电安全资讯公开之经验

核电安全资讯公开，包含资讯透明化、民众参与、科普实务等经验交流。

（十二）双方同意之其他核电安全合作事项。

二、合作方式

双方同意核电安全及紧急应变主管部门以下列方式进行核电安全事宜的交流与合作：

（一）双方人员每年至少举行一次工作业务交流会议，由双方轮流主办。

（二）推动人员参访、举办研讨会等交流活动。

（三）发生核电厂重要事件或紧急事故时，进行通报、资讯交换、查询与公开。

（四）双方同意的其他增进核电安全之合作方式。

三、联系主体

本协议议定事项，由双方核电安全及紧急应变主管部门指定的联络人相互联系实施。

本协议其他事宜，由海峡两岸关系协会与财团法人海峡交流基金会联系。

四、工作规划

双方同意设置工作组，负责商定具体工作规划、方案。

工作组应于本协议生效后二个月内召开首次会议，商讨双方联系及事故通报窗口、资讯交换与通报的项目、内容、格式、方式、频率及工作业务交流会议、交流活动等相关事宜。

五、限制用途

双方同意仅依请求目的使用对方提供的资料。但双方另有约定者，不在此限。

六、文书格式

双方同意资讯交换、通报、查询及业务联系等，使用商定的文书格式。

七、协议履行及变更

双方应遵守协议。

协议变更，应经双方协商同意，并以书面方式确认。

八、争议解决

因适用本协议所生争议，双方应尽速协商解决。除另有约定外，协商应于请求提出后十个工作日内举行。

九、未尽事宜

本协议如有未尽事宜，双方得以适当方式另行商定。

十、签署生效

本协议签署后，双方应各自完成相关程序并以书面通知对方。本协议自双方均收到对方通知后次日起生效。

本协议于十月二十日签署，一式四份，双方各执两份。

海峡两岸关系协会　财团法人海峡交流基金会
会　长：陈云林
董事长：江丙坤

国家环境保护"十二五"规划（节选）

（国务院　2011 年 12 月 15 日发布　国发〔2011〕42 号）

五、加强重点领域环境风险防控

（二）加强核与辐射安全管理

提高核能与核技术利用安全水平。加强重大自然灾害对核设施影响的分析和预测预警。进一步提高核安全设备设计、制造、安装、运行的可靠性。加强研究堆和核燃料循环设施的安全整改，对不能满足安全要求的设施要限制运行或逐步关停。规范核技术利用行为，开展核技术利用单位综合安全检查，对安全隐患大的核技术利用项目实施强制退役。

加强核与辐射安全监管。完善核与辐射安全审评方法。加强运行核设施安全监管，强化对在建、拟建核设施的安全分析和评估，完善核安全许可证制度。完善早期核设施的安全管理。加强对核材料、放射性物品生产、运输、存储等环节的安全监管。加强核技术利用安全监管，完善核技术利用辐射安全管理信息系统。加强辐射环境质量监测和核设施流出物监督性监测。完善核与辐射安全监管国际合作机制，加强核安全宣传和科普教育。

加强放射性污染防治。推进早期核设施退役和放射性污染治理。开展民用辐射照射装置退役和废源回收工作。加快放射性废物贮存、处理和处置能力建设，基本消除历史遗留中低放废液的安全风险。加快铀矿、伴生放射性矿污染治理，关停不符合安全要求的铀矿冶设施，建立铀矿冶退役治理工程长期监护机制。

放射性废物安全管理条例

（国务院　2011 年 12 月 20 日发布　中华人民共和国国务院令第 612 号）

第一章　总则

第一条　为了加强对放射性废物的安全管理，保护环境，保障人体健康，根据《中华人民共和国放射性污染防治法》，制定本条例。

第二条　本条例所称放射性废物，是指含有放射性核素或者被放射性核素污染，其放射性核素浓度或者比活度大于国家确定的清洁解控水平，预期不再使用的废弃物。

第三条　放射性废物的处理、贮存和处置及其监督管理等活动，适用本条例。

本条例所称处理，是指为了能够安全和经济地运输、贮存、处置放射性废物，通过净化、浓缩、固化、压缩和包装等手段，改变放射性废物的属性、形态和体积的活动。

本条例所称贮存，是指将废旧放射源和其他放射性固体废物临时放置于专门建造的设施内进行保管的活动。

本条例所称处置，是指将废旧放射源和其他放射性固体废物最终放置于专门建造的设施内并不再回取的活动。

第四条　放射性废物的安全管理，应当坚持减量化、无害化和妥善处置、永久安全的原则。

第五条　国务院环境保护主管部门统一负责全国放射性废物的安全监督管理工作。

国务院核工业行业主管部门和其他有关部门，依照本条例的规定和各自的职责负责放射性废物的有关管理工作。

县级以上地方人民政府环境保护主管部门和其他有关部门依照本条例的规定和各自的职责负责本行政区域放射性废物的有关管理工作。

第六条　国家对放射性废物实行分类管理。

根据放射性废物的特性及其对人体健康和环境的潜在危害程度，将放射性废物分为高水平放射性废物、中水平放射性废物和低水平放射性废物。

第七条　放射性废物的处理、贮存和处置活动，应当遵守国家有关放射性污染防治标准和国务院环境保护主管部门的规定。

第八条　国务院环境保护主管部门会同国务院核工业行业主管部门和其他有关部门建立全国放射性废物管理信息系统，实现信息共享。

国家鼓励、支持放射性废物安全管理的科学研究和技术开发利用，推广先进的放射性废物安全管理技术。

第九条　任何单位和个人对违反本条例规定的行为，有权向县级以上人民政府环境保护主管部门或者其他有关部门举报。接到举报的部门应当及时调查处理，并为举报人保密；经调查情况属实的，对举报人给予奖励。

第二章 放射性废物的处理和贮存

第十条 核设施营运单位应当将其产生的不能回收利用并不能返回原生产单位或者出口方的废旧放射源（以下简称"废旧放射源"），送交取得相应许可证的放射性固体废物贮存单位集中贮存，或者直接送交取得相应许可证的放射性固体废物处置单位处置。

核设施营运单位应当对其产生的除废旧放射源以外的放射性固体废物和不能经净化排放的放射性废液进行处理，使其转变为稳定的、标准化的固体废物后自行贮存，并及时送交取得相应许可证的放射性固体废物处置单位处置。

第十一条 核技术利用单位应当对其产生的不能经净化排放的放射性废液进行处理，转变为放射性固体废物。

核技术利用单位应当及时将其产生的废旧放射源和其他放射性固体废物，送交取得相应许可证的放射性固体废物贮存单位集中贮存，或者直接送交取得相应许可证的放射性固体废物处置单位处置。

第十二条 专门从事放射性固体废物贮存活动的单位，应当符合下列条件，并依照本条例的规定申请领取放射性固体废物贮存许可证：

（一）有法人资格；

（二）有能保证贮存设施安全运行的组织机构和 3 名以上放射性废物管理、辐射防护、环境监测方面的专业技术人员，其中至少有 1 名注册核安全工程师；

（三）有符合国家有关放射性污染防治标准和国务院环境保护主管部门规定的放射性固体废物接收、贮存设施和场所，以及放射性检测、辐射防护与环境监测设备；

（四）有健全的管理制度以及符合核安全监督管理要求的质量保证体系，包括质量保证大纲、贮存设施运行监测计划、辐射环境监测计划和应急方案等。

核设施营运单位利用与核设施配套建设的贮存设施，贮存本单位产生的放射性固体废物的，不需要申请领取贮存许可证；贮存其他单位产生的放射性固体废物的，应当依照本条例的规定申请领取贮存许可证。

第十三条 申请领取放射性固体废物贮存许可证的单位，应当向国务院环境保护主管部门提出书面申请，并提交其符合本条例第十二条规定条件的证明材料。

国务院环境保护主管部门应当自受理申请之日起 20 个工作日内完成审查，对符合条件的颁发许可证，予以公告；对不符合条件的，书面通知申请单位并说明理由。

国务院环境保护主管部门在审查过程中，应当组织专家进行技术评审，并征求国务院其他有关部门的意见。技术评审所需时间应当书面告知申请单位。

第十四条 放射性固体废物贮存许可证应当载明下列内容：

（一）单位的名称、地址和法定代表人；

（二）准予从事的活动种类、范围和规模；

（三）有效期限；

（四）发证机关、发证日期和证书编号。

第十五条 放射性固体废物贮存单位变更单位名称、地址、法定代表人的，应当自变更登记之日起 20 日内，向国务院环境保护主管部门申请办理许可证变更手续。

放射性固体废物贮存单位需要变更许可证规定的活动种类、范围和规模的，应当按照原申请程序向国务院环境保护主管部门重新申请领取许可证。

第十六条　放射性固体废物贮存许可证的有效期为10年。

许可证有效期届满，放射性固体废物贮存单位需要继续从事贮存活动的，应当于许可证有效期届满90日前，向国务院环境保护主管部门提出延续申请。

国务院环境保护主管部门应当在许可证有效期届满前完成审查，对符合条件的准予延续；对不符合条件的，书面通知申请单位并说明理由。

第十七条　放射性固体废物贮存单位应当按照国家有关放射性污染防治标准和国务院环境保护主管部门的规定，对其接收的废旧放射源和其他放射性固体废物进行分类存放和清理，及时予以清洁解控或者送交取得相应许可证的放射性固体废物处置单位处置。

放射性固体废物贮存单位应当建立放射性固体废物贮存情况记录档案，如实完整地记录贮存的放射性固体废物的来源、数量、特征、贮存位置、清洁解控、送交处置等与贮存活动有关的事项。

放射性固体废物贮存单位应当根据贮存设施的自然环境和放射性固体废物特性采取必要的防护措施，保证在规定的贮存期限内贮存设施、容器的完好和放射性固体废物的安全，并确保放射性固体废物能够安全回取。

第十八条　放射性固体废物贮存单位应当根据贮存设施运行监测计划和辐射环境监测计划，对贮存设施进行安全性检查，并对贮存设施周围的地下水、地表水、土壤和空气进行放射性监测。

放射性固体废物贮存单位应当如实记录监测数据，发现安全隐患或者周围环境中放射性核素超过国家规定的标准的，应当立即查找原因，采取相应的防范措施，并向所在地省、自治区、直辖市人民政府环境保护主管部门报告。构成辐射事故的，应当立即启动本单位的应急方案，并依照《中华人民共和国放射性污染防治法》、《放射性同位素与射线装置安全和防护条例》的规定进行报告，开展有关事故应急工作。

第十九条　将废旧放射源和其他放射性固体废物送交放射性固体废物贮存、处置单位贮存、处置时，送交方应当一并提供放射性固体废物的种类、数量、活度等资料和废旧放射源的原始档案，并按照规定承担贮存、处置的费用。

第三章　放射性废物的处置

第二十条　国务院核工业行业主管部门会同国务院环境保护主管部门根据地质、环境、社会经济条件和放射性固体废物处置的需要，在征求国务院有关部门意见并进行环境影响评价的基础上编制放射性固体废物处置场所选址规划，报国务院批准后实施。

有关地方人民政府应当根据放射性固体废物处置场所选址规划，提供放射性固体废物处置场所的建设用地，并采取有效措施支持放射性固体废物的处置。

第二十一条　建造放射性固体废物处置设施，应当按照放射性固体废物处置场所选址技术导则和标准的要求，与居住区、水源保护区、交通干道、工厂和企业等场所保持严格的安全防护距离，并对场址的地质构造、水文地质等自然条件以及社会经济条件进行充分研究论证。

第二十二条　建造放射性固体废物处置设施，应当符合放射性固体废物处置场所选址规划，并依法办理选址批准手续和建造许可证。不符合选址规划或者选址技术导则、标准的，不得批准选址或者建造。

高水平放射性固体废物和 α 放射性固体废物深地质处置设施的工程和安全技术研究、地下实验、选址和建造，由国务院核工业行业主管部门组织实施。

第二十三条　专门从事放射性固体废物处置活动的单位，应当符合下列条件，并依照本条例的规定申请领取放射性固体废物处置许可证：

（一）有国有或者国有控股的企业法人资格。

（二）有能保证处置设施安全运行的组织机构和专业技术人员。低、中水平放射性固体废物处置单位应当具有 10 名以上放射性废物管理、辐射防护、环境监测方面的专业技术人员，其中至少有 3 名注册核安全工程师；高水平放射性固体废物和 α 放射性固体废物处置单位应当具有 20 名以上放射性废物管理、辐射防护、环境监测方面的专业技术人员，其中至少有 5 名注册核安全工程师。

（三）有符合国家有关放射性污染防治标准和国务院环境保护主管部门规定的放射性固体废物接收、处置设施和场所，以及放射性检测、辐射防护与环境监测设备。低、中水平放射性固体废物处置设施关闭后应满足 300 年以上的安全隔离要求；高水平放射性固体废物和 α 放射性固体废物深地质处置设施关闭后应满足 1 万年以上的安全隔离要求。

（四）有相应数额的注册资金。低、中水平放射性固体废物处置单位的注册资金应不少于 3000 万元；高水平放射性固体废物和 α 放射性固体废物处置单位的注册资金应不少于 1 亿元。

（五）有能保证其处置活动持续进行直至安全监护期满的财务担保。

（六）有健全的管理制度以及符合核安全监督管理要求的质量保证体系，包括质量保证大纲、处置设施运行监测计划、辐射环境监测计划和应急方案等。

第二十四条 放射性固体废物处置许可证的申请、变更、延续的审批权限和程序，以及许可证的内容、有效期限，依照本条例第十三条至第十六条的规定执行。

第二十五条 放射性固体废物处置单位应当按照国家有关放射性污染防治标准和国务院环境保护主管部门的规定，对其接收的放射性固体废物进行处置。

放射性固体废物处置单位应当建立放射性固体废物处置情况记录档案，如实记录处置的放射性固体废物的来源、数量、特征、存放位置等与处置活动有关的事项。放射性固体废物处置情况记录档案应当永久保存。

第二十六条 放射性固体废物处置单位应当根据处置设施运行监测计划和辐射环境监测计划，对处置设施进行安全性检查，并对处置设施周围的地下水、地表水、土壤和空气进行放射性监测。

放射性固体废物处置单位应当如实记录监测数据，发现安全隐患或者周围环境中放射性核素超过国家规定的标准的，应当立即查找原因，采取相应的防范措施，并向国务院环境保护主管部门和核工业行业主管部门报告。构成辐射事故的，应当立即启动本单位的应急方案，并依照《中华人民共和国放射性污染防治法》、《放射性同位素与射线装置安全和防护条例》的规定进行报告，开展有关事故应急工作。

第二十七条 放射性固体废物处置设施设计服役期届满，或者处置的放射性固体废物已达到该设施的设计容量，或者所在地区的地质构造或者水文地质等条件发生重大变化导致处置设施不适宜继续处置放射性固体废物的，应当依法办理关闭手续，并在划定的区域设置永久性标记。

关闭放射性固体废物处置设施的，处置单位应当编制处置设施安全监护计划，报国务院环境保护主管部门批准。

放射性固体废物处置设施依法关闭后，处置单位应当按照经批准的安全监护计划，对关闭后的处置设施进行安全监护。放射性固体废物处置单位因破产、吊销许可证等原因终止的，处置设施关闭和安全监护所需费用由提供财务担保的单位承担。

第四章　监督管理

第二十八条　县级以上人民政府环境保护主管部门和其他有关部门，依照《中华人民共和国放射性污染防治法》和本条例的规定，对放射性废物处理、贮存和处置等活动的安全性进行监督检查。

第二十九条　县级以上人民政府环境保护主管部门和其他有关部门进行监督检查时，有权采取下列措施：

（一）向被检查单位的法定代表人和其他有关人员调查、了解情况；

（二）进入被检查单位进行现场监测、检查或者核查；

（三）查阅、复制相关文件、记录以及其他有关资料；

（四）要求被检查单位提交有关情况说明或者后续处理报告。

被检查单位应当予以配合，如实反映情况，提供必要的资料，不得拒绝和阻碍。

县级以上人民政府环境保护主管部门和其他有关部门的监督检查人员依法进行监督检查时，应当出示证件，并为被检查单位保守技术秘密和业务秘密。

第三十条　核设施营运单位、核技术利用单位和放射性固体废物贮存、处置单位，应当按照放射性废物危害的大小，建立健全相应级别的安全保卫制度，采取相应的技术防范措施和人员防范措施，并适时开展放射性废物污染事故应急演练。

第三十一条　核设施营运单位、核技术利用单位和放射性固体废物贮存、处置单位，应当对其直接从事放射性废物处理、贮存和处置活动的工作人员进行核与辐射安全知识以及专业操作技术的培训，并进行考核；考核合格的，方可从事该项工作。

第三十二条　核设施营运单位、核技术利用单位和放射性固体废物贮存单位应当按照国务院环境保护主管部门的规定定期如实报告放射性废物产生、排放、处理、贮存、清洁解控和送交处置等情况。

放射性固体废物处置单位应当于每年 3 月 31 日前，向国务院环境保护主管部门和核工业行业主管部门如实报告上一年度放射性固体废物接收、处置和设施运行等情况。

第三十三条　禁止将废旧放射源和其他放射性固体废物送交无相应许可证的单位贮存、处置或者擅自处置。

禁止无许可证或者不按照许可证规定的活动种类、范围、规模和期限从事放射性固体废物贮存、处置活动。

第三十四条　禁止将放射性废物和被放射性污染的物品输入中华人民共和国境内或者经中华人民共和国境内转移。具体办法由国务院环境保护主管部门会同国务院商务主管部门、海关总署、国家出入境检验检疫主管部门制定。

第五章　法律责任

第三十五条　负有放射性废物安全监督管理职责的部门及其工作人员违反本条例规定，有下列行为之一的，对直接负责的主管人员和其他直接责任人员，依法给予处分；直接负责的主管人员和其他直接责任人员构成犯罪的，依法追究刑事责任：

（一）违反本条例规定核发放射性固体废物贮存、处置许可证的；

（二）违反本条例规定批准不符合选址规划或者选址技术导则、标准的处置设施选址或者建造的；

（三）对发现的违反本条例的行为不依法查处的；

（四）在办理放射性固体废物贮存、处置许可证以及实施监督检查过程中，索取、收受他人财物或者谋取其他利益的；

（五）其他徇私舞弊、滥用职权、玩忽职守行为。

第三十六条　违反本条例规定，核设施营运单位、核技术利用单位有下列行为之一的，由审批该单位立项环境影响评价文件的环境保护主管部门责令停止违法行为，限期改正；逾期不改正的，指定有相应许可证的单位代为贮存或者处置，所需费用由核设施营运单位、核技术利用单位承担，可以处 20 万元以下的罚款；构成犯罪的，依法追究刑事责任：

（一）核设施营运单位未按照规定，将其产生的废旧放射源送交贮存、处置，或者将其产生的其他放射性固体废物送交处置的；

（二）核技术利用单位未按照规定，将其产生的废旧放射源或者其他放射性固体废物送交贮存、处置的。

第三十七条　违反本条例规定，有下列行为之一的，由县级以上人民政府环境保护主管部门责令停止违法行为，限期改正，处 10 万元以上 20 万元以下的罚款；造成环境污染的，责令限期采取治理措施消除污染，逾期不采取治理措施，经催告仍不治理的，可以指定有治理能力的单位代为治理，所需费用由违法者承担；构成犯罪的，依法追究刑事责任：

（一）核设施营运单位将废旧放射源送交无相应许可证的单位贮存、处置，或者将其他放射性固体废物送交无相应许可证的单位处置，或者擅自处置的；

（二）核技术利用单位将废旧放射源或者其他放射性固体废物送交无相应许可证的单位贮存、处置，或者擅自处置的；

（三）放射性固体废物贮存单位将废旧放射源或者其他放射性固体废物送交无相应许可证的单位处置，或者擅自处置的。

第三十八条　违反本条例规定，有下列行为之一的，由省级以上人民政府环境保护主管部门责令停产停业或者吊销许可证；有违法所得的，没收违法所得；违法所得 10 万元以上的，并处违法所得 1 倍以上 5 倍以下的罚款；没有违法所得或者违法所得不足 10 万元的，并处 5 万元以上 10 万元以下的罚款；造成环境污染的，责令限期采取治理措施消除污染，逾期不采取治理措施，经催告仍不治理的，可以指定有治理能力的单位代为治理，所需费用由违法者承担；构成犯罪的，依法追究刑事责任：

（一）未经许可，擅自从事废旧放射源或者其他放射性固体废物的贮存、处置活动的；

（二）放射性固体废物贮存、处置单位未按照许可证规定的活动种类、范围、规模、期限从事废旧放射源或者其他放射性固体废物的贮存、处置活动的；

（三）放射性固体废物贮存、处置单位未按照国家有关放射性污染防治标准和国务院环境保护主管部门的规定贮存、处置废旧放射源或者其他放射性固体废物的。

第三十九条　放射性固体废物贮存、处置单位未按照规定建立情况记录档案，或者未按照规定进行如实记录的，由省级以上人民政府环境保护主管部门责令限期改正，处 1 万元以上 5 万元以下的罚款；逾期不改正的，处 5 万元以上 10 万元以下的罚款。

第四十条　核设施营运单位、核技术利用单位或者放射性固体废物贮存、处置单位未按照本条例第三十二条的规定如实报告有关情况的，由县级以上人民政府环境保护主管部门责令限期改正，处 1 万元以上 5 万元以下的罚款；逾期不改正的，处 5 万元以上 10 万元以下的罚款。

第四十一条　违反本条例规定，拒绝、阻碍环境保护主管部门或者其他有关部门的监督检查，或者在接受监督检查时弄虚作假的，由监督检查部门责令改正，处 2 万元以下的罚款；构成违反治安管理行为的，由公安机关依法给予治安管理处罚；构成犯罪的，依法追究刑事责任。

第四十二条 核设施营运单位、核技术利用单位或者放射性固体废物贮存、处置单位未按照规定对有关工作人员进行技术培训和考核的，由县级以上人民政府环境保护主管部门责令限期改正，处 1 万元以上 5 万元以下的罚款；逾期不改正的，处 5 万元以上 10 万元以下的罚款。

第四十三条 违反本条例规定，向中华人民共和国境内输入放射性废物或者被放射性污染的物品，或者经中华人民共和国境内转移放射性废物或者被放射性污染的物品的，由海关责令退运该放射性废物或者被放射性污染的物品，并处 50 万元以上 100 万元以下的罚款；构成犯罪的，依法追究刑事责任。

第六章 附则

第四十四条 军用设施、装备所产生的放射性废物的安全管理，依照《中华人民共和国放射性污染防治法》第六十条的规定执行。

第四十五条 放射性废物运输的安全管理、放射性废物造成污染事故的应急处理，以及劳动者在职业活动中接触放射性废物造成的职业病防治，依照有关法律、行政法规的规定执行。

第四十六条 本条例自 2012 年 3 月 1 日起施行。

关于印发《福岛核事故后核电厂改进行动通用技术要求（试行）》的通知

（国家核安全局 2012 年 6 月 12 日发布 国核安发〔2012〕98 号）

各有关单位：

根据《中华人民共和国民用核设施安全监督管理条例》（HAF001）及其实施细则的有关要求，为汲取日本福岛核事故的经验和教训，进一步提高我国核电厂的安全水平，我局编制了《福岛核事故后核电厂改进行动通用技术要求（试行）》，现予以发布，自发布之日起实施。

附件：福岛核事故后核电厂改进行动通用技术要求（试行）

二〇一二年六月十二日

附件：

福岛核事故后核电厂改进行动通用技术要求（试行）

前 言

福岛核事故后，国家核安全局会同有关部委对运行和在建核电厂开展了核安全检查，检查结果表明：我国核电厂具备一定的严重事故预防和缓解能力，安全风险处于受控状态，安全是有保障的。为了进一步提高我国核电厂的核安全水平，国家核安全局依据检查结果对各核电厂提出了改进要求。为了规范各核电厂共性的改进行动，国家核安全局组织编制了《福岛核事故后核电厂改进行动通用技术要求》（以下简称《通用技术要求》），作为核电厂后续改进行动的指导性文件。

为推进《通用技术要求》制定工作，由国家核安全局牵头组织，技术支持单位配合，共同成立《通用技术要求》制定工作组，编制了工作大纲，并于 2012 年 2 月上旬启动《通用技术要求》的编制工作，编制过程中，工作组采取了内部研讨、现场调研、分头起草、统一汇总的形式开展编制工作。整个编制过程历时 2 个月，于 3 月底形成征求意见稿，向各核电集团公司、各营运单位、各相关设计院以及各地方监督站征求意见。意见反馈后，工作组进行了认真研究，组织召开沟通交流会，形成了《通用技术要求》。5 月 8 日，召开了《通用技术要求》核安全与环境专家委员会，向委员会专家咨询意见，经再次修改完善后，形成《通用技术要求》。

《通用技术要求》编制目的是规范各核电厂共性的改进行动，解决目前我国核电厂在实施福岛后改进措施过程中所采用技术的统一性问题，尽可能统一和协调各核电厂所采取的安全改进策略深度和广度，解决监管当局和营运单位在安全改进策略上可能的不同认识，在实质上为我国核电厂在福岛核事故后开展改进行动工作提供指导。由于我国核电厂堆型、技术等存在差异，各核电厂是否需要采取相关的改进行动由国家核安全局相关改进管理要求确定。

《通用技术要求》的编制结合了我国核电厂的实际情况，综合考虑福岛核事故后的初步经验反馈，集合了行业内各方的意见，反映了目前国内核能界对于福岛核事故后安全改进的认识水平，是用于指导我国核电厂开展改进工作的综合性文件。但是，福岛核事故经验和教训的总结将是一个长期的过程，随着国际国内对福岛核事故研究的不断进展，认识的不断深入，国家核安全局将会对《通用技术要求》进行修正和完善，以进一步提高核电厂安全水平。

核电厂防洪能力改进技术要求

一、主题内容和适用范围

本文件对福岛核事故后改进行动中核岛设施及厂房防洪能力改进提出技术要求，主要内容包括对核电厂防洪、排洪设施的功能进行排查和评估，并采取适当的防护措施，使核电厂安全重要系统和部件在超设计基准洪水事件条件下最大限度地保持安全功能。

适用范围：运行和在建核电厂。

二、定义及释义

1. 水淹影响因素

对于核安全重要物项进行防洪能力评估的水淹要素包括：天文高潮位、可能最大风暴潮增水、可能最大风暴潮相应的波浪影响、可能最大海啸洪水、海平面升高、江河洪水、溃坝洪水和厂址可能最大降雨等因素。

2. 地下防水淹措施

是指对地下管廊与安全重要厂房贯穿处接口的防水封堵等措施。

3. 地上防水淹措施

是指对与重要厂房相连地下廊道的室外检修口和安装孔，以及可能导致安全重要设备水淹的厂房外地面以上门窗洞、通风口等的防水封堵等措施。

4. 永久性防水封堵

根据开孔的类型和性质，采用水密门、挡水槛、整体浇注加模块封堵或其他防水密封措施对开孔或贯穿件进行的永久性封堵。

5. 临时性防水淹措施

当发生紧急情况时启用的措施（如沙袋、防水挡板、可移动护墙板等）。

三、功能要求

（一）根据厂址条件对可能引起水淹事件的各项因素进行梳理和排查，复核确认原设计所采用的设计基准洪水位的有效性。运行核电厂在复核中应考虑最新的观测分析数据，考虑建厂以来厂址周边环境变化等因素。

（二）根据厂址条件确定适当的超设计基准水淹场景（如设计基准洪水位情况下，叠加千年一遇降雨），复核厂区排洪能力、评估厂区积水深度。根据评估结果，采取地上防水淹措施，防止厂区积水不受控制地进入安全重要厂房（如核岛厂房、重要厂用水泵房、应急柴油发电机厂房、厂址附加柴油发电机厂房等）。

（三）对与安全重要厂房相连接的地下管廊等通道进行全面排查重点考虑水淹可能导致电厂三大安全功能失效的地下管廊和房间，根据实际情况，采取地下防水淹措施。要求通过地下管廊等通道的地下防水淹措施，保证在上述水淹场景下和应急补水能力接入之前，至少有一个余热排出的安全序列可用。

（四）必要时，应开展地下防水淹措施的专项技术研究，待技术成熟后对于贯穿部位实施有效的地下防水淹措施。

（五）地上防水淹措施和地下防水淹措施一般均应采用永久性防水封堵，对于无法采用永久性防水封堵的情况，经过评估，可以采用临时性防水淹措施，并制订合适的程序，指导临时措施的使用。

四、设备

无。

五、存储和布置

（一）防水淹措施应能承受适当的水头高度，地下廊道的封堵建议按照不小于管廊埋置深度加评估所得的厂区积水深度来确定水头高度，应根据水头高度采用适当的封堵材料和封堵技术，保证合适的密封能力，并考虑今后运行中必要的检查措施。

（二）应对防水淹措施实施后带来的其他可能风险进行评估，重点评估地下防水淹措施对电厂运行和安全的影响，并采取相应预防措施。

六、其他

无。

七、参考文献

1. haf101 核电厂选址安全规定
2. haf102 核动力厂设计安全规定
3. haf103 核动力厂运行安全规定
4. had101/08 滨河核电厂厂址设计基准洪水的确定
5. had101/09 滨海核电厂厂址设计基准洪水的确定
6. gb/t50294-1999 核电厂总平面及运输设计规范
7. jtj213-98 海港水文规范
8. gb 50108-2001 地下工程防水技术规范
9. gb 50208-2001 地下防水工程质量验收规范
10. gb 50013-2006 室外给水工程规范
11. gb 50014-2006 室外排水工程规范
12. gb 50015-2003（2009 年版）建筑给水排水设计规范
13. gb 50300-2001 建筑工程施工质量验收统一标准

应急补水及相关设备技术要求

一、主题内容和适用范围

本文件对福岛核事故后改进行动中应急补水及相关设备设置提出技术要求，主要内容包括采用二回路或一回路应急补水、乏燃料水池应急补水等措施带出余热的技术要求，并提出了移动泵、补水管线和水源的技术要求。

适用范围：运行和在建核电厂。

二、定义及释义

1. 应急补水

指在核电厂部分或全部安全系统功能丧失的场景下，通过移动泵和外界动力向二回路和/或一回路补水，及向乏燃料水池补水以带出余热的人工干预措施。

2. 多堆厂址

指一个厂址有两个及以上反应堆且各反应堆之间的距离小于 5km 的核电厂厂址。

三、功能要求

（一）二回路应急补水的功能要求

1. 能够长时间的通过二回路"充—排"方式排出堆芯热量，其应急补水流量应能满足停堆 6 小时后堆芯余热排出的需要。

2. 所设置的设备应保证事故后至少 72 小时的运行需求。

3. 需在停堆后 6 小时内完成应急补水措施的所有准备工作，使其处于可用状态。

4. 为了使应急补水措施有效，可考虑二回路可用的卸压手段，保证适当的应急补水流量。

5. 应将二回路应急补水操作纳入严重事故管理导则或相关规程。

（二）一回路应急补水的功能要求

1. 通过移动泵和管线向一回路进行应急补水，其流量应能满足停堆 6 小时后堆芯余热排出的需要。

2. 应考虑一回路机械密封泵轴封水泄漏的补水措施。

3. 所设置的设备应保证事故后至少 72 小时的运行需求。

4. 为了使应急补水措施有效，可考虑一回路可用的卸压手段，保证适当的应急补水流量。

5. 需在停堆后 6 小时内完成应急补水措施的所有准备工作，使其处于可用状态。

6. 应将一回路应急补水操作纳入严重事故管理导则或相关规程。

（三）乏燃料水池应急补水的功能要求

1. 应急补水流量应考虑乏燃料水池最大设计基准热负荷对应的沸腾蒸发损失。

2. 可根据乏燃料水池的液位变化，调节应急补水流量的大小，或者启动和停运应急补水措施；乏燃料水池应急补水应考虑对虹吸的防护。

3. 应能够满足事故后至少 72 小时燃料不裸露。

4. 在乏燃料水池的水位降到乏池燃料组件裸露水位前，需完成应急补水措施的所有准备工作，使乏燃料水池的应急补水可用。

5. 应将乏燃料水池应急补水操作纳入严重事故管理导则或相关规程。

（四）移动泵的设置应考虑同时满足堆芯冷却和乏燃料水池冷却的要求，多堆厂址需考虑配备至少两套设备。与移动泵快速、可靠联接的补水管线设置应满足需要，不对原系统产生不可接受的影响。

（五）应综合评价可用水源，并在相关规程中对水源的利用方式予以指导。

四、设备要求

（一）移动泵制造和功能应满足相应国家标准的要求。

（二）根据应急补水方案分析结果确定移动泵的流量和扬程，配备与其匹配的动力源（自带驱动设备或移动电源等）。

（三）设置的应急补水接口、隔离装置应与接入系统具有相同的安全级别，隔离装置后抗震要求应与接入系统相同。接口的设置应考虑方便人员操作和连接。

（四）应根据应急补水措施的流量和压力要求，选择相应的管道尺寸和承压能力。

（五）应针对各种应急补水设备，包括移动泵、管线，以及对原有管线的修改部分，制订相应的检查、维修和试验规程。

五、存储和布置

（一）存储移动泵等相关设备的构筑物按厂址所在地区地震基本烈度提高一度进行抗震设计，并按照设计基准地震动 SL2（相当的地面加速度）进行校核。

（二）移动泵等相关设备储存应满足在水淹高度高于设计基准洪水位 5 米时，已采取的防水淹措施不会导致移动泵及相关设备不可用。

（三）建议储存移动泵等相关设备的构筑物设置在安全厂房 100 米以外，同时考虑交通的可达性。

（四）应急补水管线的布置需考虑管线与安全系统管线接口位置的恰当性，确保不影响原系统的安全功能，又便于工程实施。

六、其他

需考虑下述方面：

（一）为一回路进行应急补水，将稀释一回路或堆芯的硼浓度，可能引起堆芯重返临界的风险。

（二）为乏燃料池进行应急补水，应考虑乏燃料池硼浓度稀释的风险。

（三）需考虑新增应急补水管线开口对构筑物结构性能的影响。

（四）需研究因应急补水可能产生的放射性废水的影响及应对措施。

七、参考文献

1. haf102 核动力厂设计安全规定。
2. u.s.epri 先进轻水堆用户要求（utility requirements document，rev.10）。
3. nei 06-12，b.5.b phase 2&3 submittal guideline. rev. 2。
4. gb50011-2010 建筑抗震设计规范。
5. gb50223-2008 建筑工程抗震设防分类标准。

移动电源及设置的技术要求

一、主题内容和适用范围

本文件对福岛核事故后改进行动中增加的移动式应急电源提出要求，主要内容包括移动式应急电源的功能、设备技术要求及相关运行规程要求。

适用范围：运行和在建核电厂。

二、定义及释义

1. 接口

设备边界与设备实体相接的安装、紧固和连接（机械连接和电气连接）的附属部件。

2. 多堆厂址

指一个厂址有两个及以上反应堆且各反应堆之间的距离小于 5km 的核电厂厂址。

三、功能要求

（一）在丧失全部交流电源时（包括厂址附加柴油发电机），应通过配置移动式应急电源为实施应急措施提供临时动力，以缓解事故后果，并为恢复厂内外交流电源提供时间窗口。

（二）应对移动电源的负荷进行分析，这些负荷至少应包括核电厂安全参数的监测和控制，必要的通讯、通风和照明，主泵密封和移动泵（当不采用自带动力的移动泵时）及其他临时设施的负荷需求。多堆厂址应配备至少两套设备，其中至少一套应在满足上述负荷后，考虑一台低压安注泵或一台辅助给水泵的负荷。

（三）移动式应急电源自身所带燃料应保证至少 4 小时的满功率连续运行，并可通过燃料补充功能实现不少于连续 72 小时运行的需要。

（四）核电厂运行规程与应急管理规程中应规定移动式应急电源的应急准备、车辆启动和抵达现场的时间要求；明确移动式应急电源的操作规程以及相应的带载顺序。

（五）应定期对移动式应急电源进行维护和带载试验，或离线带载试验，对于连接电缆应定期检查绝缘等状态参数，以保证连接电缆的可靠性。

（六）应定期组织移动式应急电源的应急演习，保证操作人员的熟练操作。

（七）移动式应急电源宜采用移动式柴油发电机组，采用其他移动应急电源应能满足上述功能。

四、设备要求

（一）移动式柴油发电机组技术要求

（1）设备制造和功能要求应满足相应国家标准。

（2）柴油发电机组应具有低温启动功能，具有报警功能。机组应急启动时，除保障柴油发电机组安全运行的保护外（如超速保护等），应闭锁其他常规保护。

（3）移动柴油发电机组的连接电缆可通过直连应急母线的方式实现快速敷设和连接；为应急母线接入移动电源所设置的固定电气接口及相关电缆桥架应按抗设计基准地震动 sl2 设计并满足防水要求，不应影响原有系统的正常运行。

（二）车辆厢体技术要求

柴油发电车的厢体设计应满足《厢式车通用规范》（gjb 79）和《半挂车通用技术条件》（gb/t

23336）的相关要求。

五、存储和布置

（一）存储移动应急电源及相关设备的构筑物按厂址所在地区地震基本烈度提高一度进行抗震设计，并按照设计基准地震动 sl2（相当的地面加速度）进行校核。

（二）移动应急电源及相关设备储存应考虑在水淹高度高于设计基准洪水位 5 米时，已采取的防水淹措施不会导致移动电源及相关设备不可用。

（三）建议储存移动电源及相关设备的构筑物设置在安全厂房 100 米以外，同时考虑交通的可达性。

（四）移动应急电源的存放处应设置必要的消防措施。

（五）移动应急电源本身的存放宜采取一定的减震措施。

六、其他

对于移动泵自带的动力装置，参照本技术要求的适用部分执行。

七、参考文献

1. haf102 核动力厂设计安全规定
2. gb/t2820 往复式内燃机驱动的交流发电机组
3. gb 755 旋转电机定额和性能
4. gb/t 2819-1995 移动电站通用技术条件
5. jb/t 8182-1999 交流移动电站用控制屏通用技术条件
6. gb/t 12786 自动化内燃机电站通用技术条件
7. gjb79 厢式车通用规范
8. gb/t23336 半挂车通用技术条件
9. gb50011-2010 建筑抗震设计规范
10. gb50223-2008 建筑工程抗震设防分类标准

乏燃料池监测的技术要求

一、主题内容和适用范围

本文件对福岛核事故后改进行动中乏燃料水池监测部分提出技术要求，主要内容包括对监测手段、监测范围、监测仪表和系统可用性的要求。

适用范围：在建和运行压水堆核电厂。

二、定义及释义

1. 乏池监测

通过增设乏燃料水池监测设备和手段，如液位、温度监测，以获取事故后乏燃料水池的必要信息。

2. 关键水位

为满足辐射屏蔽需要、提示操纵员补水或表示乏燃料开始裸露等确定的水位。

三、功能要求

应至少从以下几个方面保证监测仪表的可用性：

（一）测量范围

1. 液位测量：测量区间应包括乏燃料开始裸露的水位到满水位，可采用连续测量或间断式测量设备和手段。间断式测量的测点布置应满足必要的关键水位报警和指导操纵员相关补水操作的需要。

2. 温度测量：应能够连续测量乏池的温度。

（二）液位和温度测量应在主控室或其他适当位置设置相关的指示信息，并设置相应的报警。

（三）液位和温度测量应在设计基准地震下保证其功能。

（四）应考虑丧失全部交流电源（包括厂址附加柴油机）供电情况下对液位和温度测量系统的供电。

（五）液位和温度测量应保证在相应环境条件下的设备可用性。

四、设备要求

液位和温度测量设备应为宽范围量程，满足抗震要求。

五、存储和布置

无。

六、其他

无。

七、参考文献

1. haf102 核动力厂设计安全规定。
2. 美国核管会（nrc）《二十一世纪提高反应堆安全性的建议》。

氢气监测与控制系统改进的技术要求

一、主题内容和适用范围

本文件对福岛核事故后改进行动中氢气监测与控制系统改进提出技术要求，主要内容包括开展严重事故下安全壳内氢气分布的分析、氢气监测与控制措施有效性的评估，以及氢气监测与控制系统在严重事故情况下的功能和设备要求。

适用范围：运行和在建核电厂。

二、定义及释义

无。

三、功能要求

（一）完善严重事故下安全壳内氢气分析，开展监测与控制措施的分析评估

1. 对于没有开展严重事故下氢气分析的核电厂，应对氢气源项、氢气行为进行全面分析。

2. 应开展相应的安全壳完整性分析，分析时应考虑燃料活性区包壳金属 100% 与冷却剂反应产生的氢气量。

3. 开展对氢气缓解措施有效性的分析评估。

（二）严重事故工况下氢气监测与控制系统应具备的功能

1. 严重事故下，应能全程监测安全壳内氢气浓度并设置相应的报警，以便确定核电厂状态和为事故管理期间决策提供尽可能实际的信息。

2. 燃料活性区包壳金属 100% 与冷却剂反应产生的氢气在安全壳内均匀分布时，氢气浓度应小于 10%。

3. 应避免安全壳完整性因局部区域氢气积聚后可能产生的燃烧或爆炸而破坏，同时尽可能减少对严重事故缓解系统或设备功能的影响。

4. 氢气浓度监测和控制措施应纳入严重事故管理导则或相关规程。

四、设备要求

氢气监测与控制系统及其设备和部件在选定的严重事故工况下满足本文件提出的功能要求。

五、存储和布置

（一）氢气监测点的布置应考虑在整个事故工况期间的代表性。

（二）主控室、应急控制中心应能够获得氢气监测数据。

六、其他

无。

七、参考文献

1. haf102 核动力厂设计安全规定。

2. had102/11 核电厂防火。

3. nureg–0800 chapter 6 section 6.2.5 combustible gas control in containment.

4. 10cfr50.44 combustible gas control for nuclear power reactors.

5. rg1.70 control of combustible gas concentrations in containment.

应急控制中心可居留性及其功能的技术要求

一、主题内容和适用范围

本文件对福岛核事故后改进行动中应急控制中心可居留性及其功能提出技术要求。主要内容包括应急控制中心改进的技术要求。

适用范围：在建核电厂，运行核电厂可参考。

二、定义及释义

1. 应急控制中心

根据《核动力厂设计安全规定》，必须设置一个与核电厂控制室相分离的厂内应急控制中心，作为发生应急情况时在此工作的应急人员汇集的场所。必须采取适当措施，在长时间内保护在场的人员，以便防止严重事故对他们的危害。

根据核安全导则 had002/01《核动力厂营运单位的应急准备和应急响应》，应急控制中心是核电厂营运单位应急响应的指挥、管理和协调中枢，是应急期间应急响应指挥部的工作场所，应急期间应确保应急人员可以顺利地达到该中心。

三、功能要求

（一）应能获得核电厂重要参数和核电厂内及其外围放射性状况的信息以及气象数据；应急控制中心应具有联络核电厂控制室、辅助控制室及其他重要地点和厂内外应急机构的通信手段，以及实时在线传输核电厂安全重要参数的能力。

（二）除非能证明应急控制中心对所有假设的应急状态都能适用，否则应在不大可能受到影响的合适地点设立一个备用的应急控制中心，其功能基本上应能达到应急控制中心的相关要求。

（三）应急控制中心应考虑满足可居留性和可达性的要求。可居留性的评价不应局限于设计基准事故，对选定的严重事故的影响，可参照国际放射防护委员会第 103 号出版物推荐的参考水平，在设定的持续应急响应期间内（一般为 30 天），工作人员接受的有效剂量不大于 100msv。

四、设备要求

无。

五、存储和布置

应急控制中心按厂址所在地区地震基本烈度提高一度进行抗震设计，并按照设计基准地震动 sl2（相当的地面加速度）进行校核；应具备抵御设计基准洪水危害的能力，在遭遇超设计基准洪水（假想设计基准洪水位叠加千年一遇降雨）的情况下，可参照《核电厂防洪能力改进技术要求》进行防水封堵。

六、其他

根据上述各项要求，结合项目进展情况，分析存在的差异，提出改进措施。

七、参考文献

1. haf002 核电厂核事故应急管理条例。

2. haf002/01 核电厂核事故应急管理条例实施细则之一——核电厂营运单位的应急准备和应急响应。

3. haf102 核动力厂设计安全规定。

4. had002/01 核动力厂营运单位的应急准备和应急响应。

5. gb50011-2010 建筑抗震设计规范。

6. gb50223-2008 建筑工程抗震设防分类标准。

7. 国际放射防护委员会第 103 号出版物。

辐射环境监测及应急改进的技术要求

一、主题内容和适用范围

本文件对福岛核事故后改进行动中辐射环境监测及应急改进提出技术要求。主要内容包括对核电厂对环境监测布置的合理性和代表性的分析评估，改善严重事故下应急监测方案，在事故工况下提供必要的监测手段，以及制订同一厂址多机组同时进入应急状态后核电厂的应急响应方案和应急人员、物资的配备协调方案的要求。

适用范围：运行和在建核电厂。

二、定义及释义

（一）应急准备

是指针对可能发生的事故，为迅速采取有效地开展应急行动而预先所做的各种准备。核动力厂的应急准备主要包括如下内容：

1. 制定在紧急状况下必须实施的一切行动的计划和执行程序。

2. 建立能有效地实施各项应急职能的组织机构。

3. 准备好应付紧急状况的设施和设备并使之保持有效。

4. 为使应急人员具有完成特定应急任务的基本知识和技能，所进行的培训、演习和练习。

（二）多堆厂址

指一个厂址有两个及以上反应堆且各反应堆之间的距离小于5km的核电厂厂址。

（三）自动监测中央站

用于监控和汇集自动监测网络系统中各自动监测子站数据，并可实时传输监测数据到应急控制中心和相关数据应用单位的装置。

三、功能要求

（一）辐射环境监测

1. 应根据特定的外部事件，完善应急监测方案。

2. 核电厂监测设施和监测点位布置应具有合理性和代表性，满足核电厂事故工况下辐射环境应急监测方案规定的设施功能。当极端外部事件导致环境监测设施不可用时，应具备适当的后备宽量程监测手段或及时恢复监测设施可用性的手段，确保为核电厂及其周边环境质量评价提供现场监测数据。

（二）应急改进

1. 考虑到我国多机组厂址机组数量的不同，核电厂目前可依据两台机组同时发生事故工况的情形，研究分析核电厂的应急响应能力，重点分析核电厂应急组织体系、人力、物力、技术措施等方面。

2. 在研究分析的基础上，制订多堆厂址两台机组同时发生事故工况情形下的应急响应方案，实施应急准备工作，做好应急培训和演习，确保两台机组同时进入应急状态情形下核电厂能够有效实施响应行动。

3. 核电厂营运单位应考虑核电企业集团的应急支援能力，并作为重要补充纳入自身的应急准备与响应体系。

四、设备要求

(一) 环境实验室的合理设置

1. 环境实验室的设置应避开主导风向的下风向。

2. 环境实验室位于烟羽应急计划区内的核电厂，应在烟羽应急计划区外建立后备环境监测手段，保证有效实施应急监测。

(二) 环境辐射水平连续监测站点位设置和传输功能

1. 站址布点：核电厂监测站点应考虑与监督性监测站点互补的原则，保证核电厂周围 16 个方位的陆域原则上都布设至少 1 个自动监测站房。在核电厂烟羽计划应急区范围内，核电厂各堆址主导风向的下风向、居民密集区应适当增加布点；沿海核电厂应具备一定的海域方向监测能力，并对其合理性进行论证。

2. 数据传输功能：应具有备用通信方式，保证各监测站点的监测数据能够实时传送到自动监测中央站；在失去外部电源的情况下，自动监测中央站应能保证较长时间（≥72 小时）内的数据传输。

五、存储和布置

无。

六、其他

无。

七、参考文献

1. 中华人民共和国放射性污染防治法

2. haf002 核电厂核事故应急管理条例

3. haf002/01 核电厂核事故应急管理条例实施细则之一——核电厂营运单位的应急准备和应急响应

4. haf102 核动力厂设计安全规定

5. had002/01 核动力厂营运单位的应急准备和应急响应

6. gb18871-2002 电离辐射防护与辐射源安全基本标准

7. gb6249-2011 核动力厂环境辐射防护规定

8. gb12379-90 环境核辐射监测规定

9. gb11215-1989 核辐射环境质量评价的一般规定

10. gb8999-88 电离辐射监测质量保证一般规定

11. gb11216-89 核设施流出物和环境放射性监测质量保证计划的一般要求

12. gb/t17680-1 核电厂应急计划与准备准则 应急计划区的划分

13. gb/t17680-10 核电厂应急计划与准备准则 核电厂营运单位应急野外辐射监测、取样与分析准则

14. hj/t61-2001 辐射环境监测技术规范

15. ej/t 1131-2001 核电厂辐射环境监测规定

外部自然灾害应对的技术要求

一、主题内容和适用范围

本文件对福岛核事故后改进行动中外部自然灾害应对提出技术要求，主要内容包括对加强与气象、水文、海洋和地震部门的联系与信息交流，进一步完善防灾预案和相关管理程序，提高外部事件发生时的预警和应对能力的要求。

适用范围：运行和在建核电厂。

二、定义及释义

无。

三、功能要求

（一）建立自然灾害预警体系

核电厂应与气象和海洋等相关部门建立长期稳定的合作关系，构建正规、及时、畅通的联系网络和信息渠道，以确保能够快速、准确、及时地获得气象和海洋预报信息；加强与地震部门的信息沟通，及时获得最新的地震数据用以评估核电厂的抗震能力的适当性。

（二）设立预警分级和厂内预警发布机制

核电厂应根据灾害性事件的破坏力大小和紧急程度将核电厂所需的灾害预警分成若干等级。在收到预警信息后，核电厂应由授权的责任人根据预警等级对可能出现的外部灾害用规定的发布方式及时做出预警发布。

（三）完善极端外部事件的防灾预案

核电厂应根据厂址特征，进一步完善包括地震灾害、气象灾害、洪水灾害等极端外部事件的防灾预案，并明确需从气象、海洋部门获得的预警信息需求。

四、设备要求

无。

五、存储和布置

无。

六、其他

无。

七、参考文献

1. haf101 核电厂厂址选择安全规定
2. haf102 核动力厂设计安全规定
3. had101/01 核电厂厂址选择中的地震问题
4. had101/08 滨河核电厂厂址设计基准洪水的确定
5. had101/09 滨海核电厂厂址设计基准洪水的确定

6. had101/10 厂址选择的极端气象事件

7. had101/11 计基准热带气旋

8. had002/01 应急准备和应急响应

国家能源局 国家核安全局关于印发与核安全相关的能源行业核电标准管理和认可实施暂行办法的通知

（国家能源局 国家核安全局 2012 年 7 月 25 日发布 国能科技〔2012〕226 号）

为推进实施核安全相关的能源行业核电标准，加强核电标准化管理和核安全相关的能源行业核电标准认可工作，现将《与核安全相关的能源行业核电标准管理和认可实施暂行办法》印发给你们，请遵照执行。

附件：与核安全相关的能源行业核电标准管理和认可实施暂行办法

国家能源局 国家核安全局
二〇一二年七月二十五日

附件：
与核安全相关的能源行业核电标准管理和认可实施暂行办法

第一条 为推进实施与核安全相关的能源行业核电标准，保证核电安全，根据《民用核设施安全监督管理条例》、《民用核安全设备监督管理条例》等有关规定，制定本办法。

第二条 能源行业核电标准制修订过程遵守《能源领域行业标准化管理办法》及实施细则、《能源行业核电标准化技术委员会章程》的规定，其中与核安全相关的能源行业核电标准的认可遵循本办法。

第三条 与核安全相关的能源行业核电标准经过国家核安全局审查认可后，在前言中增加"本标准已经国家核安全局审查认可"，并加挂 HAD 编号。

第四条 国家核安全局委派专家参与能源行业核电标准项目立项论证。国家能源局下达能源行业核电标准计划前，由国家核安全局确认需要认可的与核安全相关的能源行业核电标准项目。

第五条 国家能源局下达能源行业核电标准计划，标出需要认可的与核安全相关的能源行业核电标准项目，并抄送国家核安全局。

第六条 与核安全相关的能源行业核电标准起草过程中应充分注意与国家相关核安全法律法规的协调性，对于其中的重大问题应充分讨论，协商一致。

第七条 与核安全相关的能源行业核电标准起草阶段应充分征求意见，征求意见单位应具备广泛代表性。

第八条 与核安全相关的能源行业核电标准审查采用会议审查的形式。标准审查会专家由国家能源局能源行业核电标准化技术委员会委员、国家核安全局核安全专家委员会委员、相关单位的代表及专家组成。审查通过的与核安全相关的能源行业核电标准报国家能源局批准。

第九条　国家能源局发布与核安全相关的能源行业核电标准前，将标准报批稿送国家核安全局认可，国家核安全局认可通过的，提供 HAD 编号，由国家能源局发布。

第十条　本办法发布前已经下达计划的能源行业核电标准起草过程中应当征求国家核安全局意见。国家核安全局确认是否属于与核安全相关的能源行业核电标准。属于与核安全相关的能源行业核电标准的项目审查后按第九条执行。

第十一条　本办法发布前国家能源局已经发布的能源行业核电标准由国家核安全局审查认可后成为与核安全相关的能源行业核电标准。

第十二条　国家核安全局定期发布与核安全相关的能源行业核电标准目录用于指导核电厂选址、设计、建造、运行、退役以及核安全审评和监督。

第十三条　国家能源局能源行业核电标准化技术委员会秘书处负责与核安全相关的能源行业核电标准管理的技术支持，环境保护部核与辐射安全中心负责与核安全相关的能源行业核电标准认可的技术支持。

第十四条　经国家核安全局认可后的与核安全相关的能源行业核电标准，全文对社会公开。

第十五条　本办法由国家能源局和国家核安全局负责解释，自发布之日起执行。

国务院批复《核安全与放射性污染防治"十二五"规划及 2020 年远景目标》

（环境保护部　2012 年 10 月 10 日发布）

国务院近期批复了《核安全与放射性污染防治"十二五"规划及 2020 年远景目标》，现予公布。

国务院原则同意《核安全与放射性污染防治"十二五"规划及 2020 年远景目标》（以下简称《规划》），由环境保护部会同有关部门认真组织实施。

国务院指出核安全与放射性污染防治关系经济社会发展全局和人民群众的切身利益，是全民关注的重大问题。做好我国核安全与放射性污染防治工作要按照安全第一、质量第一的根本方针，不断健全法规标准和政策措施，加强科技支撑和基础能力建设，强化质量保证，完善监管机制和应急体系，严格安全管理，不断提高我国核安全与放射性污染防治水平，推动核能与核技术利用事业安全、健康、可持续发展。

通过实施《规划》，到 2015 年，我国核设施、核技术利用装置安全水平进一步提高，辐射环境安全风险将明显降低，基本形成综合配套的事故防御、污染治理、科技创新、应急响应和安全监管能力，保障核安全、环境安全和公众健康；到 2020 年，核电安全保持国际先进水平，核安全与放射性污染防治水平全面提升，辐射环境质量保持良好。

国务院要求各省（区、市）人民政府和有关部门切实加强组织领导和沟通协调，将《规划》确定的目标要求，纳入年度工作计划，制定具体实施方案，加大投入力度，健全工作机制，落实工作责任。环境保护部要会同有关部门对《规划》实施情况进行检查评估，确保《规划》目标如期实现。

附件：核安全与放射性污染防治"十二五"规划及 2020 年远景目标

环境保护部

二〇一二年十月十日

附件：

核安全与放射性污染防治"十二五"规划及 2020 年远景目标

前　言

核安全事关核能与核技术利用事业发展，事关环境安全，事关公众利益。党中央、国务院历来高度重视核安全与放射性污染防治工作，有关部门和企事业单位认真贯彻落实国家确定的方针政策，我国核能与核技术利用事业多年来保持了良好的安全业绩。日本福岛核事故发生后，国务院立即做出重要部署，明确要求抓紧编制核安全规划。

本规划结合全国核设施综合安全检查和日常持续开展的安全评价结果，深入分析当前核安全工作中存在的薄弱环节，以确保核安全、环境安全、公众健康为目标，坚持"安全第一、质量第一"的根本方针，遵循"预防为主、纵深防御；新老并重、防治结合；依靠科技、持续改进；坚持法治、严格监管；公开透明、协调发展"的基本原则，统筹规划了9项重点任务、5项重点工程、8项保障措施，力争至"十二五"末我国核能与核技术利用安全水平进一步提高，辐射环境安全风险明显降低；到2020年，核电安全保持国际先进水平，核安全与放射性污染防治水平全面提升，辐射环境质量保持良好，为保障我国核能与核技术利用事业安全、健康、可持续发展提供坚实有力的支撑。

一、现状与形势

半个多世纪以来，我国核能与核技术利用事业稳步发展。目前，我国已经形成较为完整的核工业体系，核能在优化能源结构、保障能源安全、促进污染减排和应对气候变化等方面发挥了重要作用；核技术在工业、农业、国防、医疗和科研等领域得到广泛应用，有力地推动了经济社会发展。

核安全是核能与核技术利用事业发展的生命线。我国核能与核技术利用始终坚持"安全第一、质量第一"的根本方针，贯彻纵深防御等安全理念，采取有效措施，保障了核安全。2011年3月日本福岛核事故后，进一步保障核安全与防治放射性污染任务更加艰巨和紧迫，相关工作面临新的形势和挑战。

（一）**核安全与放射性污染防治取得积极进展**

1. 核安全保障体系渐趋完善。在深入总结国内外经验和教训的基础上，参考国际原子能机构和核能先进国家有关安全标准，我国已基本建立了覆盖各类核设施和核活动的核安全法规标准体系。2003年以来，先后颁布并实施了《中华人民共和国放射性污染防治法》、《放射性同位素与射线装置安全和防护条例》、《民用核安全设备监督管理条例》、《放射性物品运输安全管理条例》和《放射性废物安全管理条例》，制定了一系列部门规章、导则和标准等文件，为保障核安全奠定了良好基础。初步形成了以营运单位、集团公司、行业主管部门和核安全监管部门为主的核安全管理体系，以及由国家、省、营运单位构成的核电厂核事故应急三级管理体系。核安全文化建设不断深入，专业人才队伍配置渐趋齐全，质量保证体系不断完善。核安全监管部门审评和监督能力逐步提高，运行核电厂及周边环境辐射监测网络基本建立。在汶川地震等重特大灾害应急抢险中，我国政府决策果断、行动高效，有效化解了次生自然灾害带来的核安全风险，核安全保障体系发挥了重大作用。

2. 核安全水平不断提高。我国核电厂采用国际通行标准，按照纵深防御的理念进行设计、建造和运行，具有较高的安全水平。截至2011年12月，我国大陆地区运行的15台核电机组安全业绩良好，未发生国际核事件分级表2级及以上事件和事故，气态和液态流出物排放远低于国家标准限值。在建的26台核电机组质量保证体系运转有效，工程建造技术水平与国际保持同步。大型先进压水堆和高温气冷堆核电站科技重大专项工作有序推进。2011年实施的核设施综合安全检查结果表明，我国运行和在建核电机组基本满足我国现行核安全法规和国际原子能机构最新标准的要求，安全和质量是有保障的。

研究堆安全整改活动持续开展，现有研究堆处于安全运行或安全停闭状态。核燃料生产、加工、贮存和后处理设施保持安全运行，未发生过影响环境或公众健康的核临界事故和运输安全事故。核材料管制体系有效。放射源实施全过程管控，辐照装置防卡源专项整治工作取得成效，安全管理水平逐步提高，放射源辐射事故年发生率由20世纪90年代的每万枚6.2起下降至"十一五"期间的每万枚2.5起。核安全设备的设计、制造、安装和无损检验活动全面纳入核安全监管，设备质量和可靠性不断提高。

3. 放射性污染防治稳步推进。 近年来，国家不断加大放射性污染防治力度，早期核设施退役和历史遗留放射性废物治理稳步推进。多个微堆及放化实验室的退役已经完成。一批中、低放废物处理设施已建成。2座中、低放废物处置场已投入运行，1座中、低放废物处置场开始建设。完成一批铀矿地质勘探、矿冶设施的退役及环境整治项目，尾矿库垮坝事故风险降低，污染得到控制，环境质量得到改善。废旧放射源得到及时回收，一批老旧辐照装置完成退役。国家废放射源集中贮存库及各省（区、市）放射性废物暂存库基本建成。全国辐射环境质量良好，辐射水平保持在天然本底涨落范围；从业人员平均辐照剂量远低于国家限值。

（二）核安全与放射性污染防治面临挑战

1. 安全形势不容乐观。 我国核电多种堆型、多种技术、多类标准并存的局面给安全管理带来一定难度，运行和在建核电厂预防和缓解严重事故的能力仍需进一步提高。部分研究堆和核燃料循环设施抵御外部事件能力较弱。早期核设施退役进程尚待进一步加快，历史遗留放射性废物需要妥善处置。铀矿冶开发过程中环境问题依然存在。放射源和射线装置量大面广，安全管理任务重。

2. 科技研发需要加强。 核安全科学技术研发缺乏总体规划。现有资源分散、人才匮乏、研发能力不足。法规标准的制（修）订缺少科技支撑，基础科学和应用技术研究与国际先进水平总体差距仍然较大，制约了我国核安全水平的进一步提高。

3. 应急体系需要完善。 核事故应急管理体系需要进一步完善，核电集团公司在核事故应急工作中的职责需要进一步细化。核电集团公司内部及各核电集团公司之间缺乏有效的应急支援机制，应急资源储备和调配能力不足。地方政府应急指挥、响应、监测和技术支持能力仍需提升。核事故应急预案可实施性仍需提高。

4. 监管能力需要提升。 核安全监管能力与核能发展的规模和速度不相适应。核安全监管缺乏独立的分析评价、校核计算和实验验证手段，现场监督执法装备不足。全国辐射环境监测体系尚不完善，监测能力需大力提升。核安全公众宣传和教育力量薄弱，核安全国际合作、信息公开工作有待加强，公众参与机制需要完善。核安全监管人才缺乏，能力建设投入不足。

日本福岛核事故的经验教训十分深刻，要进一步提高对核安全的极端重要性和基本规律的认识，提升核安全文化素养和水平；进一步提高核安全标准要求和设施固有安全水平；进一步完善事故应急响应机制，提升应急响应能力；进一步增强营运单位自身的管理、技术能力及资源支撑能力；进一步提升核安全监管部门的独立性、权威性、有效性；进一步加强核安全技术研发，依靠科技创新推动核安全水平持续提高和进步；进一步加强核安全经验和能力的共享；进一步强化公共宣传和信息公开。

二、指导思想、原则和目标

（一）指导思想

以邓小平理论和"三个代表"重要思想为指导，深入贯彻落实科学发展观，坚持"安全第一、质量第一"的根本方针，以法规标准为准绳，以科技进步为先导，以基础能力为支撑，进一步明确责任、优化机制、严格管理、持续改进、消除隐患，不断提高我国核安全与放射性污染防治水平，确保核安全、环境安全和公众健康，推动核能与核技术利用事业安全、健康、可持续发展。

（二）基本原则

预防为主，纵深防御。采取所有合理可行的技术和管理手段，确保核设施各种防御措施的有效性和多道屏障的完整性，防止发生核事故，并在一旦发生事故时减轻其后果。

新老并重，防治结合。多还旧账，积极推进早期核设施退役，开展历史遗留放射性污染治理，恢复和改善环境。不欠新账，按照新标准建设各类核设施，从源头防止或减少放射性废物产生，及时处理处置新产生的放射性废物。

依靠科技，持续改进。发挥科技在核安全工作中的支撑和引领作用，注重经验积累和反馈，及时查找和消除安全隐患，不断改进和提升安全水平。

坚持法治，严格监管。完善核安全法规标准体系，与国际先进水平保持一致。贯彻"独立、公开、法治、理性、有效"的监管理念，严格依法开展审评、许可、监督和执法，严厉查处违法违规行为。

公开透明，协调发展。完善公众参与机制，保障公众对核安全相关信息的知情权。加强宣传教育，增强公众对核安全的了解和信心。坚持核安全监管与核能、核技术利用事业同步发展，推动核能与核技术利用事业和社会、环境的协调发展。

（三）规划目标

总体目标：进一步提高核设施与核技术利用装置安全水平，明显降低辐射环境安全风险，基本形成事故防御、污染治理、科技创新、应急响应和安全监管能力，保障核安全、环境安全和公众健康，辐射环境质量保持良好。

具体目标：

在核设施安全水平提高方面，运行核电机组安全性能指标保持在良好状态，避免发生2级事件，确保不发生3级及以上事件和事故；新建核电机组具备较完善的严重事故预防和缓解措施，每堆年发生严重堆芯损坏事件的概率低于十万分之一，每堆年发生大量放射性物质释放事件的概率低于百万分之一；消除研究堆、核燃料循环设施重大安全隐患，确保运行安全。

在核技术利用装置安全水平提高方面，放射性同位素和射线装置100%落实许可证管理；放射源辐射事故年发生率低于每万枚2.0起；有效控制重特大辐射事故的发生。

在辐射环境安全风险降低方面，基本消除历史遗留中、低放废物的安全风险；基本完成铀矿冶环境综合治理。

在事故防御方面，完成运行和在建核电厂、研究堆、核燃料循环设施的安全改造，提高核设施抵御外部事件、预防和缓解严重事故的能力。

在污染治理方面，建设与核工业发展水平相适应的、先进高效的放射性污染治理和废物处理体系，基本建成与核工业发展配套的中、低放废物处置场。

在科技创新方面，完善核安全与放射性污染防治科技创新平台，培养一批领军人才，突破一批关键技术。

在应急响应方面，强化各级政府和有关单位的应急指挥、应急响应、应急监测、应急技术支持能力建设，形成统一调度的核事故应急工程抢险力量，充实应急物资及装备配置。

在安全监管方面，基本建成国家核与辐射安全监管技术研发基地，构建监管技术支撑平台，初步具备相对独立、较为完整的安全分析评价、校核计算和实验验证能力；建成全国辐射环境监测网络，国家、省级辐射环境监测能力100%达到能力建设标准。

2020年远景目标：运行和在建核设施安全水平持续提高，"十三五"及以后新建核电机组力争实现从设计上实际消除大量放射性物质释放的可能性。全面开展放射性污染治理，早期核设施退役取得明显成效，基本消除历史遗留放射性废物的安全风险，完成高放废物处理处置顶层设计并建成地下实验室。全面建成国家核与辐射安全监管技术研发基地和全国辐射环境监测体系。形成功能齐全、反应灵敏、运转高效的核与辐射事故应急响应体系。到 2020 年，核电安全保持国际先进水平，核安全与放射性污染防治水平全面提升，辐射环境质量保持良好。

三、重点任务

坚持以提高核能与核技术利用安全水平、加快放射性污染防治为核心，以加强科技研发、提升应急响应和核安全监管能力为依托，全面加强我国核安全与放射性污染防治工作。

（一）强化纵深防御，确保核电厂运行安全

运行和在建核电厂营运单位根据核设施综合安全检查的评价结论和改进要求，从技术、管理和工程等方面采取切实有效措施，提升预防和缓解事故及严重事故后果的能力。

对运行核电厂，开展应对事故及严重事故的安全分析、技术评估和工程改造，并制定完善相应的管理规定和应对预案，开展定期安全审查，加强设备维修维护，深化安全文化培育。

专栏 1　提升运行核电厂安全水平

近期：

1. 逐项排查并完成有关门窗、通风口、电缆贯穿和工艺管道贯穿等的防水封堵。

2. 综合考虑全厂断电工况下满足反应堆堆芯冷却、乏燃料水池冷却、防止反应堆冷却剂泵发生轴封小破口失水事故和保持必要的事故后监测能力的要求，采取设置移动电源、移动泵和增设相匹配的接口等措施。

3. 确保核电厂地震监测记录系统的有效性，提高核电厂抗震响应能力。

2013 年底前：

4. 结合各核电厂可能遭遇水淹情况的评估结果，落实各核电厂防水淹措施；完成秦山核电厂防洪改造工程。

5. 完成沿海核电厂地震、海啸影响的复核、评估及必要的改造。

6. 制定并实施严重事故管理导则。

7. 对在严重事故下用于缓解事故的设备和系统的可用性以及可能发生的氢气爆炸进行评估，并根据评估结果实施相应改进。

8. 开展抗外部事件安全裕量分析评估。

9. 研究制订核电基地多机组同时进入应急状态后的响应方案。

2015 年底前：

10. 开展外部事件概率安全分析。

对在建核电厂，依据我国现行核安全法规和国际原子能机构最新标准，完成设计安全水平再评估，修订建造许可证条件。在建核电厂营运单位在首次装料前落实全部许可证条件要求。全过程、全方位控制核电工程建造质量和安全，落实独立第三方监理，执行核电建造队伍准入制度，提高核电工程建造专业化水平，继续完善核电工程建造质量保证体系，加强调试监管，严格执行事件报告制度和不符合项管理制度。

专栏 2　提升在建核电厂安全水平

首次装料前：

1. 结合各核电厂可能遭遇水淹情况的评估，逐项排查并完成管沟、廊道、门窗和贯穿等的防水封堵。

2. 综合考虑全厂断电工况下满足反应堆堆芯冷却、乏燃料水池冷却、防止反应堆冷却剂泵发生轴封小破口失水事故和保持必要的事故后监测能力的要求，采取设置移动电源、移动泵和增设相匹配的接口等措施。

3. 增强乏燃料水池的补水和监测能力。

4. 制定并实施严重事故管理导则。考虑各类事故工况和多堆厂址共因失效工况，分析评估严重事故下重要设备、监测仪表的可用性和可达性。

5. 完善严重事故下安全壳或其他厂房内消氢系统的分析评估，并实施必要的改进。

6. 分析评价双机组布置的核电机组缓解严重事故后果的能力和可靠性。

7. 进一步加强对环境监测布点的合理性和代表性的分析评估，完善严重事故下应急监测方案，确保在各种事故工况下有可用的应急监测手段。

8. 完善应急控制中心功能及可居留性的分析评估，并实施必要的改进。

9. 开展抗外部事件安全裕量分析评估。

10. 加强与气象、海洋部门之间的实时联系，以及与地震部门间的信息交流，进一步完善防灾预案和相关管理程序，提高外部灾害发生时的预警和应对能力。

11. 研究核电基地多机组同时进入应急状态后电厂的应急响应方案，并评估应急指挥能力及应急抢险人员和物资的配备、协调方案。

2015 年底前：

12. 从设计、验证和故障分析等方面分析评估安全级数字化控制系统的可靠性，查找薄弱环节并实施相应的改进。

13. 进一步开展二级概率安全分析、外部事件概率安全分析工作。

14. 进一步改进放射性废物处理系统；开展严重事故下废物处理系统的有效性研究。

坚持在确保安全的前提下发展核电，并把握好发展节奏。对于新申请建造许可证的核电项目，按照我国和国际原子能机构最新的核安全法规标准进行选址和设计，采用技术更加成熟和先进的堆型，提高固有安全性。在符合最先进安全指标的核电技术得到充分验证之前，合理控制核电建设规模和速度。通过科学选址和采取更加高效、可靠的工程措施，确保气态和液态流出物在核电机组正常运行和事故情况下对环境和公众均不会造成不可接受的影响。积极发展具有我国自主知识产权的安全性能高的先进核电技术。力争"十三五"及以后新建核电机组从设计上实际消除大量放射性物质释放的可能性。

（二）加强整改，消除研究堆和核燃料循环设施安全隐患

根据核设施综合安全检查结论和改进要求，对存在安全隐患的研究堆和核燃料循环设施实施安全改进，对于无法满足安全标准的，予以限制运行或逐步关停。

完成研究堆分类名录，明确管理要求，实施分类管理。完善研究堆许可证管理模式和定期安全审查方法。确定研究堆在停闭状态下的安全保障和管理方法。对大型研究堆实施严重事故管理。开展研究堆概率安全分析和老化评估。完成快中子增殖堆等新堆型技术法规和技术审评原则及其下层技术文件的编制。完成部分研究堆内乏燃料组件向集中贮存设施的转移。

专栏 3   提升研究堆安全水平

2012 年底前：

1. 根据调整后的地震区划图，完成对所涉及研究堆的抗震校核及必要的改造工作，并重新优化其运行管理程序。

2. 为大、中型研究堆增设事故后堆芯监测装置。

3. 评价研究堆构筑物抵御极端外部事件的能力，根据评估结果完成相应的加固工作。

2013 年底前：

4. 为研究堆增设可靠电源、移动电源、移动泵、消防车辆和应急水源。

对核燃料循环设施的安全重要构筑物、系统和设备进行分级管理。加强核燃料循环设施工艺和安全研究，不断提高固有安全水平。建立核燃料循环设施运行经验反馈体系，强化核临界安全风险管理。规范和完善早期核设施的安全管理，尽快解决历史遗留问题。根据核电发展的方向、规模与速度，配套开展核燃料循环发展顶层设计，加强"三废"处理等配套设施的建设和运行管理，强化流出物监测和环境监测。

专栏 4   提升核燃料循环设施安全水平

2012 年底前：

1. 按照现行标准对核燃料循环设施老旧厂房进行抗震校核，并根据校核结果进行加固或限期退役。

2. 根据核燃料循环设施厂址特点，建立外部应急支援接口，完善应急预案，提高抵御极端自然灾害的能力。

2015 年底前：

3. 开展核燃料循环设施的应急和"三废"等配套建设，确保其与主工艺建设同步。

4. 制定贫化六氟化铀的处理规划，加强贫化六氟化铀贮存的安全管理，必要时进行稳定化处理。

调查在役放射性物品运输容器的安全状况，完成运输容器安全评价。建设一、二类放射性物品运输的在线实时监控系统。强化放射性物品运输容器制造和运输活动的安全监督。

加强实物保护系统建设，对各核设施实物保护系统实施改进和升级。

（三）严格安全管理，规范核技术利用

2012 年底前完成全国核技术利用单位综合安全检查。针对发现的安全隐患，采取有效整改措施。对存在较大安全隐患的高风险核技术利用装置实施强制退役，彻底消除安全隐患。

健全核技术利用辐射安全管理信息系统，完善放射源的全过程动态管理。建立高危险移动放射源跟踪监控体系。对辐照加工、科研、医疗等领域Ⅰ类放射源和Ⅰ类射线装置实施在线监控。全面开展对废旧金属回收熔炼的辐射监测，加强进出境口岸放射性物品安全管理。强化核技术利用单位的辐射环境和个人剂量监测。加强从业人员辐射安全培训。

城市放射性废物库配备放射性物质鉴别、分类、处理等配套设施，完成 3~5 个区域性移动式废

旧放射源整备设施的研制和建设。加大闲置、废弃放射源的收贮力度，确保新产生的废旧放射源依法及时送贮，推动已到寿期的Ⅲ类及以上进口放射源返回原出口方。推动废旧放射源的再利用和放射性同位素的循环使用技术研究，倡导并支持废旧放射源回收再利用。

制定和完善核技术利用行业的准入制度，提高核技术利用装置安全水平。鼓励除科研用途外设计活度小于 1.11×1016 贝可（30万居里）的静态辐照装置关停退役或转型升级。

（四）加强铀矿冶治理，保障环境安全

"十二五"中期，完成铀矿冶企业尾矿（渣）坝的风险评估，建立尾矿（渣）坝监测与预警系统，采取必要措施降低垮坝风险，关停不符合安全要求的铀矿冶设施。"十二五"末，完成地浸采场地下水去污恢复技术研究。建设事故废水收集池，避免超标废水直接向环境排放。建立铀矿冶退役治理工程长期监护机制。

对历史遗留铀矿地质勘探设施进行调查与评价，在2020年前完成位于社会和环境敏感地区的铀矿地质勘探设施环境整治工程。继续开展退役矿山的环境治理，在2020年前全部完成2010年前关停的铀矿冶设施的退役治理和环境恢复工作。

贯彻清洁生产和循环经济的理念，加大废水处理技术的科研力度，逐步提高水的重复利用率，降低废水产生量并实施达标排放。"十二五"中期，保证水冶工艺废水的重复利用率达到75%以上。

进一步完善铀矿冶辐射防护体系，降低采冶过程中的职业照射水平，保护工作人员健康。到"十二五"末，铀矿冶行业的职业照射水平管理目标值控制在15毫希沃特/年以内。

进一步开展主要伴生放射性矿的辐射水平调查工作，完善伴生放射性矿监管名录和办法，明确管理要求，制定废物处置的相关环境政策，开展污染防治工作。

（五）加快早期设施退役和废物治理，降低安全风险

加强对已停运核设施的监管和维护，及时实施已关停或已决定关停核设施的退役，推进早期核活动遗留的放射性污染治理工作。

确保放射性废物的安全贮存，加快放射性废物处理、处置。对全国放射性废物处理处置能力进行统一布局，加强国家放射性废物处置场和区域放射性废物处置场的规划和建设。推动地方政府及核能相关企业加快放射性废物贮存、处理、处置能力建设。以高风险放射性废物治理为重点，加快放射性废液固化处理进程。

在核设施设计中采用先进的废物处理工艺。鼓励营运单位在核设施运行中采用先进的技术和管理手段减少废物产生量。推动核电厂妥善处置现存废物。建立放射性废物治理管理信息系统。推动高放废物地质处置预选区研究。

专栏 5　早期核设施退役及放射性废物治理

"十二五"末：

1. 全面推进重点单位的核设施退役活动。

2. 完善中、低放废物处理、处置手段。

3. 完成全国放射性污染现状调查与评价，开展放射性污染治理。

4. 开展核设施退役和放射性废物治理关键技术研究。

至2020年：

5. 已停运的核设施全部安全关闭，早期核设施退役和污染治理取得明显成效。

6. 形成全国中低放固体废物近地表处置场的统一布局。

7. 建成高放废物处置地下实验室。

（六）强化质量保证，提高设备可靠性

完善核安全设备相关法规要求和管理体系，进一步明确营运单位、工程总承包单位和核安全设备许可证持证单位的安全责任。

强化核安全设备设计、制造、安装和无损检验单位资质管理，提高准入门槛，建立健全持证单位质量评价体系。

加强核安全设备设计验证和鉴定试验的评价和监督，制定核安全设备验证和鉴定的管理制度。加强核安全设备制造过程的管理和监督，完善驻厂监督制度。完善进口核安全设备的注册登记和安检制度，加强对进口核安全设备的监管。强化核安全设备焊工、焊接操作工和无损检验人员等特种工艺人员考核评价活动的监督和人员资格管理。

对在役设备进行有效的老化与寿命管理，确保设备在整个服役期内满足安全要求。建立独立于营运单位和检验单位的无损检验能力验证体系。

（七）推动科技进步，促进安全持续升级

鼓励企业开展核安全技术创新，加强新技术和新工艺开发和使用，不断提高设施安全水平。支持核安全技术科研单位基础能力建设，充分整合、利用现有科研资源和重大专项渠道，在此基础上建立一批核安全相关技术研发平台。

有针对性地开展核安全技术研发，集中力量突破制约发展的核安全关键技术，提升我国核安全整体水平。积极推进大型压水堆、高温气冷堆和乏燃料后处理重大专项安全技术科学研究和成果应用。重点开展反应堆安全、严重事故的预防与缓解、核电厂厂址安全、核电厂防止和缓解飞行物撞击措施、核安全设备质量可靠性、核燃料循环设施安全、核技术利用安全、放射性物品运输和实物保护、核应急与反恐、辐射环境影响评价及辐射照射控制、放射性废物治理和核设施退役安全等领域的技术研究，加强核与辐射安全管理技术和法规标准研究。

（八）完善应急体系，有效应对突发事件

根据常备不懈、积极兼容、平战结合原则，完善应急管理体系，建立综合协调、功能齐全、反应灵敏、运转高效的应急准备和响应体系。加强严重事故应急准备和响应的研究，2012年底前，完成各级各类核事故应急计划（预案）的修订及评估工作，完善应急状态终止后恢复行动的内容，加强演练，突出实战，提高各级各类应急计划（预案）的可实施性。

充实核事故监测、预警、信息、后果评价、决策和指挥能力。加强核应急救援体系建设，建立统一指挥、统一调度的核事故应急响应专业队伍，进一步提高核事故应急响应能力，2012年底前，完成国家核与辐射事故应急物资及装备配置需求研究，2013年底前完成相关配备。"十二五"末建成核电机组事故工况下堆芯损伤状况的实时评价专家系统。

合理规范核电厂核事故应急计划区范围。强化地方政府的应急指挥、应急响应、应急监测、应急技术支持能力建设，制定并实施应急能力建设标准，配备必要应急物资及装备，提高地方政府应急水平。明确核电集团公司的应急职责，完善集团公司内部的应急支援制度。建立和完善集团公司应急支援制度。2012年底前完成企业集团公司层面核应急资源储备和调配能力建设。

针对长时间失去电源以及同一厂址多机组发生事故的工况，重新评估各类核设施场内应急能力，完善应急计划，调整和充实核设施营运单位就地应急响应能力，研究建立核设施"断然处置"的程序，加强场内外应急计划的协调。

（九）夯实基础能力，提升监管水平

加强核与辐射安全监管基础能力。建设国家核与辐射安全监管技术研发基地，配备必要的研究手段和技术装备，形成相对独立、较为完整的核与辐射安全分析评价、校核计算和实验验证能力。加强相关基础建设，基本具备开展国际合作、公众宣传和人员培训的能力。强化核与辐射安全现场

监督执法能力，配齐必要的检查和执法技术装备。

加强全国辐射监测能力，完善全国辐射环境质量监测、污染源监督性监测及辐射环境应急监测体系，具备全面掌握全国辐射环境质量水平并开展评价的能力，具备应对核事故的辐射环境应急监测能力。

四、重点工程

为实现规划目标，推动核能与核技术利用的技术升级和进步，进一步消除安全隐患，提高核安全水平，计划实施安全改进、污染治理、科技创新、应急保障和监管能力建设等重点工程。为提高重点工程实施效果，环境保护部会同有关部门建立重点项目库，实行动态管理，由各相关部门按职能分工指导各地区分别在年度计划中予以落实。"十二五"期间重点项目投资需求约798亿元。各级政府按照事权划分，重点对公益性科研教育设施的核安全改进、应急保障和核安全监管能力建设、环境放射性污染治理、核安全科技研发等方面给予支持。

（一）核安全改进工程

通过技术升级、工程改造、运行经验反馈体系建设等项目的实施，开展安全评价，排除安全隐患，持续提高核电厂、研究堆等核设施的固有安全水平和预防与缓解严重事故的能力，提高核技术利用、铀矿冶安全管理水平，保障核与辐射安全。

专栏6　核能与核技术利用安全改进工程

1. 运行核电厂安全改造项目，主要内容包括持续改进核电厂抵御外部自然灾害、缓解严重事故的能力，进一步提高安全水平。

2. 在建核电厂安全改造项目，主要内容包括核设施防水淹、抗震、消氢等措施及全厂断电工况下的应急措施的安全改进，事故后堆芯状态监测系统优化、升级。乏燃料水池供水能力改造，应急指挥中心等构筑物安全技术改造，严重事故应对技术改造。

3. 研究堆和核燃料循环设施安全改进项目，主要内容包括为大、中型研究堆增设事故后堆芯监测装置。

4. 研究堆和核燃料循环设施实物保护系统改造建设项目，主要内容包括改造研究堆和核燃料循环设施的厂区围栏、出入口控制系统、防入侵探测系统、保安通信及监控管理系统等实物保护系统。

5. 辐射防护改造工程项目，主要内容包括根据辐射防护最优化原则，实施铀矿冶设施、早期研究堆和核燃料循环设施辐射防护最优化改造工程，开展核技术利用装置辐射防护升级改造。

6. 核技术利用安全改造项目，主要内容包括针对核技术利用装置存在的安全隐患，实施安全改造。加强金属熔炼企业辐射监测能力建设。

7. 经验反馈体系建设项目，主要内容包括开展核设施、核技术利用装置的建造、运行经验反馈体系建设。

（二）放射性污染治理工程

大力推进核设施退役及放射性污染和废物治理，加快铀矿地质勘探与矿冶设施、伴生矿退役治理，积极建设区域放射性废物处置场，实施辐照装置退役及废放射源回收，开展铀矿冶、伴生矿尾矿（渣）坝监测预警系统示范等项目，解决影响环境安全、公众健康的突出问题。

专栏 7　放射性污染治理工程

1. 核设施退役及放射性污染和废物治理项目，主要内容包括历史遗留的核设施退役及放射性污染和废物治理，及其他核设施退役及放射性废物治理等。

2. 区域废物处置场建设项目，主要内容包括建设 2~3 个区域中低放固体废物处置场。

3. 铀矿地质勘探与矿冶设施、伴生矿退役及污染治理项目，主要内容包括开展铀矿地质勘探与矿冶设施、伴生矿退役、放射性废物治理及放射性污染环境整治等。

4. 铀矿冶、伴生矿尾矿（渣）坝监测预警系统示范项目。

5. 辐照装置退役及废放射源回收项目，主要内容包括开展辐照装置退役及污染治理，收贮闲置、废旧放射源等。

（三）科技研发创新工程

围绕核能与核技术利用安全、核安全设备质量可靠性、铀矿和伴生矿放射性污染治理、放射性废物处理处置等领域基础科学研究落后、技术保障薄弱的突出问题，全面加强核安全技术研发条件建设，改造或建设一批核安全技术研发中心，提高研发能力。组织开展核安全基础科学研究和关键技术攻关，完成一批重大项目，不断提高核安全科技创新水平。

专栏 8　核安全科技研发创新工程

1. 核安全技术研发能力建设项目，主要内容包括建设核电厂安全设计与分析技术研发中心、核电厂超设计基准事故研发中心、核电厂安全级设备鉴定检验中心、核电厂运行安全与维护技术研发中心、核电厂设备安全与可靠性研发中心、先进燃料元件和核级设备材料研发中心、核设施退役及放射性废物治理工程研发中心。

2. 核安全技术研究项目，主要内容包括开展一批为管理决策服务的基础科学和工程技术研究。开展 10 个方面 119 项关键技术研究，包括 12 项反应堆安全技术研究，7 项核电厂厂址安全技术研究，10 项核安全设备质量可靠性技术研究，10 项核燃料循环设施安全技术研究，7 项核技术利用安全技术研究，8 项放射性物品运输和实物保护技术研究，24 项核应急与反恐技术研究，10 项辐射环境影响评价及辐射照射控制技术研究，19 项放射性废物治理和核设施退役安全技术研究，12 项核与辐射安全管理技术和法规标准基础技术研究，制（修）订约 150 项核安全法律法规文件，完成约 250 项核电相关标准制（修）订。

（四）事故应急保障工程

通过环境应急监测能力建设等项目的实施，加强核设施风险分析和预测预警能力建设，为应对核与辐射事故提供决策依据和技术支持，同时保证在任何情况下的核与辐射事故应急均有充足、可用的应急物资储备，并能及时、有效供应。

专栏 9　核与辐射事故应急保障工程

1. 核与辐射环境应急监测能力建设项目，主要内容包括开展国家级、省级、地市级以及覆盖我国管辖海域及周边海域的核与辐射事故应急监测能力建设；建立航空应急监测能力。

2. 核与辐射事故应急及事故后果评价能力建设项目，建设核与辐射事故应急技术支持平台，建设完善涵盖核电厂、研究堆、核燃料循环设施、放射源、铀矿冶等应急目标的应急数据体系、提高核与辐射事故预测、后果评价和决策支持能力。加强核设施现场数据监测，提高应急决策、指挥调度能力。建立或完善 6 个区域性和 31 个省级核与辐射安全监控和应急指挥中心。提高反应堆事故工况及堆芯损伤状况的实时评价能力。

3. 完成重点核基地的应急能力建设项目，主要内容包括建设秦山、大亚湾、田湾等重点区域核应急基地。

4. 核应急物资储备和抢险能力建设项目，主要内容包括开展国家、区域、省级的应急物资储备和抢险能力建设；开展核电基地、核设施营运单位的应急物资储备和抢险能力建设。

5. 进出境口岸应对核与辐射事故应急放射性检测能力建设项目，主要内容包括增加口岸放射性检测设备，实验室放射性检测仪器及个人防护用品等。

6. 事故应急医学保障项目，主要内容包括开展应急救治能力建设，形成覆盖全国的核应急救治网络。

7. 世界气象组织和国际原子能机构北京区域环境紧急响应应急能力建设项目，主要内容包括建设一体化的多尺度精细化核应急业务数值模式系统，开展放射性污染物扩散预报以及核事故长期影响评估。

（五）监管能力建设工程

以国家核与辐射安全监管技术研发基地建设为重点，构建核与辐射安全监管技术支撑平台，全面加强核与辐射安全审评、监督、监测、教育、国际合作等能力，不断提升我国核与辐射安全监管水平。

专栏 10　核安全监管能力建设工程

1. 国家核与辐射安全监管技术研发基地建设工程。主要内容包括核电厂安全验证能力建设；核安全设备安全性能验证能力建设；核电厂运行安全仿真分析能力建设；放射性废物安全管理及核设施退役安全验证能力建设；辐射环境监测技术能力建设；辐射防护研究能力建设；核与辐射安全监控和应急响应能力建设；核与辐射安全中心综合楼建设；中国核与辐射安全国际联合研究平台建设。

2. 全国辐射环境监测体系能力建设工程。主要内容包括国家、省和地市级三级辐射环境监测体系能力建设；全国辐射环境质量监测国控网点建设；国家重点监管的核与辐射设施监督性监测能力建设；形成全国辐射环境监测信息汇总及发布体系。

3. 核与辐射安全监督站能力建设工程。主要内容包括 6 个地区核与辐射安全监督站基本能力建设，配套必要的业务用房、执法仪器及装备。

4. 省和地市级能力建设工程。

五、保障措施

（一）健全法规标准，夯实安全基础

抓紧研究制订原子能法和核安全法，加快制（修）订核安全行政法规、部门规章和标准，力争

到"十二五"末建成比较完整的核与辐射安全法规标准体系。完善核安全监管部门对相关工业标准的认可制度，强化相关工业标准与核安全法规导则的衔接。加强核安全管理和政策研究，适时发布核安全政策。

（二）优化管理机制，提升管控效率

进一步增强核安全监管部门的独立性、权威性、有效性。明确和强化核行业主管部门、核电行业主管部门的核安全管理责任，加大核行业主管部门对包括科研院校在内的全行业管理力度。完善应急机制，把应急管理与日常监管紧密结合，充分发挥各涉核部门的职能作用和核企业集团公司的专业技术优势，细化涉核企事业单位的主体责任。加强政策引导，形成由国家投入为牵引、企业投入为主体的核安全技术创新机制。加大研究费用的投入力度，纳入国家科技发展管理体系。

行业主管部门将核安全要求作为制定相关产业和行业发展决策的重要依据，确保发展与安全的协调统一。完善核安全监管部门与行业主管部门在制定行业发展战略、规划，项目前期审批和安全监管中的协调机制。建立行业主管部门、核安全监管部门与气象、海洋、地震等部门的自然灾害预警和应急联动机制。

优化核安全国际合作体系，实现国际国内工作的协调统一，进一步加强和深化核安全领域与国际组织的交流与合作。

（三）完善政策制度，弥补薄弱环节

完善核安全许可证制度，进一步明确核电集团公司、业主公司、专业化公司的核安全责任。完善核燃料循环、核设施退役和放射性废物处理处置的管理制度和政策，制定核设施退役费用和放射性废物处理处置费用的提取和管理办法。建立健全相关准入和执业资格制度，建立民用核设施"三废"处置经费筹措和使用制度，制定民用核设施退役管理办法。研究并制定废旧放射源和核技术利用废物处理处置相关管理办法。研究建立核事故赔偿和核保险相关制度，推动核电集团研究建立核赔偿基金，核设施营运单位购买第三方核责任险。研究建立核技术利用单位责任保险制度。研究建立高危放射源退役保证金制度。落实规划环评制度，依法开展规划环评工作。建立政府、行业组织和企业等各个层面间的经验交流和反馈制度。建立并完善良好核安全实践的激励制度。

（四）培育安全文化，提高责任意识

建立核安全文化评价体系，开展核安全文化评价活动；强化核能与核技术利用相关企事业单位的安全主体责任；大力培育核安全文化，提高全员责任意识，使各部门和单位的决策层、管理层、执行层都能将确保核安全作为自觉的行动。所有核活动相关单位要建立并有效实施质量保证体系，按照核安全重要性对物项、服务或工艺进行分级管理，使所有影响质量和安全的活动得到有效控制。

（五）加快人才培养，促进均衡流动

制定满足核能与核技术利用需要的人力资源保障规划，加大人才培养力度。搭建由政府、高校、社会培训机构及用人单位共同参与的人才教育和培训体系，加强培训基础条件建设，实现人才培养集约化、规模化。在核安全相关专业领域开展工程教育专业认证工作，加强高校核安全相关专业建设，进一步密切高校与行业、企业的联系，加快急需专业人才培养。完善注册核安全工程师制度，加强核安全关键岗位人员继续教育和培训工作。完善核安全监督和审评人员资格管理制度和培训体系。完善人才激励和考核评价体系，提高核安全从业人员的薪酬待遇，吸引优秀人才进入核安全监管部门和核行业安全关键岗位，促进人才均衡流动，保证核安全监督、评价和科研的智力资源。

（六）加强国际合作，借鉴先进经验

密切跟踪国际核安全发展趋势，汲取国外先进的核安全管理和监督经验，促进我国核安全管理水平不断提高。加强合作研究、信息共享、经验反馈、培训交流、同行评估、应急响应与援助等领域的国际合作；加强核安全技术引进与合作开发；积极参与统一的国际核安全标准的研究与制定，参照执行国际原子能机构制定的《核安全行动计划》。积极开展双边、多边和区域核安全交流与合作。积极履行《核安全公约》和《乏燃料管理安全和放射性废物管理安全联合公约》等相关国际公约。

（七）深化公众参与，增强社会信心

构建公开透明的信息交流平台，增加行业透明度。制定核设施信息公开制度，明确政府部门和营运单位信息发布的范围、责任和程序。提高公众在核设施选址、建造、运行和退役等过程中的参与程度。在基础教育中增加核与辐射安全科普知识。建立长效的核安全教育宣传机制，满足公众对核安全相关信息的需求，增强公众对核能与核技术利用安全的了解和信心。完善核安全突发事件公共关系应对体系，及时权威发布相关信息，释疑解惑，消除不实信息的误导，维护社会稳定。

（八）加大经费投入，落实资金保障

充分发挥政府导向作用，建立有效的经费保障机制，加大对核安全与放射性污染防治的财政投入，推动规划项目落实。落实好相关税收优惠政策，建立多元化投入机制，积极拓展融资渠道。完善核安全管理的资金管控模式，对涉及核应急、核保险与核赔偿、民用核设施放射性污染防治、公益性核安全基础设施建设等需要政府和企业共同承担的费用，明确规定资金来源、出资方式、审批流程、资金用途，严格审查资金流向，确保资金筹集和使用到位。

六、规划实施与评估

加强协调联动。国务院各有关部门要加强沟通协调，按照职责分工，明确责任主体，完善行业主管部门、核安全监管部门之间的合作协调机制，共同推进规划实施。

落实工作责任。各部门、各级地方政府和相关企事业单位要按照职责分工和规划确定的目标要求，将工作任务纳入到年度工作计划中，制定具体实施方案，把任务逐级分解，做到量化目标、分步实施、严格管理、加强考核。

严格督促检查。国务院有关部门要定期对规划实施情况组织督查，及时研究解决规划实施中出现的问题，总结推广好的经验做法；对规划实施效果进行跟踪评价，重大情况及时向国务院报告。

第六篇　生物质能政策法规

国家发展改革委关于完善垃圾焚烧发电价格政策的通知

(国家发展改革委　2012年3月28日发布　发改价格〔2012〕801号)

各省、自治区、直辖市发展改革委、物价局：

为引导垃圾焚烧发电产业健康发展，促进资源节约和环境保护，决定进一步完善垃圾焚烧发电价格政策。现将有关事项通知如下：

一、进一步规范垃圾焚烧发电价格政策

以生活垃圾为原料的垃圾焚烧发电项目，均先按其入厂垃圾处理量折算成上网电量进行结算，每吨生活垃圾折算上网电量暂定为280千瓦时，并执行全国统一垃圾发电标杆电价每千瓦时0.65元（含税，下同）；其余上网电量执行当地同类燃煤发电机组上网电价。

二、完善垃圾焚烧发电费用分摊制度

垃圾焚烧发电上网电价高出当地脱硫燃煤机组标杆上网电价的部分实行两级分摊。其中，当地省级电网负担每千瓦时0.1元，电网企业由此增加的购电成本通过销售电价予以疏导；其余部分纳入全国征收的可再生能源电价附加解决。

三、切实加强垃圾焚烧发电价格监管

（一）省级价格主管部门依据垃圾发电项目核准文件、垃圾处理合同，以及当地有关部门支付垃圾处理费的银行转账单等，定期对垃圾处理量进行核实。电网企业依据省级价格主管部门核定的垃圾发电上网电量和常规能源发电上网电量支付电费。

（二）当以垃圾处理量折算的上网电量低于实际上网电量的50%时，视为常规发电项目，不得享受垃圾发电价格补贴；当折算上网电量高于实际上网电量的50%且低于实际上网电量时，以折算的上网电量作为垃圾发电上网电量；当折算上网电量高于实际上网电量时，以实际上网电量作为垃圾发电上网电量。

（三）各级价格主管部门要加强对垃圾焚烧发电上网电价执行和电价附加补贴结算的监管，做好垃圾处理量、上网电量及电价补贴的统计核查工作，确保上网电价政策执行到位。各发电企业和电网企业必须真实、完整地记载和保存垃圾焚烧发电项目上网电量、价格、补贴金额和垃圾处理量等资料，接受有关部门监督检查。

（四）对虚报垃圾处理量、不据实核定垃圾处理量和上网电量等行为，将予以严肃查处，取消相关垃圾焚烧发电企业电价补贴，并依法追究有关人员责任。

（五）电网企业应按照《可再生能源法》和有关规定，承担垃圾焚烧发电项目接入系统的建设和管理责任。

四、执行时间

本通知自 2012 年 4 月 1 日起执行。2006 年 1 月 1 日后核准的垃圾焚烧发电项目均按上述规定执行。

国家发展改革委

二〇一二年三月二十八日

第七篇 部分地区政策法规

安徽省"十二五"可再生能源建筑应用规划

（安徽省住房和城乡建设厅　2011 年 3 月 9 日发布　建科函〔2011〕204 号）

可再生能源是指从自然界直接获取、可连续再生、永续利用的一次能源，包括太阳能、风能、生物质能、地热能等非化石能源。可再生能源建筑应用是指利用太阳能、浅层地能等可再生能源，来部分解决居住建筑与公共建筑中的采暖空调、热水供应、电力照明等能源需求问题。促进可再生能源建筑应用发展，对增加能源供给、优化能源结构、保护和改善生态环境具有重要作用。

为应对气候变化，加快可再生能源建筑应用规模化发展，推动建设领域节能减排，促进资源节约型、环境友好型社会建设，根据《民用建筑节能条例》、《安徽省节约能源条例》等法规政策要求，结合我省实际，制定本规划。

一、"十一五"工作回顾

"十一五"期间，全省住房城乡建设系统坚持"政策为导向，示范为载体，标准为支撑"的工作思路，以示范工程为切入点，由点及面、由浅及深推动可再生能源建筑应用，已取得显著成效。截至 2010 年底，全省太阳能光热应用建筑面积达 1.05 亿平方米，太阳能光电建筑应用装机容量达 21.8 兆峰瓦，浅层地能应用建筑面积达 732.6 万平方米，共计形成节能能力 74.7 万吨标准煤，减少二氧化碳排放 195.7 万吨。

（一）工作成效

1. 政策法规基本健全

"十一五"期间，充分发挥政策导向作用，加强可再生能源建筑应用政策法规体系建设。制定发布了《安徽省建筑节能专项规划》，明确了太阳能、浅层地能等发展可再生能源建筑应用的指导思想、目标和任务。相继出台了《安徽省建设领域可再生能源新技术示范建设实施方案》、《安徽省可再生能源建筑应用配套能力建设实施方案》、《安徽省建筑节能试点示范工程管理办法》、《关于推进国家可再生能源建筑应用示范城市示范县建设工作的实施意见》等十多项政策措施，为推动可再生能源在建筑中的规模化应用提供了有力保障。

2. 标准体系初步建立

为提高可再生能源建筑应用技术水平，先后出台《太阳能利用与建筑一体化技术标准》、《太阳能光伏照明灯具》等 19 项相关标准；组织编制《地源热泵系统工程技术规程》、《安徽省太阳能建筑一体化设计图集》等 10 项标准并完成送审稿；《安徽省民用建筑太阳能热水系统工程检测与评定标准》等 11 项标准已列入编制计划。大力推动贯标工作，合肥、芜湖等市相继编制太阳能光热、地源热泵等实施细则，初步建立了包含产品生产、设计、施工、检测等全过程的可再生能源建筑应用标准体系，有力地推动了可再生能源建筑应用工作的全面开展。

3. 示范推广成效突出

"十一五"以来，采取"以点带面，因地制宜，试点示范，逐步推进"的工作措施，大力开展可再生能源建筑应用示范项目建设，取得显著成效。全省累计已建设可再生能源建筑应用示范项目200多项，其中国家级示范29项，省级示范80多项，市级示范100多项，项目覆盖全省17个市，示范技术类型涵盖可再生能源建筑应用全部领域，同时示范规模逐步扩大，由项目示范逐步扩展到区域示范。创建了国家级可再生能源建筑应用示范项目11项，获得国家补助资金7000多万元；合肥、铜陵、芜湖、黄山4个城市和利辛、南陵2个县列入国家级可再生能源建筑应用示范城市（县），争取中央资金补助3.06亿元；启动了安徽省建设领域可再生能源新技术应用示范，争取省级财政"以奖代补"专项资金1000万元建设了20个专项示范试点基地。通过开展示范项目建设，技术成果扩散效益凸显，可再生能源建筑应用取得突破性进展。

4. 创新能力不断提升

大力加强产学研合作，促进了科技创新平台建设。先后成立了"教育部建筑能效控制与评估工程研究中心"、"中国科学院太阳能光热综合利用研究发展中心"、"国家建筑节能产品质量监督检验中心"等多家可再生能源建筑应用科研创新平台，为全省可再生能源建筑应用科技创新提供了有力的技术支撑。全省建设行业共组织开展节能和可再生能源建筑应用技术研究与开发200多项，取得相关专利160余项，150多项技术成果通过鉴定。太阳能建筑一体化应用技术、浅层地能地下埋管关键技术等部分项目研究达到了国际先进或国内领先水平。

5. 产业集群初具规模

通过技术推广，带动产业发展。截至"十一五"末，全省已有上规模太阳能光热企业30余家，形成约200万台（套）生产能力；光伏企业40余家，形成年电池组件产量约140兆瓦、逆变器产量约500兆瓦生产能力，建立了天长光电产业园、霍山经济开发区、合肥高新区光电集中应用示范区等光电产业集群；地源热泵相关配套产业发展迅猛，已有相关产品生产企业10余家，形成约4000台（套）地源热泵系统生产能力，为可再生能源建筑应用发展奠定了坚实的产业基础。

（二）存在问题

"十一五"期间，在推进可再生能源建筑应用取得显著成效的同时，还存在一些亟待解决的问题：

1. 部分建设单位、物业管理单位及消费者对可再生能源建筑应用综合效益还认识不深入、不到位，有待进一步提高；

2. 适应我省资源、环境特点的可再生能源建筑应用技术须进一步深入研究，如高层建筑太阳能建筑一体化、土壤源热泵地下工程施工、可再生能源应用与徽派建筑结合应用体系等方面；

3. 可再生能源建筑应用产业化扶持力度有待于进一步加强，随着可再生能源建筑应用规模化发展，现有产业发展水平将不能完全满足市场增长需求；

4. 可再生能源建筑应用工程项目能效测评能力建设须进一步提升。

二、"十二五"形势分析

"十二五"期间，我省可再生能源建筑应用工作面临新的机遇和挑战。

（一）节能减排的严峻形势对可再生能源建筑应用提出了新的要求

节能减排是我国经济社会可持续发展的一项长期的战略任务。我国已向世界做出到2020年实现单位GDP能耗、二氧化碳排放降低40%~45%的承诺，"十二五"任务十分繁重，形势非常严峻。建筑节能作为三大重点节能领域之一，将承担重要节能任务，面临巨大压力。可再生能源建筑应用能部分或全部解决建筑采暖空调、热水供应、电力照明等能源需求问题，推广可再生能源建筑，对增加能源供给、优化能源结构、促进能源互补、提高能源利用效率、保障能源安全、推进建筑节能发展、实现"十二五"节能目标将起到重要作用。

（二）发展战略新兴产业给可再生能源建筑应用带来了新的机遇

国家《关于加快培育和发展战略性新兴产业的决定》中已将太阳能光热、光伏等可再生能源利用作为战略性新兴产业大力培育和发展。我省可再生能源资源丰富，全省近一半区域年日照时数在2000 小时以上，年太阳辐射总量大于每平方米 5000 兆焦，皖北地区土壤源浅层地能富集且易开采，皖江流域地表资源丰富，具有较好的应用条件，推广可再生能源建筑应用，可快速带动我省太阳能光热、光伏等战略性新兴产业发展。

（三）实施"科学发展、全面转型、加速崛起、兴皖富民"发展战略为可再生能源建筑应用提供了新的发展平台

"全面转型、加速崛起、兴皖富民"是我省"十二五"经济发展的主题，"国家技术创新工程试点省"和"皖江城市带承接产业转移示范区"两个国家级重点规划建设，为可再生能源建筑应用提供了优越的技术研发和工程应用平台，为我省可再生能源建筑应用带来新的发展机遇，同时，也对可再生能源建筑应用的技术水平提出更高要求。

三、指导思想、基本原则和总体目标

（一）指导思想

深入贯彻落实科学发展观，以调整建筑用能结构为目标、以科技创新为依托、以试点示范为抓手，通过健全政策法规，完善标准规范，推动科研创新，强化监督管理等措施，促进可再生能源建筑规模化应用，带动战略新兴产业发展，促进建设行业转型，积极探索建设领域可持续发展之路。

（二）基本原则

一是坚持因地制宜与区域示范相结合的原则；二是坚持关注重点与兼顾均衡相结合的原则；三是坚持政府引导与市场推动相结合的原则。

（三）总体目标

"十二五"期间，全省推广可再生能源建筑应用面积 8000 万平方米以上，实现节能 170 万吨标准煤，减少二氧化碳排放 445 万吨；到"十二五"期末，全省可再生能源建筑应用面积占当年新建民用建筑面积比例达到 40% 以上。

——推广太阳能光热建筑一体化应用面积 6000 万平方米；

——推广太阳能光电建筑应用 250 兆峰瓦；

——推广浅层地能建筑应用面积 1000 万平方米；

——建立 10 个可再生能源建筑应用产业基地；

——实施 100 项建设领域可再生能源新技术应用示范项目。

四、重点工作

（一）完善资源评估调查，确定区域应用模式

依托有关高校、科研院所和相关部门，完善全省区域性可再生能源资源调查评估，推动各市细化当地可再生能源建筑应用条件的摸底调查和评估工作。协调有关部门，建立可再生能源建筑应用环境影响评价机制。可再生能源建筑应用项目依据资源评估报告，结合项目实际情况，选择适宜的可再生能源及建筑应用技术。在可再生能源资源富集地区，结合皖江城市带承接产业转移示范区、城市新区建设，开展区域应用模式探索和研究。

（二）扩大示范应用范围，提升推广应用水平

进一步扩大可再生能源建筑应用示范范围，以区域示范为主，以工程项目示范为辅，以国家可再生能源建筑应用城市（县级）示范为重点，以建设领域可再生能源新技术示范为支撑，按照促进全面推进先进地区示范建设、兼顾全省均衡发展的原则，在全省全面实施可再生能源建筑应用规模化建设；鼓励支持有条件的重点市、县，在工程示范的基础上，结合城市建设有步骤地开展可再生能源建筑应用区域示范。重点支持长江、淮河、巢湖等流域建设地表水源热泵示范区，土壤条件较好的平原地区建设土壤源热泵示范区。通过示范，总结经验，逐步形成政府引导、市场推进的可再生能源建筑应用推广机制。

加强已列入国家可再生能源建筑应用示范市（县）、国家级、省级示范项目实施管理工作，尽快出台《安徽省可再生能源建筑应用示范项目能效测评和验收管理办法》，规范示范工程项目的能效测评、验收。开展示范项目的能耗数据监测等配套能力建设，确保示范项目达到国家有关标准。认真总结示范经验，通过新闻发布会、现场交流会等形式开展示范成果宣传，充分发挥示范引导作用。

（三）加快创新体系建设，促进科研成果转化

加快建立以企业为主体、市场为导向的产学研结合的科技创新体系，鼓励企业以多种形式与科研机构、高等院校联合，组建研发机构；优化整合人才资源，针对地方特色和行业发展重点，建立科技研发中心，组织引进、消化、吸收先进技术，开展高层太阳能建筑一体化、土壤源热泵地下施工等关键技术攻关，不断提升技术应用水平，逐步满足新技术发展需求；鼓励企业成为技术开发投入的主体，支持可再生能源建筑应用技术的开发、集成和应用示范。强化可再生能源建筑应用技术推广工作，坚持"资源共享、优势互补、互惠多赢"的原则，利用现代网络技术手段，建立和完善大型科学仪器设备协作共用网络、自然科技资源、科学数据、科技图书文献、网络科技环境和科技企业孵化、科技成果转化推广平台，制定并发布可再生能源建筑应用技术目录，提高科研成果转化率。

重点支持以下领域技术研发、标准制定、集成示范等工作：
——与建筑一体化的太阳能生活热水供应、采暖空调、光电转换、风光互补、高效照明；
——土壤源、地表水源及污水源热泵技术供热制冷；
——农村地区利用太阳能、生物质能等进行供热、炊事；
——可再生能源建筑应用设备及产品产业化；
——可再生能源建筑能效测评；
——可再生能源建筑应用管理技术及服务体系建设等。

（四）完善技术规范配套，加强标准体系建设

进一步加强可再生能源建筑应用生产与应用技术研究，根据可再生能源建筑应用需要，及时编制和修订可再生能源建筑应用设计、施工、验收的标准，完善技术标准体系建设。尽快出台《安徽省民用建筑太阳能热水系统与建筑一体化设计、安装与验收规范》、《安徽省地源热泵技术规程》、《安徽省建筑能效测评标识技术规程》等技术标准；对民用建筑节能设计标准、施工质量验收规范的可再生能源部分展开修编，形成完整的可再生能源建筑应用标准体系，促进可再生能源建筑应用标准化。

（五）扶持产业基地建设，夯实产业发展基础

以国家可再生能源建筑应用示范城市（县）为依托，积极扶持企业科技创新，推动本地产业发展，建立健全的产品体系；进一步整合各方资源，拓展产业链，培植形成一批生产规模大、产品品种全、质量水平高的太阳能光热、光电、地源热泵等方面的可再生能源建筑应用产业基地。在合肥、芜湖、滁州、蚌埠、铜陵等具有较好产业基础的城市，创建 6~8 个可再生能源建筑应用产业基地；结合皖江城市带承接产业转移示范区、国家技术创新工程试点省、皖北地区重点规划区、国家可再生能源建筑应用示范城市（县）等重点区域性布局，建立 2~4 个可再生能源建筑应用产业基地。

（六）建立测评管理机制，加强测评能力建设

借鉴国家能效测评管理经验，依托现有省级能效测评机构，出台安徽省建筑能效测评机构及测评标识管理办法，建设能效检测机构实验室数据管理网络体系。完善管理机制，规范能效测评机构管理和测评标识管理，提高能效测评结果的公平、公正、准确性。依托国家及省示范项目建设，通过政策扶持引导，督促省能效测评机构完善基本装备，加快建筑能效测评人才队伍建设，全面提升我省能效测评技术水平；根据可再生能源建筑应用规模化发展水平，适时增加培育能效测评机构。

五、保障措施

（一）加大政策导向作用，强化组织机构建设

充分发挥政策导向作用，加快立法步伐，尽快制定出台《安徽省民用建筑节能管理办法》，明确可再生能源建筑应用方面的原则、激励政策、监督管理和法律责任。及时研究出台示范工程项目管理办法等相关政策和实施办法，从工程立项、规划、设计、施工、竣工验收、房屋销售、使用管理等各环节进行规范。适时研究出台在新建、改建政府办公建筑、大型公共建筑及低层、多层、小高层和高层居住建筑及高档住宅小区建设中优先使用可再生能源的政策。在组织进行旧城改造和既有建筑节能改造时，优先考虑使用可再生能源。加强组织领导和统筹协调，督促各示范城市（县）人民政府制定可再生能源建筑应用实施方案，明确可再生能源建筑应用组织机构，落实目标责任制和考核制度，确保完成示范任务。

（二）建立长效激励机制，放大资金引导效应

协调省级财政加大资金投入，制定鼓励可再生能源建筑应用的优惠政策，扩大经济激励范围。鼓励各级人民政府出台经济激励措施，制定激励资金管理办法等配套政策，放大资金引导效应；优化专项资金使用范围，加大对技术含量高、示范推广价值大的可再生能源建筑应用设备研发、产品生产、工程示范的支持力度。鼓励对政府投资的公共设施项目、城乡低收入群体和新农村建设项目应用太阳能光热与建筑一体化时实行财政补贴政策。

（三）加强监督管理力度，确保工程应用质量

建立健全可再生能源建筑应用产品推广备案制度，引导和规范可再生能源建筑应用技术与产品发展。建立公开、公平、健康有序的可再生能源技术与产品市场，加强产品质量管理，保证产品质量。同时，应加强可再生能源建筑应用工程现场监管力度，在项目规划、设计、施工、监理、测评等建设全过程中实行闭合管理，不定期对可再生能源建筑应用项目开展专项检查，对检查不符合现行有关标准要求的，责令整改，确保工程质量。

（四）完善服务体系建设，提升技术服务水平

加强可再生能源建筑应用不同阶段服务体系建设。引导可再生能源产品生产单位建立完善的售后服务体系，开发、生产标准化的、通用的系统组件。鼓励推广可再生能源建筑应用工程项目采用合同能源管理模式，加大合同能源管理模式的示范项目奖励补助力度。鼓励节能效益分享型合同能源管理模式，完善节能服务公司、建设开发商、可再生能源系统提供商的利益共享机制。

（五）加大宣传培训力度，营造良好社会氛围

充分发挥舆论的导向与监督作用，通过现场会、示范体验等形式，大力宣传可再生能源建筑应用的重大意义，推广成功示范经验，曝光违反节能法规和标准的反面典型，努力营造有利于可再生能源建筑应用的社会氛围。加强可再生能源建筑应用政策法规、标准规范、技术知识培训，对生产、设计、施工、监理、管理等可再生能源建筑应用从业人员，组织开展分批次、分重点的培训，提高从业人员专业素质，培养一批高素质的技术、管理人才，为可再生能源建筑应用工作提供人才保障。

山东省"十二五"太阳能产业发展规划

（山东省经济和信息化委员会 山东省人民政府节约能源办公室
2011 年 9 月 23 日发布 鲁经信资字〔2011〕526 号）

为加快我省太阳能产业发展，打造太阳能产业强省，促进节能减排，根据国家和省有关要求，制定本规划。

一、发展现状

我省太阳能开发利用较早，太阳能热水器已形成较大产业规模，产能和推广应用量居全国首位，光伏产业发展迅猛，对优化能源消费结构发挥了重要作用。

（一）产业发展初具规模

据调查，2010 年，全省拥有规模以上太阳能企业 578 家，实现主营业务收入 830 亿元，同比增长 33.4%；利税 74.8 亿元，增长 34.2%。其中，太阳能光热行业实现主营业务收入 520 亿元，增长 35.1%，热水器产量 530 万台，增长 31.2%，集热面积突破 1700 万平方米，增长 30.6%，高出全国平均水平 14 个百分点，"十一五"全省累计推广应用太阳能集热面积 5000 万平方米；太阳能光伏行业实现主营业务收入 310 亿元，光伏电池组件产能达到 560 兆瓦，同比分别增长 51.3% 和 56.3%。

（二）骨干企业带动作用明显

各个企业不断突破新技术，研发新产品，太阳能行业品牌、规模优势进一步显现。力诺、皇明、桑乐等企业通过异地扩张、设备升级、提升服务等手段，主要产品产量保持了持续稳定增长。2010 年，力诺、皇明、桑乐等骨干企业热水器产量占全省的 70% 左右，占国内市场份额的 30% 左右。黄金太阳、阳光博士、中科蓝天、天丰、澳华、福德、小鸭等一批品牌异军突起，发展迅猛，逐步成为我省太阳能光热行业的重要力量。

（三）光热产业发展较快

太阳能光热产业集聚效应进一步显现，成为推动我省太阳能行业发展的主导力量。一是名牌产品多。我省太阳能行业拥有的中国名牌产品占全国的 43%。二是产业链完整。拥有全国唯一的从石英砂、毛坯管、镀膜管到集热器、热水器和热水工程的完整产业链，形成较强的市场竞争力。三是热水器产能大。2010 年热水器产量占全国的 34.7%，比"十五"末提高 11.8 个百分点。四是下乡中标企业多。我省拥有太阳能下乡中标企业 84 家，占全国中标企业总数的 17%，累计太阳能热水器家电下乡 76.4 万台，销售额 18.3 亿元。五是技术水平高。拥有行业首条全自动真空镀膜生产线和太阳能热水器生产线，中高温研发取得阶段性进展。

（四）光伏产业后发势头强劲

坚持政策引导与市场化运作相结合，自主创新与引进发展相结合，通过引进外资和自主投资，积极发展太阳能光伏产业，在晶硅电池、薄膜电池、太阳能组件等领域新上了一批项目，形成了以东营光伏、力诺光伏、孚日光伏、润峰公司、威海中玻光电等骨干企业为主的产业集群。润峰公司投资建设的 1 兆瓦光伏电站并网发电，实现了我省太阳能光伏发电并网零的突破。华瀚光伏电站项目建设规模 30 兆瓦，年发电量可达 3833 万度。我省已投运和在建地面电站、屋顶电站和光伏建筑一体化电站等光伏发电项目 20 多个，光伏发电并网装机 43 兆瓦。先后有 20 个项目被列为国家太阳能光电建筑应用示范。

（五）企业技术创新能力增强

各企业加快自主创新步伐，在太阳能与建筑一体化、智能控制、集热、产品外观形象等方面取得了明显进步。力诺瑞特作为行业唯一的国家住宅产业化基地，加强产学研合作，建立了太阳能建筑一体化实验室，实现了太阳能与建筑的完美结合。皇明太阳能集团推出的 3G 机组，具有超大热水量、多功能、智能化的全方位配套设施，实现了热水全天候、即开即有。桑乐公司生产的数字化全自动太阳能热水器，推广应用范围不断扩大。

尽管我省太阳能产业发展取得了积极成效，但是也存在一些问题，主要是：标准体系建设滞后，行业准入门槛低；市场竞争秩序不规范，产品质量监管机制不完善；光伏产业发展落后于其他先进省市，关键技术装备对外依存度高；企业发展不平衡，部分企业管理和市场开拓能力弱等问题，影响和制约了太阳能产业健康快速发展。

二、面临的形势

（一）有利条件

从国际看，大力发展低碳经济，积极应对气候变化已成为世界各国的共同责任。实施节能低碳行动，不仅关系人类的生存环境，而且直接影响经济社会发展。随着经济全球化加速推进，各国人口和经济规模不断增长，使用能源资源带来的环境问题及全球气候变暖，给自然生态系统和人类生存发展带来了严重挑战，积极开发绿色清洁能源是发展低碳经济、应对气候变化的重要途径，日益得到世界各国的高度重视。太阳能是潜力最大、最清洁的一种可再生能源，也是低碳经济的发展重点。太阳能产业作为重要的战略性新兴产业，已成为各国抢占新一轮经济和科技发展制高点的重大战略，将发展太阳能产业作为减少常规能源消耗的重要手段。发展太阳能产业已成为大势所趋，其开发利用前景更加广阔，并将在世界能源供给中发挥重要作用。

从国内看，国务院出台了《关于加快培育和发展战略性新兴产业的决定》，加大了政策支持力度，为太阳能产业发展带来了契机。国家先后制定了一系列法律法规，为推进太阳能等可再生能源产业提供了有力的法律保障，太阳能产业的发展利用进入了一个新的历史阶段。太阳能企业加快自主创新步伐，在太阳能与建筑一体化、智能控制、集热等方面取得了长足进步。

从我省看，省政府高度重视太阳能产业发展，先后出台了《关于加快我省新能源和节能环保产业发展的意见》、《关于加快太阳能光热系统推广应用的实施意见》、《关于促进新能源产业加快发展的若干政策》等一系列政策措施，加大对太阳能产业发展的支持力度。我省组织实施了阳光学校（宾馆）工程，支持各类学校、三星级以上宾馆安装使用大型太阳能集热系统。2007 年以来共支持了485 个太阳能集热项目，日产生热水 2.3 万吨，安排补贴资金近 1.56 亿元。组建了省太阳能行业协会，在全国率先出台了太阳能行业联盟标准，引导太阳能行业健康快速发展。

（二）不利因素

我省太阳能产业发展也面临一些挑战。一是产能扩大与市场需求不足的矛盾突出。随着一批中小企业发展壮大，太阳能产品产能迅速增长，由于部分企业市场开拓力度不够，导致市场需求不能适应产业发展需要。二是生产要素供给不足与产业发展需求增大的矛盾突出。随着太阳能产业不断发展，土地、资金、劳动力等生产要素供应相对不足，制约产业快速发展。三是国际贸易壁垒增多与开拓国外市场要求增加的矛盾突出。部分发达国家出于保护本国新能源企业的需要，对太阳能产品进口，制定了一系列贸易壁垒政策，限制太阳能光伏产品进口，给我省太阳能产业快速发展带来较大压力。

三、指导思想、原则和目标

（一）指导思想

以科学发展观为指导，深入贯彻落实中央和省委、省政府关于加快战略性新兴产业发展的部署，把培育和发展太阳能产业作为转方式、调结构，实现工业调整振兴的重要举措，以企业规模化、产品标准化、技术自主化、市场规范化、产业聚集化为方向，以自主创新、科技支撑、标准先行、示范带动、品牌培育为手段，加快太阳能产业发展，推动太阳能产业实现新突破，努力将山东打造成为太阳能产业强省。

（二）基本原则

1. 扩大应用，优化结构。将开发利用太阳能作为优化能源消费结构，推动节能减排的重要举措，通过扩大太阳能应用，减少化石能源消耗。同时，充分利用各种节能减排政策，鼓励和支持太阳能产业发展。

2. 因地制宜，合理布局。突出地方特色，发挥各地产业和技术优势，因地制宜，合理布局，搞好功能规划，推动太阳能产业健康发展。

3. 典型示范，扩大规模。通过制定和落实扶持政策，支持创建太阳能研发与应用示范典型，引导产业发展，带动与太阳能相关的装备制造、新材料、新信息和观光旅游业发展，延伸产业链条，形成具有山东特色的产业优势。

4. 政策引导，市场驱动。制定实施激励政策，加大扶持力度，促进太阳能产业集群化、规模化发展。同时，充分发挥市场的基础性配置作用，建立促进太阳能产业发展的市场机制，提高太阳能产业化水平。

（三）发展目标

到 2015 年，全省太阳能热水器年产量突破 5000 万平方米，形成一批具有国际竞争力的骨干龙头企业；全省太阳能光伏电池及组件生产规模达到 3500 兆瓦以上，形成应用器件配套齐全的太阳能光伏产业。大力推广应用太阳能光热、光伏系统，"十二五"期间太阳能与建筑一体化集热面积超过 6000 万平方米，建成光伏并网发电装机容量 500 兆瓦。全省规模以上太阳能企业实现主营业务收入 1800 亿元，年均增长 17%，其中，太阳能光热行业实现主营业务收入 1100 亿元，年均增长 16%；光伏行业 700 亿元，年均增长 18%。企业自主创新能力进一步增强，形成完整的太阳能产业链和具有国际竞争力的太阳能产业集群。

四、发展重点

加快太阳能技术研发、产业化和太阳能终端产品普及应用，以推广应用促进产业发展，以产业发展促进节能减排，提升产业发展水平。

（一）优化产业结构

突出太阳能光热、光伏利用两大重点，大力研发推广高端、高质技术产品，推动产业优化升级。

1. 太阳能光热利用。研发太阳能热利用、采暖、空调等与建筑一体化技术，重点发展真空管热管式集热器、高效镀膜吸热板、黑瓷复合陶瓷太阳板、热管型平板集热器、高温镀膜集热金属管、大功率太阳能热水器模块、光热发电反射镜自动跟踪装置、高精度日光跟踪定位设备以及太阳能热水系统的应用软件和硬件等产品；研发推广太阳能集中供热、制冷技术、太阳能海水淡化技术和太阳能新风技术，推进太阳能空调系统产业化生产、市场化应用，重点支持太阳能与热泵相结合的技术产品，建设一批大型太阳能光热应用示范工程；推进光热发电技术研发和产业化，实施一批太阳能热发电示范项目；建设一批零能耗太阳能综合建筑。

2. 太阳能光伏发电。支持在引进消化吸收基础上，自主研发太阳能电池大面积薄片化技术、规模化生产技术和新型工艺制造高效晶硅以及非晶硅薄膜电池技术、太阳能发电存储设备、建筑用太阳能电池组件等。鼓励太阳能电池并网发电技术、晶硅和非晶硅光伏发电技术产品的研发与生产。积极研发推广太阳能自清洁技术和低辐射玻璃等太阳能建筑节能产品。充分利用沿海滩涂、未利用荒地、盐碱地、矿区塌陷地以及城乡建筑屋顶、南立面墙，实施地面光伏电站、屋顶光伏电站和建筑一体化光伏电站工程，支持建设兆瓦级大规模太阳能光伏并网示范电站，带动太阳能光伏产品、设备规模化生产。

3. 太阳能终端产品。大力发展太阳能灯具、太阳能广告牌、太阳能 LED 城市景观照明、太阳能电动车、太阳能钟表、太阳能充电器、太阳能计算器、太阳能换气扇、太阳能玩具等终端产品，满足不同层次消费者对太阳能产品日益增长的需要。

（二）壮大产业集群

发挥太阳能产业集聚效应，着力培植壮大济南、枣庄、德州等太阳能产业集聚区。

1. 依托济南太阳能产业基础优势，重点发展太阳能光热、光电制造及配套产业，积极培育太阳能热水器制造企业、光电开发利用企业和配套工程、太阳能存储设备等太阳能器件配套企业，将力诺、桑乐等企业打造成具有世界竞争力的龙头企业。在商河、章丘等地，发展太阳能玻璃管材、太阳能集热管、电池片、硼酸等基础原材料制造产业，并逐步向高端产业转移。鼓励澳华公司发挥比较优势，重点发展太阳能与热泵相结合、太阳能与燃气相结合的光热产品。

2. 依托枣庄太阳能产业规模优势，重点培育黄金太阳、阳光博士、中科蓝天等成长性好的中小企业，发挥比较优势，建设枣庄特色太阳能产业基地，重点发展密排式太阳能集热器，大型太阳能集热工程，太阳能与热泵相结合、太阳能与燃气相结合的光热产品，鼓励中小太阳能企业做大做强，形成规模化优势，实现集群化发展。

3. 依托德州市"中国太阳城"品牌优势，加快壮大太阳能产业集群，重点研发高效率太阳能真空集热管技术、太阳能热发电技术，加快成果转化步伐，巩固产业优势地位，发挥皇明等企业的引领作用，打造世界级太阳能产业聚集园区。

（三）搞好产业配套

发挥龙头企业的辐射带动作用，围绕太阳能光热和光伏利用，支持企业参与协作配套，延伸产业链条。

1. 大力发展太阳能光热配套产业。鼓励临沂市发展太阳能热水器专业支架、硅胶圈、端盖等太阳能配件产业集群；支持泰安、聊城发展分体壁挂式太阳能热水器整机产品，以及毛坯玻璃管、镀膜管、不锈钢内胆、支架、联机箱等配套产品。中小太阳能企业要主动接受龙头企业辐射，参与协作配套，实现太阳能光热配套产品集群化、集约化、规模化、标准化生产，推动中小太阳能企业快速崛起，形成知名品牌。

2. 大力发展太阳能光伏配套产品。鼓励淄博、东营、济宁、潍坊、威海、聊城等市大力发展太阳能光伏配套产业，重点发展晶硅电池组件、高效非晶硅薄膜太阳能电池、自动跟踪式太阳能光伏发电技术装备、风光互补型太阳能风能综合发电装备等光伏产品；积极发展与太阳能光伏应用配套的电力电子、新材料、新信息、机械五金等产业，研发推广大功率逆变器、控制器、蓄电池、光伏电池专用玻璃等配套产品，逐步实现太阳能光伏配套产品高端化、标准化生产；支持淄博金晶集团实施浮法玻璃生产线技术改造，加快实现太阳能导电膜玻璃的产业化推广。

（四）搭建信息平台

搭建太阳能行业服务平台和电子商务平台，利用信息化手段推进太阳能产业发展。

1. 建设太阳能行业管理平台。依托省太阳能行业协会，利用互联网等信息化技术，建设全省太阳能行业管理平台，利用平台及时调度、监测行业发展情况，及时发布政策信息、行业动态，为企业和消费者提供政策咨询、产品推介、行业交流、知识宣传等服务，实现太阳能行业信息资源共享，提高行业管理效能。

2. 建设太阳能行业电子商务平台。依托行业骨干企业，利用物联网等信息化技术，建设太阳能行业电子商务平台，开展网上销售、零部件采购、产品跟踪监测等活动，为用户提供技术产品咨询、运行维护、售后服务等业务，降低交易成本，提高市场竞争力。支持山东爱赛维斯技术服务有限公司打造"太阳能 i 服务平台"，建立集"服务标准、结算模式、信誉保障"于一体的服务模式，为终端消费者提供及时、迅速、标准化、品牌化的安装及售后服务。

（五）扩大应用领域

加快推进太阳能在工业、建筑、农业和公共领域的应用，扩大太阳能应用范围，减少常规能源消耗。

1. 加快太阳能在工业领域的应用。鼓励力诺瑞特公司发展复合抛物面聚光中高温太阳能工业热力系统技术，组织实施"工业绿动力计划"，为工业生产提供绿色、清洁、可持续的太阳能资源，重点在造纸、纺织、食品、烟草、木材、化工、塑料、医药等 8 个行业，开展太阳能工业热力系统应用示范，开辟太阳能工业热能利用市场。"十二五"期间，推广中高温太阳能集热面积 1170 万平方米，实现节能 195.8 万吨标准煤，减排二氧化碳 489.5 万吨。鼓励研发推广太阳能海水淡化技术装备，逐步扩大太阳能海水淡化规模，实现为偏远海岛提供生产、生活淡水资源。

2. 加快太阳能在建筑领域的应用。研发太阳能光热、光电等建筑一体化制造技术，鼓励推广应用与热泵技术相结合的太阳能产品，支持利用太阳能为大型建筑提供电力、热水和供热制冷，建设一批太阳能与建筑一体化示范工程。积极实施城市光伏屋顶计划，支持在厂房及学校、体育馆等建筑安装兆瓦级并网型光伏发电系统。

3. 加快太阳能在农业领域的应用。在农业育苗、蔬菜大棚加温、水产养殖、禽畜养殖、花圃种植等过程中，鼓励推广应用太阳能；支持应用太阳能开展农副产品深加工技术研发和推广；建设一批农业种植、养殖应用太阳能示范工程。

4. 加快太阳能在公共领域的应用。支持在学校、宾馆、医院、敬老院、儿童福利院等公共领域，加快普及应用太阳能光热系统，利用太阳能提供洗浴、游泳池用水、餐饮热水、洗衣用水等。鼓励有条件的医院采用太阳能新风技术产品，改善空气质量。实施阳光道路示范工程，整合财政、企业、交通、市政管理等部门的资源，支持在绕城高速公路、城边高等级公路以及市区内道路安装太阳能光伏与 LED 相结合的路灯和信号灯。

五、保障措施

（一）加强组织领导

认真贯彻落实《中华人民共和国可再生能源法》，加快制定相关配套政策和规章，将发展太阳能产业作为建设资源节约型、环境友好型社会的重要内容，摆上突出位置，加大扶持力度。各级节能主管部门要加强统筹规划、政策制定和督促考核，定期调度通报太阳能产业发展情况。各有关部门要切实履行职责，密切配合，形成推动太阳能产业发展的合力。实施走出去战略，引导企业积极开拓省外、尤其是国外市场，提高产品竞争力。

（二）完善扶持政策

发挥节能专项资金引导作用，加大对太阳能产业化和推广应用的支持。落实国家关于新能源和可再生能源的税收优惠政策。积极落实太阳能光伏发电价格补贴政策，对利用重大创新技术建设的示范电站项目，加大价格扶持力度。支持太阳能企业申请国家"屋顶计划"和"金太阳工程"，争取国家太阳能光电建筑应用财政补贴。鼓励各类金融、担保机构和风险投资公司打造融资平台，加大对太阳能产业投入，建立多元化的投融资长效机制。鼓励太阳能企业实施合同能源管理、清洁发展机制（CDM）项目。对大型基础设施应用太阳能和高新技术太阳能项目，鼓励采用 BOT（建设—经营—移交）模式进行融资建设。鼓励太阳能企业拓宽融资渠道，加强与世界银行、亚洲银行和欧投等国际组织的合作，引进资金、技术和管理经验，推动太阳能产业发展。电网企业要积极为太阳能光伏电站并网发电创造条件，搞好电网规划和输电系统建设，增强电网输配能力，保障光伏电站稳定充足供电。

（三）强化科技支撑

加快太阳能科技研发和产业化，推动建立以企业为主体的技术创新体系，加大科技投入，鼓励企业与大专院校、科研单位实行产学研联合，支持开发具有自主知识产权的新技术、新产品，突破太阳能热发电关键技术，加速科研成果转化及产业化。着力攻克一批共性关键技术，打造一批高水平技术创新平台，形成一批具有自主知识产权的品牌，鼓励创建以企业技术中心、行业技术中心等为核心的太阳能产业自主创新体系。加大对拥有核心技术和具有发展潜力的中小型企业的扶持，进行品牌培育，打造国际知名太阳能品牌。建设一批与建筑一体化的大型太阳能光热、光电系统应用示范项目。

（四）完善产业标准体系

建立健全太阳能产品与零部件行业标准以及太阳能与建筑一体化工程应用标准体系。加强太阳能行业联盟建设，加快实施山东省太阳能行业联盟标准《紧凑式家用太阳能热水系统》，加大宣贯力度，规范太阳能热水器生产和销售活动。以分体式、壁挂式太阳能光热系统、主要零部件等为重点，继续制定实施一批行业联盟标准。加强我省太阳能行业联盟标准与工程应用标准的衔接，统一技术要求，提升技术产品水平，保证工程质量。完善太阳能质量保证体系，支持开展太阳能产品检测、节能认证、质量管理体系认证工作，加强太阳能产品检查平台建设。制定光伏发电并网设计、行业管理、运行维护等标准，推动光伏发电上网。建立与国际接轨的太阳能光伏系统及部件质量检测体系。建立实施质量监督机制和产品公告推荐制度，确保产品质量，促进太阳能产业健康发展。

（五）加强行业管理

充分发挥省太阳能行业协会作用，强化监督、指导和服务，规范太阳能行业市场，引导企业抱团发展。加快协会能力建设，健全调查和统计分析制度，定期公布行业发展状况。加强太阳能产业知识产权管理与保护。鼓励发展太阳能工程建设、技术咨询、信息服务、人才培训等为主的中介服务。支持骨干企业开展联合、兼并、重组，培育大型太阳能企业集团。规范太阳能行业管理，严格执行《产业结构调整指导目录（2011年本）》，对太阳能开发利用项目，在规划、前期准备、施工建设、投产运行等全过程，认真进行可研分析和环境影响评价。引导企业建立生产者责任延伸制度，积极研发延长产品使用寿命、太阳能产品废弃物回收处理、处置、再循环利用等技术，逐步建立回收处理体系，减少二次污染。

（六）强化宣传教育

充分发挥各类新闻媒体作用，推广普及太阳能产品知识，广泛宣传国家和省有关法律、法规和政策。增强社会认同感，营造有利于太阳能产业发展的舆论氛围。举办好中国（济南）太阳能展览会，推动产业招商、开拓市场，培育品牌。加强太阳能行业人才队伍建设，积极吸引国内外知名专家投身我省太阳能产业发展，支持有实力的高校和职业院校开设太阳能专业，加快太阳能学科建设。加大企业家、专业技术人员、技术工人的培养力度，提高人才素质，壮大人才队伍规模，为太阳能产业发展提供人才支撑。

上海市新能源发展"十二五"规划

（上海市人民政府　2011 年 12 月 5 日发布　沪府发〔2011〕90 号）

新能源又称非化石能源，是指传统能源之外的各种能源形式，具体包括核能、水能、风能、太阳能、生物质能、地热能、海洋能、氢能等。开发利用、支持新能源产业发展，是贯彻落实科学发展观的要求，也是上海实现创新驱动、转型发展的重要抓手之一。为在"十二五"时期继续促进能源发展方式转变，加快资源节约型和环境友好型城市建设，确保能源与经济、社会、环境的协调发展，根据上海新能源资源禀赋、开发利用情况及产业发展方向，特制定本规划。

一、"十一五"新能源发展取得的成绩

"十一五"是上海新能源发展过程中的重要时期，在行业内创造了多个"第一"。本市以举办上海世博会为契机，率先探索大型海上风电、光伏建筑一体化、浅层地热能等新能源开发利用，积极优化能源结构，使新能源产业成为促进经济发展的新引擎，为"十二五"节能减排和产业发展奠定了良好基础。

（一）开发利用取得新成效

东海大桥 10 万千瓦海上风电场并网发电，成为亚洲首座大型海上风电场，全市风电装机达到 21 万千瓦，是"十五"期末的 9 倍左右。建成世博园区中国馆和主题馆光伏建筑一体化（BIPV）发电项目，以及国内最大的屋顶光伏发电项目——京沪高铁虹桥站 6.7 兆瓦光伏发电项目，全市光伏电站装机达到 20 兆瓦，太阳能热水器集热面积达到 350 万平方米。建成 2.5 兆瓦老港垃圾填埋气发电一期项目，全市生物质能发电装机容量达 4.5 万千瓦。在世博园建成国内第一个智能电网示范工程。在世博轴中成功实现浅层地热能和江水源热泵技术的集中应用。2010 年，全市非化石能源上海的非化石能源包括本地开发的风电、太阳能发电等新能源（不含太阳能热水系统），以及按国家计划分配的外来水电、核电，占一次能源消费比重达到 6%。

（二）装备产业形成新优势

明确将核电、风电、光伏发电和智能电网等作为战略性新兴产业发展的重点领域。吸引国内外具有实力的新能源企业落户，具备了大型海上风机自主开发能力，2 兆瓦陆上风电机组实现产业化，3.6 兆瓦海上风电机组获得首个订单，初步形成以风电设计、制造、安装、维护和咨询为一体的风电工程技术服务体系。建成国内第一条 50 兆瓦硅基薄膜太阳电池生产线，开工建设吉瓦级高效晶体硅光伏产业基地。核电设备集成能力国内领先，拥有核岛、常规岛、大型铸锻件、仪控系统的供货能力，形成了工程设计和设备制造一体化的核电系统服务能力。

（三）技术研发获得新突破

3.6兆瓦海上风机样机下线并安装试验，成为国内实际运行最大单机容量的风电机组，已形成3.6兆瓦海上风机自主开发能力和风力发电技术研发团队。高效晶体硅电池、兆瓦级光伏并网发电等技术获得重点突破，薄膜太阳电池研究水平国内领先，等离子体化学气相沉积镀膜（PECVD）和低压化学气相沉积镀膜（LPCVD）等薄膜电池核心设备研制成功，在国内率先制定了红外检测等应用标准及测试规范。基本掌握了第二代改进型百万千瓦级核电站主设备关键技术。在国内率先研制了650Ah钠硫单体电池，已建成年产2兆瓦的钠硫电池中试线，并开展了100千瓦示范工程，钠硫电池储能技术研发取得领先优势。

（四）政策支持取得新进展

崇明县获国家首批"国家绿色能源示范县"称号，并得到中央财政专项资金支持。国家能源海上风电技术装备研发中心、国家能源智能电网（上海）研发中心、国家能源核电站仪表研发与试验中心等一批国家级研发中心相继落户。

出台了《关于促进上海新能源产业发展的若干规定》和《上海推进新能源高新技术产业化行动方案》，成立了新能源创业引导基金，重点支持新能源装备制造业发展。制定了《上海市新能源和可再生能源发展专项资金扶持办法》，全力支持新能源应用示范。

"十一五"期间本市新能源发展取得了突破性进展，但仍存在一些困难和问题。一是资源可利用量有限。上海新能源资源禀赋一般，受土地、环境等约束，可利用资源与全市能源消费总量相比十分有限。二是综合开发成本较高。与常规能源相比，新能源开发利用成本偏高，电价不能有效疏导，竞争力不强是制约新能源发展的主要因素之一。三是核心技术比较缺乏。尽管上海已具备一定的新能源技术研发和装备制造能力，但核心设计、工艺、材料和系统集成等技术还比较缺乏，自主创新能力有待于进一步提高。四是体制机制尚需突破。分布式电网接入、管理模式创新等方面配套支持相对较少，新能源进一步规模化发展受到现行相关体制机制的制约。

二、"十二五"新能源发展形势

（一）国内外发展趋势

1.国际形势

国际金融危机催生新能源革命。金融危机后，许多国家把新能源作为经济复苏和产业振兴的战略引导，希望尽快抢占新能源技术制高点和建立新能源制造产业优势。尽管目前大多新能源技术尚未成熟，成本高于化石能源，但长期来看，伴随新能源技术日趋成熟以及传统化石能源价格不断上涨，新能源市场竞争力将不断增强，并逐步从补充能源向替代和主力能源过渡。

应对气候变化激发新能源市场。随着国际社会对温室气体减排的呼声越来越高，气候变化问题既是世界能源发展新制约因素，也是能源技术向低碳、无碳化方向发展的主要动力。许多国家在制定能源战略和能源政策时，增加了应对气候变化的内容，重点限制化石能源消费，鼓励能源节约和清洁能源使用，加速调整能源结构，积极开展新能源开发利用。

日本核泄漏事件影响全球核电市场。日本大地震引发的福岛核泄漏事件，撼动了全球核电市场，引发了全球范围内对核电利用的再思考。尽管世界各国对下一步核电发展的态度存在差异，但总体来看，将更为审慎，全球核电发展进程将有所放缓，同时给风能、太阳能、地热能等其他新能源产业加速发展带来重大机遇。

2.国内形势

应对气候变化问题对我国能源发展提出了新要求。我国已经在国际社会上庄严承诺，2020年单位国内生产总值二氧化碳排放强度比 2005 年降低 40%~45%、非化石能源占一次能源消费比重达到 15%。要兑现这一承诺，必须加快新能源的规模化发展。

加快培育战略性新兴产业，为新能源发展提供了历史性机遇。新能源作为国家加快培育和发展的战略性新兴产业之一，将为新能源大规模开发利用提供坚实的技术支撑和产业基础。国家已经出台和即将出台的一系列政策措施，将为新能源发展注入动力。随着投资新能源产业的资金、企业不断增多，市场机制的不断完善，"十二五"期间新能源企业将加速整合。

（二）本市发展形势

"十二五"是上海加快推进"四个率先"、加快建设"四个中心"的关键时期。大力发展新能源既是上海应对气候变化、建设现代化国际大都市的责任和义务，也是根据创新驱动、转型发展目标，突破能源资源约束，促进技术进步和产业升级的内在要求。

1. 提高非化石能源比重的任务十分艰巨。按照国家"十二五"规划要求，非化石能源占一次能源消费量比重是约束性指标。由于新能源的能源密度低且价格相对较高，并受到土地、岸线等资源条件约束，大规模发展风电等新能源受到限制。同时，核电发展放缓将进一步加大本市争取市外核电、水电的难度。本市完成这一目标的任务更加艰巨，新能源发展必须走出一条占地少、立体式、多元化、多主体开发的新模式。

2. 新能源发展将进入加速发展期。随着新能源技术发展以及各项政策效应的逐步显现，开发利用新能源的成本将明显下降，为本市清洁能源利用和产业结构升级带来历史性机遇。借助国家支持上海率先应用新能源、建设智能电网的契机，本市新能源发展将呈现突破瓶颈、以点带面的加速发展局面。同时，建立以应用促研发、以研发带产业的良性循环机制，也将进一步推动本市新能源产业迈上新台阶。

三、"十二五"新能源发展指导思想、发展原则、目标

（一）指导思想

按照深入贯彻落实科学发展观、率先转变经济发展方式的要求，紧紧围绕能源安全发展、清洁发展、高效发展的总体目标，坚持应用示范率先创新和装备产业高端制造并重的发展方针，抢抓战略机遇期，积极稳步提高新能源使用比例，高起点、高标准健全产业技术创新体系和政策机制，加快把新能源培育成为战略性新兴产业的支柱行业，成为能源转型发展的先行军。到 2015 年，基本形成新能源开发应用高地、核心技术研发高地、装备产业及服务业高地，使新能源产业成为能源发展的新支撑。

（二）发展原则

1. 坚持应用示范与产业发展互相促进。用足用好本市有限的可开发资源，支持科技创新和装备产业化发展，培育新能源服务产业，使资源开发与关键技术研发同步、新技术示范与产业化同步、新项目建设与人才队伍壮大同步。

2. 坚持扩大规模与提升水平互相结合。新能源开发利用在增加数量的同时，更要关注提升质量、打造品牌。按照"立足长远、统筹规划、体现示范、引领水平、高端制造、差别竞争"的要求，不断提高自主研发能力，提升产业能级，增强市场竞争力。

3. 持政策激励与市场机制互相补充。通过政府财政扶持、税收优惠、市场配额等政策，支持新能源开发利用和产业发展。建立健全公开、公平竞争的市场环境，更多地运用市场化手段，调动投资者的积极性，吸引和鼓励各类投资主体参与新能源产业发展。

（三）发展目标

1. 总量目标

综合考虑国家约束性指标考核及上海节能减排、能源消费总量控制等要求，到 2015 年全市非化石能源占一次能源消费总量比重达 12%左右，其中本地生产量达到 120 万吨标准煤（不含太阳能光热利用），是 2010 年的 8 倍。

专栏 1　非化石能源消费比重

预计 2015 年上海外来水电、核电达到 400 亿~420 亿千瓦时，占一次能源消费总量比重 11%左右（作为预期性指标），加上本市开发的新能源占比 1%（作为约束性指标），合计占比 12%左右。

---

2. 布局和结构目标

风电：以海上风电开发为重点，加快推进大型风电基地建设。到 2015 年，形成东海大桥、临港、奉贤三个海上风电基地。同时，扩大崇明、长兴、老港三个陆上风电基地规模，全市风电装机达 100 万千瓦左右。积极探索分布式风能资源开发，因地制宜地开发中小规模分布式和用户侧风力发电项目。

太阳能：光伏发电优先在外高桥、老港、陈家镇等开发区、工业区和新城以及大型公共建筑等建设金太阳示范工程和屋顶光伏发电示范应用，总装机达到 150 兆瓦。太阳能热利用重点在符合条件的公共建筑和新建小区规模化应用太阳能光热系统，建设太阳能采暖和制冷示范工程，在郊区农村大规模推广太阳能光热利用，太阳能热水器集热面积达到 500 万平方米左右。

生物质能：与城市废弃物综合利用结合，重点在崇明、松江、奉贤、老港等地区建设生物质发电示范工程，并扩大城市垃圾发电规模，建设浦东、金山等发电工程，新增装机超过 20 万千瓦。

浅层地热能：与节能建筑相结合，建设一批示范工程，总应用建筑面积达到 400 万平方米左右。

3. 区域目标

建成国家级崇明绿色能源示范县，新增新能源发电装机 30 万~40 万千瓦。在外高桥、陈家镇等光电集中应用示范区初步形成 50 兆瓦左右建设规模。建成老港立体式、多元化新能源开发利用基地，新能源发电装机达 15 万千瓦左右。

4. 装备产业发展目标

创新体制机制、加大扶持力度，加强能源科技和装备研发力量，使上海率先成为全国新能源核心技术研发基地和装备产业服务业基地，提升设备总成套、工程设计总承包和系统总集成能力，打造千亿元级新能源产业。尽快形成"基础研究、应用研发、装备制造、工程示范"产学研用一体化的新能源产业发展体系。

未来十年，要瞄准世界能源技术革命的方向，把新能源发展作为创新驱动、转型发展的重点领域，实现技术领先储备、应用率先示范、产业高端制造，在更高起点上推动上海能源转型发展。

"十二五"新能源规划主要指标

分类	序号	项目	单位	2015 年目标	备注
总量目标	1	全社会能源消费总量	万吨标准煤	<14000	
	2	非化石能源占一次能源消费比重	%	12 左右	

续表

分类	序号	项目	单位	2015 年目标	备注
结构目标	3	风电装机	万千瓦	100 左右	
	4	光伏发电装机	兆瓦	150	
	5	太阳能光热利用	万平方米	500 左右	
	6	生物质能发电装机	万千瓦	25 左右	
区域目标	7	崇明绿色能源示范县	万千瓦	30~40	新增新能源发电装机
	8	外高桥、陈家镇等光伏发电示范区	兆瓦	50 左右	新增光伏发电装机
	9	老港立体式新能源示范基地	万千瓦	15 左右	新能源发电装机
科技装备目标	10	新能源产业		千亿元级新能源产业	

四、"十二五"新能源发展的主要任务

（一）加快开发风电

1. 继续开展海上风电示范。根据国家加快海上风电开发的战略部署，结合大容量、高性能海上风电技术进步和产业国产化进度，发挥上海海上风能资源丰富、邻近电力负荷中心及海上风电建设已率先示范等优势，进一步加快开展海上风电示范。建设东海大桥海上风电二期，以及临港、奉贤海上风电及扩建等项目，形成东海大桥、临港和奉贤三个海上风电基地。同时，搞好崇明等海上风电基地项目储备，使海上风电成为本市新能源发电的主力军。

2. 积极拓展陆上风电规模。依托已建成的陆上风电场，统筹平衡空间布局和土地利用，结合共用电网接入系统工程，积极拓展陆上风电规模，鼓励单机容量大型化。建设崇明北沿、崇明前卫、长兴岛和老港等风力发电及扩建工程，初步形成崇明、长兴和老港三大陆上风电基地。

3. 积极探索分布式风能资源开发。鼓励沿江沿海风能资源相对丰富的区域发挥电网接入条件好等优势，因地制宜开发中小规模分布式和用户侧风力发电项目，成为风力发电基地的有力补充。实施海上风电、海水淡化和制氢技术等示范工程，率先探索新能源发展综合技术应用。

（二）稳步推进太阳能利用

1. 推进金太阳工程和屋顶光伏计划。以国家实施金太阳示范工程为契机，在外高桥、陈家镇等光电应用示范区，利用建筑面积大、电网接入条件好、电力需求集中的优势，进行用户侧金太阳示范项目建设试点。优先支持在大型公共建筑、政府办公大楼、工业厂房等开展屋顶光伏电站建设。在符合条件的城市标志性建筑和部分新建建筑，积极示范光伏建筑一体化项目。探索结合智能电网建设发展户用光伏发电系统。

2. 扩大太阳能光热利用。对新建有热水系统设计要求的公共建筑或者六层以下住宅，统一设计并安装太阳能热水系统。鼓励对七层以上住宅设计并安装太阳能热水系统。按照城市建设规划和建筑规程要求，结合新城和新农村建设，以及大型商务区、居住区等建设，鼓励大规模推广太阳能光热利用。示范推进太阳能光热发电技术。

（三）因地制宜开发生物质能、地热能、海洋能和氢能

结合城市垃圾综合处理工作，建设老港再生能源利用中心以及浦东、金山、松江等垃圾综合处理项目，继续建设老港垃圾填埋气发电工程。在崇明、松江等郊区，建立稳定的生物质收储体系，实施生物质发电项目。结合大型畜禽养殖场，在崇明、奉贤、金山等建设生物质沼气发电工程。建设纤维乙醇和生物柴油的生产示范基地，加快生物质制氢技术研发与示范。

综合考虑资源、地质、地下空间利用及应用条件等因素，在开展浅层地热能资源调查与评价基

础上，研究开发利用管理机制，编制技术规程，稳妥积极地开展地热能开发利用。鼓励在有条件的公共建筑以及大型居住社区、商务区和新城规划建设中，科学合理地开发利用浅层地热能。

研究探索潮汐能等海洋能技术储备和示范应用。将氢能作为能源长远发展战略的重点，以氢能汽车为抓手，制定氢储存、运输和加注技术规范，形成安全可靠的氢气供应链，加大投入力度，鼓励氢能产品和技术应用。

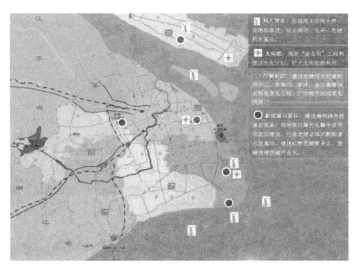

"十二五"新能源发展主要任务

（四）加快新能源示范区建设

1. 建设国家级崇明绿色能源示范县。按照国家绿色能源示范县和崇明生态岛建设的要求，高起点规划建设崇明绿色能源供应体系。在建设陆上风电基地和储备海上风电的同时，重点结合养殖场和农村剩余物，建设沼气发电工程和生物质发电工程。在公共建筑上应用太阳能光伏发电和采暖技术，在公益单位推广太阳能热水系统，并推广浅层地热能的利用。加快农村电网改造，抓好新能源接入系统工程，结合陈家镇低碳示范区建设，开展智能电网试点。结合崇明东滩区域生态发展，高水平启动建设风电、光伏、生物质等新能源综合示范区。

2. 推进外高桥、陈家镇等区域建设以光电为主的集中应用示范区。按照国家金太阳示范工程实施计划和光电集中应用示范区建设要求，结合太阳能资源、建筑太阳能面积、电力负荷和用电价格等条件，研究制定区域光电集中应用示范建设总体规划，分步实施，并探索新能源分布式发电建设和管理运营模式。

3. 打造老港立体式新能源示范基地。建设老港风电基地，扩大老港垃圾填埋气发电工程，建成垃圾发电项目，开发地面太阳能利用技术，形成立体化、多元化、综合型的新能源开发利用模式。

（五）积极推进新能源接入系统和智能电网建设

同步建设风电等新能源接入系统工程。根据东海大桥、临港、奉贤三大海上风电基地和崇明、长兴、老港三大陆上风电基地规划，同步规划布局电力送出工程，确保电源电网协调发展、同步建设。

推广新能源发电功率预测与运行控制技术，实现新能源、分布式能源的便捷接入和调度。在国家批准的光电集中应用示范区，积极探索适应大量分布式发电设施的并网运行技术及管理措施。同时，通过项目示范，不断提高配电网智能化水平，逐步实现分布式能源利用系统的电力双向供电、互济余缺。

配合风电、光伏发电工程和变电站建设，进行大型储能电站示范，在实践中推动技术进步。

（六）推进新能源技术研发和产业化

1. 风电产业。以临港等地区为主，建设大型风电机组关键设备、施工设备等产业化研发制造基地，使其成为国家主要的风机制造基地。重点发展大功率海上风机、陆上风机和海上风机施工设备，开展发电机、叶片、变流器/主控、大型轴承和海底输变电等关键零部件及海上风机防腐材料的自主研发。到"十二五"期末，形成 3.6 兆瓦、5 兆瓦及以上的海上风机系列整机批量制造能力，支持上海风机制造企业成为国家重点支持的 3~5 家具有国际竞争力的整机企业之一。

2. 太阳能产业。在张江、闵行等区域，建成光伏产业研发制造集聚地，支持张江、金桥等园区建设薄膜太阳电池核心装备研发制造基地，支持松江、奉贤、金山等区县建设一批太阳能特色园区。重点发展高效晶体硅太阳电池、薄膜太阳电池及其核心装备，建设吉瓦级太阳电池生产基地。突破柔性薄膜太阳电池及有机太阳电池等先进技术，积极探索新一代太阳电池技术。积极推进太阳能光热技术及装备产业发展。

3. 核电产业。重点在临港、闵行等基地，以核电成套设备制造为主体，形成核电设计和服务产业集群，提升设备成套和系统设计能力。重点发展核岛主设备、常规岛主设备、核电站数字化仪控系统、关键辅助设备等，开展 AP1000 堆内构件和控制棒驱动机构、压力容器和蒸汽发生器、主泵制造技术的研发，推进关键泵阀、电缆等部件和材料配套。通过引进、消化和吸收新一代核电技术，突破关键零部件瓶颈，形成成套能力。

4. 新能源智能电网产业。建设临港、闵行等智能电网产业园。聚焦新能源和分布式能源接入与控制、电力电子应用及核心器件、电力储存等领域，建设好国家能源智能电网（上海）研发中心、上海智能电网研究与发展中心等。

5. 生物质产业。重点攻克城市生活垃圾填埋气利用的成套装备集成技术，实现国产化和模块化工程应用。加大对生物质能领域催化材料等基础研究的支持力度，积极开展新一代以藻类为原料的生物柴油技术研发。

6. 储能技术及产业。支持大型储能电池及规模化应用技术研发，突破单体一致性等技术瓶颈，加大推进企业与研发机构合作力度，推进大型储能电池产业化进程。聚焦锂电池、钠硫电池和液流电池等领域，支持 2~3 家发展潜力大的企业，争取培育出全国行业龙头、产值超十亿元的新兴企业。同时，争取国家支持，组建上海国家级储能电池研发中心，加大新能源基础材料的研发和示范支持力度。

专栏 2　储能技术

储能技术是电网运行过程"发—输—配—用—储"环节中的重要组成部分。电能储存的形式有物理储能（抽水蓄能、压缩空气储能、飞轮储能等）、电化学储能（钠硫电池、液流电池、锂电池等）、电磁储能（超导电磁储能系统等）和相变储能（冰蓄冷、储热等）等。除抽水蓄能外，目前国内外大型储能技术总体上处于技术研发和产业应用初期阶段，重点攻关方向为钠硫电池、液流电池和锂电池等。上海已建成了百千瓦级钠硫电池储能电站，具备了百千瓦级液流电池生产能力，锂电池的研发和产业化也初具规模。

---

7. 浅层地热能产业。积极争取建设浅层地热能开发利用关键技术研究国家级综合实验场，加快地热能应用以及地热能与太阳能等其他新能源集成应用的技术和装备研发。

（七）发展新能源服务业和公共平台

在国家支持下，建立国家级新能源培训中心，加大海上风电、光伏等新能源领域的人才培养和培训力度。依托新能源重大项目，以能源技术进步和装备产业发展带动能源服务产业的发展，重点推进新能源资源评估、技术研发、工程设计施工、监造管理、投融资和检验检测等服务体系建设，形成支撑本市新能源产业发展的技术服务和工程服务体系。积极争取国家支持，组建一批国家级核电、海上风电、光伏、智能电网等技术和产品检测、认证以及评估等中心。聚焦海上风电，形成集设计、制造、安装、运行、维护和咨询于一体的海上风电工程技术服务体系。积极培育生物质气化发电、生活垃圾发电、餐厨垃圾利用及生物质液体燃料等工程总承包服务产业。

建立新能源市场交易机制，构建综合性交易平台。鼓励金融机构、企业和个人投资者参与新能源产业项目，构建新能源投融资平台，探索培育碳资产管理公司、碳经纪商和绿色信用评级机构。大力发展新能源公共咨询平台，为上海新能源产业发展提供有效的信息咨询、项目设计、经营策划、服务评估等服务。

五、投资估算与效益分析

（一）投资估算

利用方式	投资额（亿元人民币）	备注
陆上风电	30	按新增装机40万千瓦测算
海上风电	70	按新增装机40万千瓦测算
光伏发电	20	按新增装机130兆瓦测算
生物质发电	40	按新增装机20万千瓦测算
其他	20	包括太阳能热水器、地热能、生物固液体燃料等
合计	180	

（二）环境社会效益分析

到2015年，本市新能源开发利用量约120万吨标准煤。新能源年利用量相当于减少二氧化碳年排放量约240万吨，减少二氧化硫年排放量约1.5万吨。

到2015年，本市新能源开发利用将带动千亿元级产业发展，预计新能源领域的从业人数将达到5万~10万人左右。

六、"十二五"新能源发展的政策和保障措施

（一）加强新能源规划指导

贯彻落实国家新能源战略、规划和政策，使上海新能源规划符合国家的总体要求，争取将本市新能源重大项目纳入国家规划。

加强新能源规划与经济社会发展规划、城市总体规划、土地利用规划、电网、海洋功能等专项规划的衔接，搞好规划引导和控制，协调电力送出等配套项目同步规划建设，确保重大项目规划落地。

平衡好新能源专项规划与项目年度建设计划，为新能源发展布局、建设项目核准和实施提供充分依据。对列入规划的新能源项目，按照进度纳入年度计划，并严格执行；对未列入规划的新能源项目，原则上不支持核准或审批。对重大新能源项目，按照规定程序列入市重大工程计划，适用相

关优惠政策。

（二）实施新能源发电配额制和抵扣制

根据国家新能源发电配额制的相关规定，研究制定和落实本市相关政策和措施。制定发电企业的新能源发电比例指标，电网企业要依据《可再生能源法》等法律法规，全额收购新能源电力，并由电力监管部门加强监管。电网企业要按照国家有关要求，加强电网建设，优化配置资源，制定适应新能源特点的电网运行规则。实施新能源发电能耗指标抵扣办法，对区县、重点耗能企业新能源发电量可抵扣能源消费总量和用电量考核指标。修订光伏发电管理办法，鼓励探索个人光伏发电系统试点应用。

（三）建立有利于新能源发展的价格机制

国家已明确新能源标杆电价政策的，按照国家规定的标杆电价执行。国家尚未出台标杆电价政策的，根据国家发展改革委《可再生能源发电价格和费用分摊管理试行办法》规定，积极向国家申报电价。在国家核定电价前，采取临时电价等措施予以支持，并争取国家加大对新能源接入系统的补贴力度。通过多种渠道，设立新能源发电扶持专项资金，探索建立符合上海实际的新能源发电上网电价机制。

（四）加大新能源财政支持力度

积极争取落实国家对新能源产业的财政资金补贴政策。完善本市可再生能源和新能源发展专项资金扶持政策，对重大创新技术开发应用加大支持力度。同时，引导区县加大对新能源产业发展的投入力度。

新能源作为战略性新兴产业规划明确的支柱产业，要在自主创新和高新技术产业发展重大项目专项资金中予以重点支持，着力支持新能源领域重大创新成果产业化、重大应用示范、创新能力建设和公共技术服务平台建设等。

（五）支持新能源自主创新产品研发和产业基地建设

对在本市生产的拥有专利技术的新能源产品或经国家和本市认定的新能源产品，根据规定将其列入相关目录，鼓励财政性资金优先采购。建设一批用于本地新能源产品示范的"试验风电场"、"试验光伏电站"等项目。

支持具备条件的区县建设新能源产业基地，鼓励这些基地完善公共基础设施，建设研发、中试、咨询等公共服务平台。市、区县政府对基地公共建设和重点项目，给予资金、土地、人才等方面的支持。区县政府可因地制宜，制定本区县鼓励新能源产业发展的具体实施意见和办法。

（六）加强引进和培养新能源高端人才

积极创造条件，引入国内外优秀的行业领军人才和技术团队，重点实施高层次海外人才"千人计划"。每年组织评选认定，加大对领军人才和高层次人才的资助力度。建立产学研合作机制，通过"校企合作"等方式，加强新能源领域人才培养。支持高校和科研机构建设新能源领域的研究基地和创新平台，支持有条件的高等院校设立新能源相关学科和专业。

（七）加大新能源金融支持力度

根据国家有关要求，设立地方政府创业投资引导基金，引导社会资金增加对新能源领域创业企业的投资。重点扶持专注于新能源领域的专业创业投资企业，逐步完善有利于创业投资企业投资新能源产业的配套机制。积极支持符合条件的新能源企业通过境内外资本市场融资。鼓励新能源企业加大体制机制创新力度，充分利用现有金融资源，通过战略重组、兼并收购等多种方式，进一步转换经营机制、提升产业能级。鼓励和引导金融机构进一步加大对新能源企业的信贷支持和金融服务力度，加强新能源产业重大项目的信息沟通，有效降低新能源企业的融资成本，提高信贷审批效率，逐步建立金融支持新能源产业发展的有效管理机制。

（八）加强新能源国际交流与合作

加强与国际权威检测认证机构合作，建立上海国家级太阳能光伏、风机设备等检测认证中心。鼓励新能源企业开展产品国际注册与营销，支持企业通过IEC、UL、TüV、GL等国际权威认证。构建上海新能源技术交流合作平台、标准化平台和培训平台。发挥中介服务等机构、企事业单位的作用，支持举办新能源技术和产品展览、展示和研讨，推介新能源技术和产品，支持发展新能源产业技术咨询、工程设计、项目管理等服务。支持新能源企业参与制订有关标准，并根据相关规定给予资助。鼓励新能源企业积极参与国际标准化活动，争取承担优势领域国际标准和相关国家标准的制订工作。支持新能源企业与国外机构合作，组织开展技术、管理、服务等培训。

附件："十二五"新能源开发利用重点建设项目

附件：

"十二五"新能源开发利用重点建设项目

类型	项目名称	建设内容
风力发电	东海大桥海上风电二期项目	10万千瓦级
	临港海上风电及扩建项目	20万千瓦级
	奉贤海上风电及扩建项目	30万千瓦级
	崇明北沿风电及扩建项目	10万千瓦级
	崇明前卫风电及扩建项目	10万千瓦级
	崇明北堡风电及扩建项目	10万千瓦级
	青草沙、长兴等风电及扩建项目	10万千瓦级
	老港风电及扩建项目	10万千瓦级
光伏光热	外高桥保税区等金太阳示范工程	30~40兆瓦
	奉贤、商飞、空港等光建一体化项目	10兆瓦左右
	陈家镇、老港等光伏发电项目	20兆瓦左右
	太阳能光热利用	500万平方米左右
生物质能	老港再生能源利用中心及沼气发电项目	7.5万千瓦左右
	崇明、松江等生物质能发电项目	2万千瓦左右
	崇明、奉贤、金山等沼气发电项目	0.5万千瓦左右
	浦东、松江、金山等垃圾发电项目	12万千瓦左右
储能	储能示范项目	兆瓦级以上

天津市新能源新材料产业发展"十二五"规划

（天津市发展和改革委员会　天津市经济和信息化委员会　2011 年 12 月 6 日发布
津发改规划〔2011〕1490 号）

　　新能源新材料产业是我国重点发展的战略性新兴产业，也是未来五年天津优化产业结构、构筑高端产业高地、实现可持续发展的重要推动力。统筹规划好新能源新材料产业发展，对于加快产业结构调整，提升产业创新能力，壮大产业规模，带动天津工业创新发展，具有重要战略意义。依据《天津市国民经济和社会发展第十二个五年规划纲要》、《天津市工业经济发展"十二五"规划》和《天津市工业布局规划（2008~2020 年）》，制定本规划。

一、"十一五"时期发展回顾

　　"十一五"时期，天津新能源新材料产业形成了一定的产业优势，引进了一批国际领先、市场急需的先进技术，策划实施了一批大项目好项目，研发了一批具有国际竞争力的拳头产品，形成了一批带动产业发展的骨干企业，在产业链条延伸、产业集聚和规模发展上取得了较大进步，为推动天津经济发展和产业结构转型提供了重要支撑。

（一）产业规模迅速扩大

　　"十一五"时期，天津市新能源新材料工业总产值由 2005 年的 111.05 亿元迅速增长至 2010 年的 604.12 亿元，年均增长 40.3%，占工业总产值的 3.6%。新能源产业产值达到 243 亿元，形成了 6 亿只锂离子电池、3 亿只镍氢电池、110MW 光伏电池和 6000MW 风电整机生产能力，风电累计装机总量占全国的 30%，成为国内最大的风力发电设备生产基地。新材料领域共有企业超过 1000 家，产业产值达到 361 亿元，膜材料、先进陶瓷材料、硅材料、钛材料等多种材料的研发制造能力处于全国领先水平。

（二）产业结构不断优化

　　"十一五"时期，我市新能源新材料产业结构不断优化，在绿色电池、风电、光伏发电、金属新材料、电子信息材料、化工新材料等领域形成了较好的产业基础，创新能力得到明显提高，具备一定的比较优势。先进复合材料、新型功能材料等技术含量高、市场前景广阔、具有较强发展潜力的行业积累了一定的科技与产业资源，发展势头强劲。纳米新材料、生物医学新材料等前沿领域具备较强的科研实力，产业化潜力较大，企业成长速度和产业聚集程度得到明显提升。

（三）逐步形成较为完整的产业链

　　天津新能源新材料正在形成以绿色电池、光伏发电、风力发电、金属新材料、化工新材料、电子信息新材料等为核心，较为完善的产业链和配套体系。在绿色电池领域覆盖了锂离子电池、六氟磷酸锂、锂离子电池正负极材料等配套材料生产体系；风力发电领域，形成了从主机设备的整套机组到电机、齿轮箱、叶片等配套零部件较为完整的产业链；金属新材料领域形成了以高温合金、耐蚀合金、记忆合金、钛合金、焊接材料等产品为代表门类齐全的产品体系；化工新材料在合成树脂、涂料、环保和膜材料等领域已形成规模；LED 产业形成上游基础材料、外延材料，中游芯片封装以及下游应用产品的完整产业链。

（四）产业技术创新能力不断提高

产业技术创新体系逐步完善，新能源新材料产业已建成 25 个国家级和 39 个市级创新机构、7个国家级和 54 个市级企业技术中心，形成了以国家级和市级重点实验室、工程中心、企业技术中心、研究院所、大专院校等为依托的较为完善的产业创新体系；具备了从基础研究、应用技术研究到支撑产业化制造技术的全方位的科研开发能力。突破了锂离子电池、镍氢电池、高分子材料、纳米材料、膜分离技术、大直径区熔硅单晶等一批国内领先的关键技术和工艺，自主研发了 750KW定速定桨距型叶片和 1.5MW 变速变桨距型叶片系列产品，形成了具有国际竞争力的拳头产品，产业技术水平大幅提升。

（五）形成了一批优势骨干企业

聚集了力神、津能、京瓷、苏司兰、歌美飒、东汽、巴莫、膜天膜、渤化集团、塑料所、中环半导体等一批规模大、效益好、研发制造能力强的骨干企业。力神公司产业化水平居国内领先地位，已形成 4.5 亿只锂离子电池生产规模；膜天膜公司中空纤维膜材料产业化国内领先，部分产品达到国际先进水平，年产 100 万平方米中空纤维膜生产基地规模居亚洲第一。一批配套企业快速发展，正在迅速形成以龙头企业为主导、以配套企业为基础、以专业化分工为纽带的产业集群，产业竞争力不断提高。

尽管天津新能源新材料产业已取得很大进展，但还存在一些亟待解决的问题：一是产业总量规模偏小，产业产值仅占工业总产值的 3.6%；二是企业规模不大不强，产业投融资渠道不健全，只有少数企业形成一定规模，中小型企业成长还不够快；三是产业内部发展不平衡，核电产业、生物质能等领域尚处于起步阶段；四是产业集群尤其是新材料产业集群发展程度低，企业散、小、弱的状况仍未根本改善；五是部分行业科研资源分散、产学研用结合不够紧密，促进成果转化和产业化的体制机制急需完善。

二、面临的国内外形势

（一）金融危机为新能源新材料产业发展提供重要历史机遇

国际金融危机以来，各国纷纷将新能源新材料产业作为推进经济复苏与转型的战略性新兴产业，积极推进能源革命和新材料技术及产品的开发，将新能源和新材料领域作为支撑产业结构调整和未来经济发展的重大战略选择，将极大地激发新能源新材料产业的创新动力，加快产业化发展步伐。

（二）发展低碳经济对抢占新能源新材料产业制高点提出新挑战

新能源产业作为低碳经济发展的内在要求，新材料作为高技术和新型工业化发展的基础和先导，大力发展新能源新材料产业，抢占产业发展制高点，是缓解全球气候变化、环境污染和资源能源持续挑战的重要途径，也是天津构筑绿色、循环、低碳的可持续发展模式，建设北方经济中心的必然要求。

（三）成为国家战略性新兴产业为新能源新材料产业发展注入强劲动力

新能源、新材料产业已被列为国家战略性新兴产业，预计 2020 年我国非化石能源与一次能源消费比重达到 15%左右，核电、风电和光伏装机总量将分别达到现在的 9 倍、6 倍和 61 倍，将有力推动新能源产业发展。新材料、能源与信息并列为 21 世纪三大技术产业，是高新技术发展的基础和先导，产业规模和市场空间持续扩大，将有效推动新能源新材料产业迅速发展。

（四）滨海新区开发开放为新能源新材料产业带来重大发展机遇

大力发展新能源新材料等战略性新兴产业，是落实滨海新区国家综合配套改革试验区的历史重任，发挥滨海新区在自主创新和改革开放中重大作用的重要内容。充分利用新区先行先试的政策优势、腹地广阔和交通发达的区位和基础原材料市场优势，将为新能源新材料产业的创新发展创造巨大的发展空间。

三、指导思想、发展原则和总体目标

（一）指导思想

深入贯彻落实科学发展观，按照市委市政府着力"构筑三个高地"、全力打好"五个攻坚战"的决策部署，坚持"市场主导、创新驱动、重点突破、跨越发展"的发展方针，衔接国家战略重点，瞄准产业链高端环节，强化自主创新，聚集国内外创新资源，大力培育和引进龙头企业，发展上下游配套企业，完善产业链条，推进产业规模化、高端化、集约化发展，提高产业综合竞争力，建成国内领先、世界一流的新能源新材料产业基地。

（二）发展原则

1. 市场主导与政府引导相结合

充分发挥市场配置资源的基础性作用和市场需求巨大的优势，调动各类市场主体的积极性。充分发挥政府的规划布局、产业引导、政策激励和组织协调作用，创新有利于产业发展的体制机制，形成市场主导与政府引导共同推进产业发展的合力。

2. 创新驱动与开放合作相结合

加大原始创新、集成创新和引进消化吸收再创新的力度，形成一批具有自主知识产权的关键技术和核心技术成果、知识品牌，带动产业总体水平和竞争力大幅提升。把握产业发展的新趋势，抓住产业转移的新机遇，充分利用国际国内资源，积极承接高端制造和研发产业转移，提升产业的国际化水平。

3. 重点突破与统筹兼顾相结合

坚持有所为有所不为，集中力量在具有较好产业基础和优势的领域实现重点突破，形成优势产业和技术领域。提升产业聚集与集约发展水平，兼顾骨干大企业带动和扩大中小企业配套发展，形成较为完整的产业链条和产业集群化布局。

4. 跨越发展与可持续发展相结合

紧紧把握新的历史机遇，做大做强我市新能源新材料产业，促进全市及国家战略性新兴产业跨越发展。立足当前、着眼长远，加快新能源新材料产业科技进步和创新，积极培育先导产业，为实现可持续发展夯实基础。

（三）总体目标

1. 产业规模

到 2015 年，新能源新材料产业产值突破 2500 亿元，实现 5 年翻两番，产值规模占全市工业总产值的比重达到 7% 以上。

2. 产业布局

到 2015 年建成 2 个国家级产业示范基地，打造一批特色产业集群，形成产业发展新格局。

3. 创新能力

到 2015 年，通过技术引进、集成创新等，突破体现产业重点发展方向的共性技术或关键技术 60 项以上，国家级企业技术中心达到 20 家，市级企业技术中心达到 80 家，申请专利达到每年 3000 件，产业创新能力显著提高。

4. 品牌建设

到 2015 年，中国驰名商标达到 10 个，培育 10 亿元以上自主品牌 30 个，打造百亿元企业 10 家，50 亿元以上企业 20 家，国内外知名度大幅提升。

5. 产业组织

到 2015 年，依托产业集群、特色工业园和行业协会，培育中小企业群体，五年内使企业总数达到 2500 家，建成 10 个以上行业协会或产业联盟组织，5 个产学研用创新联盟组织。

四、主要任务

构筑高端产业高地，抓好重大项目建设，推动产业跨越发展；加快提高自主创新能力，在重点领域突破一批共性关键核心技术；大力培育优势企业，壮大"小巨人"规模；完善产业链条，促进产业聚集，形成两个国家级示范基地和一批特色产业集群的产业格局。

（一）抓好重大项目，壮大产业规模

"十二五"时期，重点实施新能源基地、太阳能电池生产等一批规模大、效益好、带动作用强的大项目。通过项目建设，促进产业结构调整，带动配套企业发展，形成完整产业链条，提升产业总体规模水平。

（二）提高创新能力，推进科技支撑发展计划

围绕产业发展的重点领域，着力突破重大关键技术和共性技术，支撑新能源新材料产业的可持续发展。集中力量攻克光伏发电集成技术、风电控制系统及检测技术、动力锂离子电池组设计及均衡控制技术等一批共性关键核心技术。大力发展复合、纳米、智能材料等共性基础材料，提升高性能结构材料、新型功能材料等特种材料的发展水平。大力推进新型动力电池、2MW 以上风力发电成套设备、高效聚光太阳能电池、新型节能型功率器件、高性能氟材料研发及产业化等一批研发项目，制定引领行业发展的技术标准，生产具有自主知识产权、附加值高的新产品，提高产品质量，提升产业技术水平和核心竞争力。

（三）培育优势企业，壮大"小巨人"规模

选择资产规模大、技术积累多的新能源新材料领军企业，引导要素集聚，加快发展步伐，壮大产业规模。发挥相关科研院所和产业化基地的技术优势，建设纳米技术与材料、生物医学材料等专业孵化器，激励广大科技人员创业，引导和支持高层次人才等资源向纳米新材料、核电、生物医学新材料等前沿产业领域聚集，培育一大批以先进技术为支撑、资本与技术紧密结合，具有高速成长能力和鲜明专业特色的"小巨人"企业。

（四）建成两个国家级产业基地和一批特色产业集群

以滨海高新区和经济技术开发区绿色能源产业基地为基础，培育壮大力神等一批名牌产品和若干具有辐射带动作用的重点龙头企业，建成绿色电池、光伏、风电为主的国家级新能源产业基地。以空港物流加工区和南港工业区为基础，培育壮大渤海化工等一批代表行业发展方向的优势企业，建成以航空先进复合新材料、化工新材料和电子信息新材料为主的国家级新材料产业基地。按照产业发展特点，依托区县示范工业园区，加快推进天津风电产业园、宝坻低碳工业园、东丽航空产业区、临港渤海化工园、西青高端金属制品工业区、京滨工业园、医药医疗器械工业园等一批特色产

业集群建设，形成产业基础好、集聚程度高、产业特点鲜明的特色产业园区。

五、发展重点

依托我市产业优势，围绕国家新能源新材料重点布局，实施"壮大优势、发展新兴、培育前沿"的发展思路，在新能源产业，重点发展绿色电池、风力发电、光伏发电、核电、生物质能等五大领域；在新材料产业，重点发展先进复合材料、新型功能材料、电子信息新材料、金属新材料、化工新材料、生物医学新材料、纳米材料等七大领域，优化产品结构，取得关键核心技术突破，形成产业集群。

（一）新能源产业

1. 绿色电池领域

重点发展以动力电池和储能电池为代表的锂离子电池、超级电容器、镍氢电池等新能源汽车动力电池及电池组等关键产品和技术，发展高性能电池正负极材料、电解液、隔膜等关键电池材料，积极开发氢源、甲醇、乙醇等燃料电池新品种，开展动力电池回收利用技术研究，进一步扩大产业化规模。

2. 风力发电领域

重点发展 2MW 级以上整机、2.5MW 风力发电机组、2.5MW 以上叶片、2.5MW 以上齿轮减速箱、5MW 海上风机叶片。加大对电控系统技术，风电太阳能联合发电技术，风电和水能联合发电技术、变流器装置关键技术，整机设计技术，海上风电技术，大型并网风电机组短时蓄能技术，叶片、主轴、发电机、塔架等关键配套零部件及材料制造等共性技术或关键技术的研发。建立天津风电装备研究试验中心，推进风电产业创新发展。到 2015 年，风电整机生产能力达到 7000MW。

3. 光伏发电领域

壮大单晶硅、多晶硅、非晶硅薄膜太阳能电池产业规模，重点突破薄膜电池、聚光电池、BIPV 系统集成等领域的共性技术或关键技术，积极开发砷化镓聚光太阳电池、铜铟镓硒太阳电池、太阳电池减反射玻璃、透明导电玻璃。到 2015 年，太阳能光伏总产能达到 7000MW，建成国内技术水平最高的太阳能电池研发基地和品种最全、生产规模最大的系列太阳能电池产业化基地。

4. 核电领域

重点发展核电站汽水管道用高等级不锈钢无缝管及钛合金管材、核电站壳体用预应力钢材、核电站用海绵锆、大型高品质铸锻件等核电装备关键配件和材料，积极开展高等级压力容器、核电站用泵、阀门等核电有关设备技术攻关，加快主设备及配套设备制造能力建设，积极推进重点骨干企业进行关键零部件技术开发和产业化，形成规模生产能力。

5. 生物质能领域

充分利用非粮作物、植物和农林废弃物，大力开发低成本、规模化、集约化生物能技术，积极培育生物能产业，促进生物质能的大规模应用。

（二）新材料产业

1. 先进复合材料领域

围绕航空航天、轨道交通、造修船等领域，大力发展碳纤维、玻璃纤维和高强度高分子纤维增强树脂基复合材料，高性能碳/碳复合材料、金属基复合材料、超耐高温陶瓷基复合材料、新型柔性多功能纤维集合体材料等新型复合材料。

2. 新型功能材料领域

重点发展高温超导材料、微电子材料、智能凝胶、智能纤维和智能黏合剂等智能材料等。开发化学表面活性剂、特种涂料、特种橡胶、环境友好型材料等新型功能材料。开发金属陶瓷、稀土钕铁硼永磁体材料、铁铬钴可加工永磁材料、喷涂铝箔及彩印复合包装材料等新型功能材料。

3. 电子信息材料领域

积极发展集成电路及半导体材料、光存储材料和器件、发光二极管材料、硅基材料、光电转换材料、能源转化及储存材料、光纤材料、新型电子元器件、单晶硅芯片材料、新型节能型功率器件等。掌握电子新材料制备的关键核心技术，重点突破大直径、高质量半导体晶体生长和晶体加工技术及外延技术，高性能柔性材料产业化技术，无铅大功率压电传感器材料关键制备技术，电子陶瓷材料和无源电子元件的复合化和集成化技术等。

4. 化工新材料领域

重点开发高性能工程塑料、高性能纤维材料、高性能聚氨酯、高性能聚烯烃、新型催化剂及加工助剂、纳米复合高分子材料等高分子合成材料及新型化工功能材料。推广可熔融含氟聚合物、特种工程塑料合成技术。开发关键中间体制备、塑料合金和复合材料相容性等技术。

5. 金属新材料领域

重点发展各种新型高强高韧、高比强高比模，高强耐蚀可焊，耐热耐蚀铝合金材料、镁合金、铬钼钢材料、钛合金材料、粉末冶金材料等高性能结构材料。突破金属定向凝固技术、精密锻压技术、热等静压技术、超细粉末制造技术。

6. 生物医学材料领域

重点发展组织工程材料、仿生材料、生物活性材料、可降解和可吸收生物材料、组织和器官修复与替代材料、高档医疗器械材料、药物靶向和控释载体等生物医学材料，掌握一批高端材料制备关键技术。

7. 纳米材料领域

重点发展高性能纳米纤维、纳米颗粒和纳米碳管、纳米磁性液体材料、纳米半导体、纳米隐身材料、纳米复合高分子材料、纳米界面材料、纳米功能涂层等材料，研究纳米技术与仿生、人工智能等集成技术，掌握纳米材料的制备技术，推进纳米碳功能材料在催化剂、涂料、填料、封装材料及医疗保健品等产品中的延伸应用。建设国家纳米技术与工程研究院纳米检测研发的公共服务平台，筹建全国纳米技术与材料产业创新战略联盟，创建国家纳米技术国际合作研发转化基地。

六、保障措施

（一）加强统筹规划，完善制度建设

成立天津市新能源新材料产业发展协调小组，建立新能源产业发展联席会议制度，加强产业发展和布局的宏观指导，引导区域间分工合作，促进产业合理布局。建立专家咨询制度，聘请国内外专家担任产业发展的决策咨询顾问，成立若干个不同领域的专家小组，对重大技术问题提供咨询和指导。建立新能源新材料产业的经济核算统计制度，完善新能源新材料产业统计监测，建立科学的新能源新材料产业统计指标体系。

（二）加大政府扶持，提升发展速度

加大政府投入，鼓励建立产业风险投资基金，形成以政府投入为引导，以企业投入为主体，金融资本、民间资本、海外资本广泛参与的多元化投入机制，为技术创新和成果产业化提供有力的支持。开通新能源新材料产业"绿色通道"，对新能源新材料产业重大项目和关键项目的立项审批实行"绿色通道"，采取专人负责、代理服务，加快项目推进。

（三）引进培养人才，构筑创新高地

鼓励高校和职业技术院校加强对新能源新材料专业人才的培养，支持企业、科研院所和社会力量开展各种新能源新材料产业相关技术培训。鼓励企业采取多种措施加强对高水平研发人才、高技能生产人才和高层次管理人才的培养，全面提升各类人才的素质和能力。支持企业加大对各类高层次人才的引进力度，采取团队引进、核心人才引进、项目引进、共建研发机构等方式吸引海内外高技术人才，为产业发展提供支撑。

（四）搭建服务平台，提供保障服务

建立天津市新能源研究院、风电研发中心、绿色电池等产业联盟，开展核心技术研究，加强技术跟踪，提升新能源新材料技术创新能力。依托现有高校重点实验室、有关研究院所等研究机构，建立公共服务平台。充分发挥行业协会、产业联盟组织及产学研用创新联盟组织的作用，加快行业内部信息交流，为产业发展提供保障服务。

（五）实施示范工程，带动产业发展

大力推进光伏太阳能、风力发电、智能电网、LED 照明等在重点区域、重点行业的示范应用。以大神堂风电场为示范，加速设备部件及控制软件的研发配套，促进风电产业发展。以天津工业大学新校区 LED 半导体绿色照明示范工程为名片，积极推进 LED 产业的推广应用。通过示范应用，促进产业自主创新，拓展产业发展空间。

（六）加强区域合作，促进协调发展

加强京津冀区域科技经济合作，实现优势互补、错位发展、互利共赢。充分利用北京等地雄厚的科技研发资源，加快京津冀企业、高校及研究机构间科技合作，增强我市技术研发能力，提高科技创新水平。建设高水平的新能源新材料成果转化基地，积极引入已具备产业化条件的科技成果，来津实现成果转化。加快建设跨区域公共技术平台、产业信息交流平台、政府间合作平台等公共平台，促进地区间新能源新材料产业资源共享。

北京市"十二五"时期新能源和
可再生能源发展规划

（北京市发展和改革委员会　2011 年 12 月 26 日发布
京发改〔2011〕2287 号）

前　言

在全球应对气候变化、各发达国家竞相抢占新能源和可再生能源发展先机的背景下，大力开发利用新能源和可再生能源已成为建设"人文北京、科技北京、绿色北京"和中国特色世界城市的重要载体，是优化首都能源结构、抢占新一轮国际竞争战略制高点的重大举措，对于增强首都创新能力、培育未来经济战略支撑、实现绿色可持续发展都具有重要意义。

本规划是依据《北京市国民经济和社会发展第十二个五年规划纲要》、《北京市"十二五"时期能源发展建设规划》和国家《可再生能源发展"十二五"规划》首次编制的市级一般专项规划，在认真分析我市发展新能源的区位优势、科技资源优势的基础上，立足北京，着眼全国，面向世界，提出了"十二五"时期新能源和可再生能源发展的指导思想、发展目标、主要任务、重大项目和政策措施，是指导今后五年本市新能源和可再生能源发展的重要依据。

本规划中新能源和可再生能源范围主要包括：太阳能、地热能、生物质能、风能、小水电等新能源和可再生能源品种以及新能源汽车等。规划期为 2011~2015 年。

第一章　发展基础

一、资源及分布

北京市新能源和可再生能源品种比较齐全，主要包括太阳能、地热能、生物质能、风能和小水电等，但相对于资源大省，本市新能源和可再生能源资源总量较少。

太阳能资源储量丰富。北京属于全国太阳能资源区域二类地区，分布呈现南部、北部多，中部少的型态，东北部上甸子、汤河口一带及延庆盆地辐射条件较好。

地热、余热潜力较大。据初步勘测，地热资源年可利用量约 350 万吨标准煤；再生水和工业余热资源年可开发利用约 60 万吨标准煤。主要分布在延庆、海淀、大兴、昌平、顺义等区（县）。

生物质能资源种类多样。本市生物质能资源主要包括农业废弃物、林业废弃物、畜禽粪污、生活垃圾、餐厨垃圾及污泥等。其中城市发展新区和生态涵养区的生物质能资源约占全市生物质能资源总量的 80%以上。

风能资源相对不足。北京风能资源储量约为 460 万千瓦，目前已探明的风资源可利用量合计约为 45 万千瓦，主要分布于延庆、密云、门头沟等北部及西北部山区。

水电资源储量较少。根据全国水力资源复查成果分析，北京市水力资源技术可开发量约为 58.5 万千瓦，经济可开发量约为 41.4 万千瓦，主要分布于潮白河、拒马河、京密引水渠等河流。

二、发展成效

"十一五"期间，本市新能源和可再生能源开发利用步伐不断加快，产业规模不断扩大。特别是奥运会的成功举办，建成了一批标志性的重点示范项目，兑现了"绿色奥运"的承诺，极大地促进了本市新能源和可再生能源的发展。2010 年，本市新能源和可再生能源开发利用总量为 223 万吨标准煤，比 2005 年增长 2.7 倍，年均增速达 30.1%，占全市能源消费总量的比重达到 3.2%；新能源和可再生能源产值达到 400 亿元。

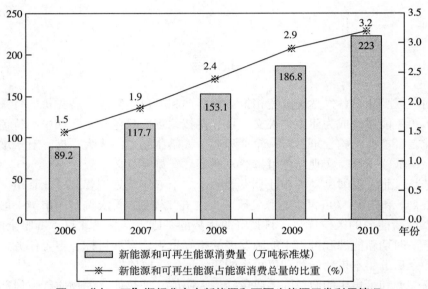

图 1　"十一五"期间北京市新能源和可再生能源开发利用情况

（一）建成一批重点示范项目，开发利用水平不断提高

太阳能推广利用跨越发展。以"阳光双百"和"金色阳光"工程等一批太阳能综合利用项目为突破口，本市太阳能开发利用规模和技术水平显著提升。2010 年，太阳能利用总量约为 98 万吨标准煤，其中，太阳能热水器面积累计达到 600 万平方米以上，与建筑结合的太阳能采暖面积累计约 30 万平方米；光伏发电装机容量累计约 2.3 兆瓦，太阳能灯累计 13 万盏以上。"十一五"期间太阳能利用率年均增长 15.7%，利用总量翻番。

专栏 1　"阳光双百"工程

阳光浴室工程：截止到 2010 年底，本市建成阳光浴室 840 余座。通过推广建设以村为单位的村级太阳能浴室，有效地解决了本市农村地区村民洗浴，特别是冬季洗浴难的问题，大幅度降低了农民洗澡费用，促进了农村家庭和谐和生态环境建设。

阳光校园工程：截止到 2010 年底，本市建成阳光校园 100 余座。通过开展阳光校园工程，在本市有条件的中小学建设太阳能热水、太阳能灯、小型并网光伏发电、太阳能科普教室等，在少年儿童中树立了使用和推广新能源和可再生能源的意识。同时，通过学生、家长、企业等多方共同参与，实现了"小手拉大手"，提高了全社会对发展太阳能重要性的认识，培养绿色生活方式和消费理念，在全社会形成关注新能源、利用新能源的良好社会氛围。

地热及热泵利用规模成倍增长。在奥运村、北苑、用友软件园等一批热泵供暖重点示范工程的带动下，本市地热及热泵利用规模迅速增加，利用方式和领域不断拓宽。2010年，本市地热及热泵利用总量为78.5万吨标准煤，其中热泵供暖服务面积累计达到2590万平方米，位居全国第二。"十一五"期间地热及热泵利用率年均增长63.1%。

生物质利用快速发展。以留民营七村沼气联供工程、德青源大型沼气发电工程和阿苏卫垃圾填埋气发电工程等高端生物质能示范项目为带动，本市生物质能开发利用快速发展，有效改善了郊区农村人居环境和农村居民生活用能条件。2010年，本市生物质利用总量为36万吨标准煤，其中生物质发电累计装机容量达到3.27万千瓦，沼气利用量约1800万立方米，生物质燃料产量约合20万吨标准煤。"十一五"期间生物质利用率年均增长66.7%。

风能开发利用实现零的突破。官厅风电场一期、低风速示范、二期及二期加密工程相继建成，除二期加密工程外均已并网发电，北京风能利用实现"零"的突破。截至2010年，风电装机容量达到15万千瓦，提前一年实现"十一五"规划目标，累计发电量达4.8亿千瓦时。

小水电得到一定利用。截至2010年底，北京市现有各种类型水电站50座，总装机容量约25万千瓦，其中大于0.5兆瓦的水电站有27座。近年来，受水资源短缺和机组老化等因素影响，目前北京市尚能运行的水电站有22座，总装机容量约22.4万千瓦，年平均发电量约为4000万度，仅为设计发电能力的1/10。

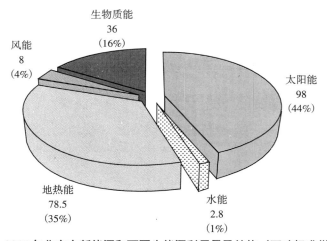

图2　2015年北京市新能源和可再生能源利用量及结构（万吨标准煤）

专栏2　"十一五"期间建成的亮点工程

国内首座兆瓦级太阳能热发电项目。2009年5月，延庆八达岭太阳能热发电实验电站获核准，成为全国首座太阳能热发电示范工程，标志着本市在太阳能利用领域取得新突破。

我市首座风电场——官厅风电场工程。北京官厅鹿鸣山风电场位于延庆西北端官厅水库两岸，分为一期工程、低风速示范、二期及二期加密四期工程。2009 年，随着官厅风电场二期及二期加密工程的全部建成，我市风电装机总容量已达 15 万千瓦，提前一年超额完成"十一五"规划 10 万千瓦的发展目标。目前，除风电场二期加密工程外，其余三期工程全部实现并网发电，截止到 2010 年底，风电场已累计向首都电网输送 4.8 亿度绿色电力。

奥运村污水源热泵工程。该项目将清河污水处理厂处理后的再生水在排入清河前引至换热站，在换热站内利用再生水作为热泵的冷热源，并在奥运村内通过热泵系统实现制冷供热，为奥运村内约 41 万平方米的建筑供热制冷，再生水经换热器换热后退回清河，实现循环利用。每年可减少用煤 1500 吨，减排二氧化碳约 3600 吨、二氧化硫和氮氧化物约 60 吨。

延庆德青源鸡粪沼气发电厂。2009 年 5 月，德青源鸡粪沼气发电厂正式竣工并网发电，每年可为首都提供 1400 万度绿色电力。2009 年 4 月，被列为联合国"全球大型沼气发电技术示范工程"。

本市第一个多村沼气联供工程。2009 年 12 月，全市首个大型沼气多村联供工程——大兴留民营沼气站七村联供工程正式竣工。该工程改变了传统沼气以村或户为单位的建设方式，为我市生物质能规模化示范与应用提供了新的模式。留民营沼气七村联供工程是我市"绿色燃气"进入规模化实施阶段的重要标志性工程。

（二）研发服务优势明显，产业发展初具规模

科技创新全国领先。依托本市新能源和可再生能源领域雄厚的研发实力，建成了一批国家重点实验室、国家工程实验室、国家工程研究中心等研发机构；在全国率先成立了太阳能光伏、光热、风能、生物质能等 6 个新能源产业技术联盟，初步形成了企业、研发机构、产业联盟相互促进的创新格局。在光热发电技术、非晶硅薄膜电池生产线成套装备技术、大型风电关键技术、新能源汽车技术研发等领域创新优势明显。

高端制造业初具规模。在太阳能领域，已具备晶硅、非晶硅薄膜太阳能电池生产线成套设备交钥匙工程的能力；在风电领域，已形成较完整的上下游产业链，风机整机系统集成能力优势显著，风电整机和叶片、风机控制系统等关键零部件的制造水平居国内前列；在新能源汽车领域初步实现产业化。

技术服务优势明显。在太阳能、风能、地热能和生物质能等领域，围绕系统集成、成套设备供应、整体解决方案、检测认证等高附加值环节，涌现出一批具有较强竞争优势的技术服务企业和中介机构。中国技术交易所和北京环境交易所的成立，为促进本市新能源的技术交易和科研成果转化提供了良好平台。

（三）政策法规逐步健全，发展环境不断改善

在政策法规体系建设方面，本市相继出台了《北京市振兴发展新能源产业实施方案》、《北京市加快太阳能开发利用促进产业发展指导意见》、《关于发展热泵系统的指导意见》等一系列重要政策规范；在标准体系建设方面，出台了《北京市太阳能热水系统施工技术规程》等共 9 项地方标准。通过组织开展阳光校园创意大赛等一系列活动，努力营造全社会重视发展新能源的良好氛围。

专栏 3　　"十一五"本市出台的有关新能源和可再生能源规划及政策

　　1. 北京市"十一五"时期能源发展及节能规划（2006 年 12 月发布）

　　2. 关于发展热泵系统的指导意见（2006 年 5 月发布）

　　3. "绿色北京"行动计划（2010~2012 年）（2009 年 3 月发布）

　　4. 北京市振兴发展新能源产业实施方案（2009 年 10 月发布）

　　5. 北京市加快太阳能开发利用促进产业发展指导意见（2009 年 12 月发布）

　　总体上看，本市新能源和可再生能源开发利用和产业发展虽取得一些突破性进展，但开发利用规模占资源可利用量的比重相对较低，科技创新资源潜力尚未充分释放，政策法规体系和标准服务体系亟待完善，部门联动和统筹协调的发展机制尚未形成，需要在"十二五"时期采取有力措施，实现快速发展。

三、形势与要求

　　"十二五"时期是北京新能源和可再生能源快速发展的关键时期，新能源和可再生能源发展建设将面临新的形势和要求，机遇和挑战并存。

　　加快新能源和可再生能源发展是建设高效低碳的首都能源体系和"绿色北京"的重要支撑。"十二五"时期是首都全力推进中国特色世界城市建设的关键时期，能源需求总量持续刚性增长与资源环境约束的矛盾更加突出。国家明确提出可再生能源利用总量不计入能源消费总量，加快新能源和可再生能源的开发利用是创造发展空间、缓解资源环境压力、建设"绿色北京"的重要举措，也是凸显首都引领作用，落实国家非化石能源消费比重目标的必然选择。

　　大力发展新能源和可再生能源是实现未来能源安全稳定运行和能源供应方式多元化的重要途径。实现中国特色世界城市的宏伟目标要求北京必须加快构建具有首都特色的新能源利用体系，"十二五"时期必须进一步夯实新能源的发展基础，做好关键技术的研发储备和应用示范，积极提升新能源在整个能源消费结构中的比重，为建设清洁、安全、多元、高效、低碳的能源体系注入强大动力，为首都经济社会发展提供坚实保障。

　　实现新能源科技创新和产业发展是增强核心竞争力保持首都经济发展优势的重要举措。当今世界，以绿色、低碳为核心的新一轮能源技术变革方兴未艾，新能源和可再生能源科技创新水平已成为国家和地区核心竞争力的重要体现。首都社会经济实现创新驱动客观需要大幅提升新能源和可再生能源等战略性新兴产业的研发和创新水平，抢占产业制高点，把全国领先的研发优势转化为雄厚的产业实力，实现新兴产业更高层次的发展。

第二章　指导思想、发展原则及主要目标

一、指导思想和发展原则

（一）指导思想

　　深入贯彻落实科学发展观，紧紧围绕"人文北京、科技北京、绿色北京"的总体战略，把开发利用新能源和可再生能源作为优化能源结构和增强首都创新能力的重要举措，以提高开发利用规模水平、培育壮大产业服务体系和增强市场竞争力为着力点，统筹兼顾，合理布局，实施"3+2"工

程，全面推进太阳能和地热能应用，积极促进风电装备和新能源汽车的技术进步和产业化，不断推动生物质能多元化应用，努力将北京建设成为全国新能源和可再生能源高端研发中心、高端示范中心和高端制造中心。

> ## 专栏4　新能源建设"3+2"工程
>
> "十二五"时期，本市将在新能源开发利用方面重点实施十百千万新能源利用工程、国家绿色能源示范建设工程、高端功能区新能源综合应用工程三大工程；在科技研发领域重点实施国家级新能源研发创新工程和新能源产业基地建设工程两大工程。

（二）发展原则

示范带动，应用为先。大力推进一批新能源重点示范工程的建设，加快一批新技术、新产品产业化及应用，将新能源产业发展和重点示范工程建设有机融合，形成"以应用带动产业、以产业促进应用"的良性互动发展模式。

自主创新，打造高端。充分发挥首都在技术研发、标准创制、设计咨询、系统集成等方面的优势，集聚国内外创新资源，以企业为创新主体，加快核心技术和关键装备产业化，大力发展高端服务业，推动高端制造和高端服务融合发展。

政府推动，市场主导。完善政策标准体系，强化政府服务，以明确的市场需求信号带动产业发展和技术进步；建立鼓励各类市场主体投资新能源产业发展的市场机制，以重点示范工程建设为突破口，形成政策推动、需求拉动、市场驱动的合力。

因地制宜，关注民生。根据不同地区的资源禀赋条件，着力推进与民生相关的太阳能、地热能、生物质能等新能源的开发利用及配套服务体系建设，更加关注城市重点功能区、新城地区和农村地区新能源发展，显著改善提升城乡居民的基本用能条件和生活品质。

二、主要目标

（一）利用总量目标

到2015年，新能源和可再生能源开发利用总量为550万吨标准煤，占全市能源消费总量的比重力争达到6%左右。其中：

太阳能：太阳能光伏发电装机容量达到25万千瓦；太阳能热水系统集热器利用面积1050万平方米，新增450万平方米。

地热及热泵类能源：本市地热、热泵类（水源热泵、土壤源热泵、污水源热泵等）供暖面积达到5000万平方米，新增2500万平方米。

生物质能：生物质发电装机容量达到20万千瓦，新增17万千瓦；年产沼气总量达3600万立方米，新增1800万立方米；生物质燃料50万吨标准煤。

风能：风力发电装机容量达到30万千瓦，新增装机容量15万千瓦。

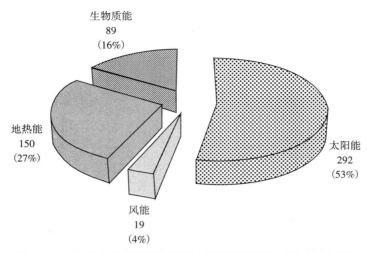

图 3　2015 年北京市新能源和可再生能源利用结构（万吨标准煤）

（二）产业发展目标

产业规模成倍增长。到 2015 年，全市新能源和可再生能源产业实现销售收入 1000 亿元，比 2010 年再翻一番；培育一批龙头企业，在太阳能光伏、光热、风能领域形成一批系统集成商和技术服务商。

创新体系更加完善。到 2015 年，新建 6~8 个国家级新能源和可再生能源实验室和技术研发平台；新能源标准和规范体系进一步完善；系统设计、关键零部件制造水平显著提升。

专栏 5　北京市现有国家级重点实验室一览

序号	科研机构名称	依托单位	备注
一	国家重点实验室		
1	汽车安全与节能国家重点实验室	清华大学	新能源汽车
2	核物理与核技术国家重点实验室	北京大学	核能
3	风电设备及系统技术国家重点实验室	国电联合动力技术有限公司	风能
4	电网安全与节能国家重点实验室	中国电力科学研究院	智能电网
二	国家工程实验室		
1	生物质化学利用国家工程实验室	中国林业科学院	生物质能
2	生物质发电成套设备国家工程实验室	华北电力大学	生物质能
3	电动车辆国家工程实验室	北京理工大学	新能源汽车
4	特高压工程技术国家工程实验室	中国电力科学研究院	智能电网
5	电力系统仿真国家工程实验室	中国电力科学研究院	智能电网

技术服务更加健全。新建 2 个国家级检测中心，培育形成 5~10 个具有影响力的产品认证、技术咨询、人才培训等机构；新能源综合技术服务体系进一步完善。

专栏6　北京市现有技术中心一览

序号	科研机构名称	依托单位	备注
一	国家工程研究中心		
1	工业锅炉及民用煤清洁燃烧技术国家工程研究中心	清华大学	煤清洁利用
2	输配电及节点技术国家工程研究中心	中国电力科学研究院	智能电网
3	炼油工艺与催化剂国家工程研究中心	石油化工科学研究院	新能源技术
4	燃气轮机与煤气化联合循环国家工程研究中心	清华大学	新能源技术
5	煤层气开发利用国家工程研究中心	中联煤层气有限责任公司	新能源技术
二	国家工程技术研究中心		
1	国家新能源工程技术研究中心	北京市太阳能研究所	太阳能
2	国家水煤浆工程技术研究中心	煤炭科学研究总院	煤清洁利用
三	国家级企业技术中心		
1	北汽福田汽车股份有限公司技术中心	北汽福田汽车股份有限公司	新能源汽车
2	北京和利时系统工程股份有限公司技术中心	和利时公司	核能
3	恒有源科技发展有限公司技术中心	恒有源科技发展有限公司	地热能
4	北京北开电气股份有限公司技术中心	北京北开电气股份有限公司	智能电网
5	北京四方继保自动化股份有限公司技术中心	北京四方继保自动化股份有限公司	智能电网

（三）空间布局目标

按照"集中布局、集群发展"的理念，构建形成"一县两区多基地"的新能源空间发展格局。高水平建设延庆国家绿色能源示范县；加快建设北京经济技术开发区国家光伏集中应用示范区；积极支持本市有条件的区（县）争创国家新能源示范城市；做大做强延庆北京新能源产业基地、平谷绿色能源产业基地和大兴新能源汽车产业基地；培育形成一批专业化、特色化新能源产业园区。

（四）环境效益目标

到2015年，本市新能源和可再生能源利用量可替代550万吨标准煤，减少二氧化碳排放量约1100万吨、二氧化硫10万吨，同时大幅削减氮氧化物和粉尘等颗粒物排放。

第三章　高端示范　提升利用水平

立足于首都新能源和可再生能源发展基础，充分利用中央地方两级政策平台，积极培育新能源市场需求，重点建设十百千万新能源利用工程、国家绿色能源示范建设工程、高端功能区新能源综合应用工程三大工程，努力将北京打造成为全国新能源和可再生能源的高水平应用示范城市。

一、推进十百千万新能源项目建设

结合本市新能源和可再生能源资源禀赋条件和首都产业发展方向，在太阳能、地热能、生物质能等领域因地制宜建设实施九项新能源亮点工程，以点带面，高端示范，推动本市新能源和可再生能源利用规模和水平双提升。

（一）10万吨生物质燃料工程

按照"不破坏环境、就近消纳、循环利用、规模发展"的原则，以试点示范为先导，有序发展生物质燃料。充分利用农业废弃物、林业废弃物、餐厨垃圾等生物质资源，在资源和应用条件较好的地区，选择重点村镇供暖及苗圃、温室大棚等农业设施推进生物质成型燃料供暖示范项目建设。示范建设餐厨废弃油脂生产生物柴油和燃料乙醇等生物质液体燃料项目；到2015年，全市生物质燃料利用量新增10万吨。

（二）15万千瓦风力发电工程

按照"统一规划、环境优先、协调发展"的原则，在延庆、昌平、密云、房山、门头沟等风能资源相对丰富、电网接入条件好、电力负荷近的区域，有序推进风电规模化发展。按照"分散开发，集中管理"的方式，支持和鼓励分散式接入风电的开发建设。结合110千伏及以下变电站布局特点，统筹考虑风能资源、土地、运输等条件，合理选择可接入的风电装机容量。重点推进官厅风电场三期、昌平青灰岭风光互补等项目建设。到2015年，全市风力发电装机规模达到30万千瓦。

（三）20万千瓦生物质发电工程

依据资源条件，建设一批生物质规模化发电项目，逐步扩大生物质发电装机容量，不断提升生物质能利用水平和应用品位。积极推进城市生活垃圾资源能源化利用，建设清洁高效的垃圾焚烧和填埋气发电工程；在大中型畜禽养殖场实施沼气发电工程；在农林废弃物集中的郊区县适度建设生物质热电联供工程。重点推进南宫、鲁家山和高安屯二期等垃圾焚烧发电工程和阿苏卫二期、六里屯等垃圾填埋气发电工程建设。到2015年，实现生物质装机容量达到25万千瓦。

（四）25万千瓦太阳能发电工程

落实《北京市加快太阳能开发利用促进产业发展指导意见》，按照政策扶持和市场培育相结合的原则，以"国家太阳能光伏集中应用示范区"为依托，大力推广与建筑相结合的并网光伏发电系统，逐步扩大太阳能发电的应用规模。在工业园区厂房、大型园林、中小学校、公共应急场所、废弃矿山等有条件的地区推广太阳能光伏发电。实施北京经济技术开发区工业园区20兆瓦光伏屋顶项目；探索建设与建筑一体化的太阳能幕墙光伏发电系统；实施"阳光园林、阳光校园"项目；建成延庆31兆瓦、密云20兆瓦等大型光伏电站项目。到2015年，太阳能光伏发电装机容量超过25万千瓦。

专栏7　北京亦庄20兆瓦金太阳光伏屋顶项目

2010年12月，北京亦庄20兆瓦金太阳光伏屋顶项目获国家"太阳能光伏发电集中应用示范区"授牌。该项目属于并网、光伏一体化工程，总投资4.6亿元，总装机容量20兆瓦，安装位置为建筑物屋顶。据统计，目前在亦庄汽车、装备制造、移动通信、电子信息、数字电视等专业产业园中，可利用建筑屋顶面积超过70万平方米。项目实施后，预计可年均发电2272万千瓦时，将在工业用电高峰期有效缓解电网压力。同时，每年可节约标准煤8179.2吨，减少烟尘排放量122.7吨，二氧化碳21429.6吨，二氧化硫179.9吨，氮氧化物60.5吨。

（五）百万平方米地热梯级利用工程

按照"统筹规划、有序开发"的原则，积极推进深层地热资源梯级利用。充分发挥凤河营热田地热资源优势，建设地热采暖梯级利用工程，实现地热资源"发电—工业利用—供热—农业利用"多形式、多层次开发利用；统筹延庆供热规划，重点实施城西地热供暖工程，在延庆妫水河以北新发展区域建设以地热供暖为主联合燃气调峰的复合供热系统。

（六）千万平方米地源热泵综合应用工程

按照"优先发展再生水和电厂余热热泵，鼓励发展地源热泵"的原则，以重点功能区和高科技园区的建设为依托，建设一批热泵建筑一体化系统工程以及与其他能源相结合的热泵供暖（制冷）工程；在有条件地区实施热泵系统对燃煤（油）锅炉清洁改造，促进能源系统的替代升级；以实现余热资源的能源化利用为目标，建设太阳宫电厂循环水等一批余热利用供暖示范工程，到2015年，实现热泵供暖面积达到5000万平方米。

（七）千万平方米光热利用工程

按照"能用尽用"的原则，实施太阳能光热与建筑一体设计、一体审批、一体施工，全面推进我市太阳能光热系统应用；推进太阳能在工业生产中的高效集中热利用，鼓励太阳能光热与其他新能源相结合的综合应用，重点实施太阳能光能热水、农村新民居太阳能采暖、阳光浴室等工程。到2015年，实现太阳能热水系统利用面积达到1050万平方米。

（八）千万立方米沼气区域联供工程

结合小城镇建设和新农村建设需要，加快推进远郊区县禽畜粪便、秸秆薪柴等资源的能源化利用。依托规模化畜禽养殖场，重点在延庆、密云、大兴等生态涵养区因地制宜建设一批区域联供和多村联供的大中型沼气集中供气工程，为农村地区提供优质、清洁的炊事燃气。重点实施延庆县张山营镇、旧县镇及大榆树镇、大兴区长子营镇、密云县西田各庄镇等沼气综合利用工程。到2015年，全市生物质集中供气用户超过10万户，年产沼气总量达3600万立方米。

（九）万辆纯电动车推广工程

发挥北京的新能源汽车发展优势，在系统推进新能源汽车应用的同时，着力加快电动汽车技术攻关和示范应用，重点在整车集成、动力电池的研发和制造等领域实现突破，完善充电站等基础设施建设，加大纯电动汽车在公交、环卫等领域的应用力度，示范应用电动汽车出租车，逐步推广私人购买电动汽车。

专栏8　新能源汽车与电动汽车

根据工信部《新能源汽车生产企业及产品准入管理规则》定义：

新能源汽车是指采用非常规的车用燃料作为动力来源（或使用常规的车用燃料、采用新型车载动力装置），综合车辆的动力控制和驱动方面的先进技术，形成的技术原理先进、具有新技术、新结构的汽车。新能源汽车包括混合动力汽车、纯电动汽车（BEV，包括太阳能汽车）、燃料电池电动汽车（FCEV）、氢发动机汽车、其他新能源（如高效储能器、二甲醚）汽车等各类别产品。

纯电动汽车是指主要采用电力驱动的汽车，大部分车辆直接采用电机驱动，有一部分车辆把电动机装在发动机舱内，也有一部分直接以车轮作为四台电动机的转子，其难点在于电力储存技术。

二、打造国家绿色能源示范工程

高水平建设延庆国家绿色能源示范县和亦庄国家光伏集中应用示范区，积极争创国家新能源示范城市，培育打造一批市级新能源特色示范乡镇。

全面推进延庆国家绿色能源示范县建设。加大政策、资金支持力度，创新管理机制和模式，高水平建设一批体现当地资源优势与提高农村能源利用水平相结合的重点示范项目，力争到2015年延庆县新能源利用率占全县能源消费总量30%以上，全县50%以上的居民使用到清洁绿色的新能源。

高水平建设国家光伏集中应用示范区。坚持以应用带动产业，以产业促进发展，高水平建设一批太阳能光伏屋顶发电项目；提升高效光伏组件、系统集成、智能电网等高端技术产业研发制造水平；全面提升技术创新、发展模式创新和管理服务创新水平。

因地制宜建设一批新能源示范乡镇。结合"阳光浴室"、"绿色燃气"等能源安居工程的建设，重点支持资源条件和发展基础较好的重点乡镇，扩大新能源应用范围和领域，建成一批规模化、有特色的新能源示范乡镇。

三、实现高端功能区新能源综合应用

统筹高端产业功能区能源禀赋特征和能源需求情况，突出体现绿色低碳理念，充分利用太阳能、地热能等新能源和可再生能源资源，科学规划设计产业园区、楼宇、企业间的能源供给系统，实现循环高效梯级利用。在未来科技城、丽泽金融商务区、CBD东扩区和海淀北部新区等高端功能区建设一批热泵建筑一体化系统工程以及与其他能源相结合的热泵供暖（制冷）工程；区域内新建公用和居住建筑推行安装太阳能热水系统；建设一批与产业功能相配套、与建筑一体化结合程度高的太阳能光伏发电项目。到2015年，高端重点功能区新能源和可再生能源利用率达到10%以上。

专栏9　一县两区

一县：即绿色能源示范县。是指国家能源局、财政部和农业部共同认定的、以开发利用可再生能源为主要方式解决农村生活用能的县（市）。全国共授予108个，本市延庆县位列其中。

两区：即光伏发电集中应用示范区和国家新能源示范城市。光伏发电集中应用示范区是财政部、科技部、住房和城乡建设部、国家能源局等四部门联合命名的示范区，是国家对推进国内光伏发电规模化应用、培育战略性新兴产业的政策的重要举措。工程以产业园区、经济开发区为主，采取低压侧并网接入的形式，利用工业屋顶进行建设。北京经济技术开发区是国家首批授予的13个示范区之一。

国家新能源示范城市是国家能源局和国家财政部命名的新能源综合利用示范区，我市目前正在积极争取。

第四章　创新驱动　促进产业发展

充分发挥北京科技创新资源密集和高端示范应用的市场优势，实施国家级新能源研发创新工程和新能源产业基地建设工程，逐步形成"研发促进应用，应用带动产业，产业助推研发"的发展模式，努力将北京建设成为"高端研发、高端示范、高端制造"中心。

一、巩固新能源技术创新优势

立足北京新能源产业发展优势和现有基础，强化自主创新，力争在关键技术、核心装备、系统集成能力上取得突破。

（一）巩固太阳能高端技术研发优势

在太阳能光热领域，重点在规模化太阳能低温热水集热、高效平板太阳能集热、中温光热利用及大规模太阳能储热等领域突破一批核心关键技术；增强兆瓦级大功率槽式、塔式太阳能热发电系统集成能力。

太阳能光伏领域，重点开发建筑光伏系统、光伏微网系统、大型并网光伏电站等系统集成技

术，突破高效低成本超薄晶体硅电池产业化成套关键技术瓶颈；积极推动低成本高效率、长寿命的晶体硅太阳电池和薄膜太阳电池研制；推进多线切片机等晶体硅电池生产关键设备的国产化；加快实现大功率并网逆变器、高效蓄能电池等光伏并网核心设备的技术研发及产业化。

（二）增强风电设备系统集成能力

推动 3 兆瓦级及以上风电整机、发电机关键制造技术、风电机组电控技术、核心零部件生产工艺技术等研发及产业化，实现关键部件国产化；加快大型风电机组性能测试与评估系统等关键技术研发及其设备产业化；重点开发风电场中央监控系统及远程监控系统、风电变频控制系统、并网控制系统、风电场综合管理系统等关键技术及产品，提升系统集成能力。

（三）加快新能源汽车产业化步伐

依托本市电动汽车领域研发资源，搭建新能源汽车研发平台，推进整车控制系统、车载能源系统、驱动系统等三大关键系统的研发；培育引进高储能动力电池、大功率永磁电机及其控制系统、电动真空助力制动等关键系统及零部件企业发展，加快形成新能源汽车产业链。

（四）提高地热能技术研发水平

依托现有产业联盟和优势企业，积极开发和推广地热能与其他能源互补的综合利用系统关键技术研发与系统集成；着力突破地质勘察、地下换热、系统集成、智能控制等关键技术；支持拥有自主知识产权的热泵技术与设备的研究开发，大力推进高效新型的污水源、再生水源、工业余热热泵供热制冷系统研制，拓宽热泵技术利用领域。

（五）促进生物质能应用技术升级

重点提升大中型沼气自保温及高效加温系统集成能力，开展生物质气化焦油处理等核心技术的设计研发；开展污泥与餐厨垃圾等非常规生物质的综合利用技术研究；大力推进大型高效生活垃圾焚烧炉发电、填埋气资源化等关键技术研发和产业化；加强生物质直燃技术、生物质液体燃料领域的关键技术研发，开展禽畜粪便的冬季低温发酵技术研究。

（六）实现智能电网关键技术突破

鼓励用电信息采集系统、智能用电与量测、用户分布式电源及储能、电动汽车充放电、双向互动服务体系等相关技术的开发应用，全面提升电网信息化、自动化、互动化水平。建成未来科技城、延庆智能电网示范项目，到 2015 年基本实现新能源、分布式电源就地消纳接入和并网运行。

二、加快新能源研发中心建设

抓住国家中关村自主创新示范区建设机遇，大力推进首都新能源研发创新工程建设。通过建设技术创新平台、承接重大研发项目，提升技术服务水平。

促进科技成果产业化。积极推动企业与高校、科研院所的合作，在光伏、风能、新能源汽车、智能电网等领域共建一批国家重点实验室等国家级研发平台，突破一批重大关键技术，解决产业发展的共性技术问题。

集聚产业科技资源。加快建设国家能源风能太阳能仿真与检测认证技术重点实验室、国家能源非粮生物质原料研发中心等项目；积极争取国家风电产业平台、生物质能工程技术中心等国家级重大项目落户北京；协调推进北京低碳清洁能源研究所、中国石油科技创新基地建设，为新能源产业提供科技支撑。

搭建服务平台。支持各类企业、中介服务机构开展新能源领域的研发设计服务，建立一批国内领先的试验平台、示范中心、检测中心等，提高产业创新能力和技术服务水平。

三、做大新能源产业基地规模

着眼于拓展产业发展空间，围绕新能源产业重点领域，通过建设重点新能源产业基地和专业化、特色化新能源产业集聚区，集聚高端产业环节，强化高端制造的优势，形成产业集群，提升北京新能源产业竞争力。

做大做强三大产业基地。立足现有基础，搞好存量调整，优化增量结构，实行差异化发展战略，依托龙头企业和高端服务平台，打造以太阳能、风能、智能电网产业及应用示范为主导的延庆新能源产业基地，积极促进以太阳能薄膜电池为特色的平谷绿色能源产业基地；发挥太阳能电池生产及高端装备制造企业优势，以新能源汽车企业为带动，形成纯电动汽车电池、控制系统、电机、整车制造等上下游完整产业链，打造北京新能源汽车产业基地。

培育发展多个产业集聚区。吸引国内外新能源优势企业入驻，加快发展北京经济技术开发区风电产业园、昌平风电产业园、通州光伏产业基地和北京新能源汽车设计制造产业基地等新能源产业集聚区，推进为产业配套的工业设计、科技研发、技术咨询、信息服务、商贸物流等生产性服务业的发展，打造新能源和可再生能源产业集聚区。

专栏 10　北京新能源汽车设计制造产业工程基地

2008 年 12 月 28 日，北京新能源汽车设计制造产业工程基地正式授牌，成为国内首个新能源汽车产业基地。北京新能源汽车设计制造产业工程基地占地 1000 亩，总投资 50 亿元，具有年产各类替代能源和新能源客车 5000 辆、高效节能发动机 40 万台的生产能力，是目前我国规模最大、品种最全的新能源汽车设计制造基地。该基地拥有与世界同步的三大绿色能源技术：清洁能源、替代能源和新能源技术，已建成混合动力、纯电动、氢燃料和高效节能发动机四大核心设计制造工程中心。

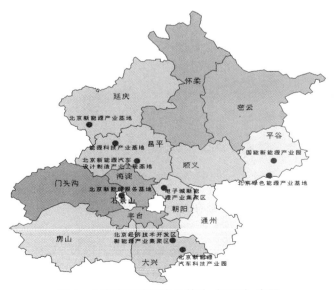

图 4　北京市新能源产业基地（园区）布局

第五章　探索开放　优化发展环境

依托北京特有的科技资源优势，加快科技创新平台建设，提升企业、研发机构、产业联盟的创新能力；加强标准体系建设、营造良性新能源发展氛围；增强产业联盟纽带作用，促进重大项目成果转化。

一、部门联动，合力推进

提升公共服务水平。对于符合本市新能源发展方向的项目开启"绿色通道"，优化部门协调，尽可能缩短审批时限，促使重大项目尽早投产达效。重点策划一批技术先进、优势明显、带动和支撑作用强的重大项目，优先给予信贷及财税支持。

加强政策创新能力。积极争取国家支持，加强落实国家扶持新能源发展的税收、补贴等各项政策，积极争取国家新能源产业发展基金。加快本市太阳能光热、光伏、新能源汽车、新能源发电上网等技术和产业标准的制定；尽早发布北京市新能源统计体系及总量分解相关实施细则等政策，出台强制安装使用太阳能光热系统的北京市太阳能热水系统建筑应用管理办法，在可再生能源与建筑一体化应用方面实现大突破。

加强标准体系及政府平台建设。加快开展本市太阳能、风能、地热能、新能源汽车、新能源发电上网等新能源技术和产业标准体系制定工作，明确新能源发展利用路线图；建成北京市新能源和可再生能源发电在线监测平台，初步建立合理的资源开发评价体系，为新能源开发利用提供科学支撑。

二、扶持创新，促进转化

支持新能源企业建设国家级（市级）工程实验室、国家级（市级）工程研究中心、企业技术中心等创新平台，按国家规定通过税前加计扣除等税收激励手段支持企业加大自主研发投入力度，加快关键共性技术的研发及产业化。

确立企业技术创新主体地位，以需求为导向，健全新能源重大科技成果转化机制，有效提高科技成果产业化水平。鼓励新能源装备和新能源技术的创新和突破，实现产业化发展。通过首购、订购、首台（套）重大技术装备试验和示范项目应用推广等方式，加大在本市重大建设项目、示范工程中应用。

三、搭建平台，增进服务

建立新能源中介服务平台。鼓励发展工程建设、技术咨询、信息服务、人才培训为主的中介服务。

建立新能源技术交流合作平台和培训平台。支持举办新能源技术和产品展览、展示和研讨，推介新能源技术和产品。支持新能源企业、科研院所、国外机构合作，组织技术、管理、服务等多领域培训。

增强新能源产业联盟纽带作用。逐步建立完善新能源利用及产业发展定期调查和统计分析制度，研究制定新能源产业评价体系，加强新能源产业知识产权管理与保护。重点开展新能源和可再生能源产业调研和研究分析，开展关键共性技术合作研发，对接国家重大科技专项，促进重大项目落地和成果转化。

第六章　完善机制　保障规划实施

一、加强组织领导落实分工

加强新能源和可再生能源发展的组织领导，发挥市能源与经济运行调节领导机构统筹协调作用，按照责任分工，进一步与相关部门联系沟通，建立完善部门、区县、企业新能源发展的协调联动机制，落实责任分工，加大监督检查力度，确保新能源和可再生能源的快速发展。

二、拓宽新能源发展资金渠道

认真落实国家扶持新能源发展的税收、补贴等各项政策，积极争取国家新能源产业发展基金；发挥政府资金的引导和放大作用，通过直接投资、补助、贴息和资本金注入等方式，加大对新能源示范工程、产业基地建设、重大研发和技术改造项目的资金支持力度，带动更多国内外资金投入；搭建中小企业金融服务平台，拓宽中小企业融资渠道；积极探索新能源资金利用的新模式。

三、培养引进各类人才

鼓励在京高等院校开办新能源相关专业，加快培养本市新能源重点领域、重点行业高端和实用型人才；拓宽人才来源渠道，把新能源领域高端人才列入我市重点领域人才目录，引进一批新能源重点领域高端设计人才、经营管理人才和高级技能人才。

四、营造良好社会氛围

充分利用电视、广播、网络、报刊等多种方式，加强新能源规划及相关知识的宣传普及。让新能源利用走入校园、走入社区、走入百姓家庭，培养提升全社会特别是青少年的新能源利用意识，大力倡导绿色消费理念，营造全社会重视新能源、利用新能源的良好氛围。

新疆维吾尔自治区太阳能光伏产业发展规划（2011~2015年）

（新疆维吾尔自治区人民政府办公厅　2012年3月16日发布

新政办发〔2012〕31号）

太阳能是地球上可利用的最大能量。光伏发电就是利用半导体材料在阳光的照射下产生的光生伏特效应，直接将太阳的光能转化为电能。光伏技术经过几十年的发展已经成熟，发电系统结构简单、应用灵活、性能稳定、无污染、无噪声，发电成本快速下降，市场竞争力明显增强，中国是世界最大的光伏产品制造国。新疆具有丰富的能源、资源、光能和荒漠土地资源，加快发展太阳能光伏产业，有利于调整产业结构、转变经济发展方式、实施优势资源转化战略，努力把新疆建成我国21世纪的"光伏产业基地"，培育新的经济增长点，为实现新疆跨越式发展提供能源战略保障。

根据国家《太阳能光伏产业"十二五"发展规划》、《自治区国民经济和社会发展第十二个五年规划纲要》、《自治区新型工业化"十二五"发展规划》以及《自治区电力工业"十二五"发展规划》、《自治区太阳能发电"十二五"发展规划》的总体要求，制定《新疆维吾尔自治区太阳能光伏产业发展规划（2011~2015年）》。

一、国内外太阳能光伏产业发展现状及趋势

（一）发展现状

在太阳能光伏发电技术进步和各国政府有效的激励政策推动下，光伏产业和光伏电力市场得以快速发展。2010年全球光伏新增装机容量16吉瓦（1吉瓦=10^9瓦），其中：欧洲新增装机13吉瓦，占80%以上。2010年，我国光伏新增装机500兆瓦，占世界新增装机量3.1%，现已形成了超纯多晶硅材料制备、硅棒（锭）及硅片生产、太阳能电池制造、光伏组件封装、控制逆变器制造、系统平衡部件生产、光伏辅助材料制造、光伏发电装备制造及系统建设完整产业链，推动了光伏系统集成应用及光伏电站建设。一是多晶硅制造能力不断增强，2010年我国多晶硅产量达到4.5万吨，约占世界产量的50%；二是硅锭及硅片制造技术获重大突破，2010年我国硅片产能超过23吉瓦，产量达11吉瓦；三是太阳能电池制造规模及效率不断提高，2010年我国太阳能电池产量达8.5吉瓦，占全球产量的50%以上，商业化生产的晶硅电池效率达到16%~19%，薄膜等新型电池转换效率约为8%~10%；四是光伏发电系统装机容量大幅度增长，我国累计光伏装机量达到860兆瓦，当年新增装机容量达到500兆瓦，同比增长166%。

（二）发展趋势

围绕提高光伏发电效率，降低度电成本，推动光伏技术进步，逐步实现平价上网，促进光伏产业发展。"十二五"期间，太阳能光伏产业发展趋势如下：一是多晶硅能耗降低，硅片厚度减少；

二是电池效率提高，薄膜电池技术将有重大突破；三是光伏发电成本不断降低，平价上网进程加快；四是智能电网的发展，为太阳能发电提供技术支撑。总体上看，太阳能光伏市场应用将呈现宽领域、多样化的趋势，除了大型并网光伏电站外，与建筑相结合的光伏发电系统、小型光伏系统、离网光伏系统等也将快速兴起。风光互补和风光储多元化应用示范稳步推进。

同时，太阳能光伏产业在快速发展中面临的光伏发电并网接入难度大，光伏发电成本相对比较高等问题，客观上制约了光伏并网项目的建设。

二、新疆太阳能光伏产业发展现状、优势及面临形势

（一）发展现状

经过十多年的发展，新疆太阳能光伏产业已具有一定的规模和基础，在研发、制造和应用方面取得了长足发展。"十一五"以来持续加速，2010年，我区光伏产业完成主营业务收入达到30亿元，同比增长100%以上。

1. 光伏产业制造能力不断增强。建立了从高纯多晶硅、硅片、太阳能电池组件、光伏控制及逆变器、光伏发电系统集成等比较完整的光伏产业链。特变硅业1500吨多晶硅改造项目已按期投产，1.2万吨多晶硅扩产改造项目顺利通过国家核准。现已具备300兆瓦多晶/单晶硅片制造以及光伏发电系统集成应用能力。

2. 光伏发电系统集成应用规模不断扩大。先后实施了"光明工程"、"送电到乡工程"、"金太阳工程"以及大型光伏电站特许权招标项目等。2010年通过特许权招标，开工建设中电投哈密、吐鲁番、和田等3个20兆瓦大型光伏并网电站。2011年核准开工建设中广核哈密、英吉沙、青河以及中节能鄯善等4个20兆瓦大型光伏并网电站。我区光伏系统集成应用规模不断扩大。

3. 光伏技术研发水平不断提高。我区多晶硅制造、晶硅片生产和光伏（20~500兆瓦）发电系统设计、工程建设、运行管理等方面积累了较丰富的经验，涌现了一批自主知识产权和自主品牌的光伏骨干企业。2010年承揽区内外光电技术服务项目规模达100兆瓦，有力推动了我区太阳能光伏系统研发水平不断提高。

4. 光伏产业园区建设不断加速。初步形成了乌鲁木齐高新技术开发区、石河子经济技术开发区、阿拉尔光伏电子园区、奎独经济技术开发区等4大光伏产业制造集聚区。在多晶硅产业的带动下，拉动了阿勒泰、奎屯、哈密、伊犁、环塔里木盆地、天山北坡经济带"煤—电—硅（硅砂、工业硅、碳化硅等）"产业集群的快速发展。

5. 光伏产业服务体系初步建立。形成了新疆新能源研究所、中科院新疆理化所、新疆新能源股份有限公司、新疆大学，以及一大批从事太阳能光伏设计、咨询、集成、运维的服务队伍，为行业发展提供了有力支撑。

（二）发展优势

新疆具备发展太阳能光伏产业得天独厚的条件，有利于加快资源优势向产业优势转换，为抢占产业技术制高点，实现光伏产业跨越式发展奠定了良好的基础。

1. 拥有充裕的石英硅矿资源，有利于制造高质低价的晶硅材料。新疆北疆沿阿勒泰山、天山一带拥有丰富的石英硅资源，仅在准噶尔地区探明的储量就达1.2亿吨，品质达95%以上，为生产优质多晶硅提供了原料保障。光伏产业链中所需的辅助原料，如液氯、烧碱、石油焦、碳化硅砂等资源新疆都能提供，且具有高质低价的竞争优势。

2. 拥有能源资源的比较优势，有利于降低成本提高光伏产业竞争力。当前，光伏发电系统成本的60%以上来自硅材料及制成的太阳能电池。而硅材料制备、提纯和硅片生产这一过程需要消耗很大的能量，仅硅提纯加工就占整个太阳能电池产品最终价格的56.2%。该行业高载能特性明显，为

新疆发挥能源资源的比较优势，形成"煤—电—硅—太阳能光伏集成应用"循环经济产业链，大幅度降低光伏应用成本奠定了基础。

3. 具备丰富的太阳能辐射资源，有利于光热和光能资源的深度开发与应用。新疆水平表面太阳能年辐射总量在 5300~6700 兆焦耳/平方米·年，年峰值日照时数在 1600~2200 小时。新疆太阳能资源按区域分布，东疆地区年总辐射量为 6400 兆焦耳/平方米·年，年峰值日照时数 2100 小时。南疆地区年总辐射量为 5900 兆焦耳/平方米·年，年峰值日照时数 1700 小时。北疆地区年总辐射量为 5300 兆焦耳/平方米·年，年峰值日照时数 1600 小时。太阳能光热和光能资源优势明显。

4. 拥有广阔的荒漠土地资源，有利于建设大型太阳能电站。新疆幅员辽阔，总面积 166 万平方公里，而其中大部分为荒漠、戈壁滩，地势平坦，适合大规模铺设太阳能光伏阵列，仅新疆荒漠戈壁的土地面积每年接收的太阳辐射能相当于 4×10^3 亿吨标准煤。新疆广阔的荒漠土地资源为形成巨大、洁净的光伏电力资源奠定了坚实基础。

5. 具有向西开放的区位优势，有利于建设面向中西亚的光伏产业基地。新疆地处亚欧大陆腹地和举世闻名的"丝绸之路"要塞，是我国面向中亚、西亚、南亚以及欧洲开放的桥头堡。新疆已与30 多个国家和地区建立了经贸关系，而且中西亚太阳能光伏产品及应用市场需求年均增速 20%以上，在新疆建立产业基地不但有利于开拓周边国家市场，而且有利于开展面向中西亚的集成应用与服务，形成能够吸纳和承接国内产业转移发展向西开放的区位优势。

6. 能够带动相关产业发展，有利于资源能源优势向高附加值的产业优势转换。初步测算，多晶硅材料约占并网光伏发电系统成本的 37%，而电力成本又占多晶硅成本的 30%以上。若形成 1 万吨多晶硅加工产业链，就要消耗 200 万吨煤炭和近 10 万吨石英岩矿。而 1 万吨多晶硅转化后产品的运输量仅相当于转化前资源运输量的 1/200，可极大缓解新疆运输的"瓶颈"问题。是原子流向电子流转换、实现由"原字号产品"向高附加值产品发展的一条战略路径，对加快实施资源转换战略具有重要的推动作用。

（三）面临形势

1. 太阳能光伏产业从爆发期开始转入调整期。"十一五"以来，受发达国家鼓励使用太阳能产品等政策的拉动，全球太阳能电池消费量年均增幅超过 40%，太阳能光伏产业处于爆发增长期。但随着发达国家光伏发电上网电价下调，特别是补贴政策的减弱，促使太阳能光伏产品价格逐步回归理性，直接减慢了光伏产业市场需求扩张的步伐。同时，太阳能光伏发电并网接入与运行管理难的问题，也一定程度影响其大规模应用。"十一五"全球光伏产业市场将呈现量增价减、平稳增长的调整趋势。

2. 太阳能光伏发电在电力结构中占有地位逐步提升。太阳能是保证人类能源需求的重要的可再生能量来源，其潜在资源 120000 太瓦（1 太瓦=10^{12} 瓦），实际可利用资源高达 600 太瓦。统计显示，我国现有大约 400 亿平方米建筑面积，可利用面积安装屋顶光伏电站至少 100 吉瓦。我国大片的荒漠土地资源，若 1 平方公里土地安装 50 兆瓦太阳能光伏电站，1%的荒漠即可安装 500 吉瓦，年发电量是中国当前电力消费总量的两倍多。因此，太阳能光伏发电将在电力结构中占有重要地位。

3. 技术进步成为推动太阳能光伏产业发展的决定性因素。由于世界各国加快太阳能应用技术的研发，技术进步不断加快，降低成本仍是产业主题，太阳能电池及光伏系统的成本持续下降并逼近常规发电成本，从硅料到组件以及平衡部件等均面临快速降价的市场压力。太阳能电池转换效率每提高一个百分点，将使太阳能电池组件的发电成本降低 7%左右。另外，硅料生产工艺不断进步，硅片厚度持续降低，规模化生产和大规模应用也对降低光伏发电成本起到重要的作用。

4. 国内市场快速启动将为光伏产业发展带来新机遇。随着国内光伏上网电价的出台，着力保障能源供应、建设低碳社会、推动经济结构调整、培育战略性新兴产业的战略实施，国家初步规划，"十二五"末，国内太阳能发电装机容量将超过 1500 万千瓦，同时，我国将建设 100 个新能源城市和 1000 个新能源园区，再加上农业、旅游、交通和军事等领域的应用，光伏产业面临快速发展的新机遇。

三、"十二五"指导思想、基本原则和发展目标

（一）指导思想

充分发挥新疆能源、资源、光能和区位优势，坚持政府引导，应用驱动，以重大工程带动技术突破，以新的应用推动产业发展，提高关键技术和核心产业的自主发展能力，实现新疆硅产业的集约化和规模化发展，不断提高光伏发电在电力消费中的比重，把新疆打造成我国重要的太阳能光伏产业制造基地和高端大规模综合应用示范区，推动工业转型升级，促进资源节约型、环境友好型社会建设。

（二）基本原则

1. 坚持政府引导、政策激励与市场机制相结合的原则。贯彻国家《可再生能源法》和产业政策，加大电力结构调整，支持光伏发电及应用。采取专项政策措施，运用市场化手段调动各方积极性，拉动光伏市场的需求。

2. 坚持开发利用与经济、社会和环境协调发展的原则。根据资源条件和经济社会发展需要，在保护环境和生态系统的前提下，科学规划，因地制宜，合理布局，有序开发，严格遵守环境保护和安全生产规定，推进节能减排、资源循环利用，实现清洁生产和安全生产。

3. 坚持重点突破和整体推进并重的原则。加快多晶硅等重点关键环节技术攻关和技术改造，着力培育光伏产业核心竞争力。合理利用区域资源，引导创新要素向产业园区、龙头企业聚集，加强公共服务平台建设，建立健全光伏标准及产品质量检测认证体系，通过关键技术的突破和建立太阳能综合应用示范基地，推进产业化。

4. 坚持优化产业环境与扩大光伏市场相结合的原则。推动各项光伏扶持政策的落实，加大产业投入力度，调动各方面的资源优势，充分发挥市场机制作用，开拓中西亚市场，扩大区内多样化应用，培育光伏应用市场，使光伏产业的发展有稳定的市场依托。

（三）发展目标

——光伏产业保持平稳较快增长。到 2015 年，建立较为完整的太阳能光伏产业链，光伏产业主营业务收入年均增长 70% 以上，力争达到 500 亿元。多晶硅产能超过 1 万吨，晶体硅片产能 2000 兆瓦，电池产能 600 兆瓦，光伏电池组件封装能力 1000 兆瓦。碳化硅与蓝宝石晶片规模进一步扩大，LED 芯片衬底材料 800 万片。培育 2~3 家实力雄厚、具有较强核心竞争力、年产值超过 100 亿元的大型光伏龙头企业。初步建成国家重要的太阳能光伏产业基地、3~5 个大型太阳能综合应用示范区。实现全行业就业 10 万人。

——区域产业结构进一步优化。整合资源，优化产业布局。到 2015 年，建设以乌鲁木齐为中心、石河子和奎屯、阿拉尔为两翼的硅材料、太阳能电池/组件封装、太阳能光伏发电系统集成制造业基地。集约利用土地资源和有效利用戈壁荒地，初步建成分布我区南疆、北疆、东疆的太阳能大型光伏发电综合应用示范区，推动全区太阳能光伏技术研发、产业发展和应用需求的良性互动与协调发展。

——自主创新能力明显增强。光伏产业创新体系初步建立，建设 2~3 个光伏发电控制与集成工程中心（实验室）。培育一批具有自主知识产权的光伏系统集成和辅助材料生产服务企业。开发光伏并网、储能电池及系统集成等一批有较强竞争力的制造与应用新技术和新产品，实现多晶硅生产

系统封闭循环运行。碳化硅、蓝宝石晶体生长装备和制备技术继续完善，LED 芯片衬底材料研发有新突破，标准体系逐步完善，建设系统试验、测试技术创新平台。

——节能减排和环保水平显著提升。到 2015 年，多晶硅生产实现产业规模、产品质量和环保水平的同步提高，平均综合能耗低于 120 千瓦时/公斤，副产物综合利用率达到 99%以上。单晶硅电池的产业化转换效率达到 21%，多晶硅电池达到 19%，非晶硅薄膜电池达到 12%。光伏系统成本、发电成本达到国内先进水平。光伏电池辅助材料本土化率达到 90%。

——综合集成应用规模上新台阶。加快新疆光能和荒漠资源的转化与利用，重点发展大型光伏并网电站建设，低成本、大规模推广应用太阳能光伏发电技术。到 2015 年，全区光伏发电总装机容量超过 2000 兆瓦。其中，大型光伏并网电站 1500 兆瓦；边远无电地区光伏供电系统 100 兆瓦；道路照明和城市亮化光伏工程 100 兆瓦；屋顶光伏发电系统 100 兆瓦；微网光伏发电系统 200 兆瓦。

四、主要任务及重点工程

（一）主要任务

1. 加快太阳能光伏产业制造基地建设。在乌鲁木齐、石河子、奎屯、阿拉尔等地布局太阳能光伏产业基地。将乌鲁木齐高新技术开发区、石河子经济开发区、奎屯—独山子经济技术开发区、甘泉堡工业区、阿拉尔高新技术开发区等建设成为自治区光伏产业主要聚集区，加快高纯硅材料制造、硅棒/硅锭/硅片生产、太阳能电池制造、光伏组件封装、光伏发电关键设备的开发和产业化进程，提高光伏系统整体制造水平和产品质量，实现规模化发展，努力推动太阳能光伏产业制造基地建设。

2. 加快形成硅材料规模化生产能力。加快伊犁、阿勒泰、哈密等地硅矿材料基地，以及甘泉堡工业区、石河子经济技术开发区、阿拉尔市工业园区多晶硅材料生产基地建设。积极引进国际先进高纯硅生产工艺和设备，加快消化吸收改良西门子工艺技术，掌握还原炉系统、氢化系统、尾气干法回收系统以及全过程自动化控制等关键技术，重点建设万吨级高纯硅料项目。认真探索硅料生产新技术、新工艺，着力控制硅料综合电耗与还原电耗量。进一步推动"煤—电—硅—集成应用"生产制造，加快硅产业规模化发展。

3. 加快提高光伏电池及组件生产能力。充分利用我区硅料、多晶硅、硅片及大规模光伏集成应用的优势，加快发展太阳能电池及组件生产，引进工艺技术成熟、设备先进的薄膜电池生产技术，积极跟踪非（微）晶硅薄膜电池技术进展，大力发展单位耗能低、耗材少、效率高、长寿命的太阳能电池，鼓励发展技术成熟、光电转化率高的单晶硅电池、多晶硅电池和薄膜太阳能电池，推动光伏电池技术进步及产业化进程，加快光伏组件生产制造能力，支持企业做大做强。

4. 加快完善和延伸光伏产业链。充分利用我区能源资源优势，进一步推动硅锭/硅片、光伏电池及组件生产制造。推动硅基薄膜、铜铟镓锡薄膜等电池的技术进步及产业化进程，加快新技术、新产品开发应用，提高薄膜电池的转率效率。大力实施多晶硅、晶体硅片、电池及组件、控制逆变设备、LED 衬底材料（碳化硅与蓝宝石晶体）等重点技术改造项目，延伸产业链，努力降低成本，有效支撑太阳能光伏及电子新材料产业的持续发展，形成特色突出、优势明显、协作配套、竞争力强的较完整产业链。

5. 加快推进光伏配套产业发展。围绕硅料规模化生产，加快发展制氯、制氢及专用材料制造业。积极引进和开发逆变器、控制器、蓄电池、平衡部件、光伏照明系统等新技术、新产品，通过产品结构调整，发展光伏发电系统配套产品的生产制造业。建设切割液、线锯、石墨制品、氮化硅、电极材料等辅料生产项目，使其与光伏产业发展相配套。大力开发风、光互补发电技术、LED

新型照明技术、太阳能光伏技术相融合的终端应用产品和太阳能应用消费类电子产品等。积极跟踪光热发电技术，稳步推动光热发电应用与示范。

6. 加快建设太阳能光伏发电综合应用示范区。大力实施"金太阳工程"，在乌鲁木齐、昌吉、哈密、吐鲁番、喀什、和田、库尔勒、伊犁等地，积极推进用户侧并网光伏发电示范项目。在铁路、沙漠公路及无电地区建设太阳能光伏发电及扬水绿化灌溉系统，着力解决偏远地区用能问题。重点发展大型光伏并网电站建设，在哈密、吐鲁番、阿克苏、喀什、和田等辐射资源丰富的荒漠地区，规划建设一批万千瓦以上并网光伏电站以及 3~5 个太阳能综合利用示范区。积极开展"太阳能光电建筑"应用与示范，推动太阳能光电设计、生产和施工三者有效结合，对条件适宜的公共场所、车站、学校、医院等建筑进行太阳能光伏建筑应用示范，对有条件的城市广场、道路、新建小区、既有小区和新农村（牧区）安装太阳能照明系统或风/光互补照明系统，提高光电建筑一体化应用能力。"十二五"期间，在巴州、阿克苏、克州、喀什、和田等地因地制宜建设 10 个多能互补的微网发电系统。加快应用创新，形成政府引导、市场推进的机制和模式，推动光电商业化发展。

7. 加快新一代光伏新技术新工艺创新步伐。积极支持光伏电池新材料、新型光伏产品应用及光伏发电设备进行技术创新、产品创新，提高光伏产品的质量。加强硅棒/硅锭/硅片生产技术、工艺以及装备、晶体硅电池的研究，提高电池效率，努力降低成本。积极跟踪太阳能薄膜电池技术进步及应用，引进先进的太阳能薄膜电池生产技术和装备，大力发展单位能耗低、耗材少、效率高、衰减小的多层 PN 结太阳能薄膜电池。依托现有晶体硅片生产能力和技术装备优势，加强对提拉、熔铸、剖锭及线切割等关键工艺节能改造技术再创新，进一步提高质量、降低晶片厚度、减少硅料损耗。充分发挥新疆太阳能光伏产业联盟作用，依托联盟企业开展光伏材料及关键技术联合攻关和协作配套，推动光伏制造与应用融合发展。

（二）重点工程

1. 技术创新工程

（1）多晶硅材料提纯和光伏电池关键技术创新。针对多晶硅提纯、硅锭/硅片制造、光伏电池生产关键技术问题，围绕节能降耗、提高效率、降低成本，改进生产工艺和制备方法，着力研究大直径硅棒拉制技术、大容量晶硅铸锭技术、超薄硅片切割技术、浆料回收利用技术。加快太阳能光伏电池新技术、新材料的研究，引进工艺技术成熟、设备先进的薄膜电池生产技术以及非（微）晶硅薄膜电池技术，积极开展单位耗能低、耗材少、效率高的太阳能新型电池研发。

（2）光伏发电系统集成技术创新。着力研究大型荒漠并网电站技术、光电建筑一体化并网发电技术、光伏系统跟踪技术、储能技术、监控测量技术和光伏发电系统控制逆变装置及平衡部件等，重点开发兆瓦级并网光伏逆变器。开展高压荒漠并网光伏电站优化设计集成技术、工程技术、监控技术和标准的研究。开发高可靠性、低功耗、低成本的平单轴、斜单轴、双轴、低倍反射聚光、高倍聚光等多种光伏自动跟踪技术，推进规模化应用示范。加强对光伏发电接纳、电力调度、提高电网适应能力等关键技术研究。

（3）LED 衬底材料及碳化硅晶体制备技术创新。为有效解决制约我国照明产业发展衬底基础材料的问题，缓解碳化硅、蓝宝石晶体材料依赖进口的局面，大幅降低高品质 LED（发光二极管）的生产成本，逐步扭转国外生产商控制材料的局面，重点开展碳化硅（SiC）原料提纯技术、3~4 英寸及以上高质量 SiC 晶体生长技术、大尺寸蓝宝石晶体生长及产业化制备技术。研究规模化生产工艺流程，形成"煤—电—高纯氧化铝—蓝宝石—LED 器件"和"煤—电—碳化硅—碳化硅晶体—LED器件"产业链。

2. 产业化推进工程

（1）高纯多晶硅材料的产业化。引进国际先进高纯硅生产工艺和设备，加快消化吸收改良西门子工艺技术，掌握还原炉系统、氢化系统、尾气干法回收系统以及全过程自动化控制等关键技术应用。重点建设 5 万吨级以上的高纯多晶硅原材料项目、10 万吨工业硅项目、10 万~20 万吨碳化硅项目，通过技术改造降低能耗和生产成本，实现产业化。

（2）大直径、超薄太阳能级晶体硅片的产业化。依托现有单（多）晶硅片生产技术和装备优势，加快实施晶体硅片 2000 兆瓦项目、碳化硅晶片 10 万片项目、LED 芯片衬底材料 800 万片项目、光伏电池组件封装能力 1000 兆瓦等技术改造项目，进一步提高提拉、铸锭容量，降低晶片厚度，减少硅料损耗，改进生产工艺和工装，实现大直径、超薄太阳能级晶体硅片的规模化生产。

（3）高效光伏电池的产业化。引进高效晶硅太阳能光伏电池的生产技术，实现高效太阳能电池的规模化生产。加快多元化合物薄膜太阳能电池材料（主要包括砷化镓Ⅲ-Ⅴ族化合物、硫化镉、铜铟硒薄膜电池等）研发制造与应用进程，引进实施 200 兆瓦薄膜电池重点改造示范项目，加快高效光伏电池产业化进程。

（4）光伏系统优化设计集成技术的产业化。加快光伏发电系统关键技术设备生产能力改造，推进离网、光伏建筑、大型并网光伏发电系统、多能互补微网发电系统示范项目建设。开展大型荒漠光伏电站、分布式光伏发电系统的应用示范，加快建设乌鲁木齐达坂城 100 兆瓦光伏发电系统示范基地。

3. 公共服务平台建设工程

（1）建立标准与认证支撑平台。加快建立光伏产业的标准体系，制定光伏产品技术检测标准、光伏系统设计标准和安装与施工规范、光伏发电并网技术标准等。加快构建光伏产品质量评测和控制体系，建立光伏产品检测标准，完善光伏产品质量管理体系，开展光伏产品认证制度，提高光伏产品质量和水平。

（2）建立光伏发电系统测试平台。研究光伏并网技术、光电建筑太阳能光伏发电系统设计、施工、规程及工法、图集和验收规范；制定光伏产品和发电系统测试方法和测试规范，建设光伏产品和光伏发电系统检测平台。加强太阳能资源及光伏电站的监测，为大规模推广应用光伏发电系统提供技术保障。

（3）建立光伏技术检测中心。建立光伏发电工程技术实验场、光伏技术及产品应用试验中心、质量评测检验中心、微网系统的控制调度、并网安全技术检验中心，增强行业服务与保障能力。

五、保障措施

（一）加强组织领导。在自治区新型工业化领导小组下建立新疆光伏新能源产业及光电应用联席会议制度。研究制定新疆光伏产业中长期发展战略和重大政策。加强对光伏企业的指导、协调、服务与管理。解决产业发展中遇到的问题，推动光伏产业跨越式发展。

（二）完善规划保障体系。把光伏产业纳入自治区国民经济发展规划。加快制订光伏新能源产业中长期发展规划、新农村光伏技术推广应用规划、太阳能光电建筑一体化发展规划、荒漠光伏并网电站建设规划，以及光伏产业人才培养规划，形成促进产业发展的合力与动力。

（三）提高电网接纳光伏发电的能力。依托新疆与西北、华中的超高压和特高压电网"疆电外送"工程，在保障电网安全运行的前提下，按照国家"节能发电调度办法"优先调度电网覆盖范围内符合并网技术标准的光伏发电上网电量，保障光伏发电项目按期投产和安全可靠运行。

（四）落实国家光伏发电上网电价政策。按照资源环境、经济条件、应用方式进行分类，制定不同的光伏发电上网电价补贴政策。自治区根据实际情况适当补贴光伏电站上网电价。具体办法另行制定。

（五）加大专项资金支持力度。在自治区培育和发展战略性新兴产业专项资金中设立太阳能光伏产业发展扶持资金，专项用于扶持光伏产业的技术创新和光伏产品的推广应用，重点实验室建设，以及列入国家和自治区的重点光伏发电示范工程项目。

（六）落实税收、金融、政府采购及用地等各项优惠政策。对光伏企业进口生产和研发所需的关键设备，按国家规定减免关税。对国家需要重点扶持的高新技术企业，经认定可减按15%的税率征收企业所得税。严禁占用耕地，对于大型荒漠电站使用戈壁荒滩建设的，可按国家和自治区新出台的用地优惠政策执行。具体各项优惠按照自治区党委、人民政府《关于加快培育和发展战略性新兴产业的意见》（新党发〔2011〕17号）明确的政策措施执行。

（七）加大引进战略投资和推动创新创业。充分利用我区的区位优势，创新招商方式，建立和完善招商信息机制，认真做好内地电子信息战略投资的引导、转移和承接地工作。重点加强区内外技术合作与智力引进工作，引导和鼓励国内外大企业、大集团在新疆建立太阳能光伏产品生产、研发和服务中心，实施"龙头"带动战略，搭建"东西联合"和"东联西出"创业创新平台，推动太阳能光伏制造与集成企业"走出去"，开拓中西南亚市场。

（八）加强光伏产业人才队伍建设。充分发挥区内大学、研究院所和企业技术中心等现有研发力量，建立产学研用结合的人才培养体系和激励机制。支持大专院校围绕产业发展设立相关专业，培养光伏发电技术研发、工程技术和管理复合型人才。积极推动大中专院校建立光伏实训基地。